U0717348

Mark Ravina

与世界各国并立

世界史中的明治维新

[美]马克·莱维纳◎著
费清波◎译

To Stand with the Nations of the World

Japan's Meiji Restoration in World History

江苏人民出版社

图书在版编目（CIP）数据

与世界各国并立：世界史中的明治维新 /（美）马克·莱维纳著；费清波译. -- 南京：江苏人民出版社，2025. 4

ISBN 978 - 7 - 214 - 26484 - 8

Ⅰ. ①与… Ⅱ. ①马… ②费… Ⅲ. ①明治维新（1868）—研究 Ⅳ. ①K313. 41

中国版本图书馆 CIP 数据核字（2021）第 213028 号

To Stand with the Nations of the World: Japan's Meiji Restoration in World History by Mark Ravina
Copyright © Oxford University Press 2017
To Stand with the Nations of the World: Japan's Meiji Restoration in World History was originally published in English in 2017. This translation is published by arrangement with Oxford University Press. Jiangsu People's Publishing House is solely responsible for this translation from the original work and Oxford University Press shall have no liability for any errors, omissions or inaccuracies or ambiguities in such translation or for any losses caused by reliance thereon.
Simplified Chinese edition copyright © 2025 by Jiangsu People's Publishing House.
All rights reserved.
江苏省版权局著作权合同登记号：图字 10 - 2019 - 295 号

书　　名　与世界各国并立：世界史中的明治维新
著　　者　（美）马克·莱维纳
译　　者　费清波
责任编辑　曾　偲
特约编辑　彭欣然
装帧设计　陈威伸
责任监制　王　娟
出版发行　江苏人民出版社
地　　址　南京市湖南路 1 号 A 楼，邮编：210009
照　　排　江苏凤凰制版有限公司
印　　刷　苏州市越洋印刷有限公司
开　　本　890 毫米×1240 毫米　1/32
印　　张　13. 25　插页 4
字　　数　262 千字
版　　次　2025 年 4 月第 1 版
印　　次　2025 年 4 月第 1 次印刷
标准书号　ISBN 978 - 7 - 214 - 26484 - 8
审 图 号　GS（2023）1299 号
定　　价　88. 00 元（精装）
（江苏人民出版社图书凡印装错误可向承印厂调换）

总 序

这又会是一个卷帙浩繁的移译工程！而且，从知识生产的脉络上讲，它也正是上一个浩大工程——“海外中国研究丛书”的姊妹篇，也就是说，它们都集中反映了海外学府（特别是美国大学）研究东亚某一国别的成果。

然而，虽说两套书“本是同根生”，却又完全可以预料，若就汉语世界的阅读心理而言，这后一套丛书的内容，会让读者更感生疏和隔膜。如果对于前者，人们还因为禀有自家的经验和传统，以及相对雄厚的学术积累，经常有可能去挑挑刺、较较劲，那么对于后者，恐怕大多数情况下会难以置喙。

或许有人要争辩说，这样的阅读经验也没有多少不正常。毕竟，以往那套中国研究丛书所讲述的，乃是自己耳濡目染的家常事，缘此大家在开卷的过程中，自会调动原有的知识储备，去进行挑剔、补正、辩难与对话。而相形之下，眼下这套日本研究丛书所涉及的，却是一个外在文明的异样情节，人们对此当然只会浮光掠影和一知半解。

不过，设若考虑到这个文明距离我们如此之近，考虑到它在当今国际的权重如此之大，考虑到它跟传统中华的瓜葛如此之深，考虑到它对中国的现代化历程产生过如此严重的路径干扰与路径互动，那我们至少应当醒悟到，无论如何都不该对它如此陌生——尤其不该的是，又仅仅基于一种基本无知的状态，就对这个邻近的文明抱定了先入为主的态度。

还是从知识生产的脉络来分析，我们在这方面的盲点与被动，至少在相当大的程度上，是由长期政治挂帅的部颁教育内容所引起的。正如上世纪50年代的外语教学，曾经一边倒地拥抱“老大哥”一样，自从60年代中苏分裂以来，它又不假思索地倒向了据说代表着全球化的英语，认定了这才是“走遍天下都不怕”的“国际普通话”。由此，国内从事日本研究的学者，以及从事所有其他非英语国家研究的学者，就基本上只能来自被称作“小语种”的相对冷门的专业，从而只属于某些学外语出身的小圈子，其经费来源不是来自国内政府，就是来自被研究国度的官方或财团。

正因此才能想象，何以同远在天边的美国相比，我们反而对一个近在眼前的强邻，了解得如此不成正比。甚至，就连不少在其他方面很有素养的学者和文化人，一旦谈起东邻日本来，也往往只在跟从通俗的异国形象——不是去蔑视小日本，就是在惧怕大日本。而更加荒唐的是，他们如此不假思索地厌恶日本人，似乎完全无意了解他们的文化，却又如此无条件地喜欢日本的产品，忽略了这些器物玩好的产生过程……凡此种种，若就文化教养的原意而言，都还不能算是完整齐备的教养。

与此同时，又正因此才能想象，如此复杂而微妙的中日关系，如此需要强大平衡感的困难课题，一旦到了媒体的专家访谈那里，往往竟如此令人失望，要么一味宣扬一衣带水，要么一味指斥靖国神社。很少见到这样的专门家，能够基于自己的专门知识和专业立场，并非先意承旨地去演绎某些话语，而是去启迪和引导一种正确的阅读。

那么，除了那两种漫画式的前景，更广阔的正态分布究竟是怎样的？总不至于这两个重要邻邦，除了百年好合的这一极端，就只有你死我活的另一极端吧？——由此真让人担心，这种对于外来文明的无知，特别是当它还是极其重要的近邻时，说不定到了哪一天，就会引发代价惨重的、原本并非不可避免的灾祸。确实，要是在人们的心理中，并不存在一个广阔的理解空间，还只像个无知娃娃那样奉行简单的善恶二元论，那就很容易从一个极端走向另一个极端。

作为一介书生，所能想出的期望有所改善的手段，也就只有号召进行针对性的阅读了，并且，还必须为此做出艰苦的努力，预先提供足够的相关读物；此外，鉴于我们国家的大政方针，终将越来越走向民主化，所以这种阅读的范围，也就不应仅限于少数精英。正是诸如此类的焦虑，构成了这套丛书的立项理由——正如在上一套丛书中，我们曾集中引进了西方自费正清以降的、有关中国研究的主要学术成果，眼下我们在新的丛书中，也将集中引进西方自赖肖尔以降的、有关日本研究的主要研究成果。

我们当然并不指望，甫一入手就获得广泛的反响和认同。回想起来，对于大体上类似的疑问——为什么满足理解中国的精神冲动，反要借助于西方学界的最新成果？我们几乎花去了二十年的不倦译介，才较为充分地向公众解释清楚。因而，我们现在也同样意识到，恐怕还要再费至少十年的心血，才能让读者不再存疑：为什么加强理解日本的途径，也要取道大洋彼岸的学术界。不过我却相信，大家终将从这些作者笔下，再次体会到怎样才算作一个文化大国——那是在广谱的意义上，喻指学术的精细、博大与原创，而并非只是照猫画虎地去统计专著和论文数量，而完全不计较它们的内在质量。

我还相信，由于这套丛书的基本作者队伍，来自我们二战时期的盟国，所以这些著作对国内读者而言，无形中还会有一定的免疫力，即使不见得全信其客观公正性，至少也不会激起或唤醒惯性的反感。此外，由于这些著作的写作初衷，原是针对西方读者——也即针对日本文化的外乡人——所以它们一旦被转译成中文，无意中也就有一种顺带的便利：每当涉及日本特有的细节和掌故时，作者往往会为了读者的方便，而不厌其烦地做出解释和给出注释；而相形之下，如果换由日本本土学者来处理，他们就不大会意识到这些障碍，差不多肯定要一带而过。

不待言，这面来自其他他者的学术镜子，尽管可以帮助我们清洗视野和拓宽视角，却不能用来覆盖我们自身的日本经验，不能用来取代我们基于日文材料的第一手研究——尤其重要的是，不能用来置换中日双边的亲历对话，以及在此对话中升华出来的独自思考。而最理想的情况应当是，一旦经由这种阅读而引起了兴趣和建立了通识，大家就会追根究底地上溯到原初语境去，到那里以更亲切的经验，来验证、磨勘与增益它们。

无论如何，最令人欣慰的是，随着国力的上升和自信的增强，中华民族终于成长到了这样一个时刻，它在整个国际格局中所享有的内外条件，使之已经不仅可以向其国民提供更为多元和广角的图书内容，还更可以向他们提供足以沉着阅读和平心思考这些图书的语境。而这样一来，这个曾在激烈生存竞争中为我国造成了极大祸害的强邻，究竟在其充满曲折与陷阱的发展道路上，经历了哪些契机与选择、成功与失败、苦痛与狂喜、收益与教训，也已足以被平心静气地纳入我们自己的知识储备。而借助于这样的知识，我们当然也就有可能既升入更开阔的历史长时段，又潜回充满变幻偶因的具体历史关口，去逐渐建立起全面、平衡、合理与弹性的日本观，从而在今后同样充满类似机遇的发展道路上，既不惮于提示和防范它曾有的失足，也不耻于承认和效仿它已有的成功。

我经常这样来发出畅想：一方面，由于西方生活方式和意识形态的剧烈冲击，也许在当今的世界上，再没有哪一个区域，能比我们东亚更像个巨大的火药桶了；然而另一方面，又因为长期同被儒家文化所化育熏陶，在当今的世界上，你也找不出另一块土地，能如这方热土那样高速地崛起，就像改变着整个地貌的喜马拉雅造山运动一样——能和中日韩三国比试权重的另一个角落，究竟在地球的什么地方呢？只怕就连曾经长期引领世界潮流的英法德，都要让我们一马了！由此可知，我们脚下原是一个极有前途的人类文化圈，只要圈中的所有灵长类动物，都能有足够的智慧和雅量，来处理和弥合在后发现代化进程中曾经难免出现的应力与裂痕。

此外还要提请注意，随着这套丛书的逐步面世，大家才能更真切地体会到，早先那套连续出版了一百多种，而且越来越有读者缘的“海外中国研究丛书”，在其知识创化的原生态中，实则是跟这套“西方日本研究丛书”相伴而生的。作为同一个区域研究的对象，它们往往享有共通的框架与范式，也往往相互构成了对话基础和学术背景。而由此也就不难联想到，尽管西方的区域研究也在面临种种自身的问题，但它至少会在同一个地区谱系中，或在同一个参考框架下，把中日当作两个密不可分的文明，来进行更为宏观的对比研究——这就注定要启发我们：即使只打算把中国当作研究对象，也必须蔚成一种比对日本来观察中国的宽广学风，因为确有不少曾经百思不得其解的难题，只要拿到中日对比的大框架下，就会昭然若揭，迎刃而解。

最后，由于翻译此套丛书的任务特别艰巨，既要求译者通晓英文，又要求他们了解日本，也由于现行的学术验收体制，不太看重哪怕是最严肃的翻译工作，给这类唯此为大的学术工作平添了障碍，所以，对于所有热心参赞此项工程的同侪，我既要预先恳请他们随时睁大眼睛，也要预先向他们表达崇高的敬意；并且——请原谅我斗胆这样说——也为他们万一有什么“老虎打盹”的地方，预先从读者那里祈求谅解。当然，这绝不是一个“预先免责”的声明，好像从此就可以放开手脚去犯任何错误了。可无论如何，我们想要透过这套书提供的，绝不是又有哪位译者在哪个细节上犯下了哪类错误的新闻，而是许多译者经由十分艰苦的还原，总算呈现在图书中的有关日本文明的基本事实——无论知我罪我，我还是把这句老实话讲出来，以使大家的目力得以穿透细枝末节，而抵达更加宏大、久远和深层的问题！

刘　东

2009 年 8 月 16 日

于静之湖·沐暄堂

纪念

纪念滨野洁

目 录

致　谢

在撰写本书的漫长过程中，我受益于众多学界同仁的帮助，以至于叙述此过程本身就如同一本小书。因此，以下是一份有限的、有选择的名单，列出那些我欠了许多知识债务的人。

在本书的写作初期，三谷博教授曾花费一下午的时间带我逛了东京大学驹场书店，指出有关德川时期与明治时期日本历史的“必读”书目。虽然我仍在研读这些书籍，但事实证明，它们在我浏览有关明治维新的大量日语著作方面作用巨大。在随后的谈话中，三谷教授对史学和方法论富有洞察力和创造性的观点使我大受裨益。

我将明治维新置于世界史的视角进行考察的工作始于2001年由美国埃默里大学哈雷研究所（Emory's Halle Institute）赞助、土耳其海峡大学（伊斯坦布尔）主办的全球化研讨会上。2002年，我提交了两篇研究论文，其一是在普林斯顿高等研究院（IAS）举办的有关民族国家目的论的研讨会上，其二是在莱顿大学举办的有关国家建设的会议上。那些关于全球化的早期思想出现在由傅佛果（Joshua Fogel）、理查德·博伊德（Richard Boyd）和吴德荣编辑的会议合集中。感谢会议参与者与编辑的评论和见解，同时十分感激傅佛果多年来对我的支持和建议。

2005 年和 2006 年，在富布赖特项目的资助下，我得以赴日本在国际日本文化研究中心长期访学，其间从笠谷和比古教授关于近世日本的讨论课中受益良多。笠谷教授的研究生 Yokoyama Mitsuteru[1] 花了很多时间帮助我整理各类写本。在那次学术休假的前半段，我的家人同我一起来到京都，并尽职尽责地把我从书桌上拉走，进行各种冒险，包括去大阪、高野
x 山和天桥立旅行。起初我被家庭责任压得喘不过气来，并短暂地担心提交给富布赖特项目的进展报告也许只能集中在京都的棒球小联盟淡季训练计划和青少年排球练习上了。我的担心被证明毫无根据，这些经历不仅愉悦身心，而且使我重获新生，帮助我重新欣赏日本，使我在重回讲台后，成为一名更友善、更热情的教师。我要感谢我的妻子诺拉·莱维斯克（Nora Levesque）和我们的大家庭，感谢他们的爱、支持、幽默，以及在印刷物和电脑屏幕之外不断提醒我关注日常生活。

2011 年 8 月到 12 月，京都大学人文科学研究所邀请我作为客座教授进行访学，此行同时得到了日本国际交流基金会的支持。我衷心地感谢研究所的全体教职员工，感谢他们打造了

1 译者注：在不确定日裔、韩裔姓名对应中文时，保留原文。

一个利于探索和完善思考的美好环境。我的合作教授岩城卓二教授耐心地指导我阅读困难的写本并回答了众多关于德川社会和政治史的问题。他的博学、亲切和慷慨使我受益匪浅。我受邀在研究所的系列研讨会上介绍正在进行的工作，并收到了高木博志、Nara Kenji、羽贺祥二、约翰·布林（John Breen）和 Hatakayama Kazuhiro 的宝贵意见。在京都和东京的另几次发表中，尼尔·沃特斯（Neil Waters）、詹姆斯·巴克斯特（James Baxter）、布鲁斯·巴滕（Bruce Batten）、包乐史（Leonard Blussé）和西尔维奥·维塔（Silvio Vita）的评述对我极有助益。还要特别感谢维塔教授邀请了岩仓具视的曾孙、历史学教授岩仓具忠与我们共进晚餐。那天晚上的美食、美酒和谈话既使人愉悦又令我深受启迪。马修·斯塔夫罗斯（Matthew Stavros）与弗朗西斯科·坎帕尼奥拉（Francesco Campagnola）则是午餐和晚餐时的好伙伴，他们时常倾听我混乱而多变的想法。

2014 年和 2015 年的一系列为迎接明治维新 150 周年纪念而举办的研讨会也使我深受助益。感谢罗伯·赫利尔（Rob Hellyer）在美国维克森林大学主持的会议，也感谢由哈拉尔德·弗斯（Harald Feuss）在德国海德堡大学安排的两次研讨会。我从会议的参与者那里学到了很多知识，尤其是 Jong Chol An、斯帆·萨勒（Sven Saaler）、竹中亨、汉斯·马丁·克雷默（Hans Martin Kraemer）、法比安·德里克斯勒（Fabian Drixler）和凯伦·威根（Kären Wigen）。同时我要感谢伊森·西格尔（Ethan Segal）、卢克·罗伯茨（Luke Roberts）、亚伦·斯卡伯朗（Aaron Skabelund）、薮田贯和藤田贞一郎多年来的建议和支持。

美国埃默里大学的同事为这项研究提供了宝贵的建设性意见和切中肯綮的批评。我从参加东亚研究系写作小组的同事［朱莉娅·布洛克（Julia Bullock）、Sun－chul Kim、赵美玲（Maria Sibau）和Jenny Chio］那里学到了很多，他们阅读了
xi 许多章节的草稿，耐心而严格的审阅帮助我在几个关键阶段理顺了思路。与托尼奥·安德拉德（Tonio Andrade）一同教授一门关于东亚历史的本科生课程是一种知识层面的意外收获。多年来，托尼奥和我逐渐将我们的国别史讲座编织为一部东亚跨国史，这一过程既异常艰辛又令人振奋。如果我们的学生在课堂上学到的与我同样多，他们就得到了极好的教育。与克利夫顿·克赖斯（Clifton Crais）一起在研究生研讨会上合作讲授比较帝国史的过程，帮助我从更广阔的视角看待明治维新。希望这本书能反映我从克利夫顿和那门课的学生身上学到的知识。研究生斯蒂芬妮·布莱恩（Stephanie Bryan）和蒂姆·罗曼斯（Tim Romans）也为本书的完成提供了极大帮助——斯蒂芬妮对地图进行了改进，蒂姆则整理了许多草稿。当一次家庭危机差点威胁到我在京都大学人文科学研究所的学术休假时，时任教务长的迈克尔·埃利奥特（Michael Elliot）做出了灵活而宽宏大量的回应。在埃默里大学图书馆，劳伦斯·汉布林（Lawrence Hamblin）总会以超乎想象的速度找出书架上鲜

有人问津的书籍，馆际互借工作人员支持了我的许多不寻常的请求。在日本户定历史馆和美国国会图书馆的档案管理员和工作人员的帮助下，我获得了稀有的印刷物和照片。

牛津大学出版社的苏珊·费伯（Susan Ferber）以耐心和智慧引导了此项研究。在一个似乎所有事情都交予外包的时代，能得到她深思熟虑的修改建议是一份难得而伟大的礼物。而且是用铅笔！我感谢她在编辑方面的坚定支持。两位来自出版社的读者提出了宝贵的建议，使我免于在一些史实和阐述的方面犯错误。

我要特别感谢丹尼尔·博茨曼（Daniel Botsman）、凯文·多克（Kevin Doak）和谢尔顿·加隆（Sheldon Garon）多年来的支持和指导。朱莉娅·托马斯（Julia Thomas）是一位细心的读者，她提供了富有洞察力的批评和热情洋溢的赞美。我的母亲露丝·拉维纳（Ruth Ravina）和岳母安·莱维斯克（Ann Levesque）饶有兴致地倾听了我的研究和写作经历。

我要特别感谢几位学者，他们也是我的好朋友。在享用午餐、咖啡或啤酒的交谈中，马修·佩恩（Matthew Payne）耐心地倾听了我最初的想法。他还仔细阅读了许多章节的草稿和申请研究资助的文书。阿里·莱文（Ari Levine）花费很多时间帮助我阅读中国古典文献。他不仅在史学和历史哲学方面提出了绝妙的建议，而且在散养羔羊肉的来源、本地新式酿酒厂的选择以及国家图书奖和布克文学奖决赛入围者作品的略读与精读推荐等方面提供了极好的建议。每当我面对重大的知识挑战和中年生活的小心酸时，他都是富有同情心的倾听者。

xii 在国际日本文化研究中心进行学术休假的后半段时间里，我定期与罗伯特·艾斯基尔森（Robert Eskildsen）和他已故的妻子 Mariko 共进晚餐，享受家常菜，以西班牙红酒和洗碗作为交换。毫无疑问我得到了很好的招待。最近，罗伯（即罗伯特·艾斯基尔森）和我通过视频会面，阅读彼此的作品。这本书一丝不苟地引用了他的许多著作，但这并不能说明我从他提出的问题和批评中完全理解了其作品的深意。他对 19 世纪 70 年代政治领域的卓识使我避免了许多史实错误并免于得出轻率的结论。感谢他多年来作为学者和朋友的慷慨相助。

我怀着沉重的心情向已故的滨野洁教授表示感谢。滨野是一位拥有温柔灵魂的伟大学者，给予我无限的支持、建议和友谊。我感谢我们在历史和史学问题讨论上花费的大量时间，也感谢许多学术之外的时刻。在埃默里大学的学术休假期间，滨野及其家人教会了我的家人纸牌游戏，这已经成为我们的最爱。我在京都逗留期间，他向我们介绍了这座城市神奇的隐秘餐厅。我至今仍记得我们心照不宣但又分外严格的“主场”规则：在美国用英语交谈，在日本用日语交谈。他的早逝是一个巨大的损失，本书谨以此纪念他。

读者须知[*]

罗马化

日文使用平文式罗马字（Hepburn system），中文使用拼音，韩文使用马科恩-赖肖尔表记法（McCune-Reischauer）。以下缩写用于表示目标语言：J. 日语，Ch. 中文，K. 韩文。

人名

日本、中国、韩国和琉球的人名都以传统方式呈现，先姓后名。个体通常用姓氏来表示，但这可能指向多个个体（例如德川和松平）。为清晰起见，使用特定的名号，名号同样遵循上述规定。例如，荻生徂徕因追随者被称为徂徕学派而将其惯称为徂徕，但平田笃胤则称作平田。因为大多数日文汉字有多

---

* 编者注：封面图片『世界万国日本ヨリ海上里数王城人物図』（《世界万国自日本起航海上里程、王城、人物图》），绘制于江户末期，是日本人仿照中国《坤舆万国全图》等利玛窦系世界图的本土化衍生版本。图中标注有“小人国”“一目国”“大寒国”等距离遥远但明显是虚构的国家，一方面体现了幕末日本渴望了解外部世界的兴趣与需求，另一方面也说明此时的日本对世界的认知有一部分是基于资料与想象。该图现收录于京都大学贵重资料数字档案馆和横滨市立大学古地图数据库。

重读音，所以一些日本人的名字也存在多重读法。例如，“德川庆喜（とくがわ よしのぶ）”也被读作“とくがわ けいき”。比较常见的其他读法，以及常见的笔名，都在正文和索引中注明。

地名

本书中的某些地点在不同语言中有不同的名称——例如，Liancourt Rocks（里昂科礁）在日语中称为“竹島”（竹岛），在韩语中称为“독도”（独岛）。在这种情况下，我使用了最常见的英语地名，后跟括号中的替代词。日本近世的地方藩（大名领土）通常以其城下町的名称而闻名，即藩政府所在地，但
xiv 也有诸多例外。例如，较大的藩通常以其所在国的名称命名。例如，岛津家在萨摩的领地被称为萨摩藩，而不是以城下町的名称称为鹿儿岛藩。有些名称并未遵循这些规则。例如，毛利家在长门的领地通称为长州，这是长门的一个变体。我没有对藩名进行系统化处理，而是遵循惯例并依赖于由儿玉幸多、北岛正元编纂的标准参考书——《藩史总览》。

日期

有特定月份名称的日期（例如 January、February）使用的是公历。年/月/日格式的日期采用日本阴阳历。在 1873 年之前，日本历有十二个月，每个月为二十九天或三十天，一年总共约有 354 天。闰月是用来保持阴历与太阳年同步的。按照

史学惯例，我已将日本的年（不包括月或日）转换为公历。因此，宝历六年十一月初五写作 1756/11/5，对应 1756 年 11 月 26 日。闰月由字母“i”表示。因此，1756/11i/5 代表 1756 年闰十一月（或第 12 个月）的第 5 天，对应 1756 年 12 月 26 日。日本历的新年较公历开始得晚，通常在 1 月 21 日到 2 月 19 日之间。因此，明治维新的一些重要事件发生在日本历的元旦之前，但在公历元旦之后。例如，“王政复古”的诏令发布于庆应三年第十二月的第九日（1867/12/9），对应为公历的 1868 年 1 月 3 日。[1]

度量衡

大名的土地持有量是根据他们每年的稻米收成来评估的，以石为单位，1 石相当于 47. 66 加仑或 180. 39 升。

---

1 译者注：为避免产生混乱，依据中文读写习惯，采纳作者的部分规定，对书中所涉日本阴阳历纪年进行统一化处理。原文为日本阴阳历日期，以年号月日（公历年月日）表示。例如：原文为 1792/9/3（October 7），对应为“宽政四年九月三日（1792 年 10 月 7 日）”。又例如：原文为 July 15（1853/6/10），对应为“嘉永六年六月十日（1853 年 7 月 15 日）”。原文存在只写年月没有具体日期的表述，若无法查定事件发生的具体日期，标注此月的公历对应日期范围，例如：原文为 1865/8，对应为“庆应元年八月（1865 年 9 月 20 日至 10 月 19 日）”。若同日期重复出现，则只以年号月日显示，不添加公历年月日。

绪　言

1871 年 4 月 28 日，在美国华盛顿特区的威尔克餐厅，未来的日本首相伊藤博文在一众美国政要面前发表了演讲。伊藤当时只是日本大藏省的一名官员，在实地考察了美国的金融体系后即将返回日本，这是一场具有官方性质的宴会。与会者包括当时的美国总统尤利西斯・S. 格兰特（Ulysses S. Grant）、副总统斯凯勒・科尔法克斯（Schuyler Colfax）、众议院议长詹姆斯・吉莱斯皮・布莱恩（James Gillespie Blaine）和国务卿汉密尔顿・菲什（Hamilton Fish），以及日本驻美国领事森有礼。伊藤利用此次机会，既宣传了日本近期的政治成就，也庆祝了美日间的友谊。他用英语进行演讲，不断地解释明治维新——那场三年前以天皇的名义发起，推翻了末代德川将军统治的革命。他强调日本渴望向西方学习，尽管德川政权的官僚们扼杀了日本的物质和文化发展，但明治政府已决心追赶上世界其他国家的发展脚步。

伊藤的许多说法都是精明的外交辞令，缺乏实质性内容，只是为了奉承他的美国东道主。然而一个多世纪后，类似伊藤所说的内容仍然出现在对明治维新的标准英语描述中。即使在150年后，辩驳伊藤的演讲也是一种开始重新思考明治维新的理想方式：清除那些引人注目的、普遍但错误的想法。例如，伊藤将明治新政府和日本的过去进行了鲜明对比。据他所述，日本在其历史的大部分时间里都是孤立的：“有记录表明日本已存在2500多年，但在此期间它与外国的交流受到了极大限制。”直至1853年，美国向世界“开放”了日本，“友好地”
2 建议日本开放港口进行对外交往。伊藤解释说，从那一刻起，日本人民开始意识到他们的落后：他们落后于西方几个世纪。他们渴望达到“文明的最高阶段”，开始了以欧美模式为基础的改革。当在美国找到了“会尽一切可能鼓励和帮助我们的人”之后，伊藤相信日本正走在“先进文明国家前列”的轨道上，很快就会“跻身文明和进步国家的第一梯队”。[1]

伊藤所言大部分是错误的。美国并没有“友好地”建议幕府开放港口。相反，它派遣了一支由其最先进军舰组成的舰队前往将军的“首都”，并迫使该政权签署了不得人心的条约。这种羞辱拉开了德川政权统治终章的序幕，幕府的统治在15年后即土崩瓦解。19世纪是帝国主义的全盛时期，相比于英法两国的在华行动，美国的对日政策是和平的、克制的。但美国

---

1 （末松謙澄：『日本の面影・夏の夢』）Kenchō Suematsu, *A Fantasy of Far Japan or Summer Dream Dialogues*（London：Archibald Constable，1905），287 – 293；“Brief History of the Government Troubles and Their Result—Our Intercourse with the Country—Remarks of Gov. Ito of Jeddo,” *New York Times*，May 14，1871.

行动背后的武力威胁是不容置疑的。海军准将马修·佩里（Matthew Perry）是1853年任务的指挥官，他完全准备占领日本的外围领土，以迫使幕府接受美国的要求。伊藤和他那个时代的许多年轻人一样，因幕府与西方列强签订不平等条约，而指责其玷污了“神国”。这些协约允许缔约国在日本划定外国居留地，即所谓的通商口岸，并将外国人置于其本国领事法院的管辖之下。1861年，伊藤对这些羞辱感到极其愤怒，以致他协助纵火焚烧了在江户（今东京）的英国公使馆。然而第二年，他被劝说前往英国留学，在那里他确信日本有很多方面要向西方学习。1864年，当他回到自己的祖国时，曾试图说服他的朋友们，仇外暴力行为不符合日本的最大利益。到1871年[1]，当他在华盛顿发表演讲时，伊藤对美国政府的尊重是真诚的，他明智地选择不描述自己从仇外到崇外的历程，竭力避免向这些美国人提及十年前自己曾诋毁美国文明为野蛮文明的言论。伊藤抹去了美国的炮舰外交曾一度驱使他纵火的故事。相反，他称赞这个国家唤醒了沉睡中的日本，使其接受西方文明的光辉。

伊藤对早期日本历史的修正更具偏见和选择性。在1853年之前，日本并没有对外部世界封闭。相反，日本漫长的历史以间歇性但持续的国际互动为特征。明治维新不是日本第一次
与外界接触，只是最近的一次。几千年来，日本人不仅与世界 3
其他国家交往，而且为了适应这个世界，他们也相应改变了自

1　译者注：原文写为1872年，应为作者笔误，特此说明。

己的国家和社会。为了奉承这些美国听众，伊藤选择将日本与西方在近代的相遇描述为独一无二、史无前例的。事实上，明治时代的文化转借有很多先例可循。比如，在公元 7 世纪和 8 世纪，日本与东亚其他地区联系颇为密切，并在很大程度上模仿、舶来中华及大陆文化。日本官员、学者和僧侣前往中国和朝鲜半岛学习先进的政治、社会知识和生产技术。新一代的朝廷还雇用了众多外国顾问，他们大多来自朝鲜半岛，是移民、难民。由此看来，公元 8 世纪就与 19 世纪末无异：日本领导人接受了外国的设想和顾问，以表明他们已经追赶上当时的大国。与明治国家一样，古代的日本也渴望展示自己的成就。公元 8 世纪，朝廷在奈良修建了一座巨大的寺庙——东大寺，并邀请来自遥远印度的宗教代表参加为一座 250 吨重的青铜佛像
4 举行的开光仪式。这就相当于在公元 8 世纪举办奥运会：一种昂贵但和平的展示权力和技术实力的方式。这一更早时期的国际交往行为为明治时期的文化转借提供了有力的先例。

从日本的角度来看，19 世纪的美国和欧洲就像 7—8 世纪的中国唐朝：强大的外来帝国既令人恐惧又值得效仿。在两种情况下，日本都无法回避这些具有扩张性的外来政权。日本政府需要掌控和重新部署他们的社会、政治、物质资源与技术，以便建立自己的统治正当性并保卫领土。但伊藤明智地选择不提及古代日本对中国唐代的文化借鉴，以便能更好地通过颂扬西方文明的优点来取悦美国东道主。

伊藤还掩盖了从 15 世纪到 17 世纪初日本与全球接触的第

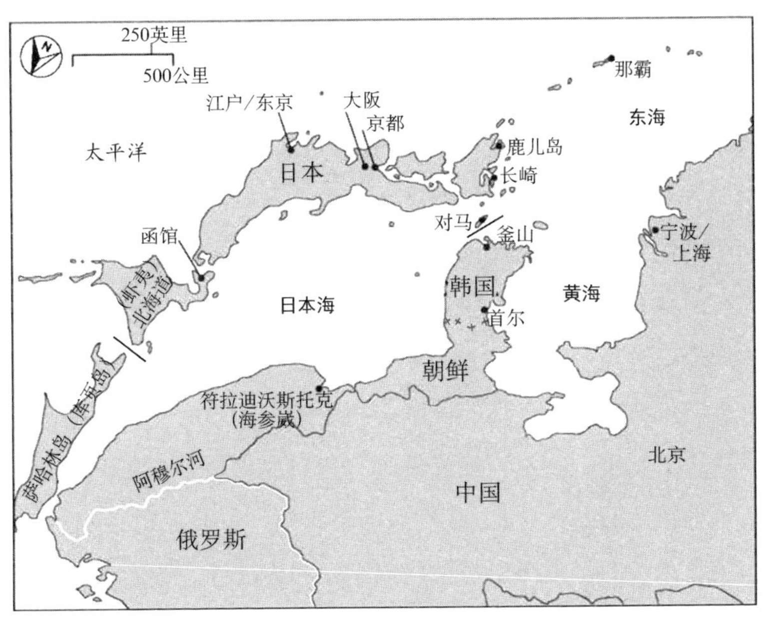

绪言图1　日本列岛与东亚

传统的日本列岛地图往往强调其与世隔绝，受到网野善彦著作的启发，从另一方向去看，反而凸显了日本与世界的连通性。

二波浪潮，当时日本的海盗和贸易商航行于东亚各地。侨民群体最远能抵达暹罗定居，日本官方使节也曾在梵蒂冈开展外交活动。日本远非孤立，而是新兴全球经济的组成部分：来自日本矿山的白银进入了一个统一市场，其价值随着全世界的银价同步波动。在此情况下，当时日本最强大的军阀——丰臣秀吉，寻求建立一个庞大的帝国：1592 年，作为推翻中国明朝计划的一部分，他领导了对朝鲜半岛的入侵。秀吉的侵略以失败告终，德川将军选择不再重蹈秀吉在大陆上发动大规模战争的覆辙。然而，他们确实反击了其他帝国。例如，1628 年，当荷兰人试图限制日本与中国台湾地区的贸易往来时，一位愤怒的日本船长劫持了荷兰殖民总督，并将他带回长崎。这样的故事激励了250年后像伊藤那样与西方帝国主义斗争的人。但伊藤也明智地省略了日本历史的这一方面。最好不要向这些美国听众暗示西方帝国主义已使日本的领土野心再次萌生的事实。

伊藤在19世纪70年代对明治维新的描述是如此精明和充满谄媚，直至今日仍在塑造着关于日本的写作。美国“开放”日本的说法虽具有一定的说服力和传播力，却是一种糟糕的选择性历史叙事。它在“传统日本”和“现代西方世界”之间制造了一个虚假的对立。[1] 要理解明治维新，就需超越这种对立，而关注漫长的日本历史与现代国家间的连续性。维新不只是效
5 仿西方的实践，也是为了恢复和重振日本的旧制度。这并不是“现代”与“传统”，也不是“西方”与“日本”之间的碰撞，而是奋力超越那些二分法，创造能够同时唤起日本独特性和西方进步性的新体系和实践行为。明治维新是一场革命，但其大胆的创新却根植于古代帝国的先例。维新运动的领导者为探寻日本的未来，而刻意抹杀了日本的过去。

这种古代与现代的结合在众多方面都是公开和明确的。例如，作为明治国家基石的近代日本军队的创建。在其激进的军事改革中，明治政府粉碎了一项传统，同时又恢复了另一项传统。明治陆军和海军的建立是对幕府社会和政治传统的明确抛

---

1 作为这种错误的二分法的一个例证，参见 Niall Ferguson，*Civilization：The West and the Rest*（London：Allen Lane，2011），221－222。

弃。自16世纪末以来，日本统治者实行了兵农分离政策：平民被有效地解除武装，而武士则因携带武士刀的权利而与之区别开来。然而在1872年，明治国家打破了武士传统，尽管大多数政府领导人出身武士阶层。日本的新军队将由来自各阶层的日本国民组成，而不再需要世袭的战士。平民将接受训练以为他们的国家而战，武士则需要适应这一新的现实。在宣布征兵的法令中，明治政府宣称对传统的蔑视："武士已不是昔日的武士，平民也不是旧时的平民。"现在，他们在对国家的"权利"和"义务"方面都是平等的。受西方征召军队的成功军事改革启发，日本政府废除了武士阶层，并公开宣布将效仿西方军队的最佳实践。因为西方国家对军事组织的研究已有数世纪之久，日本可以从他们的努力中吸取教训。征兵制度如此一来就成了一种现代化的西方式改革。

但与此同时，明治领导人将征兵制度描述为一种回归古代的方式。他们宣称，在古代，所有强壮的年轻人都曾在危机时期为国家服兵役，而于敌人被击败后回归自己的田地。在政府的描述中，日本天皇曾担任这支古老的国家军队的直接指挥官。但几个世纪后，伴随着皇权的衰落，武士——这一世袭战
士精英阶层旋即崛起。因此，武士阶层的传统取代了日本国家 6
军队的旧传统，也是相对较新的创造。明治政府由此在攻击武士的"传统"时声称，征兵制实际是向古老体制的复归。这种行为是以另一项传统的名义来废除一项传统，而征召军队的西化和现代化改革也是向古代日本的回归。

明治政府对古代征兵制度的刻画不过是玫瑰色的幻想，就像伊藤在华盛顿的演讲一样受到了现实的挑战。事实上，古代国家确乎吸收了来自全国各地的应征入伍者，但那时的平民认为征兵是强迫劳动，而不是忠诚的服役。他们是一支不守规矩、不可靠的军队，很容易四散逃逸。但这些事实并没有使明治领导人感到困扰。相反，他们坚持认为，现代西方改革是恢复古代帝国行为的必要手段。在经历了千百年的忽视之后，古代国家的荣耀将在西方模式的帮助下得以恢复。

像这种古代与现代的结合体是明治维新的一个典型特征，但它们并不是凭空出现的，而是明治国家融入 19 世纪世界政治战略的一部分。明治维新发生在一段全球性的政治变革过程中：民族主义和民族国家的崛起。世界上伟大的多民族帝国——奥斯曼帝国、清王朝、罗曼诺夫王朝和哈布斯堡王朝，它们面临内忧外患而正走向衰落。[1] 它们受到了一种新型政治形式——民族国家的挑战。与正在衰落的帝国不同，民族国家在统治者和被统治者之间主张一种基本的文化认同。例如，无论法国人之间有多大的差异，他们至少在理论上（如果没有在实践中）被共同的文化、语言、宗教和传统联系在一起。法国的统治者，无论是皇帝、总统，还是总理，他们统治着法国，但他们自己也是法国人，有着共同的历史和传统。事实证明，

1 罗威廉（William T. Rowe）将清朝与罗曼诺夫王朝和奥斯曼帝国进行了比较，他说："若把清朝视为近代早期欧亚大陆帝国的典型范例，我们可以说其在 1911 年的最终灭亡恰逢其时。" 参见 William T. Rowe, *China's Last Empire: The Great Qing* (Cambridge, MA: Harvard University Press, 2009), 285。

这样的言论对多民族帝国是有害的：讲德语的哈布斯堡君主如何能合理宣称对意大利拥有统治权？出身满族的清朝皇帝又如何能够拥有中华正统呢？

民族国家形成了一种独特的帝国形式。旧式帝国通常由王朝
联盟缝合在一起，常用的方式是精英家庭间的联姻。但 19 世纪
的帝国越来越多地建立在文明等级观念的基础上。一些优秀的民
族文化，主要是在欧洲，被认为有能力形成民族国家。然而，世
界上许多其他地方被视为暂时或永久的无能力进行自治。[1] 例
如，印度和中国通常被描述为伟大古代文明的萎缩或沉睡的遗 7
迹。也许这些文明可以被“唤醒”，但在此期间，两者都不够
文明或先进，不足以形成民族国家，因此可以“合法地”被征
服。就像未成年的婴孩一样，有缺陷的文明需要欧洲的指导。[2]

---

1 Stephen Howe, *Empire: A Very Short Introduction* (Oxford: Oxford University Press, 2002), 85－86.

2 尤根·奥斯特哈默（Jürgen Osterhammel）简明扼要地总结了 19 世纪末各帝国的种族中心主义话语和大国竞争的交汇点：“一种‘强权即公理’的意识形态，其中大多充斥着种族主义；包括对原住民没有能力以有序的方式管理自己的假定；以及在与诸如欧洲大国这样的对手竞争时，（往往是预防性地）保护国家利益。”参见 Jürgen Osterhammel, *The Transformation of the World: A Global History of the Nineteenth Century* (Princeton, NJ: Princeton University Press, 2014), 401。也可参见 Prasenjit Duara, “Civilizations and Nations in a Globalizing World,” in *Reflections on Multiple Modernities: European, Chinese, and Other Interpretations*, ed. Dominic Sachsenmaier and S. N. Eisenstadt (Leiden: Brill, 2002), 79－99; Prasenjit Duara, *Sovereignty and Authenticity: Manchukuo and the East Asian Modern* (Lanham: Rowman & Littlefield, 2003), esp. 9－40; Prasenjit Duara, *Rescuing History from the Nation: Questioning Narratives of Modern China* (Chicago: University of Chicago Press, 1995), esp. 17－50; James Louis Hevia, *English Lessons: The Pedagogy of Imperialism in Nineteenth-Century China* (Durham, NC: Duke University Press, 2003)。

就连可敬的人道主义者阿尔伯特·史怀哲（Albert Schweitzer）也将非洲人描述为需要成年人监督的永恒幼童。[1] 在日本看来，这种新的国际秩序既令人恐惧又使人振奋。显然，如果日本未能将自己确立为一个“文明”的主权国家，它可能会落入外国的控制之下。因此，作为抵御外国侵略的防御手段，建立日本人的民族国家是必要的。但 19 世纪世界秩序的动荡也令人着迷。新帝国吞噬旧帝国的速度，为日本实现其政治野心提供了新途径。一个统一的日本民族国家，或许很快将成为新兴帝国的核心基础。

对于 19 世纪的日本观察家来说，民族国家的权力在军事事务中表现得最为明显。英国、法国和美国等西方国家能够以最先进的武器装备平民，并派遣他们到世界各地为祖国而战。与此形成对比的是，德川幕府严格限制平民持有武器，以防止他们反抗政府。在幕末和明治时期，日本统治者很难理解如何动员日本平民支持国家。如何运用日本文化来灌输对国家的尊崇理念并驱使民众对国家的服从？简而言之，如何才能将日本平民转变为日本国民，并使之成为对天皇自愿尽忠的臣民？日本的政体怎样才能变成日本民族国家？这样，狭隘的国防问题

1 Mahmood Mamdani, *Citizen and Subject: Contemporary Africa and the Legacy of Late Colonialism* (Princeton, NJ: Princeton University Press, 1996), 3–5.

就包含了广泛的文化、政治和社会问题。[1] 当明治领导人寻求建立一个民族国家时，他们效仿了他们所理解的西方最佳实

1 我把明治维新解释为民族国家的建构，受到了日本与“国民国家”相关论文的影响。尤其请参见西川長夫：『国境の越え方：国民国家論序説』、東京：岩波書店、2001年。西川長夫、松宮秀治：『幕末・明治期の国民国家の形成と文化変容』、東京：新曜社、1995年。西川明确地利用了本尼迪克特・安德森（Benedict Anderson）的《想象的共同体：民族主义的起源与散布》（*Imagined Communities: Reflection on the Origins and Spread of Nationalism*）的日译版本。关于日本民族主义与维新的问题，参见三谷博：『明治維新とナショナリズム：幕末の外交と政治変動』、東京：山川出版社、1997年。三谷博：『明治維新を考える』、東京：有志舎、2006年。这种对民族主义的新关注解决了历史编纂学中长期存在的弱点。将明治维新作为一场“民族主义革命”的观点是由W. G. 比斯利（W. G. Beasley）在五十多年前提出的，但他认为没有必要对民族主义本身进行考察。相反，他将援引民族主义作为一种手段，来逃避关于维新是资产阶级革命还是“现代化”进程的争论。因此，正如玛琳・梅奥（Marlene J. Mayo）所言，“在排除其他一切因素后，我们几乎是在默认情况下得出了（明治维新是）民族主义革命的结论”。同样，阿尔伯特・克雷格（Albert Craig）参照“汉族民族主义”解释了维新，却没有将民族主义作为一种历史性的依情况而异的现象加以探讨。“汉族民族主义”和普通“民族主义”都被视为对地方自豪感的自然而几乎不可避免的表现。与之相对，本书强调民族国家和民族主义是特定国际秩序的组成部分。明治维新作为一场“民族主义革命”，主要是在19世纪其他民族主义革命的背景下发生的，而并不是长期存在的文化力量和偏见的有机产物。正如吉登斯（Giddens）所观察到的那样，尽管民族国家称颂自己的独特性，但它们“只存在于与其他民族国家的体系性关系中。民族国家内部的行政调节就仰赖于那些能反思性地予以监控并具有国际特性的条件。‘国际关系’与民族国家的起源是同时代的”。参见Marlene J. Mayo, “Nationalist Revolution in Japan,” review of The Meiji Restoration by W. G. Beasley, *Monumenta Nipponica* 29（1974）：83－91；W. G. Beasley, *The Meiji Restoration*（Stanford, CA：Stanford University Press, 1972）；Albert M. Craig, *Chōshū in the Meiji Restoration*（Cambridge, MA：Harvard University Press, 1961）, esp. 149；Anthony Giddens, *A Contemporary Critique of Historical Materialism*, Vol. 2：*The Nation-State and Violence*（Berkeley：University of California Press, 1985）, 4。托特曼（Totman）对德川幕府灭亡的如百科全书式的研究关注到了这一全球化背景的重要性：“德川政权之所以垮台，是因为19世纪中叶的帝国主义入侵给它带来了一系列政治任务，而这些任务既不能在当时也不能在过去的任何时候处理。”托特曼忽略的是19世纪的国际秩序如何在给日本领导人带来威胁的同时也提供了政治行动的模板。“帝国主义入侵”是国际秩序的一部分，这种秩序既决定了幕府的垮台，也使日式民族国家的创造物成了日本帝国的核心。参见Conrad Totman, *The Collapse of the Tokugawa Bakufu, 1862－1868*（Honolulu：University of Hawai'i Press, 1980）, esp. xiii。

践。他们创建了与强大的西方民族国家相关的仪式和制度方面的日本对应物。创建这些类似物需要采取双重行动：日本民族国家的制度既需要类似于西方的模式，也要明确地彰显其日本性。例如，明治领导人不能只是照搬英国的国家体系。相反，他们需要创建与日本国情相适应的新政策。例如，1870 年日本国歌《君之代》（君が代）的创作。[1] 19 世纪，西方民族国家开始用国歌来培养民族团结的意识。让士兵
8 （或学生、臣民）一致宣布他们对国家和统治者的忠诚，赞扬祖国的荣耀，是对达成共同目标的有力号召。国歌被设计用来庆祝，一起歌唱的行为同时也向人们灌输了团结意识。因此，这种仪式既创造又颂扬了民族团结。

德川日本没有这样的仪式，但明治领导人很快就意识到作为民族国家的日本需要一首国歌。日本国歌的初次尝试在很大程度上复制了欧洲的模式：由一支西式军乐队创作，并用西方乐器演奏。但为了使《君之代》起到日本国歌的作用，它同时需要彰显日式风格，而不只是对西方模式的改编。[2] 因此，新国歌的歌词采用了取材自日本诗歌的独特意象，这主要从 10 世纪的敕撰诗歌选——《古今和歌集》中提取。《君之代》表达了一种希望，即天皇将统治久长，直至砂砾成岩遍生青苔而

1 译者注：原文表述不准确，《君之代》创作于 1869 年，但直到 1880 年才正式成为日本国歌。

2 杜赞奇巧妙地指出，这种“文明中的民族主义和跨民族主义之间的紧张关系，反映了世界民族国家体系下普遍主义和特殊主义之间的紧张关系”。参见 Duara, “Civilizations and Nations in a Globalizing World,” 89, 95。

不息。[1] 正如后来的民族主义者颇感自豪地描述，这种岩石随时光飞逝而堆积变大，并不因岁月侵蚀而收缩的意象，与西方诗歌中常见的生命短暂和衰败的主题形成鲜明对比。因此，《君之代》不是对西方的模仿，而是一种对日式自然观的挑战性陈述。这种受西方启发的音乐与古代日本诗歌意象的结合，标志着明治激进式改革的双重举措：《君之代》既是"上帝拯救国王"的现代版本，也是一种古老而独特的日式情感宣言。[2] 它既是现代的、西方的，也是古老的、日本的。

当以形容词如"西方的"和"日本的"来描述事物时，这些组合看起来就像笨拙的杂交体。"西方的"和"日本的"这两个词暗示了在不同的和不可调和的选项之间展开抉择。但幕末和明治时期的领导人显然没有受到这种问题的困扰。相反，他们使用了一种在激进的混杂状态下既值得赞赏又显得自然的表达方式。值得仿效的西方实践被描述为"開化"（Kaika）、"文明"（Bunmei）、"宇内"（Udai）或"万国"（Bankoku），

1 对第一个版本的《君之代》的起源，存在不同且有些自相矛盾的说法。我在这里的主要依据是和田信二郎写于1912年的一篇文章，其中载有一则对大山岩的采访，转载自繁下和雄、佐藤徹夫、小山作之助：『君が代史料集成』5、東京：大空社、1991年、19—27頁。还有一则采访刊登于1919年的《鹿儿岛新闻》上，重印版参见繁下和雄、佐藤徹夫、小山作之助：『君が代史料集成』5、38—44頁。这两种说法大体是一致的，尽管大山岩仅仅将芬顿（John William Fenten）描述为一名英国的乐队指挥，并将他与士兵江川与五郎的会面安排在1870年末或1871年初，当时大山本人已经在欧洲了。参见大山元師伝編纂委員編：『元帥公爵大山巌』、東京：大山元帥伝刊行会、1935年、319頁。关于皇室评论的记录，参见宮内省：『明治天皇記』2、東京：臨時帝室編修局、1968—1977年、332—335頁。

2 思想問題研究所：『国号国旗国歌の由来と精神』、東京：東山書房、1937年、66—96頁。

而不是独特的西方式表达。与此相对，必须加以改革的日本本土的行为被描述为“因循”（injun）或“陋習”（Rōshū），也并非明显的日式说法。德川末期和明治初期的激进改革者经常写道，日本应该“万国に並立”（bankoku ni heiritsu）。“並立”字面意义是“并肩而立”，既意味着与列强平等共存，也隐含着日本应保持自身的独特性。其目的是使日本与大国平等，但仍不同于那些列强。

9 日本的许多历史记录用“现代化”或“现代性”来描述这些过程。但这些术语从本质上抹去了与古代历史的连续性。[1]不断的技术引进是维新的一个主要方面，但这也是前几个交流期的共同之处。全球同构的概念有助于将维新置于更长的历史背景中进行考察：政治体制在互动频繁的时期变得更加相似，

---

1 对“现代化”和“现代性”的详尽评论远远超出了本研究的目的，但我对这些术语的规避多得益于弗雷德里克·库珀（Frederick Cooper）的著作。令我尤为感到困扰的是“现代性”一词所隐含的目的论，根据库珀所说，它概括了现代化理论的诸多问题：“所有深入至批判性理论的研究著作，是否仅仅重制了20世纪50年代的美国社会学，把其中现代性的价值从积极转变为消极，与此同时在其他方面又保持原样?”我还赞同这样一种评论，即对“现代性”的引用可能会掩盖更具体的进程，如资本主义和帝国主义。参见 Frederick Cooper，*Colonialism in Question：Theory，Knowledge，History*（Berkeley：University of California Press，2005），113 - 149，quote from 118。在日本历史研究中，朱莉娅·托马斯（Julia Thomas）探讨了“现代性”的传统观念如何总是建立在东方与西方、自然与文明、自然与人类社会的隐性二分法之上。这种做法不可避免地将日本历史归为一种“畸形”或“迟来”的现代性，而她主张重建一种能够包含多种历史经验的现代性。参见 Julia Adeney Thomas，*Reconfiguring Modernity：Concepts of Nature in Japanese Political Ideology*（Berkeley：University of California Press，2001），esp. 15 - 31。也可参见 Harry Harootunian，“Remembering the Historical Present，” *Critical Inquiry 33*，no. 3（2007）：esp. 471 - 475。为了有力地捍卫明治历史的现代性，参见 Carol Gluck，“The End of Elsewhere：Writing Modernity Now，” *American Historical Review* 116，no. 3（2011）：676 - 687。

无论是通过贸易、战争还是联合。这一过程在一定程度上是通过对最佳实践的借用来推动的，即复制看似最有效的政治体制。此外，在贸易或战争中失败的国家或政权，可能被其对手吞并。但其中一些共同点是基于不太实际的、功利性的优势。通常情况下，占统治地位的国家的文化习俗之所以吸引人，仅仅是因为它们与军事或经济优势相关。因此，在 7 世纪，日本政治精英采用了唐代宫廷的服饰，但在 19 世纪，他们则穿着英式双排扣长礼服。这些服饰并没有传达实际的优势而是作为一种象征，以标志日本人是文明的。从此意义上讲，全球化并非特别现代的。倒不如说，日本人采用唐式宫廷帽饰是“古代的全球同构”，而双排扣长礼服则是“现代的全球同构”。[1]

一个相关但又截然不同的问题是，日本人是如何向他们自己解释维新的？他们是如何将美化日本历史与拥抱激进的、西方导向的变革，这些看似矛盾的目标结合在一起的？满怀乐观和变革热情的明治改革者们认为，他们是在重振日本的传统与文化，而不是通过西化来削弱它。通过吸收和改造“国际”和

---

1 我对“全球同构”的描述在很大程度上借鉴了约翰·迈耶（John Meyer）“世界社会”的方法。参见 John W. Meyer, “World Society, Institutional Theories, and the Actor,” *Annual Review of Sociology* 36 (2010): 1 - 20；对于作为本体论现象的跨国系统，参见 John W. Meyer, John Boli, and George M. Thomas, “Ontology and Rationalization in the Western Cultural Account,” in *Institutional Structure: Constituting State, Society, and the Individual*, ed. George M. Thomas (Newbury Park, CA: Sage, 1987), 11 - 37; John W. Meyer et al., “World Society and the Nation-State,” *American Journal of Sociology* 103, no. 1 (1997): 144 - 181。为了研究不同形式的同构，参见 Mark S. Mizruchi and Lisa C. Fein, “The Social Construction of Organizational Knowledge: A Study of the Uses of Coercive, Mimetic, and Normative Isomorphism,” *Administrative Science Quarterly* 44, no. 4 (1999): 653 - 683。

“普遍”的最佳实践来增强日本的力量，这种做法为何会被视为错误呢？“文明”的好处如何可能使日本减少日本性呢？由于诸如“文明”这样的术语在文化和时间上都是非特定的，幕末和明治初期的改革者可以将他们对古代日本历史的钦佩与对激进变革和外国模式的渴望结合起来。日本古代习俗的复兴是迈向国际舞台、实现现代化的组成部分。

为了描述德川和明治思想的逻辑，本书将聚焦于两个关键的矛盾：激进的复古和世界性的沙文主义。激进的复古指通过引用历史来促进现在的根本改变。例如，通过援引古代征召军队的历史以在 11 个世纪后推进军事改革。明治的改革者们利
10 用古老的先例来为在尊崇权威的名义下进行变革而辩护：例如，大名统治阶级的消除，被解释为是回归古老的起源而非推翻骄纵又软弱无能的精英阶层，[1] 而激进的复古也解释了像伊藤这样的人如何在不改变或放弃其先前观点的情况下从仇外转向崇外。伊藤清除在日外国人的愿望是建立在一个纯粹的、不受外国影响玷污的古代日本的愿景之上的。但是，正如清醒之人所观察到的那样，古代国家曾亲切地接待外国使者。这种热情好客是对其强权而非弱点的权衡。早在 19 世纪 50 年代，伊藤的老师吉田松阴就突然放弃了从日本驱逐野蛮人的呼吁，转而寻求前往美国并向美国人学习。通过这种方式，伊藤和许多

1 在明治话语体系中，激进复古的张力在两个短语中同时出现，即“王政復古”（ōsei fukko）与“一新”（isshin）。“王政復古”或“复兴古老的君主统治”，从平安时代早期及更早时代的地方习俗的回归方面描述了明治维新。另一个比较流行的对时代的描述是“革命”（isshin，一新），其所指不是遥远的过去，而是变革和创新。这些短语突显了激进复古所包含的张力：古与今的调和。

其他明治活动家能够接受外来思想，而不会有任何背叛或犯错的感觉：他们只是改进了对古代日本辉煌历史的理解。[1]

对明治时代来说，激进的复古并不是新鲜事。相反，德川时代的激进复古为明治时期的改革铺平了道路。德川时代的改革者曾主张以崇尚古典的名义进行变革，但他们在选择历史先例方面受到了限制。想要修复而不是取代德川政权的改革者只能追溯到 17 世纪初，即幕府草创之际，或 16 世纪末德川武士团崛起的时期。如果这些改革者着眼于德川时代之前的案例，那仿佛他们在隐晦地暗示德川政权本身可被取代。其结果是，他们不像明治时代的改革者那样大胆，可回溯十多个世纪找寻可用的先例，但即便是在这段较短的时间范围内，德川时代的改革者也在以往昔挑战现世。他们通过回顾 16 世纪末和 17 世纪初当阶级差别变得更具灵活性时，来提倡对世袭特权的改革。在外交事务上，他们通过指出早期的德川将军曾允许日本商人穿越东

---

1 我所用的“激进的复古”这一术语，在许多方面与霍布斯鲍姆（Hobsbawm）和兰杰（Ranger）著名的“传统的发明”有所重叠。我用新词组“激进的复古”首先想要强调的是：恢复的是遗失已久的制度和实践，而非维护或捍卫持续的“传统”。其次，“激进的复古”不是含糊地颂扬日本辉煌的古代历史，而是涉及恢复具体的制度以作为应对当时政治挑战的解决方案。考虑到传统的发明和日本的情况，参见高木博志：『日本の近代化と「伝統」の創出』、出自パルテノン多摩編：『「伝統」の創造と文化変容』、多摩：パルテノン多摩、2001 年、81—122 頁。西川長夫：『日本型国民国家の形勢—比較史的観点から』、出自西川長夫、松宮秀治：『幕末・明治期の国家形成と文化変容』、東京：新曜社、1995 年、3—42 頁。以及 Stephen Vlastos, ed., *Mirror of Modernity: Invented Traditions of Modem Japan* (Berkeley: University of California Press, 1998)。关于美国早期共和政体引用古罗马和古以色列这一耐人寻味的案例，参见 Eran Shalev, *Rome Reborn on Western Shores: Historical Imagination and the Creation of the American Republic* (Charlottesville: University of Virginia Press, 2009)。

亚，以此来批评孤立主义政策。这样的论点出现在德川时代的各种作品中，包括荻生徂徕、林子平和平田笃胤的著作。他们除认为德川政权应通过恢复其早期原则而得到复兴和使统治合法化之外，几乎没有达成共识。德川时代的激进复古并不能拯救幕府的统治，但它为明治时代的复古主张创设了道路。

世界性的沙文主义指的是将日本文化的独特性与跨文化规范整合起来的策略。[1] 就像激进的复古使过往与未来兼容一样，
11 世界性的沙文主义使外来思想与本土实践相兼容，它假设某些普遍真理已在日本境外被发现。虽然在国外被发现，但这些思想是普遍适用的，因此它们将促进而不是削弱日本文化的发展。

---

1 我所说的“世界性的沙文主义”这一术语，在一定程度上是对本尼迪克特·安德森关于民族国家是一种“模型”概念的扩展。我认为，同样的模型概念也可以应用于其他超越国界的体系，比如中国古代的朝贡体系。在不同情况下，地方的政治身份和制度是由当地情况以及跨国体系的规范和约束共同塑造的。因此，正如本研究所讨论的那样，传统的东亚国家，如日本的律令制国家，是以唐朝制度为“模型”的案例。近期对中国朝贡制度的总结，参见 David C. Kang, *East Asia before the West: Five Centuries of Trade and Tribute* (New York: Columbia University Press, 2010)。关于本尼迪克特·安德森与民族主义的讨论，参见 Manu Goswami, “Rethinking the Modular Nation Form: Toward a Sociohistorical Conception of Nationalism,” *Comparative Studies in Society and History* 44, no. 4 (2002): 770 – 799; Dipesh Chakrabarty, “Towards a Discourse on Nationalism,” review of *Nationalist Thought and the Colonial World: A Derivative Discourse* by Partha Chatterjee, *Economic and Political Weekly* 22 (1987): 1137 – 1138; Ernst Gellner, *Nations and Nationalism* (Ithaca, NY: Cornell University Press, 1983); Benedict Anderson, *The Spectre of Comparisons: Nationalism, Southeast Asia, and the World* (London: Verso, 1998); Anderson, *Imagined Communities*; Anderson, *The Spectre of Comparisons: Nationalism, Southeast Asia, and the World*; Antony Anghie, *Imperialism, Sovereignty, and the Making of International Law* (Cambridge: Cambridge University Press, 2004); Partha Chatterjee, *Nationalist Thought and the Colonial World: A Derivative Discourse* (London: Zed Books, 1986); Andreas Osiander, “Sovereignty, International Relations, and the Westphalian Myth,” *International Organization* 55, no. 2 (2001): 251 – 287。

这种做法打破了“日本的”和“外国的”潜在对立。相反，在世界性的沙文主义的话语体系中，日本的全部军事、经济、政治甚至文化潜力只能通过观察日本以外的地方来实现。因此，世界性的沙文主义使跨文化转借与本土自豪感相兼容。

世界性的沙文主义在日本对近现代欧洲政治制度的研究中尤为凸显。早在 1862 年，加藤弘之就主张日本应采取西方的分权原则。通过考察世界上的各种政体，他得出的结论是，“较弱”的政府实际上可以制造出更强大的国家，因为专制统治削弱了他们的人民。对加藤来说，这是“时代的必然趋势”。在世界各地，新兴的君主立宪政体和共和政体正在取代旧帝国。例如，普鲁士的发展在一定程度上是与奥匈帝国的衰落同时发生的。因此对加藤来说，选择是在好政府和坏政府之间，而不是在东西方之间。中国、俄国、奥地利和土耳其因为未能及时实现宪政改革，导致国家逐步衰弱。相反，日本应该效仿普鲁士，采用现代君主立宪制。[1]

1　参见加藤弘之 1862 年所写的文章《最新论》，又名《邻草》，英译名：“Neighboring Grasses”和“Essays on a Neighboring Land”。在此，我依据的是由江村荣一注解的版本，出自江村栄一：『日本近代思想大系 9：憲法構想』、東京：岩波書店、1989 年、2—25 頁。具体的解释，参见 Thomas，*Reconfiguring Modernity*，84 - 110；Winston Davis，*The Moral and Political Naturalism of Baron Katō Hiroyuki* (Berkeley：Institute of East Asian Studies，University of California，1996)；以及 Bob Tadashi Wakabayashi，“Katō Hiroyuki and Confucian Natural Rights，1861 - 1870，” *Harvard Journal of Asiatic Studies* 44，no. 2 (1984)：469 - 492。托马斯（Thomas）对明治思想中关于“自然”的比喻的关注，在许多方面与我关于“世界性的沙文主义”的论点是吻合的。对于加藤而言，如果政治原则根植于“天理”(Tenri) 或“自然”(Shizen)，那么世界各地的政治制度应该是相似的。

和激进的复古一样，明治时代的话语体系也建立在德川时代先例的基础上。近世思想家常用的策略是把西方思想视为普遍的而不是外来的。例如，佐藤信渊坚称，较之欧洲文化，西方天文学与日本文化更为兼容。1825 年，他出版了一份关于欧洲天文学思想的详细摘录，其中包括在椭圆轨道上绕日运行的七颗行星。他随后展示了这个模型是如何与古代日本神话完全兼容的：例如，在日本文化中，天照大神的中心地位与日心说中的太阳中心地位相契合。然而在欧洲，近代天文学与主张地心论的宗教观念相冲突。由于在德川时代讨论《圣经》是违法的，佐藤的措辞非常谨慎，意图却十分明确：近代西方天文学实际上驳斥了《圣经》中的理论，却证实了《古事记》的真实性。[1]

日本思想家也将世界性的沙文主义运用到中国和印度的思想中，将儒学和佛教视为普遍真理而非外来思想。佛教方面，
12 宗教理论家将神道的神灵与佛陀的化身相匹配，认为日本诸神是各种佛教真理的本地垂迹。日本的宗教实践者没有假定“外来”宗教与本土传统之间的冲突，而是创造了一种共生关系。一个著名的佛教—神道配对是，最抽象和普遍的佛陀表现形式毗卢遮那佛与天照大神的匹配。这种联想意味着，日本最大的寺庙和佛像，东大寺和其中供奉的毗卢遮那佛的巨大青铜雕

1 佐藤信淵：『天柱記』、出自尾藤正英、島崎隆夫校注：『日本思想大系 45 安藤昌益・佐藤信淵』、東京：岩波書店、1977 年、361—423 頁。也可参见 Jason Ānanda Josephson, *The Invention of Religion in Japan* (Chicago: University of Chicago Press, 2012), 116 - 118。

像，也表现着对天照大神的崇拜。[1] 在德川时代，本土主义哲学家开始抵制这种概念混合，坚持认为佛教正在腐蚀纯粹的日本传统。但是，这种对佛教的敌意并没有削弱世界性沙文主义的广泛影响：外来思想可以本土化并对日本文化来说是必不可少的。

日本思想家也声称儒家思想是他们自己的文化遗产。例如在 17 世纪，哲学家山崎闇斋认为，日本可以宣称儒家思想是属于日本的。在经常被引用的一次与学生的对话中，山崎被问道，如果孔孟亲率中国军队攻击日本，他会怎么做。山崎回答说，他将活捉孔孟，并让他们为日本服务[2]：“此即孔孟之道也。”[3] 山崎因此把这些人当作普遍的圣人，伟大的哲学家，只是偶然出生在中国，而不是中国的哲学家。正因为他们具有普适性，所以也可以为日本服务。因此，对山崎来说，日本的文化自豪感与对孔孟的崇敬是完全相容的。明治思想家们采取了与之类似的方法来对待西方思想，将伟大的思想与它们的地理起源分开：那些吸引人的欧洲思想只是恰巧首先在欧洲被发现

---

1 关于这种称作“本地垂迹”的概念混合的考察，参见 Mark Teeuwen and Fabio Rambelli, *Buddhas and Kami in Japan: Honji suijaku as a Combinatory Paradigm* (London: Routledge Curzon, 2003)。

2 译者注：此处作者理解似有歧义。山崎闇斋原文为：“不幸若逢此厄，则吾党身被坚手执锐，与之一战，擒孔孟以报国恩，此即孔孟之道也。”出自《先哲丛谈》第三卷，并无“活捉孔孟使其为日本服务”的意思。

3 Ryusaku Tsunoda, William Theodore De Bary, and Donald Keene, eds., *Sources of Japanese Tradition*, 2 vols. (New York: Columbia University Press, 1958), 1: 369-370. 原文参见原念斎、源了圓、前田勉：『先哲叢談』、東京：平凡社、1994 年。

的普遍真理。[1]

因为世界性的沙文主义包含了中国的和欧洲的思想，所以它帮助产生了早期明治思想中充满活力的折中主义。许多19世纪的思想家并没有将“东方”和“西方”的思想进行对比，而是自由地将这两种传统进行组合，将互补的普遍真理结合在一起。例如，栗本锄云既接受儒家的理想主义思想，也认同西方的法律思想。在担任幕府的外国奉行访问法国期间，栗本对西方法理学的价值深信不疑，并将这一点与他早年在儒家经典中接受的教育相调和。他写道，在一个由儒家圣人统治的社会
13 里，详细的成文法是多余的。问题是这样的圣人如凤毛麟角。因此，在现实中，法官往往是普通人，充满偏见和道德弱点。解决这一难题的办法是引入明确而严格的法律法规，如《拿破仑法典》。因此，《拿破仑法典》如百科全书般的细节是对儒家思想的绝妙补充，因为它论述了普通人而不是圣人如何裁决法律纠纷。[2] 狡黠与聪慧兼具的栗本为幕府服务，但在幕府灭亡后依然事业兴盛。在明治时期，他成为一家主流报纸（《邮便报知新闻》）的编辑，其世界性的沙文主义塑造了关于政治、社会和文化的公共话语。

世界性沙文主义和激进复古情绪的力量解释了明治维新的

---

1 既具体又普遍的关于中国思想的一般问题，参见 Thomas，*Reconfiguring Modernity*，40－42；以及 Ronald P. Toby，*State and Diplomacy in Early Modern Japan* (Princeton，NJ：Princeton University Press，1984)，211－230。

2 栗本鋤雲（匏庵）：『暁窗追録』、出自『匏菴十種 巻之2』、東京：九潜館、1869年、5頁。

中心张力。在其世界性的沙文主义中，改革者接受西方思想以捍卫日本的独特性。在激进的复古情绪中，他们把日本推向未来，同时颂扬过去的辉煌。由于明治的激进复古主张回顾古代日本，因此解释维新需要检视古老的过往。本书第一章考察了日本从公元 8 世纪到 18 世纪的历史，重点关注了在 19 世纪被援引的有关国家建设的先例。面对欧洲帝国主义的挑战，幕末和明治时期的改革者回顾了更早时期日本与世界的接触。在古代和中世纪，日本是如何保卫领土并使自身统治合法化的？国家是如何动员人民和资源进行战争的？许多德川时代的改革者都把目光投向了 17 世纪初期的先例。这是德川幕府统治权力和海外接触的顶峰，改革者敦促后来的将军恢复幕府早期的政策。相比之下，明治的改革者则关注德川时代以外的时间段，追溯到奈良和平安时代，即皇权达至巅峰的时期。

第二章论述了从 18 世纪到面对帝国主义危机的 19 世纪 40 年代之间的改革努力。对明治改革者来说，德川幕府因未能保卫日本抵御帝国主义而被视为一个失败的政权。然而，从另外的角度来看，德川幕府取得了非凡的成功：它让日本在两个多世纪的时间里，无论在国外还是在国内，都保持了和平稳定。从 17 世纪开始，德川政权小心翼翼地规避任何可能导致在外交或军事上蒙受耻辱的海外接触。在没有外部威胁的情况下，政府认为没有必要维持强大的军队或扩大中央政府的权力。这一章探究了幕府在 19 世纪的软弱很大程度上是其在 17 世纪取得成功的结果：在没有国家间冲突的情况下，该政权没有必要为战争做准备。

14 第三章讨论了激进的尊皇思想的崛起及1868年推翻幕府的运动。1868年反抗幕府的叛军坚称他们是在攻击叛国政权，日本皇室的敌人。然而，德川改革者和尊皇派的动机都是类似的。因此，幕府改革在许多方面预示着明治的改革。双方的积极参与者都拥护世界性的沙文主义，采用西方的实践和技术来强化日本。他们利用激进的复古情绪，将对未来的大胆设想包裹在对过去的敬畏中。由于这些共同点，尊皇派很快就赦免并雇用了众多旧德川官僚。

第四章探讨了从1868年到1871年维新初期，以及大名领地解体的状况。尽管尊皇派推翻了幕府，他们却在反对地方领主大名时采取谨慎的态度。事实上，新政府非但没有消灭大名，反而试图通过他们进行统治，甚至创建了新的大名统治地区并召开大名议会。明治政府对大名领地的尊重产生了意想不到的结果——加速大名统治崩溃。许多机敏的大名认识到，通过数百次地方改革无法实现建立一个国际公认的日本民族国家的目标。比起捍卫他们的传统特权，许多大名怀着激进的复古情绪，主张回归古代帝国的集权统治。政府给予其慷慨的抚恤以回报他们的合作，武士精英阶层就这样隐秘地从国家政治生活中销声匿迹了。

第五章考察了1871年至1873年期间激进的改革和政府内部严重的分歧。世界性的沙文主义和激进的复古情绪使政府团结在一起，却在应效仿哪些国家的问题上产生了分裂。新政府的成员拥有一个共同目标：在古代日本君主制和现代西方模式的基础上建立一个强大的日本民族国家。但在此一致主张的范围内，政府面临着一些易引起分歧的实际问题。西方列强是如何变得如此强大的？是先进的技术、更好的教育，还是更广泛的自由、更高的忠诚度？日本应该采用哪种西方模式？他们应该考虑法国、普鲁士、英国或美国的模式吗？是什么让西方民族国家如此强大？是国家的权力吗？还是国家权力来源于人民以及他们对国家的奉献？1873 年，这些激烈的分歧使政府四分五裂。几位主要的维新领导人辞去公职以示抗议，为随后几年 15
的暴力叛乱埋下了伏笔。

第六章着重论述了 1874 至 1881 年期间，新政府巩固政权和涌现出新的政治反对派的情况。近代日本官僚制度和民众反对运动皆可追溯至 1873 年的危机。在经历了一时的变革热情后，政府转而进行更为谨慎和系统化的改革。目标仍然是“与世界各国并立”，但这已被认为将是一个长达一代人的过程。取代变革的热情、魅力和勇气，政府越来越重视行政能力的提高，例如使一个部门在财政预算内行事。后危机时期的行政管理日益结构化与集中化，确立了近代日本官僚制度的基本职能和组织形式。与此同时，反对派阐明了日本未来的另一种设想。他们颂扬日本的尚武精神并批评政府的懦弱。他们还指摘政府的专制，辩称该政权是失败的，既未能激励“人民”，也没有遵循民众的意愿。但反对派并没有就“人民”的单一定义达成一致。从狭隘的角度来看，“人民”只包括心怀不满的武士，但从广义上看，它涵盖了数百万农民和商人。这场反对运动既宽泛又混乱，超越了“进步的”和“保守的”等标准定义。在世界性沙文主义的话语体系中，反对派既援引武士道精神作为民族自豪感的象征，也引用西方的自然权利理论。在追求他们的目标时，反对派成员既拥护暴力叛乱也接受和平请愿。明治初期的反对派既证明了好战性外交政策的吸引力，也表明了对更具包容性的政治制度的需求。因此，它既是日本军国主义获得广泛支持的前因，也是大规模民主运动的序奏。

到 19 世纪 80 年代，日本已然成为稳定的民族国家，而不是一个革命政权。日本领导人不再幻想他们能在一夜之间把日本变成世界强国。例如 1871 年[1]，伊藤在华盛顿发表演讲时，他仍然希望通过外交手段和友好姿态说服美国重新协商不平等条约。到 19 世纪 80 年代，他意识到这样的谈判需要通过几十年的法律和宪法改革才能达成。加藤弘之在 19 世纪 60 年代将西方政治思想引入日本，他沮丧地回顾了自己的早期著作，好奇当初那个年少鲁莽的激进分子是谁？在加藤成为东京帝国大学
16 校长后，他禁止再版自己的早期著作。加藤和伊藤代表了一种新的耐心与谨慎的心态。日本领导层重视的不是激情与勇气，而是计划性和连贯性。这种保守的转向可以理解为近代日本国家的成熟。然而对于本书来说，它标志着一个具有革命潜力和变革的时代的结束。[2]

1 译者注：原文写为 1872 年，应为作者笔误，特此说明。

2 关于加藤弘之思想发展的细节，参见 Thomas，*Reconfiguring Modernity*，87 - 100。她恰如其分地将 19 世纪 60 年代和 70 年代流动性极强而充满活力的学术环境描述为“四散的自由活动”，而非“专注的体育赛事”。

因此，本书的中心主题是，明治维新需要在三个不同的语境下同时被考虑。首先是最显而易见的——本土的历时语境。19 世纪六七十年代的日本是由此前几十年的政策和实践塑造的。例如，明治国家许多最大胆的改革可以被理解为德川时代改革举措的激进变体。与此同时，维新运动也是全球性的和同步性的。随着日本更深入地参与到世界政治中，伦敦、巴黎、华盛顿和圣彼得堡的决策对日本的影响也相应增强。日本领导人积极参与这一进程，寻求在新的国际秩序中使日本国家合法化。因此，明治维新将“漫长的 19 世纪”分割为二，即旧帝国的衰落和强大的新国家的崛起。最后，维新需要被理解为是一场共时性的变革运动：由遥远的过去塑造而成。许多满怀热情的尊皇派想要回到神代，在那个时代，天皇和其臣民能够通过一种毫不费力的精神行为直接结合在一起，并被宗教仪式神圣化。他们梦想着一个纯粹的日本文明，不受中国和西方的影响，但现实令他们大失所望。明治领导人则着眼于古代历史的不同方面。古代朝廷的统治与其对隋、唐的反应有关，朝廷吸收和改造外来思想，以建立一个强大的新日本国家。如创建国家税收和国家军队这样的古代政策，为明治领导人提供了近代化改革的古老先例。在近代全球化的背景下，古代全球化的进程让人觉得是即时的与至关重要的。[1]

---

1 关于文化语境的线性与非线性思考，参见 Duara，*Sovereignty and Authenticity: Manchukuo and the East Asian Modern*，26 - 28；Duara，*Rescuing History from the Nation: Questioning Narratives of Modern China*，17 - 50。

第 1 章

近乎永久的和平

推翻德川幕府的变革者们贬称其软弱落后，指责幕府阻滞社会和经济发展，阻碍关键军事技术的进步。幕府未能保护日本免受外来威胁，破坏了日本作为世界强国的正当地位。明治时代的那些指控反映了日本在19世纪面对的挑战，主要是西方帝国主义的威胁。依据此标准，德川幕府确实是失败的：它从未能动员日本的人力或资源，对外来侵略做出统一而有效的反应。

然而以其他标准衡量，德川政权便显得截然不同了。两个多世纪以来，德川国家体制使日本在国内国外都保持了和平。这段漫长的和平见证了日本文化的繁荣。识字率的显著提高和蓬勃发展的出版业满足了人们对从通俗小说到古典诗歌等各种事物日益增长的需求。幕府的首府江户，即今天的东京，成为世界上最大、最有活力的城市之一，拥有全方位的知识、鉴赏和世俗娱乐活动。一种新的消费文化，伴随着服装与发型不断推陈出新的流行趋势，始于城市，并慢慢传播到因新技术如更好的农具和新作物而提高了生活水平的农村。许多日本学者认为这些变化是颓废的，但在面临帝国主义危机之前，很少有人认为德川政权是脆弱的。

德川政权倒台并非因其“软弱”，而是由于它无法适应日趋暴力化的国际环境。几个世纪以来，幕府将军始终努力避免与外国纠缠，与中国和朝鲜保持有限且和平的关系，同时严格
18 限制与其他政权的接触。承平日久的幕府不再需要强大的国家军队，因而几乎无人可以立即投身战斗。在没有国家军队的情况下，幕府缺乏建立国家机构的关键动机，比如国家税收。为什么要冒着激起国内不满的风险，为一支幕府并不需要的国家军队征税呢？而在欧亚大陆的其他地区，激烈的国家间竞争驱使统治者对人民的控制不断增强。从西欧到东南亚，君主们要求获得更大的权力以击败敌对国家。战争是昂贵的，随着国王意欲从臣民那里寻求更多的收入，他们也越来越关注臣民的日常生活：他们住在哪里？他们做什么？他们生产了多少产品？他们可以缴纳多少赋税？为了准备战争，统治者们以越来越大的力度对人民进行统计、征税、征兵、训练和教导。因此，战争成了国家建设的核心驱动力，或者如社会学家查尔斯·蒂利（Charles Tilly）所言：“战争造就了国家，国家制造了战争。”[1]

---

1 Charles Tilly, “Reflection on the History of European State-making,” in *The Formation of National States in Western Europe*, ed. Charles Tilly and Gabriel Ardant (Princeton, NJ: Princeton University Press, 1975), quote from 42. 关于这一问题的参考书目很多。关于蒂利最终对自己论点的总结请参考其著作《强制、资本和欧洲国家》(*Coercion, Capital, and European States, AD 990 - 1992*, rev. pbk. ed. Cambridge, MA: Blackwell, 1992)。对于蒂利的一个有力批判，可参见 Brian D. Taylor and Roxana Botea, “Tilly Tally: War-Making and State-Making in the Contemporary Third World,” *International Studies Review* 10, no. 1 (2008)。Victoria Tin-bor Hui, *War and State Formation in Ancient China and Early Modern Europe* (Cambridge: Cambridge University Press, 2005)，这部著作考察了中国古（转下页）

从17世纪开始，幕府采取了不同的方法。在与中国和朝鲜达成和平之后，他们选择稳定而非冲突，只要求足够的力量来维持现状。在国内，幕府满足于间接统治，他们没有废除地方藩势力，而是试图确保各藩臣服并顺从于幕府统治。在对外政策上，幕府试图避免公开冲突。这一战略非常适合当时的国际环境：中国和朝鲜都不希望16世纪90年代的灾难性战争重演。取而代之的是，日本和东北亚主要大国参与了一个力量较往日高度削弱却相对和平的关系网络。然而，当国际环境发生变化时，德川政权开始显得软弱和畸形。西方帝国主义向东北亚的势力扩张意味着战争再次成为国家治理的关键，幕府一直殚精竭虑奉行的政策开始显得无能和过时。与其说幕府软弱，

（接上页）代的战争和国家形成的情况。蒂利的关注点集中在欧洲，维克多·利伯曼（Victor Lieberman）则将目光投向欧洲以外，他不仅考察了欧洲国家的起源，还考察了国家间交往在世界历史上的作用，探索了1300年至1830年间国家间的交往和冲突如何推动了欧亚大陆上国家的形成。利伯曼发现，在俄罗斯、越南、法国和缅甸等不同地区政权的发展过程中，存在着重大的共同点。利伯曼没有将欧洲的活力与亚洲的“停滞”进行对比，而是把重点放在整个欧亚地区的“奇怪的相似之处”上，即1300年至1830年间，新兴政体都经历了领土巩固、行政集权和文化融合的过程。与蒂利一样，利伯曼认为军事竞争是这些国家建设过程中的核心，尽管他也强调和平的相互作用，如贸易和思想上的竞争。参见 Victor Lieberman，“Transcending East-West Dichotomies：State and Culture Formation in Six Ostensibly Disparate Areas，” in *Beyond Binary Histories：Re-imagining Eurasia to c. 1830*，ed. Victor Lieberman（Ann Arbor：University of Michigan Press，1999），19－102；Victor Lieberman，*Strange Parallels：Southeast Asia in Global Context，c. 800－1830*，Vol. 2：*Mainland Mirrors：Europe，Japan，China，South Asia，and the Islands*（Cambridge：Cambridge University Press，2009），1－122，esp. 131－148。与以上两位学者不同，有一位强有力的异议者关注国家建设的普遍模式，参见王国斌《转变的中国：历史变迁及欧洲经验的局限》，（Roy Bin Wong，*China Transformed：Historical Change and the Limits of European Experience*，Ithaca，NY：Cornell University Press，1997）。

不如说它受到了生态系统变化的威胁。因此，要想理解德川政权的垮台，需要审视其所处的更广泛的政治环境。

对 19 世纪的维新派来说，在西方帝国主义塑造的环境中，幕府只是一个消极负面的政权：它没有为国家间充满暴力与竞争的秩序做好准备。维新派在回溯可利用的历史作为行动依据时，超越现有的德川政权而着眼于先前的全球化时代，当时日本领导人也面临着类似的挑战。彼时的日本如何应对中国历史上两个强盛的帝国——隋朝（581—618 年）和唐朝（618—907
19 年）？在 16 世纪和 17 世纪初，日本如何应对西方帝国的野心？在这两个时代，均是来自地方的领导者，在面对外国的威胁和竞争时，建立了强大的、集权的日本政府。

日本历史可以理解为经历了三次全球化和全球同构的大浪潮。[1] 日本的第一次全球化浪潮始于 6 世纪，当时日本顺应隋、

---

1 我在这里描述的日本的第一个全球化时代有时被称为“古代的”或“旧”全球化，与近现代全球化形成对比。尽管许多学者对此有争议，但我的观点与詹宁斯（Justin Jennings）一致：“全球化是近现代独有的，学者们对全球化的定义矛盾地为我们提供了一个直接的标准，可以用它来确定全球化的早期阶段。”詹宁斯将全球化描述为一种典型的近现代现象，称之为“现代化最伟大的产物”，并提倡“全球化”的“多元化”。参见 Justin Jennings，*Globalizations and the Ancient World*（Cambridge：Cambridge University Press，2011），esp. 1 - 3，19 - 21。贝利（C. A. Bayly）用“旧（archaic）”和“近代早期（early modern）”这两个修饰语来标记早期的全球化形式。参见 C. A. Bayly，*The Birth of the Modern World*，*1780 - 1914：Global Connections and Comparisons*（Malden，MA：Blackwell，2004），41 - 44。对以上观点的反驳，以及对全球化是一种单一现象这种论点的辩护，参见尤根・奥斯特哈默《全球化简史》（Jürgen Osterhammel，“Globalizations，” in *The Oxford Handbook of World History*，ed. Jerry H. Bentley，Oxford：Oxford University Press，2011）。在日文研究文献中，“古代东亚世界”的概念已经确立。参见西嶋定生著、李成市編：『古代東アジア世界と日本』、東京：岩波書店、2000 年。

唐的崛起，一直持续到 10 世纪。[1] 在这第一波全球化浪潮中，日本直接接触的国家、地区仅限于东亚，但珍贵的物品从遥远的波斯抵达了日本。第二次浪潮始于 15 世纪，持续到 17 世纪，当时日本涉足了新的全球市场并接触了新的帝国。这种全球化包括世界市场的创建以及日本、欧洲和新大陆人民之间的个人直接接触。第三次浪潮始于 19 世纪中叶，持续至今。日本的第一个全球化时代促使了古代日本政权的创建。公元 7 世纪，就像在 19 世纪一样，日本领导人试图保护日本免受其他帝国的侵蚀，这既需要效仿外国的最佳实践，也需要在更广泛的国际话语体系中使日本合法化。在明治时代，外部威胁是西方帝国主义，但在古代，是中华帝国。隋朝和唐朝创建了庞大的帝国，帝国范围东南至今越南的部分地区，西达中亚，东北至今中国东北。唐朝的朝贡范围更广，包括朝鲜半岛和中亚、东南亚的大部分地区。在这种制度下，当地的“国王”被描述为唐朝皇帝的“仆人”，唐皇帝则是受命于天的至高君主。

与 19 世纪相似，古代日本统治者感受到了这个外来帝国的威胁，他们对朝鲜半岛的事件感到尤为震惊。公元 7 世纪 60 年代，唐朝代表新罗王国介入了一场多方参与的朝鲜内战。此

1　日本政权与亚洲大陆之间的外交往来至少从公元 57 年就开始了，但贸易和文化交流到公元 6 世纪才开始变得愈发频繁。研究两者间早期交流的历史学著作，参见 Joshua A. Fogel, *Articulating the Sinosphere: Sino-Japanese Relations in Space and Time* (Cambridge, MA: Harvard University Press, 2009), 7 - 13; Joshua A. Fogel, 2011 Arthur O. Lovejoy Lecture “The Gold Seal of 57 CE and the Afterlife of an Inanimate Object,” *Journal of the History of Ideas* 73, no. 3 (2012)。

后，新罗得以摧毁其主要竞争对手百济。日本曾派遣军队支持百济，但在与唐、新罗联军的战斗中惨败。在那次战败后，唐及其同盟国似乎有可能对日本采取进一步的行动。[1]

就像 19 世纪一样，人们不清楚是什么让这个庞大的外来帝国如此强大。仅仅是军事技术吗？或同样是其政治制度利于调动和统领人力与各种物资？或是更广泛的哲学和宗教体系？对此毫无把握的日本改革者在采纳外国做法方面表现得极为大
20 度。他们在很大程度上以唐朝模式为基础，对日本进行大规模的中央集权化改革。奈良—平安时代的政权在日本历史上首次尝试进行全国性的人口和土地调查。皇室宣称控制日本所有的耕地，凌驾于氏姓贵族的权利之上。从 7 世纪末开始，所有的农田理论上每六年重新分配一次，每种类型的耕种者，无论是男性还是女性，自由民还是隶属者，都将分得同等的土地。同样，全日本的所有人口在法律上（但在实践中并非如此）被重新分配，划分为人口规模均等的村庄，并以村庄为单位统一向中央政府缴税。成年男性既要向中央政府服兵役也要出劳役。一个新的中央行政机关被建立，以氏姓为基础的头衔被唐朝式的帝国办事机构所取代。从理论而非实践上来说，此时日本的最高权力由各部门的长官掌控，而非各氏姓首领。由于唐朝的合法君主在思想方面主张传播佛教教义，古代日本国家在全国范围内建立了佛教寺庙体系，并鼓励对佛经展开研究。为了看

1 参见 Bruce L. Batten,"Foreign Threat and Domestic Reform: The Emergence of the Ritsuryō State," *Monumenta Nipponica* 41, no. 2 (1986)。

起来“文明”，古代日本官员采用唐代的着装规范。如同19世纪一样，日本统治者愿意吸纳“敌人”的观点与技术来保卫日本。在这些全球同构的类似案例中，合作从纯粹的哲学思想层面延伸到日常生活的世俗方面。

即使采用了中国的制度和技术，古代日本统治者也坚持日本国家独特的荣誉理念。“日本”这个名字本身就反映了这种模仿与沙文主义的结合。“日本”来自日语“にほん”，意思是“太阳起源之处”或“旭日东升的土地”。这个词最初在公元7世纪被使用，主要用来描述相对于隋唐中国的日本。只有从位于西方的中国的地理位置来看，日本才是“太阳升起之国”。日本使节把日本说成“日出处”，把中国说成“日落处”，既宣示了自己的文化优越性，也暗示了中华文明的中心地位。值得注意的是，关于更早的日本名称的术语，例如“大八洲”，指的是日本本土的地形，与亚洲大陆并无关系。相比之下，“日本”这个词具有关系性，确立了日本在以中国为中心的国际秩序中作为东方前哨的地位。

日本的第一次全球化浪潮在10世纪初结束。朝廷在9世纪末停止派遣遣唐使，唐朝也于公元907年覆灭。唐朝朝贡制度的崩溃并没有中断非国家关系的发展。相反，日本和大陆间的文化 21
和经济交流有增无减，产生了深远与持久的影响。例如，禅宗就是由在公元12、13世纪前往中国学习的僧侣带到日本的。但是，两国间正式的国家往来减少了，这些交流发生在正式的权力结构之外。[1] 在日本国内，12 世纪后，朝廷的权力逐渐被为其掌管军务的武士夺走。征夷大将军不是作为一名朝廷官员，而是作为一种独立的权力源出现。第一个幕府政权镰仓幕府，其创造的新仪式和制度，也影响了 19 世纪 70 年代日本政治的塑造。几个世纪后，德川幕府不仅采用了镰仓幕府的仪式，如宣誓效忠，还声称自己的血统来自第一位幕府将军源赖朝。

第一个幕府政权为武士统治创造了许多先例，但它远不及德川政权强大。第二个幕府政权室町幕府仍然比较弱势。事实上，从公元 14 世纪到 16 世纪末，政治权力从首都持续转移到农村：无论是朝廷还是幕府都不能达到实际上的全国控制。称作“大名”的新型地方统治者在此时成为一股新生的政治力量。这些军阀的合法性源于他们有能力击败其他竞争者，并以此来奖赏其追随者，以及停止他们领土内的争斗和动乱。战国时代（1467—1568 年）的大名夺取了统治地方领土所需的权力：颁布法令，建立审判机构，进行人口调查，主导公共工程建设。不向上级权力机构请示就擅作主张，是各大名习以为常的行事规则，无论其上级是天皇还是陷入四面楚歌境地的幕府将军。与此同时，平民也发展出越来越复杂的自治制度。惣村（日本农村自治联合体）负责民政事务和公共安全，管理旅客的住宿、狗的饲养以及寺庙、神社的维护等事务。为了抵御土匪和抢劫，他们修建了护城河和栅栏。这些次国家机构比幕府

1 参见 Joshua A. Fogel, *Articulating the Sinosphere*: *Sino-Japanese Relations in Space and Time* (Cambridge, MA: Harvard University Press, 2009), 22 - 26。

本身更经久不衰。事实上，正是地方大名的军队在 1868 年击败了德川幕府。明治政府在建立新的国家控制机构的同时，在地方层面，仍然维持着村首领和惣村的管理。

强大的中央集权直到 16 世纪末才重新出现。从 1568 年到 1600 年，连续三位军阀击败其竞争对手并迫使他们臣服，重建了国家控制机构。新政策的推行与霸权的实践成为德川幕府统
治的基础。1568 年，织田信长夺取京都，并开始征服日本中部 22
的大部分地区。信长最初把自己标榜为室町幕府的捍卫者，他声称要让幕府将军足利义昭重掌权柄。然而在 1573 年，信长驱逐了义昭，标志着室町幕府的实质性覆灭。信长的继任者丰臣秀吉则更进一步。在 1582 年至 1590 年间，他强迫所有大名承认其至高无上的地位，建立了自 8 世纪朝廷权力达至巅峰以来最为集权的中央政府。

秀吉要求所有大名向其宣誓效忠，同时毫不迟疑地粉碎那些反对他法令的人。大名将家人作为质子送到秀吉的统治中心京都居住，以示屈服。秀吉命令大名汇总详细的土地调查信息，并根据他的战略构想利用这些信息来增加、减少或转移大名们的封地。对土地调查法令的遵守往往是名义上的，而不是实际的：大名将零碎的土地记录拼凑在一起，并将其作为综合调查提交。但没有人想挑战秀吉要求进行调查或规定新的国家标准度量衡的权威。秀吉还宣布严格区分农民和武士，以限制战国时代的社会流动，而他自己就是在战国时代以平民出身上升到统治阶级地位的。为促进这项命令的执行，他下令严厉惩罚离开村庄、抛弃土

地的农民。为确保平民的臣服，秀吉下令收缴武器，包括剑、弓、矛和火器。他宣称这将确保农民在田地里勤奋劳作，而不是对抗国家税收政策，从而为他们带来和平与幸福。武士被禁止在未经正式许可的情况下更换主人，也被禁止以商人或农民的身份生活。这后来被称为由武士、农民、工匠和商人组成的四民制度。在夺取了日本主要金银矿场的控制权后，秀吉发行了日本政府自公元 10 世纪以来的首批钱币，以取代进口的中国货币。他攻击独立的宗教机构，迫使强大的寺社承认他至高无上的权威。至 16 世纪 90 年代，秀吉创建了 8 个世纪以来最为强大的日本政府。[1]

秀吉对国内霸权的追求与他的国际野心紧密相连。与古代律令制国家相同，秀吉也关注对朝鲜半岛的军事控制。与古代
23 国家不同，他的做法无疑是具有侵略性的。秀吉试图征服朝鲜，并建立一个庞大的世界帝国。这一雄心需要掌握完全的国内霸权，才能让秀吉调动日本的人力、物力资源，而不必担心不服从者或持不同政见者。就像在古代日本一样，战争激发了国家的发展潜力。

秀吉的帝国野心是日本第二次全球化浪潮的一部分。这股浪潮始于 15 世纪，当时明朝经济的持续发展和日益增长的白

---

1 关于丰臣秀吉的研究，在英文著作中公认非常优秀的是 Mary Elizabeth Berry, *Hideyoshi*（Cambridge, MA：Harvard University Press，1982）。关于“太阁检地”的研究，请参见 Phillip C. Brown，*Central Authority and Local Autonomy in the Formation of Early Modern Japan：The Case of Kaga Domain*（Stanford，CA：Stanford University Press，1993）。

银需求促进了海外贸易的发展。在16世纪30年代日本西部发现大型白银矿床，并引入新冶炼技术后，贸易量随之激增。与飞鸟—奈良—平安时代日本的第一次全球化浪潮不同，第二波全球化浪潮的特点是世界经济一体化。1571年马尼拉的建立将东亚白银贸易与新世界的白银联系起来，将日本带入了一个新兴的世界经济体。17世纪初，国际贸易的规模很大，以至于日本、中国和远至法国的市场上金银比价逐渐趋同。[1] 在这一贸易周期达到顶峰时（1540—1640年），日本的白银出口量高达每年200吨，占世界白银产量的30%。[2] 除了贵金属，日本还出口剑、矛、扇和屏风，并进口硬币、丝线和布料、亚麻、香料和药材。[3]

人类流动性的增强促进了这些全球货物资金的流动：商

1 参见 Richard von Glahn, "Myth and Reality of China's Seventeenth-Century Monetary Crisis," *Journal of Economic History* 56, no. 2 (1996): 432 - 436; Dennis O. Flynn and Arturo Giráldez, "Cycles of Silver: Global Economic Unity through the Mid-Eighteenth Century," *Journal of World History* 13, no. 2 (2002)。转引自约翰·E. 威尔斯（John E. Wills）:《与大航海时期的欧洲人的关系，1514—1662》，出自牟复礼、崔瑞德编《剑桥中国明代史》(John E. Wills, "Relations with Maritime Europeans, 1514 - 1662," in *The Cambridge History of China*, Part 2, Vol., 8: *The Ming Dynasty*, 1368 - 1644, ed. Denis Twitchett and Frederick W. Mote Cambridge: Cambridge University Press, 1998, 333)。

2 参见 Dennis O. Flynn and Arturo Giráldez, "Arbitrage, China, and World Trade in the Early Modern Period," *Journal of the Economic and Social History of the Orient* 38, no. 4 (1995); Dennis O. Flynn and Arturo Giráldez, "Born with a 'Silver Spoon': The Origin of World Trade in 1571," *Journal of World History* 6, no. 2 (1995); Flynn and Giráldez, "Cycles of Silver: Global Economic Unity through the Mid-Eighteenth Century," 398 - 399. 也可参见 William S. Atwell, "Another Look at Silver Imports into China, ca. 1635 - 1644," *Journal of World History* 16, no. 4 (2005)。

3 大石学：『江戸の外交戦略』、東京：角川学芸出版、2009年、17、19、24頁。

人、走私者和海盗自由进出日本岛屿，创造了庞大的侨民团体。在日本西南部有中国侨民和朝鲜侨民的定居点，在平户和长崎有大量的欧洲贸易站。[1] 日本商人在东南亚各地建立了定居点，包括澳门、会安（今越南）、大城府（今泰国）和吕宋（今菲律宾）。[2] 和19世纪一样，日本统治者雇用外国顾问，也许其中最著名的是威廉·亚当斯（William Adams，又名三浦按针，1564—1620年），詹姆斯·克拉维尔（James Clavell）的小说《幕府将军》（*Shogun*）正是受到这位英国水手的启发而作。亚当斯于1600年作为荷兰人的领航员来到日本，并与德川幕府的第一位将军德川家康成为朋友。亚当斯曾担任家康的造船师、翻译和顾问，他还获得了官方支持的前往越南东京（Tonkin）和大城府的贸易代表资格。来自中国和朝鲜的顾问和技术人员虽不如亚当斯出名，但数量上更多。来自中国的船长张忠（生卒年不详）与他的两艘船漂流到平户，被一位大名

1　由于明令禁止中日之间的直接贸易，华人定居点在某种程度上是非法的，但他们的间接贸易和走私贸易兴旺发达。朝鲜侨民大多是因海盗袭击和丰臣秀吉入侵成为人质的人。参见 Yasunori Arano（荒野泰典），"The Formation of a Japanocentric World Order," *International Journal of Asian Studies* 2, no. 2 (2005): 194; Adam Clulow, "From Global Entrepôt to Early Modern Domain: Hirado, 1609 - 1641," *Monumenta Nipponica* 65, no. 1 (2010): 1 - 35。关于持续的走私贸易和如坊津町等华人定居点的研究，参见 Robert I. Hellyer, "The Missing Pirate and the Pervasive Smuggler: Regional Agency in Coastal Defence, Trade, and Foreign Relations in Nineteenth-Century Japan," *International History Review* 27, no. 1 (2005)。司马辽太郎的历史小说『故郷忘じがたく候』即是以在萨摩藩的朝鲜侨民为主题进行创作的。

2　关于日本侨民定居点的概述，参见 Robert LeRoy Innes, "The Door Ajar: Japan's Foreign Trade in the Seventeenth Century" (Ph. D. diss., University of Michigan, 1980), 57 - 66。

招募为医生和军事顾问。他的儿子和两个孙子都受到了大量封 24
赏。[1] 儒学者、明朝的忠诚支持者朱舜水（1600—1682 年），成为水户藩的重要顾问，而另一名明遗民——隐元（1592—1673 年）在幕府的支持下引入了新的禅宗宗派黄檗宗。[2] 许多朝鲜人在丰臣秀吉入侵期间被作为人质带到日本。其中一些人逃脱了，大约 7500 人最终作为和平谈判的一部分被遣返，但另一些人则成为日本的世袭封臣。[3] 类似的情况在国外也有发生，移居海外的日本侨民开始为外国统治者服务。大城府日本侨民团体的领袖山田长政（1590？—1630 年），因统帅军队效忠于颂昙王而被授予官方头衔。颂昙王于 1628 年去世后，山田率领一支由暹罗和日本士兵组成的庞大军队，为颂昙的儿子策陀保住了王位。

这种全球交流促进了新思想和新技术的迅速传播。最引人注目的是新宗教思想基督教在 16 世纪 40 年代由葡萄牙和西班牙传教士传入日本。几位杰出的大名对这一教义很感兴趣，并允许耶稣会士建立教堂、神学院、孤儿院和医院。[4] 一部分大

1 参见荒野泰典，"The Formation of a Japanocentric World Order," *International Journal of Asian Studies* 2, no. 2 (2005)：195 - 196。

2 参见 Joshua A. Fogel, *Articulating the Sinosphere: Sino-Japanese Relations in Space and Time* (Cambridge, MA: Harvard University Press, 2009), 30 - 31。朱舜水也被称为朱之瑜和朱鲁玙。

3 大石学：『江戸の外交戦略』、東京：角川学芸出版、2009 年、148—160 頁。

4 参见 Luís Fróis, *Historia de Japam*, ed. Josef Wicki, 5 vols. (1583 - 1587; reprint, Lisbon: Biblioteca Nacional de Lisboa, 1976), 5: 238。感谢清水有子让我注意到该文献的来源。

名则主要将基督教视为获取火药与火枪的可靠途径。但有几位大名是真诚的皈依者，并推动他们的家臣和平民皈依基督教。1582年，三位基督教大名资助了一个前往罗马的使节团，派代表到梵蒂冈拜见教皇格里高利十三世（Pope Gregory XIII）。到16世纪80年代初，耶稣会统计了在册的日本基督徒有近15万人，到17世纪，总数可能已达到70万人，约占日本总人口的5%。[1] 与现代日本基督教在精英阶层中有不小的影响力相同，基督教大名（16世纪）和基督教首相（20世纪）在日本历史上都占有独特的地位。

在技术方面，最具变革性的创新是火枪。明朝至少从14世纪就开始使用火枪，而日本列岛和琉球是从15世纪开始使用的。[2] 但直到1543年葡萄牙人引入火绳枪后，日本才开始广泛使用火枪。日本武士对火绳枪卓越的射程和精准度印象深刻，于是大名开始促进国内生产。日本铁匠的造枪技术非常熟练，到16世纪末，他们已开始大量制造枪支并开发新技术来提高精准度。从17世纪初的战地报告来看，枪伤与箭伤的数

---

1 对当时日本基督教人口规模的估算有多种说法，对总人口规模的估测也不尽相同。这些估测结果一般认为，在17世纪初期，日本总人口从1200万到1600万不等。基督教徒大约为70万人的数据来自大石学的『江戸の外交戦略』（64頁）。这相当于1200万人口的5.83%。

2 参见 Kenneth M. Swope, "Crouching Tigers, Secret Weapons: Military Technology Employed during the Sino-Japanese-Korean War, 1592 - 1598," *Journal of Military History* 69, no. 1 (2005): 20; Thomas Conlan, *Weapons & Fighting Techniques of the Samurai Warrior, 1200 - 1877 AD* (London: Amber Books, 2008), 143 - 153。

量比为4∶1。[1] 火枪的使用促进了社会的流动性。指挥训练有
素的农民火枪手可以摧毁一支由精锐骑弓手组成的部队，而这 25
些骑弓手的技能代表着多年的训练和崇高的特权。[2] 与明治时期一样，全球化和军事竞争改变了社会秩序。

尽管有大量的西方接触，日本的政治焦点仍集中于中国。因此，秀吉的帝国梦是以明朝为中心的。历史学家们仍然在争论，秀吉是否真的希望进军北京并夺取明朝的皇位，或者这种大放厥词是为了掩盖其他更加合理的目标。不过至少他希望明朝廷承认他的地位是平等的。这些目标明确挑战了中国皇帝凌驾于其他君主之上的观念。[3] 具有讽刺意味的是，虽然秀吉试图挑战明朝，但他也重现了中华世界秩序的逻辑。例如，他经过深思熟虑后拒绝了征服吕宋岛的计划。[4] 在秀吉的世界观中，征服在东亚的西班牙人或荷兰人不会使他成为伟大的君主。只有迫使中国承认，他才能使其征服合法化。因此，日本的第二个全球化时代揭示了全球同构的"软性"本体论方面：独立于

1 参见 Thomas Conlan, *Weapons & Fighting Techniques of the Samurai Warrior, 1200 - 1877 AD* (London: Amber Books, 2008), 153 - 165。

2 参见 Thomas Conlan, *Weapons & Fighting Techniques of the Samurai Warrior, 1200 - 1877 AD* (London: Amber Books, 2008), 165 - 205。

3 参见 Kenneth M. Swope, "Deceit, Disguise, and Dependence: China, Japan, and the Future of the Tributary System, 1592 - 1596," *International History Review* 24, no. 4 (2002)。

4 关于秀吉所派使者——原田喜右卫门的出使细节，请参见 Gakushō Nakajima（中岛乐章），"The Invasion of Korea and Trade with Luzon: Katō Kiyomasa's Scheme of the Luzon Trade in the Late Sixteenth Century," in *The East Asian Mediterranean: Maritime Crossroads of Culture, Commerce and Human Migration*, ed. Angela Schottenhammer (Wiesbaden: Harrassowitz, 2008)。

军事或经济力量之外的思想塑造政治的力量。明朝并没有强迫秀吉接受中国是文明中心的观念。相反，当秀吉坚持要通过北京而不是围绕北京来建立他的帝国时，他无意中重现了中华中心主义。因此，即便他与明朝作战，秀吉也同时确认了中国在东亚文明中的中心地位。

秀吉的帝国梦以灾难告终。他的军队于 1592 年入侵朝鲜，在迅速取得一系列胜利后，陷入了与朝鲜军队及其明朝盟友的持久战中。到 1598 年，由明军、复兴的朝鲜海军和朝鲜游击队组成的联军，将秀吉的军队逼回朝鲜半岛东南角的防御边界。那年晚些时候秀吉去世，他手下的武将纷纷回家，许多人对从这场战争中解脱感到欣慰。秀吉的傲慢也破坏了其在国内的政治遗产。他的继承人秀赖在 1598 年只有 5 岁，需要其父亲盟友的支持和合作才能进行有效统治。在朝鲜惨败之后，这种帮助并没有到来。秀吉的顾问们四分五裂，昔日的盟友德川家康占据了上风，他在 1600 年粉碎了一个敌对的联盟。1615 年，德川家康诛杀秀吉的继承人秀赖，丰臣的家系由此覆灭。

秀吉在朝鲜的惨败为德川家康提供了一个有力的前车之
26 鉴。德川幕府初期延续了秀吉建立国内霸权的努力，但对他的国际抱负持谨慎态度。帝国的野心似乎不利于王朝的长寿。取而代之的是，德川幕府稳步脱离了更广阔的世界。从 17 世纪 30 年代开始，他们限制日本人在海外生活和旅行的权利，并限制外国人在日本的流动。在 18 世纪，他们开始限制日本的国际贸易。关于德川日本是一个“封闭国家”的陈词滥调略显夸张，但18世纪末是日本融入全球一体化过程中的最低谷。

德川政权谨慎而克制的国家间交往方式产生了一个悖论。德川幕府名义上是一个武士政府，但它的伟大成就是长达两个世纪的和平。和平的幕府得到了日本主要邻国——中国和朝鲜的默许和间接支持。一旦德川政权放弃帝国的野心，这些国家就可以接受即使关系冷淡却持久的和平。在这种国际环境下，幕府疏于建设强大的国家军队是财政上的节约而非懦弱。只是直到19世纪，面对西方帝国主义，幕府的军事软弱才成为对其统治合法性的威胁。

德川式和平及其东亚外交

理解德川政权的覆灭需要审视一则至关重要的悖论：德川幕府是一个统治长达两个世纪却巧妙地避免了战争的武士政权。前三位将军（家康、秀忠和家光）在很大程度上是根据秀吉在国内确立的政策来建立政权的。他们继承了一个独特而强大的统治系统，并进一步加强巩固它。但家康和他的继任者在对外征服上毫无兴趣。他们没有在建立海外帝国上花费资源，而是专注于巩固国内霸权，并切断了可能威胁到政权的外来联系。国际交往的减少与政权建设的放缓几乎同时进行：17世纪中期之后，幕府停止了集权化的努力。没有国内或国际冲突的威胁，幕府失去了粉碎其国内对手的动力。在19世纪，当幕府对抗西方帝国主义时，它成了自己成功的牺牲品。幕府已经如此成功地适应了和平，以至于它无法再动员人力物力来发动战争。

德川式和平的核心是限制日本与外部世界的接触。到了18
27 世纪，很少有日本人离开过日本列岛。像秀吉一样，家康担心基督教会逐渐破坏他的统治，当两位基督教大名被指控受贿、伪造和谋反时，他顺势反对这一信仰。1614年，家康下令驱逐所有传教士，宣称基督教正在引导日本民众走向邪恶并颠覆幕府的统治。[1] 与秀吉不同的是，德川幕府选择有条不紊地执行这些禁令。幕府将选择权交给基督教皈依者，他们可以选择叛教或死亡，与此同时，幕府正积极搜寻隐藏的基督教团体。当西班牙人继续传教活动时，幕府下令禁止日本国民乘船前往马尼拉，并断绝了与西班牙的关系。[2]

幕府还选择切断与日本商人和移居海外的日本侨民的联系。它更多地将这些集团视为一种潜在的负担而非具有利用价值的资源。移居国外的团体，如海盗、基督徒和浪人（无主武士），构成了对德川霸权的潜在威胁。例如，大城府的日本侨民团体接纳了许多来自日本本土、信仰基督教而受到幕府宗教

---

1 参见 Jurgis Elisonias, "Christianity and the Daimyo," in *The Cambridge History of Japan, Vol. 4: Early Modern Japan*, ed. John Whitney Hall (Cambridge: Cambridge University Press, 1991), 366 - 368；荒野泰典，"The Formation of a Japanocentric World Order," *International Journal of Asian Studies* 2, no. 2 (2005): 192。

2 参见荒野泰典，"The Formation of a Japanocentric World Order," 193，213。

迫害的难民。[1] 为了剔除这些危险因素，幕府大幅度减少与外国的交往。1635 年，幕府向长崎奉行下达命令，禁止日本船只驶往“异国”，同时禁止日本人从国外返回，违者将处以死刑。[2] 实际上，“异国”不包括日本在釜山、北部边境的虾夷地或琉球群岛的贸易站，但该法令严格限制了与其他外国的接触。幕府还限制日本船只的大小，这实际上禁止了远洋船只的航行。

幕府的最后一轮镇压发生在 1637 年岛原起义之后。那次暴动证实了幕府最大的恐惧：日本基督徒、浪人和心怀不满的农民组织了一场大规模的叛乱，控制了位于长崎附近的岛原城。为此，幕府派遣 10 万余名士兵镇压起义，甚至请求荷兰人的帮助。经过几个月的围攻，幕府军占领了岛原城，屠杀了 3 万多名防御者，最终将其夷为平地。为了镇压传教活动，将军在 1639 年禁止葡萄牙人来到日本。那些违反禁令的人都被下令予以处决。

幕府虽然准许非传教士身份的外国人在日本继续停留，但大大限制了他们的行动自由。到 17 世纪末，中国人被限制在长崎的一个小中华街中，荷兰人被限制在长崎港的一个封闭式人工岛上。由于英国人因财政原因放弃了他们的贸易据点，荷 28

1　岩生成一：『南洋日本町の研究』、出自山田長政顯彰会編：『山田長政資料集成』、静岡：山田長政顯彰会出版、1974 年、294－296 頁。

2　关于该法令的来源，参见石井良助：『德川禁令考』前集第 6、東京：創文社、1959－1961 年、565—567 頁。

兰人成为唯一常驻日本的来自欧洲国家的人。值得注意的是，海外贸易商的消减并不意味着日本出口商品的终止：日本仍持续地供应世界上大部分的银和铜。但这些货物是由荷兰和中国的船只运载的，日本与世界其他地区的直接接触急剧减少。[1]幕府的政策，看似隐晦却明确的目标是切断可能破坏德川霸权的国际关系。但这种对国家间关系的限制并非孤立主义。家康并不反对战争，只是反对可能损害他至高无上权威的冲突。依据这种精神，他授权萨摩藩的大名入侵并征服琉球王国。征服战争取得了迅速而彻底的胜利，琉球王国的尚宁王成为幕府和萨摩统治大名家族岛津家的臣属。对琉球的征服所遵循的逻辑是，日本的外交关系应明确地增强德川统治的合法性。尚宁王在1609年的投降中承诺，他和他的人民将“永远做萨摩的卑微仆人，服从一切命令，永远不会背叛主君”[2]。由于萨摩藩的大名曾宣誓效忠德川家，尚宁王自然就成了德川家的臣属。因此，琉球尚氏王朝的使节前往江户接受册封，并庆祝新将军的

---

1 关于日本的白银与世界市场的研究，参见 Robert LeRoy Innes, “The Door Ajar: Japan's Foreign Trade in the Seventeenth Century” (Ph. D. diss., University of Michigan, 1980), 378; Flynn and Giráldez, “Arbitrage, China, and World Trade in the Early Modern Period”; Flynn and Giráldez, “Born with a ‘Silver Spoon,’ ” 201 - 221。关于德川初期贵金属政策的研究，参见 Robert I. Hellyer, *Defining Engagement: Japan and Global Contexts*, 1640 - 1868 (Cambridge, MA: Harvard University Asia Center, 2009), 48 - 60。对以上观点的反驳，参见 Atwell, “Another Look at Silver Imports into China, ca. 1635 - 1644,” 467 - 489。

2 转引自 Gregory Smits, *Visions of Ryukyu: Identity and Ideology in Early-modern Thought and Politics* (Honolulu: University of Hawai'i Press, 1999), 15 - 16; Hellyer, *Defining Engagement*, 34 - 36。

继任。[1] 继任仪式作为庆祝将军统治的公开盛典，琉球使节的出席具有极为重要的意义。他们奉命穿上独特的琉球式服装，以戏剧化地表现“外国”达官显贵是如何向将军宣誓效忠的。[2]

日本对琉球的征服本可能会引发一场与中国的战争。尚氏国王向明朝派遣朝贡使团，因此琉球名义上是中国的藩属国。这同秀吉入侵朝鲜的情况一样，日本是在攻击中国的盟友。然而与秀吉不同的是，德川和岛津并不想打一场范围更大的战争。岛津家没有用征服琉球来对抗明朝，而是试图将他们的行动影响降到最低。琉球群岛对日本来说是最有价值的贸易和信息来源地。明朝允许尚氏王朝的使节团进行通商贸易，同时这些使节在北京拜见了明政府高级官员，因此琉球官员是获取关于中国的有用信息的来源。中国允许定期的使节团来访，只是因为他们知道尚氏王朝是明皇帝的藩属。如果岛津氏吹嘘他们征服了琉球，明朝就会切断与琉球的联系。

岛津氏以两种相互矛盾的方式来描述他们与琉球的关系。 29
在日本国内，他们庆祝胜利，声称征服琉球使他们在大名中获得了独特的地位。然而在国际上，岛津氏对中国隐瞒了他们对琉球的征服。多年以来，他们制定了具体的政策以掩盖其对琉球的影响。例如在17世纪，岛津氏的政策是在中国使团来到

1　关于琉球使节的出使年表，参见荒野泰典：『「鎖国」を見直す』、東京：岩波書店、岩波現代文庫、2003年、75頁；Ronald P. Toby，*State and Diplomacy in Early Modern Japan*，48－49。

2　参见 Hellyer，*Defining Engagement*，45。此后幕府与琉球的议定书中详细说明琉球使节穿着的是明朝式服装。

琉球期间，日本官员应离开琉球都城首里，躲到附近的一个村庄中。到 18 世纪中叶，这些策略已经发展成一个正式的虚假信息系统，并配有相关条款和使用手册。因此，日本对琉球的征服与秀吉对朝鲜的侵略截然不同。秀吉立志挑战明朝，却以失败告终。德川幕府击败了琉球，但努力避免冒犯明朝以免中断贸易。[1] 幕府的策略得以奏效，是因为中国官员对这种欺骗听之任之，并选择忽略日本征服琉球的证据，比如那些留着日本发型的琉球男子，以及根据日本日历来标注撞钟日期的寺庙。[2] 只要中国使节在琉球仍得到尊重，中国朝廷就愿意容忍日本在琉球的影响。

这些欺诈之术详细周密到凭空产生了一个虚构国家：吐噶

---

1 参见 Hellyer，*Defining Engagement*，38－39。一个很好的关于日本试图掩盖在琉影响的总结研究，参见 Gregory Smits，*Visions of Ryukyu：Identity and Ideology in Early-modern Thought and Politics*（Honolulu：University of Hawai'i Press，1999），44－46。由于萨摩藩积极尝试向明朝使节掩盖琉球的日本风俗，他们的对琉统治政策实际上是 1609 年的日式政治统治与逐渐增强的中国文化统治相结合的产物。这种中国文化统治与日本政治统治双管齐下的情况，被一位与佩里同行的使节团成员敏锐地捕捉到，他通过观察后声称琉球“事实上和法律上都是日本的一部分”，尽管“他们的宗教、文学和许多风俗习惯与中国有相似之处”。参见 Francis L. Hawks，ed.，*Narrative of the Expedition of an American Squadron to the China Seas and Japan，performed in the years 1852，1853，and 1854，under the command of Commodore M. C. Perry，United States Navy，by order of the government of the United States. Compiled from the original notes and journals of Commodore Perry and his officers at his request，and under his supervision*（Washington，DC：A. O. P. Nicholson，1856），222；Gregory Smits，*Visions of Ryukyu：Identity and Ideology in Early-modern Thought and Politics*（Honolulu：University of Hawai'i Press，1999），43－44，71－132。

2 紙屋敦之：『琉球と日本・中国』、東京：山川出版社、2003 年、78—80 頁。Smits，*Visions*，46. 也可参见東恩納寛惇：『東恩納寛惇全集〈1〉』、東京：第一書房、1978 年、70—71 頁。

喇，在英语中被称为 Tsuchara。为了维持琉球不在日本控制之下的假象，萨摩藩还隐瞒了对附近的奄美大岛和吐噶喇列岛的控制。他们称奄美大岛为道岛，并假装这是琉球领土。[1] 他们称不起眼的小岛吐噶喇（又称宝岛）本身是一个半自治政权，并以此来掩盖日本对琉球的影响。如果中国使节发现了长得像日本人的人或类似日式的物品，就称他们来自与日本和琉球都保持联系的吐噶喇。因此，（依据这一策略）尽管琉球本身与日本没有直接接触，但来自吐噶喇的人在样貌与语言上都与日本人相近。这一令人信服的假象甚至出现在琉球的官方历史记录中，并成为西方关于琉球的认知来源。[2] 西方探险家根据琉球人的描述，想象"吐噶喇"是一片广袤的土地，最终却惊讶地发现它不过是一个面积不到 3 平方英里（7.14 平方公里）的小岛。[3]

德川幕府与李氏朝鲜的关系同样富有创造性，将军同意实行某些策略性手段，只要能够增强幕府的统治合法性并维持和平。例如，1609 年使日朝关系正常化的和约，就是基于伪造的文件才得以签订的。

---

1 上原兼善：『中国に対する琉日関係の隠蔽政策と「道之島」』、出自菊池勇夫、真栄平房昭：『列島史の南と北』、東京：吉川弘文館、2006 年、35—41 頁。

2 纸屋敦之在《中山世谱》1725 年的记述中发现了史官蔡温关于"宝岛"和"吐噶喇"的表记，参见紙屋敦之：『琉球と日本・中国』、85—86 頁。史密斯（Gregory Smits）对此后的琉球正史进行了讨论，参见 Smits, *Visions*, 44 - 45。关于这个想象中的国家，参见上原兼善：『中国に対する琉日関係の隠蔽政策と「道之島」』以及紙屋敦之：『琉球と日本・中国』、78—91 頁。

3 参见 George Smith, *Lewchew and the Lewchewans; Being a Narrative of a Visit to Lewchew, or Loo Choo*, in October, 1850 (London: T. Hatchard, 1853), 36 - 37; George Smith, *Ten Weeks in Japan* (London: Longman, Green, Longman, and Roberts, 1861), 345 - 346。

30

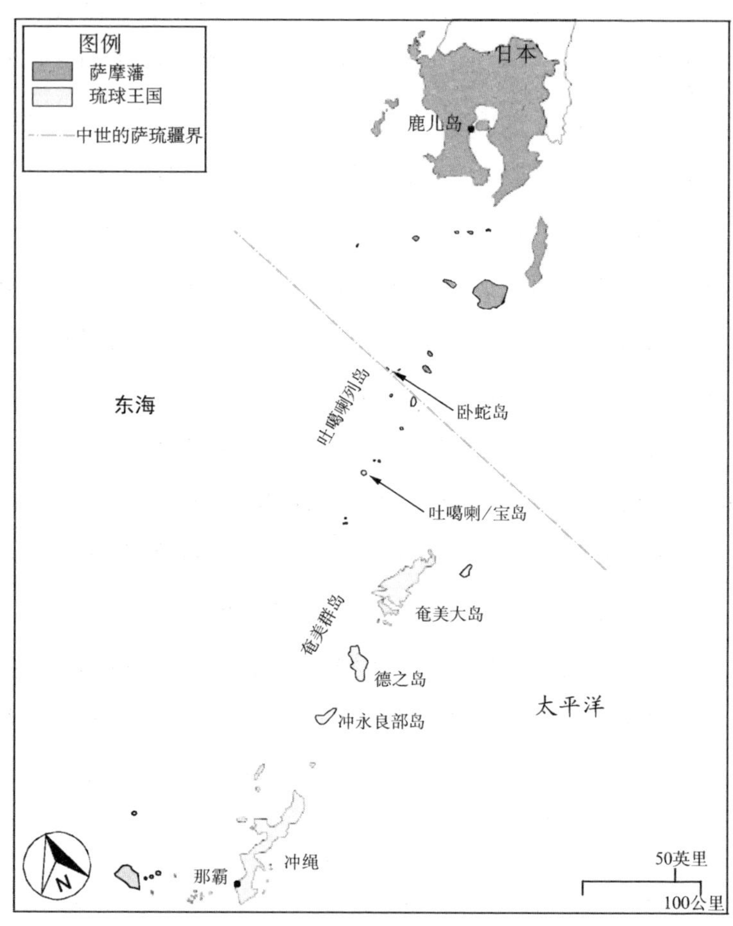

图 1.1　1609 年前的吐噶喇列岛

由于对马岛几乎完全依赖于同朝鲜的贸易，其统治大名宗义智急于修复两国间的关系。面对双方关于和约内容的僵持，宗义智的代表伪造了一封德川家康致朝鲜宣祖的信，以化解僵局。这封信称家康为“日本之王”，以大明历标注日期。朝鲜官员立即起疑：运用中国历法体系和以“国王”头衔自称的结合暗示，将军视自己为明朝皇帝的臣属，但这正是家康不愿做出的让步。幕府似乎已经知道了这一伪造行为，他们选择默许并利用这个机会与朝鲜缔结了条约。

31

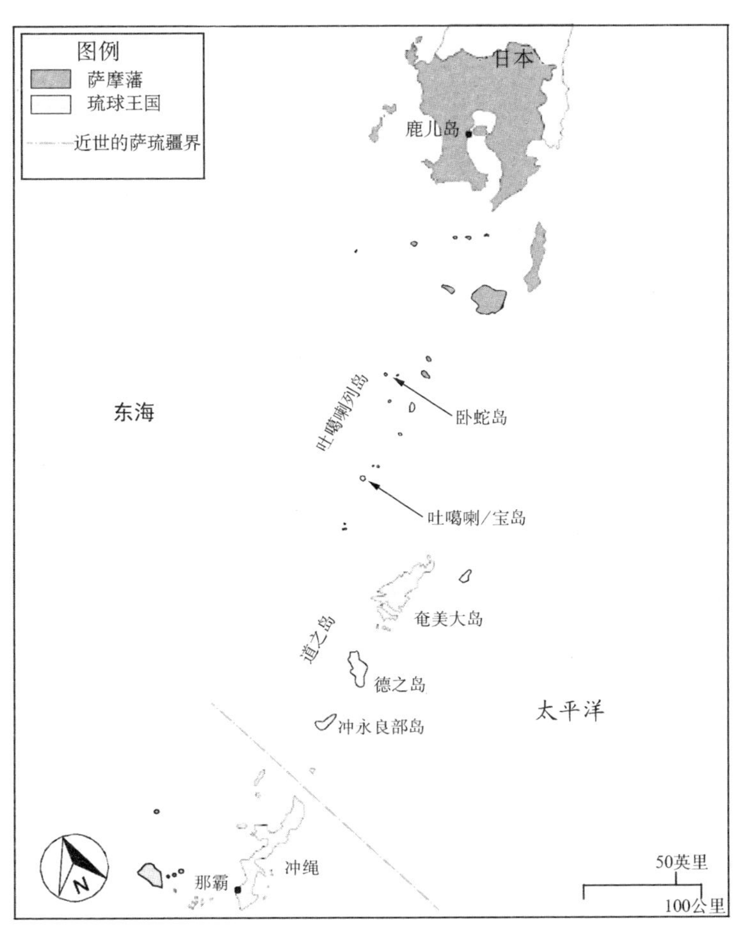

图 1.2　1609 年以后的吐噶喇列岛

幕府直到1635年才采取行动，当时由于对马内部的派系争斗，伪造品被曝光。即使如此，将军的反应也出人意料地宽容。将军可以剥夺宗家的封地与财产，废除他们的家系，但他并没有如此严厉。结果是伪造者被处决，两名高级官员受到惩罚，宗家只是被斥责而逃脱了惩罚。[1]

更值得注意的是，幕府保留了宗家作为日朝外交关系的中间人地位。在令人苦恼的日历和头衔问题上，李氏王朝和德川政权达成了妥协。他们决定采用干支历作为两国的中立历法，
32 并使用“大君”来称呼将军。“大君”在日语和韩语中都听起来像帝王，但从未在外交信件中使用过。[2] 因此，并不清楚“大君”的地位高于还是低于国王，也不清楚这与明、清皇帝和日本天皇有何关系。[3] 这是解决李氏朝鲜和德川幕府间冲突的有效手段：双方都可以想象自身是更高贵的一方。[4] 与琉球

---

1 关于此事的细节，参见 Etsuko Hae-jin Kang，*Diplomacy and Ideology in Japanese-Korean Relations：From the Fifteenth to the Eighteenth Century*（London：Macmillan Press，1997），136－166。

2 17世纪初，朝鲜使节想要根据明历确定与德川幕府的通信日期，而幕府官员则想要以日本皇室日历作为标准。日方在1607年、1617年和1624年写给朝方的信都以中立日历——生肖历来标注时间，幕府官员认为，朝鲜应该以放弃明历作为回报。当明朝于1644年灭亡后，朝鲜的外交文书上抹去了天干地支的字迹以与日方保持一致。参见 Toby，*State and Diplomacy in Early Modern Japan*，90－97。

3 参见 James Bryant Lewis，*Frontier Contact between Chosŏn Korea and Tokugawa Japan*（London：Routledge Curzon，2003），24－26；Kang，*Diplomacy and Ideology*，138－146，154－166；Toby，*State and Diplomacy in Early Modern Japan*，76－83。

4 日本只在1711年的外交信函中使用了“日本国王”的头衔，这基于新井白石的改革。关于此事的讨论，参见 Kang，*Diplomacy and Ideology*，197－222；Kate Wildman Nakai，*Shogunal Politics：Arai Hakuseki and the Premises of Tokugawa Rule*（Cambridge，MA：Council on East Asian Studies，Harvard University，1988），190－202；大石学：『江戸の外交戦略』、東京：角川学芸出版、2009年、109—112頁。（转下页）

一样，宗家、幕府和李氏王朝间的关系需要战术性的忽略。从功能上讲，宗家是幕府的臣属，但当他们的使者在釜山遣返遇难水手时，他们在代表朝鲜国王的木制碑前鞠躬四次。因此，李朝官员辩称，对马实际上是朝鲜的一个藩属国。朝鲜和日本没有为这些相互矛盾的观点开战，而是选择刻意的战术性忽略。[1]

李氏王朝最初倾向于与日本建立友好关系，部分原因是为对抗其他威胁。1616年，满族人向明朝——中国最后一个由汉族君主统治的王朝宣战。满族人逐渐控制了东北亚，1637年，他们征服朝鲜国王仁祖使朝鲜成为他们的藩属国。1644年，满军的势力越过长城以南，攻占北京，宣告清朝（1644—1911年）建立[2]。明朝的拥护者们顽强战斗到1662年，在台湾的抵

（接上页）有相当多的学者认为，"大君"一词的使用，代表着与以中国为中心的朝贡体系的崩溃，以及向日本型华夷秩序的转型。参见 Ronald P. Toby, *State and Diplomacy in Early Modern Japan*; Ronald P. Toby, "Contesting the Centre: International Sources of Japanese National Identity," *International History Review* 7, no. 3 (1985); 荒野泰典, "The Formation of a Japanocentric World Order," 185 - 216; 荒野泰典：『近世日本と東アジア』、東京：東京大学出版会、1988年。虽然我并不反对这一观点，但我更感兴趣的是，"大君"这一术语如何代表了日、朝共同的外交利益，并使两国能够维持和平关系。关于这样的思考，参见 Lewis, *Frontier Contact between Chosŏn Korea and Tokugawa Japan*, 9 - 10。另有一则有用的历史性审视，参见池内敏：『大君外交と「武威」—近世日本の国際秩序と朝鮮観』、名古屋：名古屋大学出版会、2006年。

1 参见 Hoon Lee, "The Repatriation of Castaways in Chosŏn Korea-Japan Relations, 1599 - 1888," *Korean Studies* 30, no. 1 (2006): 80 - 85; James Bryant Lewis, "The Pusan Japan House (Waegwan) and Chosôn Korea: Early Modern Korean Views of Japan through Economic, Political, and Social Connections" (Ph. D. diss., University of Hawai'i at Manoa, 1994), 42 - 44, 72 - 73。

2 译者注：清建国于1616年，初称后金，1636年改国号为清，1644年入关。

抗持续到 1683 年，但满族人的征服已经完成。清朝对明朝的胜利改变了东北亚的文化动态。

在朝鲜，明朝的灭亡被理解为文明的解体。[1] 前近代的朝鲜是一个深受儒家思想影响的社会。李氏朝鲜完全遵守中国的外交礼仪，以至明朝文献称其为朝贡国的典范。[2] 在清朝统治中原期间，朝鲜知识分子开始将自己描述为文明的最后壁垒。明朝可能已经没落，但朝鲜会延续儒家文化的传统。崇明思想成为朝鲜文化认同的重要组成部分。李氏朝鲜为明保留了一座祭坛，反映了他们对旧政权的持续忠诚。朝鲜文人把“崇明抗清”奉为圭臬。这种对清的介惧和排斥对李朝—德川幕府的关系产生了矛盾的影响。从朝鲜的角度来看，日本人是曾掠夺朝鲜的邪恶侵略者。但与满族人相比，日本人的攻击性相对略低一些。至少与清朝不同的是，德川幕府否定了征服朝鲜的欲望。[3] 李朝因此接受与日本恢复外交关系，包括将日本将军的头衔改为“大君”等外交创新。

德川幕府与清朝的关系也依赖于外交上的独创性。历史学

---

1 参见 Bruce Cumings, *Korea's Place in the Sun: A Modern History* (New York: Norton, 1997), 78；金滋炫, *A Heritage of Kings: One Man's Monarchy in the Confucian World* (New York: Columbia University Press, 1988), 23 - 26, 39 - 47。

2 关于李氏朝鲜的建立与明朝的册封，参见 Kang, *Diplomacy and Ideology*, 53 - 54; Philip de Heer, "Three Embassies to Seoul: Sino-Korean Relations in the 15th Century," in *Conflict and Accommodation in Early Modern East Asia: Essays in Honour of Erik Zurcher*, ed. Leonard Blussé and Harriet T. Zurndorfer (Leiden: E. J. Brill, 1993), 240 - 253; Donald N. Clark, "Sino-Korean Tributary Relations under the Ming," in *The Cambridge History of China* Vol. 8 Part I, (Cambridge: Cambridge University Press, 1998), 272 - 300。

34 3 参见 Kang, *Diplomacy and Ideology*, 167 - 168, 173 - 194。

33

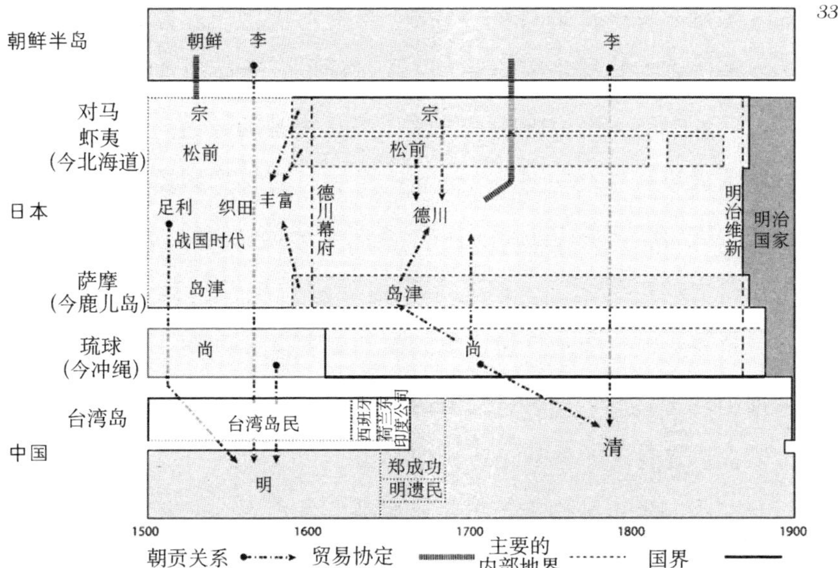

对马宗氏与朝鲜王朝间的贸易协定签定于1443年、1512年与1557年，但因1592年丰臣秀吉入侵朝鲜半岛而废止。1609年，宗氏扮演了德川将军的代理人角色，从而与朝鲜王朝达成了一项协定。

图 1.3　东亚各国间的关系，1500—1900 年

家岩井茂树提出了“沉默外交”一词，用来描述德川幕府和清朝在没有正式外交关系的情况下如何互动。[1] 从严格的法律意义上来讲，直到 1684 年，中日之间的贸易违反了明朝的海禁政策。中国帆船持续造访长崎，但根据明律，这属于走私贸易。当清朝统一台湾（1683 年）并取消了明朝的海禁政策后，海上贸易激增，1688 年有 190 多艘帆船到达长崎。日本官员对白银和铜的外流感到震惊与担忧，试图限制和监管中国的帆

1　岩井茂樹：『清代の互市と「沈黙外交」』、出自夫馬進：『中国東アジア外交交流史の研究』、京都：京都大学学術出版会、2007 年。

船，但这引发了棘手的外交问题。幕府对中国商人拥有什么权力？清王朝对长崎华侨的权力又是怎样的？为了避免幕府与清朝之间的冲突，幕府隐瞒了其调节中日贸易的行为。幕府通过长崎唐通事来管理中国商人，而不是进行直接的国家干预。从1715年开始，长崎唐通事向中国商船发放贸易信牌。虽然通事处于幕府的控制之下，但这些印信并没有提及德川幕府或清朝。这种策略有效地回避了幕府与清朝的关系问题。当中国商人向清廷上告时，康熙皇帝裁定，贸易信牌不属于主权问题，而是商人个体与长崎唐通事间的私事。[1]

信牌制度也被用来与东南亚保持贸易联系，包括暹罗、高棉（今柬埔寨）和大泥（今马来西亚北大年府）。这些国家会雇用来自中国的船长到长崎执行半官方的贸易任务：船长的贸易授权是私人的，但政府官员得到了特别许可。这造就了外交

1　关于日语界对此问题研究的综述，参见彭浩：『長崎貿易における信牌制度と清朝の對應』、『東方学』、119（2010）：73－90。英语学界的研究，参见 Norihito Mizuno, "China in okugawa Foreign Relations: The Tokugawa Bakufu's Perception of and Attitudes oward Ming-Qing China," *Sino-Japanese Studies* 15 (2003): esp. 140－144; Anthony Reid, "The Unthreatening Alternative: Chinese Shipping to Southeast Asia, 1567－1842," *Review of Indonesian and Malaysian Affairs* 27 (1993): 13－32; Angela Schottenhammer, "Japan-The Tiny Dwarf? Sino-Japanese Relations from the Kangxi to the Qianlong Reigns," in *The East Asian Mediterranean*, ed. Angela Schottenhammer (Wiesbaden: Harrassowitz, 2008), 331－388。关于幕府寻求在外交上与明朝接触的研究，参见 Miki Watanabe, "An International Maritime Trader-Torihara Sōan: The Agent for Tokugawa Ieyasu's First Negotiations with Ming China, 1600," in *The East Asian Mediterranean*, ed. Angela Schottenhammer (Wiesbaden: Harrassowitz, 2008), 169－176。关于信牌制度翻译资料的主要来源和东南亚地区的贸易情况，参见 Yoneo Ishii, *The Junk Trade from Southeast Asia: Translations from the Tōsen fusetsu-gaki*, 1674－1723 (Singapore: Institute of Southeast Asian Studies, 1998)。

和贸易关系的灰色地带。例如，将军顾问新井白石在描述与高棉的关系时写道，两国外交关系于 1627 年结束，但高棉官员继续到访长崎。[1] 因此，幕府与高棉王国的关系虽远超单纯的贸易往来，却不及全面的国家外交关系。由于与高棉王国发生战争的风险微乎其微，幕府顺其自然地与之保持低级别的非正式关系。

德川世界秩序的最后一个组成部分是位于日本北部边界的虾夷地。虾夷地（今北海道）是一处日本与庞大的黑龙江贸易网络对接的贸易点，有证据表明，至少从 15 世纪开始，当地 35
的毛皮和其他动物产品贸易就非常活跃。[2] 在 14 世纪，松前家在虾夷的东南角站稳了脚跟，然后在秀吉和家康的统治下，获得了与当地阿伊努人的专属贸易权。[3] 松前家稳步扩大其领土范围，将日本的边界向北推进。这样看来，松前家的领地与通往外国领土的门户——对马类似，由于其农业基础较弱而严重依赖贸易。[4]

与对马和琉球一样，幕府选择间接统治虾夷。这给松前家

1　参见新井白石：『外国通信事略』、出自『五事略』2 巻、東京：白石社、1883 年、36—37 頁。新井白石著、今泉定介編：『新井白石全集』第 3、東京：吉川半七出版、1905—1907 年、642 頁。

2　浪川健治：『アイヌ民族の軌跡』、東京：山川出版社、2004 年、17—26 頁。关于东北亚地区国家在太平洋海域的贸易，如“山丹交易”的问题，参见 Brett L. Walker, *The Conquest of Ainu Lands: Ecology and Culture in Japanese Expansion, 1590 - 1800* (Berkeley: University of California Press, 2001), 128 - 176；以及佐々木史郎：『北方から来た交易民：絹と毛皮とサンタン人』、東京：日本放送出版協会、1996 年。

3　直到 1559 年，松前家都被称为蛎崎家。

4　参见 Walker, *The Conquest of Ainu Lands*, 27 - 43；浪川健治：『アイヌ民族の軌跡』、32—49 頁。

相当大的处理外交事务的自主权。在虾夷，就像在对马一样，幕府能够容忍大名的渎职行为，即使幕府可能已经夺取了控制权。例如，1669 年，松前家剥削性的贸易政策和扩大采矿规模的行为，扰乱了鲑鱼群的洄游路线，引发了一场阿伊努人的骚乱。松前家需要幕府的支持来镇压叛乱，而且这种无能的表现正是幕府夺取虾夷统治的充分理由。然而幕府最终把控制权留给了松前家。[1]

一个值得关注的地方是，幕府在虾夷的政策与它在其他边境地区的政策不同：与朝鲜人和琉球人不同，阿伊努人被认为是一个未开化的民族。在那个时代的文献中，阿伊努人被描述为“野蛮人”而非“人”。阿伊努人首领向日本官员上交的贡品再现了阿伊努人野蛮的边疆人形象：兽皮、猎鹰和鹰羽毛。即使在阿伊努人成为日本商业经济中的受薪工人后，这些仪式仍在继续。到了 19 世纪，许多阿伊努人在日本捕鱼船队当劳工，捕捉和加工鲱鱼等来制作肥料。尽管如此，在外交仪式上，松前家仍将阿伊努人描绘为原始的捕猎者。[2]

尽管存在这些差异，幕府对虾夷的政策反映了德川政权更广泛的模糊边界战略。在虾夷有一处正式的边界划分出日本人居住地（和人地），但这是形同虚设的边界，并且在阿伊努地

1 Walker, *The Conquest of Ainu Lands*, 48 - 72.

2 Ibid., 133 - 135. 稲垣令子：『近世蝦夷地における儀礼支配の特質—ウイマム・オムシャの変遷を通して』、出自民衆史研究会：『民衆生活と信仰・思想』、東京：雄山閣、1985 年、113—116 頁。关于阿伊努人宗教仪式的变化，参见 Walker, *The Conquest of Ainu Lands*, 217 - 218。

区存在许多日本贸易站。日本商人远在和人地以外的地方寻找木材等资源，他们与阿伊努人的劳动雇佣合同改变了地区经济。松前藩的官员直接干涉和人地以外地区的事务，比如他们破坏阿伊努人的稻田，以确保阿伊努人对日本粮食的依赖。[1]
因此，日本人和阿伊努人的活动范围之间没有单一边界，而是 36
一系列重叠的、充满争议的，频繁交流与相互影响的领域。直到18世纪末，随着俄国人的到来，幕府才开始关注建立单一的明确边界。[2] 因此，在日本的东北部和西南部边疆地区，德川政权都采取了与那些要求对土地进行公开而广泛控制的领土主义行为截然不同的政策。这种模糊边界的战略是幕府精心策划的更为广泛的模糊战略的一部分。清王朝、李氏朝鲜和德川幕府的几代统治者皆选择不为明确的国家边界或主权荣誉而战。取而代之的是，他们维持了冷漠却持久的和平。

就这样，从17世纪到19世纪中叶，东北亚的国际政治显得特别非"近代"。主要大国没有强调主权领土控制，而是容忍模糊且矛盾的边界。这与21世纪的东北亚政治局势形成了鲜明对比。今天，俄罗斯、日本和韩国等都对某些岛屿存在复杂而旷日持久的争议，其中一些地区小到足以被描述为礁石。这些争端在前近代的东亚国际秩序中是不可想象的。

---

1 Walker, *The Conquest of Ainu Lands*, 85–87, 156–161.

2 参见 Ronald P. Toby, "Mapping the Margins of Japan," in *Cartographic Japan*, ed. Kären Wigen, Fumiko Sugimoto, and Cary Karacas (Chicago: University of Chicago Press, 2016)。

德川幕府和李氏朝鲜不仅忽视了小岛屿，他们还发现在类似对马这样的主要领土上对分歧保持沉默是互惠互利的。同样，官员们也知道不应该在琉球主权问题上强求明确的意见，而是允许江户、鹿儿岛、首里和北京有不同的意见。这些机智的外交发明避免了定义近现代民族国家和国际政治中的主权和领土问题。

由于对领土主权的专属宣称是近现代国际法的一部分，人们很容易认为德川体制是“前近代”的，是近代政治的前奏。明治国家通过坚持清晰的疆界和一致的外交礼仪使日本外交“近代化”。但以这样的标准来看，丰臣秀吉在16世纪90年代对朝鲜的入侵比后来长达几个世纪的德川式和平更“近代”和“西方”。秀吉渴望堂而皇之地彻底统治东亚，他对以灵活手段进行国家外交事务毫无耐心。对秀吉来说，避免与中国发生公开冲突是毫无意义的：如果不能获得更高的地位，至少要让明朝承认他具有平等的君主权威。在此方面，秀吉的做法类似于欧洲新兴的国家权力意识：主张在国际体系中各国应为领土主
37 权而无情争斗，不该为和平而模糊国家的边界。外交官应该捍卫其君主的权利和势力，而不是谨慎巧妙地处理不可调和的观点。

幕府的外交方针避免公开展示国家权力，转而支持具有灵活性和模糊性的做法。这种不同的主权观点维持了长达两个世纪的国际和平，但它也创造了一个日本式国家，这个国家不仅与欧洲新生的民族国家截然不同，而且与秀吉统治下

的国家也迥然相异。德川家对在明确划定的领土上扩张单一霸权不感兴趣，他们是那种懂得如何规避战争并从中攫取利益的统治者。

国内统治机制

德川政权比9世纪以后的任何一代日本政权都要强大和集权。然而，在幕府降低其在国家间冲突中的参与度后，中央集权化的发展趋势显著放缓。因为不再有需要从全国范围内动员人力物力的外来冲突，德川家开始停止扩大其对国内权力的掌控。相反，德川家的统治建立在各地大名对其领地具有持久统治权威的基础之上。大名们保留了大部分战国时代的自治权。他们制定、征收自己的赋税，指挥自己的军队，颁布自己的法律条文，管理自己的法院，发行自己的货币，制定自己的地方经济政策。幕府没有剥夺大名的权力，而是对其加以利用和发展，以使将军成为各地大名的最高指挥官，进而达到统治全日本的目的。因此，德川幕府统治下的日本是一个建立在幕府、大名和皇室的联合权威之上的"复合国家"。[1]

根据法律和惯例，对于任何违反将军政策的行为，幕府都可以剥夺大名的领土，这些行为包括未经许可修缮城池，领地内出现不服裁判之事，不合礼仪的丧葬安排以及未经批准的继任计划。在17世纪初，幕府将军有力地行使了这一权力。例

1　关于"复合国家"，参见 Mark Ravina, *Land and Lordship in Early Modern Japan* (Stanford, CA: Stanford University Press, 1999), 27 - 45, 195 - 210。

如，1619年，第二任幕府将军德川秀忠因福岛正则在领地遭遇台风后擅自修缮城池，而对其施以减封的处罚，将其领地持有量削减了90%以上（从498220石至48000石）。福岛正则虽然已经尽职尽责地告知幕府他修复城池的意图，但并没有等待官
38 方授权。他在1624年去世后，幕府又将其继承人的领地削减了93%，降至3000石，因为福岛正则在没有官方证实死亡的情况下被火化了。超过99%的累计减封使福岛家丧失了贵族头衔：由于持有土地低于10000石，福岛家不再被列为大名。1664年，当上杉纲胜突然死于阑尾炎时，幕府夺取了上杉家一半的领地。上杉家在1600年与德川家为敌，其领地能够保留下来，是因为其盟友用幕府能够在大名死后指定继承人这个理由说服了将军。

这样的举措使最顽固的大名都感到惊恐，到18世纪时，幕府认为已几乎没有必要继续这种咄咄逼人的行动。幕府的减封行为逐渐减少，在1808年至1835年间，甚至没有惩罚过任何一位领主。[1] 即使幕府剥夺了某大名的领土，它通常也会将土地转让给其他大名。一旦他们的控制权稳固，德川政权更倾向于奖励其盟友，而不是直接篡取权力。德川统治的目标不是消灭大名，而是确保他们无法挑战德川的霸权。

1　关于“改易”与“转封”的权威性研究著作，参见藤野保：『新訂幕藩体制史の研究』、東京：吉川弘文館、1975年。也可参见 Harold Bolitho, *Treasures among Men: The Fudai Daimyo in Tokugawa Japan* (New Haven, CT: Yale University Press, 1974)。

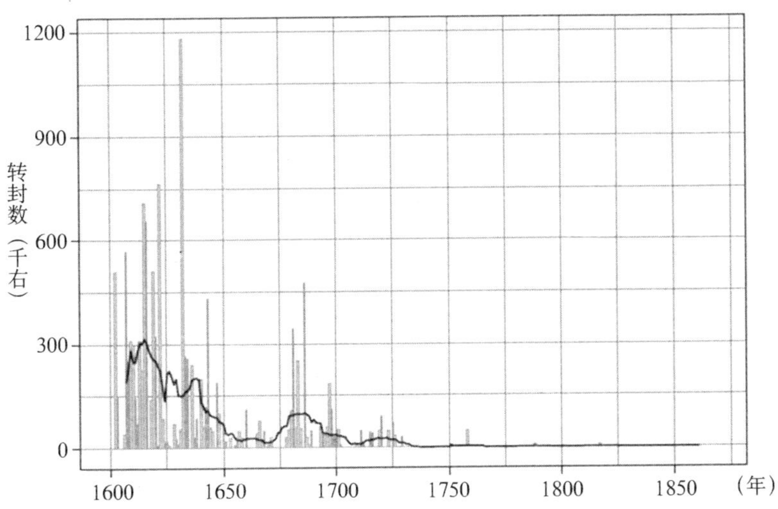

图 1.4　移封率下降，线条为 15 年间的平均值

数据来源：藤野保『新訂幕藩体制史の研究』、附錄 36－35。

这些政策塑造了一种独特的政治版图——外样大名，字面 39
意思是“外人”领主，由那些在德川家康已成为实权人物后对其宣誓效忠的大名，或在 1600 年的关原之战中与其敌对的大名组成。幕府通过剥夺部分领地的方式削弱而非摧毁了许多外样大名。与此同时，幕府容忍了一些规模更大、相互毗邻的外样大名继续保有领地和资产，但这些大名主要位于边疆地区，远离德川家的主要统治城市——江户、名古屋和大阪。相比之下，谱代大名因长期效忠德川家，被允许担任幕府的官员。将军把围绕在德川家主要城池周围的、战略位置优越的土地分封给谱代大名，并以额外的物品奖赏他们。这意味着谱代大名往往在国家统治中心附近而非边疆地区持有零散的封地。事实上，江户周围的大部分土地多是幕府直辖领地、谱代大名领地，以及通常不足 10000 石的旗本领地。

这种土地分配模式是在 17 世纪初建立起来的，并一直维持到幕末。在 19 世纪 60 年代，大多数谱代大名的领地距离江户城不到 150 英里，而大多数外样大名则都在 250 英里以上。实际上，江户城 50 英里范围内的所有领地都由 10000 石及以下的谱代大名持有。与之相对，大多数位于边远地区的大藩都由外样大名占有。亲藩大名散布在日本各地，主要是德川家康子嗣的后代。亲藩大名可以在幕府出现继承危机的情况下提供继承人，但他们通常被排除在幕府的关键职位之外。

由于幕府的统治依赖于各地大名的藩内治理，历史学家经常将前近代日本的政治制度称为幕藩制，这是一个有些不合时宜的关于领地的术语。但幕府也愿意接受大名以外的其他途径来巩固其政治权威。早期的几位将军没有废除皇室，而只是对之加以威慑。在 17 世纪初的一系列法令中，幕府禁止朝廷干预军事活动，限制其做出宗教和仪式任命的权力，并告诫天皇"诸艺能之事，第一御学问也"，而非政治。[1] 1634 年，第三代将军德川家光率军约 30 万觐见天皇，这是一次以尊敬天皇为伪装的几乎不加掩饰的武力展示。在削弱了朝廷的政治权威后，幕府愿意以支付修缮皇宫的费用等形式来展示对天皇的支

---

1 参见 Lee A. Butler, "Tokugawa Ieyasu's Regulations for the Court: A Reappraisal," *Harvard Journal of Asiatic Studies* 54, no. 2 (1994): 532-533。

持。总之，相比于直接宣称国家权力，德川幕府创建了一种新的间接统治形式。例如在关东地区，幕府选择不直接统治“秽 40
多”，即一个从事屠宰、皮革加工等行业的群体。取而代之的是，幕府设立了一个秽多的世袭头领，即弹左卫门，并委托其管理秽多的事务，并在与非秽多的法律纠纷中代表秽多。比起为摧毁敌对势力的权力来源而发动战争，德川政权创造了新的权力来源，这是与典型的欧洲式国家建设原型截然不同的模式。

德川幕府对大名控制的核心是一种被称为“参觐交代”的强制性居留制度，该制度命令各地大名须每隔一年前往江户居住。“参觐交代”起源于早期的武士实践。例如，室町幕府为了降低地方叛乱风险，强迫大名住在京都。丰臣秀吉延续了这种做法。作为服从的标志，大名将居留京都，除非被派去执行公务，而其妻子和孩子将永久居住在京都。有些大名冒着极大的风险抵制这种做法。例如，秀吉曾告诉固守小田原城的北条氏，如果他们在二条城向他宣誓效忠，他将重新认可北条氏的领地。在被严词拒绝后，秀吉灭亡了北条家。[1]

强迫居住在京都的制度将各地大名与秀吉捆绑在一起，但这也降低了他们的军事能力。早在1591年，萨摩的岛津义弘就曾感叹京都生活带来的影响。他宣称：“（在京都）岛津氏对关白（丰臣秀吉）无任何用处。”如果秀吉要求他们镇压叛乱，

1　萨摩的岛津氏直到被丰臣秀吉击退至最初拥有的一小块领地上，才同意前往京都定居并臣服于秀吉。参见山本博文：『参勤交代』、東京：講談社、1998年、28—31頁。

他们没有足够的军队来投入战斗。只派数人与秀吉并肩作战，对岛津氏这样伟大的武士家族来说是巨大的侮辱。义弘进一步哀叹，他的士兵变得越发不可靠：他们似乎只对如何借钱以满足那些城市生活的诱惑感兴趣。他担心士兵们正在失去斗志，并怀疑岛津氏能否长期作为大大名生存下去。[1] 这种恐惧和绝望正是秀吉所期望的。岛津氏一直挑战着丰臣秀吉的权威，这使他决心让岛津氏为不服从命令付出代价。但是秀吉雄心勃勃，不会浪费一个有能力的指挥官。1592—1594 年，在确认了义弘的忠诚之后，秀吉派他征战朝鲜。岛津义弘为他的新主君在朝鲜展开激战，并获得了泗川之战的最终胜利。[2]

德川家继承并发展了秀吉的人质制度。1600 年以后，大名开始按照这一制度，将家族成员送到江户，并定期亲自前往，
41 臣服于德川家康的统治之下。但与秀吉不同，德川家族关心的是国内稳定，而不是建立世界帝国。幕府的外交政策旨在最大限度地减少军事动员。因此，该政权能够在不损害国家安全的情况下削弱大名的军事能力。岛津义弘曾感叹的大名军事能力的弱化则成为幕府政策的基石。

参觐交代制在 17 世纪 30 年代和 40 年代正式确立，就像幕府严格限制与外国接触一样，大名被命令每隔一年前往江户居住，并依据他们与德川家的关系制定严格的日程安排。比如，1635 年，外样大名被命令在第四个月前往江户，并在十二

1 参见山本博文：『参勤交代』、東京：講談社、1998 年、31—32 頁。

2 桑波田興：『国史大辞典・島津義弘』、東京：吉川弘文館、1979 - 1997 年。

个月后返回他们的领地。大名前往江户的日程安排是相互错开的，所以每年大约有一半的外样大名或在江户或在领地。1642年，参觐交代的范围扩展到谱代大名，他们在每年的第六个月或第八个月来到江户。[1] 这些大名都被要求离开家人常年居住在江户。一些大名基于家族关系被允许免除参觐交代。御三家，即德川家康几位幼子的后代，被免除或允许减少居留江户的人数。也存在因军事或外交职责而免除参觐交代的情况，例如，对马的宗氏被允许每三年来江户一次，松前氏被允许每六年来一次。负有巡逻保护长崎港之责的黑田氏与锅岛氏被允许只在江户停留三个月，而不是十二个月。这些豁免案例反映了实行参觐交代制的目的：在江户居住会降低大名的军事能力，因此那些负有维护国家安全职责的大名得到了特殊豁免。但这些例外的有限范围也反映了幕府有限的国家安全考虑，因为与秀吉不同，幕府不需要精干的战士时刻为海外作战做准备。

国内的变革

战乱的终结和武士集中在江户是当时更为广泛的社会变革的一个缩影。1600年至1720年间，日本人口从1200万激增至3100万。[2] 这得益于新技术的发展和传播。使用踏车的新型灌

1　关东地区的谱代大名被允许缩短在江户的居留时间，可以在规定年份的第二个月到达，并于第八个月离开。

2　参见 Conrad Totman, *Early Modern Japan* (Berkeley: University of California Press, 1993), 140。

溉法使扩大耕地成为可能，德川时代的耕地总面积较前代大约翻了一倍。农民通过使用各种肥料来提高土地生产力：包括鱼
42 粉、生产清酒和酱油遗留的残渣以及人类粪便。粪便的供给在17世纪是免费的，但随着需求量的增长，在1740年至1789年间，粪便的价格上涨了200％。[1] 新技术也提高了劳动生产率。一系列发明使稻米加工变得更容易、更快速，同时减少了浪费。一种名为“备中锄”（備中鍬，びっちゅうぐわ）的工具，使开垦新地变得更容易。[2] 粮食生产的改善使农民能够专注于非粮食作物和以市场为导向的农业生产。到了18世纪，许多地区的农民大量投资种植经济作物，如棉花、油菜籽、烟草、茶叶、靛蓝染料、亚麻和大麻、桑树和漆树等。[3]

这种向商业性农业的转变是因为受到江户成长为消费中心
43 的刺激。在16世纪末，只有不到200人定居江户。而到1600

---

1 参见 Anne Walthall, “Village Networks. Sodai and the Sale of Edo Nightsoil,” *Monumenta Nipponica* 43, no. 3 (1988): 293 - 303; Susan B. Hanley, “A High Standard of Living in Nineteenth-Century Japan: Fact or Fantasy?” *Journal of Economic History* 43, no. 1 (1983): 293。

2 参见 Chie Nakane and Shinzaburō Ōishi, eds., *Tokugawa Japan: The Social and Economic Antecedents of Modern Japan*, translation edited by Conrad D. Totman (Tokyo: University of Tokyo Press, 1990); Totman, *Early Modern Japan*, 260 - 268。

3 参见 Tsuneo Satō, “Tokugawa Villages and Agriculture,” in *Tokugawa Japan*, ed. Chie Nakane and Shinzaburō Ōishi (Tokyo: University of Tokyo Press, 1990); David L. Howell, “Hard Times in the Kantō: Economic Change and Village Life in Late Tokugawa Japan,” *Modern Asian Studies* 23, no. 2 (1989); Edward E. Pratt, *Japan's Protoindustrial Elite: The Economic Foundations of the Gōnō* (Cambridge, MA: Harvard University Asia Center, 1999), 15 - 77; Thomas C. Smith, *The Agrarian Origins of Modern Japan* (Stanford, CA: Stanford University Press, 1959)。

图 1.5　“中村座外的热闹景象”

著名版画艺术家安藤广重（1797—1858 年）于 1854 年创作的城市风景画。美国洛杉矶艺术博物馆藏（M. 2000. 105. 35a－c），经允许转载

年，江户的人口已增长到 3 万人。随着参觐交代制的实施，到 17 世纪 50 年代，人口达到了 50 万人。到 18 世纪 30 年代，江户的居住人口已超过 100 万，其中大约一半是武士。[1] 这座城市以其炫耀性消费的范围之广和规模之大而闻名。到 18 世纪，江户每年消费近 80 万桶清酒、10 万多桶酱油、1800 多万捆柴火。到 19 世纪初，江户拥有数十家剧院、600 多家图书借阅所和 6000 多家餐厅。艺术和文学、时尚和流行文化的潮流始于江户，并向日本其他地区传播蔓延。[2]

1　参见 Totman, *Early Modern Japan*, 667－667, 153。

2　参见 James L. McClain, John M. Merriman, and Kaoru Ugawa, eds., *Edo and Paris: Urban Life and the State in the Early Modern Era* (Ithaca, NY: Cornell University Press, 1994), 13, 218－219, 346－247; 原田信男:『江戸の料理史: 料理本と料理文化』、東京: 中央公論新社、1989 年、145 頁。关于通过参觐交代制而传播的文化潮流，参见 Constantine Nomikos Vaporis, *Tour of Duty: Samurai, Military Servicein Edo, and the Culture of Early Modern Japan* (Honolulu: University of Hawai'i Press, 2008)。

武士改变了江户，江户也改变了武士。事实上到了 18 世纪，各大名家族间的竞争已经完全从战场转移到宴会上，领主
44 们在各个宴会上竞争的是鉴赏力和消费力而非勇武之力。大名可以通过比同辈人更精致的茶道表演或更优雅、更具异国情调的宴会来提升自己的地位。与其久经沙场的祖先不同，萨摩藩的第八代藩主岛津重豪以鉴赏力和奢华宴请而闻名：在他主持的一场充满异国情调的中式筵席中，共有 50 多道不同的菜肴，其中包括糖腌九年母冬瓜。[1] 精心挑选的贵重礼物也成为政治晋升的关键因素。按照习俗，一名新任命的幕府官员必须宴请新同事，宴会用的食物和酒都是从特定商贩那里买来的。这类活动的费用往往是普通武士年收入的数倍。[2] 岛津义弘在 16 世纪 90 年代哀叹的变化由此成为德川时代社会的一个典型特征：武士对城市娱乐了如指掌，却对战争一无所知。

江户的高昂生活成本使大多数大名的财政预算捉襟见肘。一些人试图通过紧缩财政来控制开支，有关避免奢侈浪费的劝诫是 18 世纪政治论述中最为常见的。然而，即使是一位节俭的大名也无法回避参觐交代的基本要求。每位大名都需要一处江户的住所，大名及其家人，以及领地官员、顾问、侍从和警卫，都需要住房、食物和衣物。势力较大的大名在江户往往拥有多达数千名

---

1 芳即正：『島津重豪』、東京：吉川弘文館、1980 年、42—45 頁。此菜肴是糖腌九年母冬瓜。

2 参见 John Whitney Hall，Tanuma Okitsugu，*1719 - 1788：Forerunner of Modern Japan* (Cambridge，MA：Harvard University Press，1955)，108 - 109。

随从的多重庭院。当时的学者，如经济思想家海保青陵曾估算，大名的大部分开支都发生在江户。仔细检查地方藩账簿就会发现海保夸大了事实，却也并不算夸张：许多大名将其总收入的30％到50％花在了参觐交代及其相关费用上。[1]

为了支付参觐交代的费用，大名求助于商人中介。他们需要出售领土收成的一部分来支付在江户的开支，商人经纪人（仓元，くらもと）很快就成为武士政治必不可少的一部分。江户生活的诱惑拉高了开支，仓元成为大名的债权人，来年的税收被当作抵押品。借钱给大名应该非常有利可图。例如，大阪的鸿池家最初是清酒酿造商，但他们通过贷款给大名而发家致富，最终成为30多个大名家族的债权人。在1670年至1706年间，鸿池家的资产增长了75倍，超过24000贯（900000公斤）银，主要来自放贷。鸿池家的当主还获得了作为中间人与
提供交易服务的报酬，到了18世纪中叶，他的收入甚至超过 45
了许多大名。[2]

江户的消费需求和商业网点的扩张改变了农村经济。农民越来越多地为市场而非本地销售去种植农作物，这通常受到地方政府的鼓励。为了满足在江户的生活开支，大名开始在领地推广种植经济作物，并干预商品市场。一个典型的例子是德岛

1　参见丸山雍成：『参勤交代』、東京：吉川弘文館、2007年、209—220頁。

2　参见宮本又次：『鴻池善右衛門』、東京：吉川弘文館、1958年。关于鸿池家商业运作的细节研究，参见宮本又次：『大阪の研究』、大阪：清文堂出版、1970年、第四巻、195—698頁；第五巻、481—732頁。

藩的靛蓝种植，该藩与大阪这个重要的商业中心隔着濑户内海相望。在吉野川下游种植靛蓝的历史由来已久，但到了18世纪中叶，靛蓝种植已经遍及全藩：1740年，德岛藩北部的331个村庄中，有237个（超过70%）种植了靛蓝。这些村庄中有许多是高度专业化的。1764年，竹濑村近90%的土地种植了靛蓝，大约7%种植了土豆，只有0.2%种植了水稻。明治政府在19世纪70年代进行系统调查时发现，德岛藩只有不到三分之一的农业产量是稻米。[1]

经济的持续变革改变了武士的统治。以儒家的观点来看，武士统治精英的典型特征是远离琐碎的商业利益。然而在实践中，武士无法忽视商业是如何影响其大名主人的金库的。在德岛藩，随着农民变得依赖靛蓝销售，藩政府也开始关注靛蓝的价格。由于靛蓝销售集中在大阪，价格容易受到大阪商人团体的操纵。从17世纪60年代开始，大阪商人利用其联合购买力来压低靛蓝价格。为了打破这一垄断局面，德岛藩坚持要求买家来到当地，在一个受藩政府监管的市场进行交易。藩政府还开始向种植靛蓝的农民提供贷款，以打破他们对大阪买家信贷的资金依赖。大阪的商人团体提起诉讼，坚称新市场将使他们的生意陷入困境。1766年，隶属幕府的大阪地方官员作出了有

1 参见 Ravina, *Land and Lordship in Early Modern Japan*, 155－157。关于比较视角下该时期日本经济的转型，参见 Angus Maddison, *Contours of the World Economy, 1－2030 AD: Essays in Macro-economic History* (New York: Oxford University Press, 2007), esp. 139－157；以及 Julia Adeney Thomas, "Reclaiming Ground: Japan's Great Convergence," *Japanese Studies* 34, no. 3 (2014)。

利于商人团体的裁决，命令德岛藩在大阪进行交易。德岛藩试图逃避这一裁决，但在1790年，商人们再次提起诉讼，德岛藩最终服从了。1802年，德岛藩选择了一个新的战略：他们没有以官方的名义来反对大阪的商人团体，而是组织了一个敌对的商人团体。大阪的商人团体再次提起诉讼，但这一次的和解协议对德岛藩有利。靛蓝卖家被允许将德岛靛蓝的销售权只限制在他们自己的商人团体中。[1]

这场旷日持久的围绕靛蓝价格的法律斗争象征着武士身份 46
的转变。大阪的地方官员隶属于幕府，因此，争夺靛蓝市场的斗争实际上是德川家和蜂须贺家之间的较量。曾在关原之战中并肩战斗的两家，他们的后代现在正为靛蓝价格而相互对立。虽然这一变化是前所未有的和平与繁荣带来的结果，但不可避免地让人感觉某些根本性的问题正在显现。如果商业问题是政府财政的核心，那么武士精英阶层如何才能避免对商业贸易等世俗事务进行统管呢？但若武士深度参与商业事务，他们如何保持自己作为武士精英的地位，并证明他们对政府机构的垄断是合理的呢？除了血统与家系，武士与平民有什么不同？这是德川式和平与生俱来的矛盾：在没有战争的情况下，武士们无法在战斗中展示自己的勇气，从而公然地将自己与普通民众区分开来。

德川式和平还改变了武士控制土地的方式。在16世纪初，大多数武士是农村领地的所有者，他们的收入来自某特定村庄

1　参见Ravina，*Land and Lordship in Early Modern Japan*，168－186。

或地块。然而从 16 世纪末开始，许多大名将武士从他们的农村领地中迁走，将其重新安置在大名统治城镇周边的指定地区。通过将武士从他们的领地中分离出来，大名能够通过直接从村庄征税并向武士定期支付俸禄来增强自己的财政权力。各级领主也可以削减家臣的薪水，这种做法被委婉地称为“借款”。武士的城市化也将他们拉入了商业经济。农村的领地持有人可能会向当地农民索要草鞋或清酒等作为实物税，而城市武士则需要通过中介商出售他们每年俸禄的份额，然后以现金购买他们需要的产品。这一过程在经济较发达的关东地区和畿内地区最为明显，而在东北和九州则不那么显著。但总体而言，到了 18 世纪，武士实际上已成为城市受薪阶层的一员。[1]

现在的历史学家认为，货币经济的传播和商业贸易的扩张是日本近代经济转型的先兆。但许多当时的学者更关心的是，商业化是如何看似颠覆了当时的社会秩序，使武士统治阶级依赖于地位低于他们的商人阶层。城市武士家庭通常与那些给他们提供信
47 贷的商人家庭存在代际关系。商人们因此对武士家族的事务产生了实质性的影响。例如，1750 年，土佐藩的家臣谷丹内向他的中介商才谷屋直益寻求建议和财务支持。谷丹内哀叹，不断上涨

1 武士和农民分离的过程在日语研究界常被称为“兵農分離”（兵农分离），关于此研究的日文著作，参见朝尾直弘：『日本近世史の自立』、東京：校倉書房、1988 年、189—213 頁。山口啓二、佐々木潤之介：『体系・日本歴史 4：幕藩体制』、東京：日本評論社、1971 年、25—30 頁。英文著作，可参见 Michael P. Birt，“Samurai in Passage：The Transformation of the Sixteenth-Century Kanto，” *Journal of Japanese Studies* 11，no. 2（1985）。

的开支迫使他不断以未来的收入为抵押进行借款。他决心量入为出，但不清楚这可能会带来什么后果：

> 不管怎样，我们必须以目前的年收入凑合度日。然而，由于不熟悉这些财务问题，我不确定这是否可行，但我想试一试。请写信详细告诉我，我的年俸有多少是水稻和米券，有多少是领主的“借款”。另外，请告诉我剩余收入兑换成银币和铜币的金额是多少。最后，请你准备一份月度预算供我参考。

图1.6　武士出售他们的武器

安藤广重以其风景画和城市画而闻名，但在这幅1854年的版画中，他描绘了经济拮据的武士出售他们的盔甲。美国洛杉矶艺术博物馆藏（M. 2006. 136. 334），经允许转载

同许多武士一样，谷丹内对如何将其以米粮形式发放的俸禄兑换成现金几乎一无所知，更遑论如何合理规划开支了。他
48 负债的部分原因在于支付高知城的高昂生活费用和为城市生活的诱惑买单。但是领主也向他“借”了25%的薪俸，他需要总收入的14%来偿还从才谷屋那里借来的旧贷款。[1]

谷丹内与债权人的关系是更广泛的社会现象中一个极端的例子：社会秩序的正式概念与日常生活实践之间日益加剧的矛盾。在社会公共话语体系中，德川社会由四个不同的阶层组成，每个阶层都有各自特殊的功能：武士是统治精英，农民种植粮食，工匠制作工具，商人运输商品。这些区别往往更多是激励性的，而非描述性的。但在德川时代，他们变得完全脱离了既定的生活经验。身份地位最高的武士，在售贷和市场服务方面变得越来越依赖地位最低的商人。商品农业的普及，使得农民为遥远的市场种植经济作物，同时淡化了农民和商人之间的区别。明治政府后来正式取消身份等级秩序，只不过是从形式上确认了这一转变。

改革的政治策略

与明治政府不同的是，由于德川政权的统治合法性与武士

1 参见 Constantine N. Vaporis, “Samurai and Merchant in Mid-Tokugawa Japan: Tani Tannai's Record of Daily Necessities (1748 - 54),” *Harvard Journal of Asiatic Studies* 60, no. 1 (2000): quote from 211 - 212; 以及 Kozo Yamamura, “The Increasing Poverty of the Samurai in Tokugawa Japan, 1600 - 1868,” *Journal of Economic History* 31, no. 2 (1971)。

精英阶层的身份等级紧密相连，因而它无法向以身份等级秩序为基础的社会概念展开攻击。但幕府确实试图直面德川统治秩序中最严重的问题，并先后进行了三次大规模的改革：享保改革（1716—1745 年）、宽政改革（1787—1793 年）和天保改革（1841—1843 年），其中最大胆和最成功的是由八代将军德川吉宗领导的享保改革。德川吉宗继任将军时已成年，并且是纪州藩的藩主。充满自信、务实肯干且颇具智慧的他准备直面德川统治的核心问题：如何使政权适应和平时期的商业经济，这样的改革会改变幕府和大名之间的力量平衡吗？吉宗的许多政策实际上为明治维新时期更激进的改革奠定了基础：他主张更大的国家统治权，干预国家经济，并以不同寻常的方式挑战世袭特权。而与明治改革不同的是，他的政策旨在修复德川统治系统，而不是取代它。[1]

吉宗面临的直接挑战是幕府的财政危机。虽然幕府的收入
随着经济增长而增加，但大量增聘官员和雇员导致开支急剧增
长。幕府矿山的产量也在下降，到 17 世纪 90 年代，幕府经常 49
性地出现财政预算赤字。[2] 吉宗试图以传统的紧缩政策来削减
开支，但当这种方法失败后，他主张赋予大名新的权力，以要
求他们向幕府直接缴税。1721 年，吉宗命令大名每年要向大阪

1　关于享保改革的概述，参见藤田覚：『近世の三大改革』、東京：山川出版社、2002 年、208—315 頁。关于改革的扩展性研究参见笠谷和比古：『徳川吉宗』、東京：筑摩書房、1995 年。

2　参见藤田覚：『近世の三大改革』、東京：山川出版社、2002 年、19—20 頁。

和江户的幕府仓库支付收入的1%，这项税收被称为“献米制”（上米の制）。这样的直接收税是史无前例的，同时也表明了幕府对自己领地以外的土地拥有所有权。

与此同时，吉宗试图减少各地大名的开支，并彻底削减了他们参觐交代的义务。改革后，外样大名和谱代大名在江户的参觐时间被减半为6个月，在每年的第三个月和第九个月进出江户。同时也减轻了大名继承人的参觐义务，以及将军与大名间的礼物互换规模。这是幕府政策的根本性改变，但吉宗坚称他实际上是“一切循祖法”。吉宗认为大名轮流参觐的规定并非家康和秀忠之愿，而是三代将军家光的命令，他无法容忍独居江户的孤寂，因而命令大名及其家眷常驻江户。[1]

在河流管控等领域，吉宗也增强了幕府对地方大名的控制。与河流相关的项目，如堤防建设等，通常是跨藩建立的，这种现象在关东和近畿地区尤其凸显。自1703年以来，幕府一直要求大名为此类项目提供劳动力，作为战时服役在和平时期的替代行为。因此，除了要派遣军队援助幕府，大名还要担负各类徭役。1720年，吉宗将这些义务改为现金支付。幕府将计算项目的总成本，并承担其中的10%，要求受影响的大名支付余额，每100石最高相当于10円。[2] 此法令出台后，尽管

1　丸山雍成：『参勤交代』、東京：吉川弘文館、2007年、241—244頁。山本博文：『参勤交代』、東京：講談社、1998年、60—61頁。

2　1720年的法令是“国役普请令”，相关研究成果的概览，参见笠谷和比古：『徳川吉宗』、東京：筑摩書房、1995年、123—125頁。

幕府投资极大，拥有庞大或连片领地的大名因其经济实力而未受太大影响，但这一政策改变了幕府和大名之间的关系。在商品经济的模式下，相对于直接安排各种劳役，幕府更感兴趣的是合理分配公共工程的费用。[1]

吉宗对幕府税制也进行了根本性的改革。在吉宗改革之前，土地税基于对收成丰歉的年度评估加以收取（検見法），这种税收方式的好处在于减轻了歉收后农民的税收负担。但连年的歉收侵蚀了幕府的财政系统，使其负担沉重。与此同时，由于政府在每年收获季节后会立即对收益征税，因而这种政策 50
阻碍了对土地的资本投资，也使政府税收极不稳定。从1718年起，幕府开始转向根据过去5年、10年或20年的平均收获量进行固定评估（定免法）。起初，除遭遇灾难性的歉收，幕府拒绝实行任何减税措施，但这种僵化的政策引发了农民一揆（起义）。此后，每当产量下降超过30%，幕府就会实施相应的减税措施。这一修订后的税制在没有引发动乱的情况下提高了政府收入。从长远来看，这些改革有进一步加剧农村阶级分化的趋势：大土地所有者最有能力利用固定评估制获取利益，而小土地所有者则会遭受巨大损失。然而在短期内，改革产生了巨大的财政预算盈余，使得政府可以在紧急情况下将之用于粮

1　参见 Totman, *Early Modern Japan*, 300, 314；笠谷和比古：『徳川吉宗』、123—125頁。与“献米制”不同的是，“国役普请”对幕府财政来说并不是什么好事，而且有几个大型项目对幕府来说造价高昂。

食救济。[1]

在享保改革的推动下，幕府促进了一系列新作物的种植和新产业的发展，包括甘薯（日文称“薩摩芋”或“甘藷”）等粮食作物、人参和其他药用植物、甘蔗种植和制糖业，以及丝绸生产。这些项目的背后是吉宗对自然科学的浓厚兴趣和对日本国际贸易平衡更为切实的关注。[2] 17 世纪 80 年代，随着清政府的统治逐渐巩固，明朝海禁政策的影响逐渐减弱，两国间的贸易量随之激增，日本开始出口大量贵金属，以换取中国的进口商品。由于矿山产量下降，白银外流尤其明显。幕府曾试图通过长崎的贸易配额以及对对马和琉球的贸易限制来控制进口。吉宗则采取了一种独辟蹊径的方式，促进了进口商品国产替代物的生

1　关于检见法与定免法的研究数量颇多。相关英文研究，参见 Philip C. Brown，“The Mismeasure of Land. Land Surveying in the Tokugawa Period，” *Monumenta Nipponica* 42，no. 2（1987）；Philip C. Brown，“Practical Constraints on Early Tokugawa Land Taxation：Annual Versus Fixed Assessments in Kaga Domain，” *Journal of Japanese Studies* 14，no. Summer（1988）；Patricia Sippel，“Abandoned Fields. Negotiating Taxes in the Bakufu Domain，” *Monumenta Nipponica* 53，no. 2（1998）；以及 Kozo Yamamura，“Toward a Reexamination of the Economic History of Tokugawa Japan，1600 - 1867，” *Journal of Economic History* 33，no. 3（1973）。日文相关研究的综述，参见藤田覚：『近世の三大改革』、23—25 頁。

2　关于德川吉宗对科学研究的赞助，参见 Federico Marcon，“Inventorying Nature：Tokugawa Yoshimune and the Sponsorship of Honzōgaku in Eighteenth-Century Japan，” in *Japan at Nature's Edge：The Environmental Context of a Global Power*，ed. Brett L. Walker，Julia Adeney Thomas，and Ian Jared Miller（Honolulu：University of Hawai'i Press，2013）；Federico Marcon，*The Knowledge of Nature and the Nature of Knowledge in Early Modern Japan*（Chicago：University of Chicago Press，2015），115 - 139。

产。[1] 为了开发这些新技术，吉宗放宽了对外国图书的进口限制。根据旧制，任何有关基督教的书籍都是被禁止的，这就排除了许多有用的科学书籍。1720年，吉宗下令允许进口附带提及宗教的科学文献，并建立了小石川药园来测试新作物。[2]

吉宗推动的几个农业项目产生了持久的影响。他对国产糖的推广带动了多个地区的商业生产发展，包括尾张、纪伊和土佐。到18世纪中期，糖的价格已经下降到足以让中等武士认为它是日常食品而不是奢侈品。到了19世纪，国产糖几乎完全取代了进口糖。[3] 在1837年一则向长崎市奉行提出的上诉中，当地商人抱怨，国内糖的生产规模扩大，导致进口中国糖的价格下降，商人的利润越来越少。与国产糖的发展相似，国 51
产丝绸开始挑战来自中国和朝鲜的进口丝绸。随着国内丝绸产量的上升，丝绸价格在17世纪20年代开始下降，此后持续下

---

1 参见 John Lee, "Trade and Economy in Preindustrial East Asia, c. 1500 – c. 1800: East Asia in the Age of Global Integration," *Journal of Asian Studies* 58, no. 1 (1999): 9–10; Hellyer, *Defining Engagement*, 59–68。

2 参见 Totman, *Early Modern Japan*, 302–303; Tasaburō Itō, "The Book Banning Policyof the Tokugawa Shogunate," *Acta Asiatica* 22 (1972)。更多的细节，参见中村邦光：『享保改革における〈禁書緩和〉—日本科学史上の誤解』、出自物理学史通信刊行会編：『物理学史ノート』、9頁。大石学：『日本近世国家の薬草政策—享保改革期を中心に』、出自『歴史学研究』、639頁。中村安宏：『室鳩巣と朱子学・享保改革 –科学導入反対論を中心に』、出自『日本思想史研究』、31頁。F. B. Verwayen, "Tokugawa Translations of Dutch Legal Texts," *Monumenta Nipponica* 53, no. 3。

3 参见 Hellyer, *Defining Engagement*, 70–71, 136; Lee, "Trade and Economy," 10; Totman, *Early Modern Japan*, 312–313。糖生产的普及有利于日本的整体贸易平衡，但对萨摩藩则并非如此，在18世纪20年代之前，萨摩藩几乎垄断了日本国内的糖生产。

降。朝鲜丝绸的价格在 17 世纪 50 年代急剧下降，虽然中国丝绸享有质量上乘的美誉，但到了 19 世纪，日本国产丝绸的市场占有量已超过进口。[1] 甘薯在国际贸易中的影响力较小，但在推广之后成为日本人饮食的重要组成部分。甘薯耐寒，营养丰富，适合旱地种植，作为常规粮食作物和保障粮食歉收的作物而被广泛种植。吉宗亲自和高级官员一起食用甘薯，以证明它不仅可以果腹，而且很美味值得品尝。[2] 吉宗长期关注的另一重要农产品是国产人参，它被用来治疗一系列疾病，包括发烧、感染和神经紊乱。尽管在清朝和李氏朝鲜出口人参都是非法行为，但在吉宗的支持下，江户奉行所保存了中国人参和高丽参的根茎。1733 年，幕府开始通过专门机构（人参座）在五个主要城市公开销售国产人参。[3]

吉宗还改革了提拔官员的制度，在引入更多精英制度的同时，仍然尊重世袭特权。在享保改革之前，幕府内部的高级职位被专门留给拥有大量世袭秩禄的侍从。例如在 1723 年之前，只有秩禄在 1000 石或更高的武士才会被任命为町奉行。将军只能通过增加世袭恩赐来任命秩禄较少但能力出众的人。吉宗通过创立足高制打破了这一传统，即与被任命者任期挂钩的补充秩禄制度。因此，有能力的侍从可以持有两种秩禄：世袭的

1 参见 Totman, *Early Modern Japan*, 312。

2 关于德川吉宗与甘薯的研究，参见坂井健吉：『さつまいも』、東京：法政大学出版局、1999 年、292—296 頁。

3 参见笠谷和比古：『德川吉宗』、174—188 頁；Hellyer, *Defining Engagement*, 68—70。

和有任期限制的足高。这一制度既使吉宗可以任命级别较低的武士担任高级职务，也不会永久增加幕府开支，这大大增加了高级职务的遴选范围。正如历史学者泉井朝子所观察到的那样，足高制在武士世袭结构中创造了一种工资制度。[1]

吉宗的改革并非由单一的思想进行指导，他的改革政策受到了两位打破陈规的思想家的影响：荻生徂徕和西川如见。吉宗喜爱他们的著作，他的改革政策与两人出版作品中的想法多有对应。解除西方和中国书籍的进口限制可能受到了西
川的影响。西川是一位天文学家和地理学家，他希望获得荷 52
兰的天文学著作以推进改历。徂徕对吉宗的影响则是间接而广泛的：吉宗的许多改革与徂徕的政策建议非常一致。[2] 徂徕猛烈地批判参觐交代制，并为此做出著名比喻：将大名比作“旅宿”中的人，日常生活完全依赖如同客栈老板的各类商贾。[3] 他认为，城市生活使武士依赖商人，倾向消费奢侈品。他的解决方案包括激进地将参觐交代削减到只有一个月，并将

1 笠谷和比古：『徳川吉宗』、136—166 頁。泉井朝子：『足高制に関する一考察』、出自『学習院史学』no. 2、1965 年。

2 荻生徂徕与德川吉宗在 1727 年进行了一次私人会见，徂徕将写有许多政策建议的《政谈》上呈吉宗。当时在场官员的相关记录，证实了德川吉宗对徂徕的高度评价，但在 1727 年之前，徂徕的确切影响尚不明了。

3 参见 Olaf G. Lidin, ed., *Ogyū Sorai's Discourse on Government (Seidan): An Annotated Translation* (Wiesbaden: Harrassowitz Verlag, 1999), 124 - 125, 138；以及荻生徂徠著、吉川幸次郎編：『日本思想大系 36：荻生徂徠』、東京：岩波書店、1973 年、295、305 頁；J. R. McEwan, *The Political Writings of Ogyū Sorai* (Cambridge: Cambridge University Press, 1962), 36 - 37。

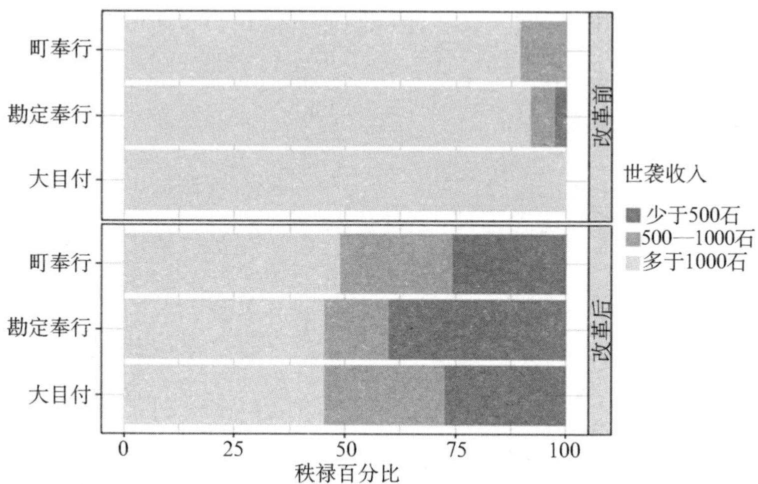

图 1.7 德川吉宗秩禄改革前后的奉行所秩禄情况

普通武士重新安置到农村，使他们能够通过直接耕种来自给自足。[1] 他还主张加强精英管理，坚称将政府职位交给“下层能人”将有利于国家，促进社会和谐。[2] 在某些方面，这些建议是明治政府攻击世袭身份制的先兆，但有一个关键的不同是，徂徕试图将武士统治从其最明显的缺陷中拯救出来，而明治改革者则认为武士统治是无法被修复的。

西川的改革方式也预示着幕末和明治时期世界性的沙文主义思想。因此，在西川的设想中，一旦引进的先进技术适应了

1 参见 Lidin, ed., *Ogyū Sorai's Discourse on Government*, 128-130；荻生徂徠著、吉川幸次郎編：『日本思想大系 36：荻生徂徠』、298—300、343—345 頁。亦可参见 McEwan, *The Political Writings of Ogyū Sorai*, 60-63。

2 参见 Lidin, ed., *Ogyū Sorai's Discourse on Government*, 218-245；荻生徂徠著、吉川幸次郎編：『日本思想大系 36：荻生徂徠』、365—389 頁。亦可参见 McEwan, *The Political Writings of Ogyū Sorai*, 79-80。

日本的需求，就没有什么“外国”了。西川观察到，最古老的农业书籍来自中国，棉花种植在16世纪从朝鲜半岛传入日本。西川没有否定“西学”的重要性，而是敦促日本农民阅读西方水力学著作的翻译书，以改善灌溉技术。更值得注意的是，西川将这一世界性的视野扩展到道德领域。日本之所以是一块充 53
满贤达而和平繁荣的土地，是因为它非常善于将良好美德转变为普遍规范。日本人明智地吸收了印度思想的精华（佛陀的教导）和中国学术的精华（儒家圣人的智慧）。日本虽然不是这些道德原则的最初发现者，但在实践方面可能做得比中国或印度更彻底。既然道德是普适的，日本也可以向西方学习。西川举出一例作为依据：荷兰人尽管不熟悉儒教教义，但他们对父母都尊重有加。显然，所有文明人都认同孝道，只是用不同的方式来描述而已。因此，西方思想，同中国和印度的思想一样，可能会为日本改革者提供创建更具道德和洞察力的社会的见解。[1]

从此意义上来说，西川的一些主张是明治改革者的先兆。他的普遍主义观念允许在不放弃民族自豪感的情况下接纳欧洲的思想。如果西方思想能够维持日本经济发展和道德健康，那么它们就不是“外国的”。基于这种世界性的沙文主义，西川坚持认为，从幕府到农民，每个人都可以从西方的著作中受益。

---

1 Roald Kristiansen，“Western Science and Japanese Neo Confucianism：A History of Their Interaction and Transformation，” *Japanese Religions* 21，no. 2（1996）；Josephson，*The Invention of Religion in Japan*，106－107. 西川的著作是《町人囊》（1719年）和《百姓囊》（1731年），出自西川如見著、西川忠亮編：『西川如見遺書』、西川忠亮出版、1898—1907年。西川建议农民们阅读《泰西水法》（1612年），这是一部由徐光启和熊三拔合译的西方水利科学著作。

徂徕的著作调和了对历史的敬畏和激进的改良主义思想，从而预示了明治时代激进的复古主义思想。徂徕是一位痴迷于儒家经典的古学家，因精通中国古代哲学而闻名。然而他坚持认为，古代圣人的非凡才智在于他们通过政治仪式驾驭人类知识的能力。效仿先贤就意味着要理解他们是如何使制度适应不断变化的社会经济条件的。因此，善政的关键是使政策与社会和经济条件相匹配，而不是单纯模仿历史上的做法。因此，徂徕的古学思想潜藏着激进的种子，这使他成为一位看似自相矛盾的学者。在 18 世纪，他被批评为慕华派，但在明治时代，他又被重新认定为日本功利主义者，主张为尽可能多的人谋求最大的利益。在 20 世纪，丸山真男曾做出著名论断，将徂徕与马基雅维利相提并论，强调徂徕如何将政治理解为一个经验主义的研究领域，与统治者本人的道德行为截然不同。就当下视角而言，徂徕的持久影响在于他如何将对历史的敬畏与对传统的批判结合在一起。就像明治政府在激进的改革事业中援引了日本古代的制度一样，徂徕愿意挑战传统是基于他对中国古代圣人先王的理解。因此，徂徕能以对德川统治有益为名而建议彻底改变幕府的政策。[1]

---

1 关于荻生徂徕的参考书目众多。两种截然不同但又相互补充的观点，参见 Tetsuo Najita, ed., *Tokugawa Political Writings*（Cambridge: Cambridge University Press, 1998），以及 John Allen Tucker, *Ogyū Sorai's Philosophical Masterworks: The Bendō and Benmei*（Honolulu: University of Hawai'i Press, 2006）。关于荻生徂徕与德川吉宗的研究，参见笠谷和比古：『徳川吉宗』、東京：筑摩書房、1995 年、57—59 頁。关于徂徕的最为著名的研究，是丸山真男在《日本政治思想史研究》中的相关论述。参见丸山真男：『日本政治思想史研究』、東京大学出版会、1952 年。

无论是实践上还是哲学上，吉宗的享保改革都预示了明治 54
维新时期的许多政策，尽管两者的改革规模无法等量齐观。德川吉宗在政治和经济上加强集权化改革，要求大名直接为公共工程付款，以此牢牢掌控与维护中央政府的权力。明治政府则完全废除了大名，而以中央任命县知事取而代之，并将领地税收重新划归中央国库。吉宗的足高制重新规范了幕府内部的精英管理，给予合格的行政人员不可世袭的福利。明治维新则彻底废除了德川时代的身份世袭制，不仅如此，还几乎剥夺了武士的其他所有特权，包括军队在内的各级公职任用正式变得完全以功绩为基础。享保改革开发了一些关键进口物品的国产替代品，以减少贵金属的外流。明治时期，政府进行干预以促进工业化的普及，从纺纱到造船业都给予补贴。享保改革放松了对进口图书的限制。明治政府放松了对人员交流的限制，积极派遣留学生到世界各地学习外语、法律和技术。

享保改革相对温和，部分原因是它所面临的危机不如帝国主义危机那般暴烈和致命。吉宗需要应对社会经济渐进式的变化，而明治政府则面临帝国主义的政治、军事和经济挑战。吉宗面临的主要问题是幕府财政预算的赤字，一旦这个问题得到缓解，他可能会放弃一些不太受欢迎的改革。例如在1730年，他取消了对参觐交代制的改革，并允许大名遵循旧时的日程轮流前往江户。[1] 在增强了将军的权力后，他乐于回归一些古制。

1 这一决议也是对米价下跌的回应。事实证明，遏制通胀的努力很成功，而江户人口的增加将推动物价回升。参见 Totman, *Early Modern Japan*, 307。

因为不存在与他国君主的竞争，吉宗完全有理由和能力将权力交还给大名。因此，吉宗的改革政策是建立在于 17 世纪中叶确立的稳定而和平的德川国际秩序之上的。吉宗既没有动用武力的必要，也没有发动战争的欲望，这抑制了他对权力的进一步攫取。相反，他专注于更温和的目标，即给他的后代留下一个稳定和有偿付能力的政权。以此标准来看，他取得了巨大的成功。

18 世纪 90 年代初，日本政府面临了一场不同量级的危机：帝国主义摧毁了德川国际体系，需要在这种新的、充满敌意与竞争的国际环境中建立日本主权国家。日本错综复杂的外交关
55 系网络对于欧洲政治家们来说毫无意义。根据欧洲国际法，琉球不能再同时拥有三层重叠的主权认知：中国、日本和独立的琉球。如果日本想要控制琉球，它需要直接维护其主权。朝鲜国王再也不可能同时是将军的名义上级、实际下级和与之平起平坐的君主。幕府将虾夷视为缓冲区的政策也成了一种累赘。俄国并没有将日本模糊的北方边界视为中立的缓冲区，而是邀请其中的原住民，共同扩张他们的帝国。

因此，幕末的危机源于两种截然不同的国际政治观点的冲突。从 17 世纪开始，欧洲国家逐渐形成一种日益排他性的领土主权意识：理想情况下，一个主权国家对一个清晰划定的领土拥有排他性的政治和法律权力。这一理论经常被描述为“威斯特伐利亚式”（Westphalian），并与 1648 年的《威斯特伐利亚和约》联系在一起，但实际上直到几个世纪后，它才真正成

为主导性的国际秩序理念。[1] 这种欧洲强权意识与东北亚国家长期发展起来的国家间交流体系截然不同，在东北亚国家间，强大的君主通过规避明确的边界划分和排他性的权力主张来维护和平。[2] 在威斯特伐利亚国际秩序下，幕府的政策再也无法维持国家间的和平或确保日本的主权独立。帝国主义要求日本政府用一种新的话语体系为其领土宣称辩护，并用一支新的军队来捍卫这些主张。幕府的改革者们努力应对这些挑战。然而，德川政权最终还是无法有效地迎接挑战，这个精通和平艺术的政权，在长期的太平盛世中逐渐忘却了应对战争的技巧。

---

1 有关地域性的史学综述，参见 Charles S. Maier, "Consigning the Twentieth Century to History: Alternative Narratives for the Modern Era," *American Historical Review* 105, no. 3 (2000)。劳伦·本顿（Lauren Benton）令人信服地论证了专属领土（exclusive territoriality）的概念直到17世纪《威斯特伐利亚和约》签订后才被广泛接受。参见 Lauren A. Benton, *A Search for Sovereignty: Law and Geography in European Empires, 1400 - 1900* (Cambridge: Cambridge University Press, 2010), esp. 1 - 39, 279 - 300。

2 一些法律学者已开始使用"Eastphalian"一词来描述东亚国际秩序体系，以取代"Westphalian"对它的描述。参见 Tom Ginsburg, "Eastphalia and East Asian Regionalism," *University of California Davis Law Review* 44, no. 3 (2010)；以及 Saeyoung Park, "Reordering the Universe: The Unyō Crisis of 1875 and the Death of Eastphalia," unpublished manuscript, 2015。

第 2 章

帝国主义的危机

近代西方帝国主义通过破坏德川幕府所处的国际环境来摧毁其政权。德川政府在17世纪初建立了一个和平的国际秩序，其国内政策保证了这一秩序的延续。对那些面对好战而强大的西方军队的幕末与明治时期的改革者们来说，这种治国之道似乎是一种过于天真以至于危险的方式。日本统治者如何变得如此缺乏战争准备？然而据前述而言，幕府的做法是完全明智的。直到19世纪，西方势力对日本并不构成军事威胁，至19世纪40年代，日本与西方势力的对抗是小规模、非连续的，以短暂的小范围冲突为主要特征，主要是与俄国和英国军队的对抗。即使在英国于鸦片战争（1839—1842年）中击败清王朝之后，日本仍然很容易忽略外部世界帝国主义的威胁。当西方的威胁变得不证自明时，改革似乎已势在必行。许多日本官员没有直面这一挑战，而是采取了越来越绝望的孤立主义政策，希望这些危险的外国人直接无视日本而离开。

当德川官员回绝西方国家的贸易请求时，他们解释说，日本有一个古老的国家孤立政策，即“锁国”政策。伊藤博文于1871年在华盛顿特区发表演讲时提到了这样一项“古老的”政策。但幕府的孤立主义政策并非源远流长。相反，它是在18

世纪 90 年代才出现的，因为西方人无法理解德川幕府的外交理念。自 17 世纪以来，日本通过规避国家间的直接沟通而避免了与中国和其他亚洲国家的冲突。这种做法回避了一些潜藏的棘手问题，如幕府将军是否与清朝皇帝地位平等。取而代之
57 的是，中日双边贸易通过长崎唐通事作为私人事务进行管理，贸易文件被去掉了带有政治色彩的语言。德川幕府有意将西方国家纳入这种有限的贸易形式，即商业与国家权力分离。但幕府的做法与欧洲国家那种贸易与主权国家直接相关的观点相冲突，欧洲国家的观点后来被总结为“贸易跟随旗帜”。当俄国在 18 世纪 90 年代第一次试图与日本开放贸易时，谈判陷入了这种概念上的鸿沟。幕府给予俄国人进入长崎的许可证，但日本人坚持文件中不提及俄国君主相关的内容。与之相对，俄国方面决心向日本官员展示沙皇的威严以让他们留下深刻印象。翻译的实际问题加剧了这种世界观的冲突，结果是武装冲突取代了和平贸易。尽管双方避免了大规模的全面战争，但这次遭遇加深了双方彼此的猜忌。在日本，俄国人的行为被视为西方人危险且野蛮的明证，强化了应不惜一切代价将他们阻挡在日本之外的观点。在欧洲，这次遭遇则印证了一种日本与世界相隔离，需要被西方“开放”的误解。[1]

这些早期的冲突在日本国内引发了一场关于西方和世界政治的激烈辩论。西方人在世界的另一端正在做什么？他们的国

1 关于此事件的概述，参见平川新：『開国への道』、小学館、2008 年、70—121 頁。

家是如何运作的，他们的国王是如何统治的？在阅读进口书籍时，日本科学家与科学革命的产物相遇，如详细的解剖学和天文学文本。“野蛮人”是如何获得这些对自然的新见解的呢？这是一种截然不同的西方科学，还是一种新形式的普世知识？伴随着这场辩论，一种日本的国内秩序需要彻底改革的意识与日俱增。武士精英已经变成了懒惰的城市食利者阶层，而不是坚强的军事精英团体。怎样才能恢复他们的精神活力呢？如何使他们再次成为强大的军事力量呢？诸如此类的改革问题直击幕府政策的核心。例如，解除平民武装在促使国内和平的同时，也削弱了日本国民的力量。将普通日本人排除在国家安全讨论之外也是如此。要使日本变得强大，是否就必须挑战这些长期以来的统治原则？另一个同样令人担忧的问题是将军与大名的关系。将军负责保卫日本，但他已将大部分责任委托给了几位重要的大名。在进行激进的军事改革的同时，能否维持国内既有的权力平衡？

与明治时代更激进的改革一样，德川时代的改革者也从日 58
本过去和外国现在的双重角度为他们要求变革的呼声辩护，既拥抱了沙文主义的怀旧情绪，也采用了世界主义的改良主义。为此他们回顾了 16 世纪末的一个案例，当时的改革者呼吁建立一支与农业紧密结合的农村军队。但有学者批评指出，日本的武士和商人曾在亚洲各地广泛活动：幕末的孤立主义只是最近的一项政策决定，而不是幕府政权的核心原则。这些主张回归原点的呼声，是与呼吁更多的国际参与相结合的。改革派在称颂日本“精神”优越的同时，主张大力借用其他文化，以此作为捍卫本土文化的一种手段。世界主义和沙文主义的融合预见了明治维新的努力。

俄国、英国和外来威胁

在 18 世纪 70 年代初，对沙皇俄国的恐惧使日本的政治精英们深感不安。这些担忧的原因与俄国在东亚的政策关系不大，反而是波兰民族主义的间接后果。1771 年，具有波兰和匈牙利血统的匈牙利小贵族莫利斯·贝尼奥斯基（Maurice Benyowsky）从堪察加半岛越狱，他曾因政治活动被作为囚犯送到堪察加。在向南逃亡的途中，贝尼奥斯基在日本西部停留，通过散布俄国即将入侵的疯狂谣言，对抓捕他的人进行报复。幕府悄悄下令对贝尼奥斯基所说的谣言进行调查，发现这些言论都是假的，当时并没有大规模的俄国军队准备攻击日本。尽管如此，对俄国袭击的疑虑促使一小群知识分子调查了日本的北部边境，并提出了一系列改革建议。[1]

---

1 参见唐纳德·金的《日本发现欧洲：1720—1830》（Donald Keene, *The Japanese Discovery of Europe, 1720 - 1830*, rev. ed. Stanford, CA: Stanford University Press, 1969, 31 - 35）。工藤的报告是『赤蝦夷風説考』（1783 年）（赤虾夷风说考）。贝尼奥斯基是一位值得关注的人物，尽管他的回忆录和他散布的俄国即将入侵日本的谣言一样充满幻想。参见 Maurice Auguste Benyowsky, comte de, *Memoirs and travels of Mauritius Augustus Count de Benyowsky; magnate of the kingdoms of Hungary and Poland, one of the chiefs of the confederation of Poland, &c. &c. Consisting of his military operations in Poland, his exile into Kamchatka, his escape and voyage... through the northern Pacific Ocean,... Written by himself. Translated from the original manuscript*. In two volumes, 2 vols. (London: G. G. J. and J. Robinson, 1790)。关于他的小传，参见 Karel Fiala, “First Contacts （转下页）

其中有一份报告颇具影响力，此份报告由政治人脉深厚的内科医生工藤平助撰写。工藤的结论是，虽然当前没有来自俄国攻击的威胁，但他仍然确信，俄国商人在虾夷很活跃。这进而又表明，松前藩可能隐瞒了俄国在松前藩活动的证据。工藤主张彻底改变政策：允许在长崎与俄国进行贸易，同时大力促进国防和经济发展。[1] 工藤的报告引起了权势强大的幕府老中田沼意次的关注。田沼派遣了一个调查小组，了解到松前藩的官员确实隐瞒了日本人与俄国贸易商直接接触的证据。在千岛群岛和库页岛，调查人员不仅发现了俄国商人，还发现了俄国 59
十字架，这显然违反了幕府对基督教的禁令。[2]

田沼意次关心这些违反安全的行为，但他对通过经济发展增加幕府收入的可能性同样感兴趣。他开始计划在虾夷开垦土地，雇用穷困潦倒的阿伊努人和被人嫌弃的秽多。田沼通过安置“边缘群体”来保卫和发展虾夷的计划，为明治时期重新安置没有土地的平民和流离失所的前武士的尝试埋下了伏笔。田沼的改革计划在他1787年被迫下台时被遗弃，但日本北部边

（接上页）of Czechs and Slovaks with Japanese Culture（Up to World War I）：The Major Publications and Personalities,” *Japan Review：Journal of the International Research Center for Japan Studies* 3（1992）。贝尼奥斯基的名字有多种形式的写法，包括：Morice August Benyowsky 以及 Móric Ágost Count de Benyovszky。

1　唐纳德·金：《日本发现欧洲：1720—1830》（Keene，*Japanese Discovery of Europe*，*1720-1830*，37-39，108-109）；Walker，*The Conquest of Ainu Lands*，164。

2　参见 Walker，*The Conquest of Ainu Lands*，165-172；Keene，*Japanese Discovery of Europe*，*1720-1830*，38，128-134。关于松前藩欺瞒幕府的其他例子，参见大石慎三郎：『田沼意次の時代』、東京：岩波書店、1991年、135頁。

境的隐忧依旧存在。[1] 松前藩不仅没有让日本的北部边境得到保护，而且他们对阿伊努人的剥削也导致了社会动乱。[2]

在没有意识到这些隐忧的情况下，1792 年，俄国人向日本派遣了一个和平使团。这次出使的理由是遣返遇难的日本水手，但长远目标是与日本建立贸易关系。俄国在太平洋地区的殖民地虽然有丰富的毛皮资源但缺乏粮食，俄国希望与日本的贸易可以帮助解决这一问题。从更广泛的角度来说，这次出使也是英俄在太平洋地区竞争的一部分。在欧洲列强中，英国在公海上占主导地位，而俄国在东欧和东北亚地区居于优势地位。这两大帝国在奥斯曼帝国、波斯和中亚附近区域反复发生冲突，英国作家及诗人鲁德亚德·吉卜林（Rudyard Kipling）曾将这场斗争称为“大博弈”。与在阿富汗和克里米亚不同，在日本，英俄的紧张局势没有爆发公开战争。但英国官员担心，俄国的成功出使可能会打破两国在太平洋地区的力量平衡。英国外交大臣甚至试图让那些被遗弃的日本人离开俄国，以便让他们在乔治·马戛尔尼伯爵（Lord George Macartney）计划的东亚使节团中担任翻译。幕府官员并不知道，日本正在

---

1 藤田覚：『近世後期政治史と対外関係』、東京：東京大学出版会、2005 年、4—6 頁。藤田覚：『幕府蝦夷地政策の転換とクナシリ・メナシ事件』、出自藤田覚：『十八世紀日本の政治と外交』、東京：東京大学出版会、2010 年、218—220 頁。Mark Ravina, “Tokugawa, Romanov, and Khmer: The Politics of Trade and Diplomacy in Eighteenth-Century East Asia,” *Journal of World History* 26, no. 2 (2016): 285 - 286.

2 参见 Walker, *The Conquest of Ainu Lands*, 172 - 176。

成为大国政治博弈的战利品。[1]

尽管存在这些更广泛的紧张局势，1792 年的俄国使团显然是低调的——与其说是向日本提出正式签订条约的要求，这次出访更多的是朝着与日本建立更紧密关系迈出的一步试探性举措。俄国送给幕府的信件和礼物并不是以叶卡捷琳娜二世（Catherine Ⅱ）的名义，而是以西伯利亚总督皮尔将军（General Pihl）的名义送出。这项任务的指挥官不是一名高级军官，而是亚当·拉克斯曼中尉（Adam Laxman），他的儿子埃里克·拉克斯曼（Eric Laxman）是一名人脉深厚的科学家，也是这项任务的主要支持者。这次出使的低调意味着俄国沙皇的尊严即使在外交活动不顺利的情况下也不会受到直接损害。因此，在达成贸易协定方面的任何进展都可作为胜利来庆祝。[2] 60

当拉克斯曼于宽政四年九月三日（1792 年 10 月 7 日）抵达根室时，在江户的日本官员完全没有做好准备。尽管高层讨论了俄国可能带来的威胁，但关于如何与俄国特使直接接触却

---

1 关于英俄关系的概述，参见 David Fromkin，“The Great Game in Asia，” *Foreign Affairs* 58，no. 4（1980）。更多的细节，参见 Enno E. Kraehe，“A Bipolar Balance of Power，” *American Historical Review* 97，no. 3（1992），以及 Paul W. Schroeder，“Did the Vienna Settlement Rest on a Balance of Power?” *American Historical Review* 97，no. 3（1992）。关于英国人对漂流民的兴趣，以及拉克斯曼和马戛尔尼出使任务的相似之处，参见 J. L. Cranmer-Byng，“Russian and British Interests in the Far East 1791 - 1793，” *Canadian Slavonic Papers/Revue Canadienne des Slavistes* 10，no. 3（1968）：esp. 359 - 365。

2 参见 Vasilii Mikhailovich Golovnin and Petr Ivanovich Rikord，*Narrative of My Captivity in Japan，during the Years 1811，1812 & 1813*，2 vols.（London：Henry Colburn，1818），1：14 - 15；Ravina，“Tokugawa，Romanov，and Khmer，” 284 - 285。

没有明确的指导方针。当地官员请求江户下达命令，在等待答复时，他们由于过于慷慨地为俄国使团提供补给而犯了过度礼遇的错误。在说服俄国人前往虾夷的首府箱馆后，日本官员重建了一座西式的住处，为拉克斯曼的代表团成员提供了带有木地板的单独房间。拉克斯曼收到了大量奢华的礼物，包括茶杯、漆盘和三把仪式用剑。[1]

在这种慷慨的表象背后，将军的幕阁会议就如何回应展开了辩论。经过长时间的讨论，最终决定将俄国纳入日本现有的贸易体系，并像对待东南亚国家一样对待俄国。在争论中最常被援引的是高棉王国的先例。从幕府的角度来看，俄国和高棉在一些关键方面是相似的。两国的国民都是行为举止规范的文明人。两国都是彬彬有礼的，看上去似乎都对和平关系感兴趣。俄国以遣返日本遇难者为借口，事实上是要求日本以相应的善意姿态作为回应。但俄国人和高棉人都不能用东北亚外交的共同语言——汉文来自由交流。在幕府看来，这使得建立国与国间的关系变得不可能。因此，就像曾拒绝了高棉国王的诉求一样，幕府拒绝与俄国建立直接的国家间关系。然而，幕府可以容忍更多有限的接触，并向拉克斯曼发放了进入长崎的单向信牌许可证。按照高棉的先例，只要不涉及国家间的正式外交关系，将军会默许有限的贸易。因此，拉克斯曼被指示前往

1 参见 George Alexander Lensen, *The Russian Push toward Japan: Russo-Japanese Relations, 1697 - 1875* (Princeton, NJ: Princeton University Press, 1959), 96 - 120; Ravina, "Tokugawa, Romanov, and Khmer," 286 - 287。

长崎，但他也被告知，日本有一项限制国家间关系的“古老政策”。[1] 这样的政策实际上是不存在的，但这是幕府表达其拒绝发展国家间关系的一种方式。从西方帝国主义的角度看，幕府的政策似乎徒劳无益：如果日本存在将新的对外关系排除在外的“古老”政策，又为什么要给拉克斯曼一个贸易许可证呢？然而，依据幕府的世界观，这些说明是明确的：俄国人可以在长崎进行贸易，只要他们尽量减少与俄国皇室的联系。

耐人寻味的是，幕府官员并不认为俄国是一个“西方”国 61
家，他们强调的是日本与东南亚国家关系的先例，而不是与荷兰东印度公司（VOC）、西班牙、葡萄牙或英国的关系。对于幕府来说，拉克斯曼并不代表欧洲的世界秩序。相反，虽然俄国是一个基督教国家，但幕府官员认为可以通过信牌制度来管控与它的关系。俄国的威胁足以被认真对待，但又不至于引起恐慌或需要以一种新的外交秩序来特殊对待。俄国人没有理解这一逻辑，他们确信自己正在“开放”日本，并将其纳入欧洲世界秩序。因此，当日本人将俄国人比作高棉人时，俄国人认为自己处于与其他欧洲列强的竞争中。他们特别担心荷兰人，认为荷兰人正在密谋损毁俄国的利益。但这对幕府官员来说却

1　松平定信在『魯西亜人取扱手留』一书中对此次幕阁会议进行了描述，这一史料在山下恒夫编的『大黒屋光太夫史料集』中得以重现。参见山下恒夫编：『大黒屋光太夫史料集』〈第1卷〉、東京：日本評論社、2003年、147—308頁。特别参见『大黒屋光太夫史料集』〈第1卷〉、149—158頁，193—195頁。亦可参见藤田覚：『近世後期政治史と対外関係』、4—13頁；Ravina，“Tokugawa，Romanov，and Khmer，” 287－290。

毫无意义，因为他们并没有将拉克斯曼使团与荷兰东印度公司相提并论。[1]

1792 年至 1793 年的这场遭遇暗示了一条未曾选择的道路。虽然江户和圣彼得堡有不同的长期目标，但在 1793 年，他们的利益仍然是重叠的。圣彼得堡方面也许希望与日本建立全面的外交关系，但很可能会满足于日本定期的粮食出口。江户方面最初希望俄国人离开，但为了和平的利益而允许贸易。问题的关键在于，信牌体系下的贸易把俄国纳入了德川世界体系。如果拉克斯曼碰巧只是一位在长崎以私商身份出现的俄国人，而非俄国特使，长崎奉行所就能够将他的使命融入现有的贸易框架中。就像日本和中国通过避免建立直接的国家间关系来维护和平一样，日本和俄国也可能开启了有限的和平关系。但拉克斯曼错误地将信牌解读为条约谈判的邀请，由于这超出了他的职权，他返回了俄国。[2]

圣彼得堡在 1804 年接受了拉克斯曼的信牌，但那次出使只带来了不和谐。在关于欧洲国家间关系的讨论中，俄国官员认为拉克斯曼的出使过于低调，更大规模、更雄心勃勃的赴日使节团会产生更好的回应。这与幕府的逻辑恰恰相反：江户给

1 参见 Ravina，“Tokugawa，Romanov，and Khmer，” 287－292。彼时日本人对俄国与荷兰的不同认知可能来自德川幕府与荷兰东印度公司之间的特殊关系。在德川世界秩序中，荷兰既是外国也是幕府的“藩属国”，关于这种二元性的研究，参见亚当·克卢洛（Adam Clulow）《公司与将军：荷兰人与德川时代日本的相遇》（*The Company and the Shogun：The Dutch Encounter with Tokugawa Japan*，New York：Columbia University Press，2014，esp. 95－131）。

2 参见 Ravina，“Tokugawa，Romanov，and Khmer，” 291－292。

予拉克斯曼一个信牌，正是因为他的做法非常低调和谦逊。[1]
尽管如此，圣彼得堡在1804年派遣了一位高级外交官尼古
拉·列扎诺夫（Nikolai Rezanov）出使日本，他带着沙皇亚历
山大一世直接写给将军的一封信，信中称“致天皇陛下，大日 62
本帝国的独裁君主”。[2] 这种国与国间的直接接触正是幕府希望
通过给拉克斯曼发放信牌许可证来加以避免的。列扎诺夫的出
使粉碎了日本人所认为的俄国人可能会表现得像高棉人的
希望。

这场根源于世界观差异的冲突最终导致了严重的后果。幕府的高级会议无法确定如何回应列扎诺夫，但经过长时间的辩论，孤立主义的声音最后占据上风，幕府明确地拒绝了列扎诺夫的请求。他们宣称，祖先的法律禁止与俄国建立贸易和外交关系。贸易本身是有害的，只有在特殊和先存的关系下才被允许。日本已经容忍了两次俄国的贸易请求，从今以后，俄国船只应该远离日本领海。列扎诺夫必须立即离开，再也不得踏足日本。这一反应明显比1793年对拉克斯曼的反应更为严厉。俄国人现在无论以哪种形式都不受到日本的欢迎。[3]

因受到羞辱而怀恨在心的列扎诺夫前往阿拉斯加，但他命令部下攻击日本人在虾夷和库页岛的定居点，寄希望于暴力能

1　参见 Ravina, “Tokugawa, Romanov, and Khmer,” 292 - 293。

2　参见 Lensen, *The Russian Push toward Japan*, 143 - 145。

3　Ibid., 144 - 159. 井野邊茂雄：『維新前史の研究』、東京：中文館書店、1942年、191—201頁。

迫使幕府允许贸易。1806年10月，俄国军队突袭库页岛，掠夺食物、盐和清酒，并放火焚烧房屋和船只。次年，他们将袭击范围扩大到箱馆、得抚岛、利尻岛和择捉岛，最后带着大约价值18000卢布的战利品出发前往鄂霍次克。[1] 1811年，日军进行报复，抓捕了正在绘制千岛群岛地图的俄国探险家瓦西里·戈洛夫宁（Vasily Golovnin）。俄国人的回应是抓捕日本船长高田屋嘉兵卫。这一系列事件使得日本和俄国之间的战争似乎不可避免。

最终，较为冷静的意见占据上风。俄军在鄂霍次克的指挥官对与日本开战没有兴趣。英国在太平洋不断增强的海军力量和欧洲的拿破仑战争是更重要的优先事项。圣彼得堡明确否认列扎诺夫的突袭，称其是在没有官方授权的情况下进行的。双方交换人质，俄日关系陷入冷淡的和平状态。[2] 然而，双方态度在此次事件后都变得强硬起来。在日本，孤立主义者认为西方人是不文明的强盗，但还不至于危险到要进行彻底的改革去应对。在欧洲，幕府对列扎诺夫的拒绝证实了日本处于孤立状态的观点。西方的好战行为恰恰造就了它试图颠覆的日本孤立政策。[3]

---

1 参见Lensen, *The Russian Push toward Japan*, 143–145。

2 三谷博：《黑船来航》（原著『ペリー来航』）（Hiroshi Mitani, *Escape from Impasse: The Decision to Open Japan*, trans. David Noble, Tokyo: International House of Japan, 2006, 14–16）；David N. Wells, *Russian Views of Japan, 1792–1913: An Anthology of Travel Writing* (New York: RoutledgeCurzon, 2004), 7–8.

3 参见Ravina, "Tokugawa, Romanov, and Khmer," 292–294。

与此同时，幕府对英国的非法和暴力行为感到震惊。1808年8月15日（文化五年十月四日），一艘名为“费顿”号（the Phaeton）的英国船只进入长崎港并恐吓了这座城市。这一事 63
件是从拿破仑战争衍生而来的：随着法国征服荷兰，在东亚的荷兰船只被英国视为敌人。“费顿”号船长是一位鲁莽任性的十八岁青年，在得到一个笼统的要求他封锁荷兰船只的命令后，他选择攻击位于长崎的荷兰商馆。西方的行动再次强化了日本人关于西方人是目无法纪的野蛮人的疑虑。“费顿”号船长命令船只悬挂荷兰国旗而非英国国旗，绑架了前来和平问候“费顿”号的日本官员，然后威胁说，如果他得不到水和补给，就会杀死人质，摧毁港口里的所有船只。长崎奉行考虑反击，但最终决定顺应英国的要求，事后他切腹自杀以谢罪。[1] 与在虾夷一样，冲突在没有演化为全面战争的情况下得到解决。在长崎，英国船长发现，由于交易季已经结束，没有荷兰船只可供掠夺，于是他带着补给离开了。

这两次危机促使人们呼吁进行彻底的改革，但也同样坚定了捍卫现状的决心。关于虾夷的事件，保守派坚持认为，既然俄国人已诉诸和平，就没有必要进行彻底的改变。另一些人坚持认为，俄国的威胁需要将国家动员能力提升到一个全新的水

1　参见 Noell Wilson，“Tokugawa Defense Redux：Organizational Failure in the Phaeton Incident of 1808，” *Journal of Japanese Studies* 36，no. 1（2010）：1－17；Noell Wilson，*Defensive Positions：The Politics of Maritime Security in Tokugawa Japan*（Cambridge，MA：Harvard University Asia Center，2015），113－121。

准来加以应对。这些对立的观点最终导致幕府对虾夷实行了反复无常和相互矛盾的政策。起初，幕府将虾夷视为国家安全威胁，一旦迫在眉睫的危机过去，就改变了立场。在拉克斯曼之后，幕府开始增强其在虾夷的权力，并在 1799 年建立了箱馆奉行，有效管理了虾夷东部。1807 年，在列扎诺夫的袭击之后，幕府对虾夷地开始实施直接统治。[1] 然而在 1821 年，幕府反其道而行之，恢复了虾夷的松前藩。在 1854 年与俄国发生了另一次对峙后，幕府再次逆转，重新建立直接统治。

如何守卫虾夷是尤其令人担忧的问题，因为它触及了德川政权体制内更深层次的结构性问题。虾夷的安全危机需要幕府直接干预吗？需要组建一支国家军队吗？或者可以通过更好地动员各地大名的军队来解决问题吗？如果虾夷是日本领土，那么推而广之，阿伊努人也是日本的臣民吗？若确实如此，难道他们不应该遵循日本的习俗吗？阿伊努人可能是日本臣民，并且仍然遵循如长发赤身这类独特和“野蛮”的习俗吗？如果阿
64 伊努人在日俄边境自由活动，日本官员如何将自己的臣民与外国人区分开来？阿伊努人的文化独特性是安全威胁吗？边界危机就这样引发了主权和国家认同的问题。

就这样，俄国的威胁催生了针对阿伊努人的新政策。在 18 世纪 90 年代之前，阿伊努人主要被视为日本北部边境的野蛮

1　详细细节，参见 John Jason Stephan，“Ezo under the Tokugawa Bakufu 1799 - 1821：An Aspect of Japan's Frontier History”（Ph. D. diss.，University of London，1969），75 - 141，225 - 250。1799—1802 年间，箱馆奉行所被称为虾夷奉行所。

人。松前藩传统上强调阿伊努人的外来性、异质性和原始性，甚至当阿伊努人被日本人经营的渔业吸纳为雇佣劳动力时仍是如此。然而在1799年之后，幕府开始想方设法将阿伊努人同化为日本臣民。[1] 幕府开始关注阿伊努人的日常生活，鼓励他们说日语，劝阻其实行一夫多妻制，提倡日式发型。同时关注阿伊努人的公共卫生，要求其上报结核病等传染病的相关信息。[2]

与俄国的冲突也促使日本人对国家领土有了新认识。当日本探险家偶然发现俄国对千岛群岛施加影响的证据时，他们回应宣称这块领土为日本所有。例如在1801年，探险家们在择捉岛发现了俄国十字架，他们将十字架推倒，并竖起了一块指示牌，宣称该岛是"天长地久大日本国"的一部分。然而当俄国没有宣称领土的情况下，同样的探险家却奇怪地对边界问题漠不关心。他们在距择捉岛西南约100英里处的国后岛竖立的指示牌上列出了探险者的名字与日期，却没有提到日本的主权。因此，划定日本领土的需要取决于竞争国家的领土宣称。此外，这种新的领土意识是由探险者自身在到达探险地后临时产生的。幕府并没有以为日本建立北部边界为目的而下达过这

1 参见 David L. Howell, *Geographies of Identity in Nineteenth-century Japan* (Berkeley: University of California Press, 2005), 131 - 153; Stephan, "Ezo under the Tokugawa bakufu," 70 - 74。

2 参见 Brett L. Walker, "The Early Modern Japanese State and Ainu Vaccinations: Redefining the Body Politic 1799 - 1868," *Past & Present*, no. 163 (1999): esp. 129 - 135。

样的命令。[1]

相反，幕府仍然致力于其长期依赖大名的政策。甚至在幕府宣称直接控制虾夷之后，他们仍依赖当地大名的支持。驻扎在虾夷的大部分军队来自东北地区，如弘前、秋田、盛冈、南部、庄内、仙台和会津。每个藩都有各自的战术和后勤系统，这些多重系统破坏了有效的协调合作。[2] 此外，尽管松前藩未能保护虾夷，但幕府并没有对其实行剥夺或减少封地的惩罚。如果在17世纪，幕府很可能将松前家废除并以此作为对其他
65 大名的警告。然而在19世纪，幕府将距离原松前藩西南约300英里处的等值土地（9000石）授予松前家，以补偿他们在虾夷的损失。尽管如此，松前家还是感到沮丧，因为与虾夷不同，新领地梁川藩并没有贸易收入。他们没有庆祝幕府的宽大处理，而是寄希望于通过游说各方来重获古老的领地。1821年，外来危机似乎已经过去，幕府对松前家的态度软化，并将虾夷归还给他们。[3] 由此看来，幕府在虾夷实行的政策与地方藩的传统紧密相连。

---

1 北海道編：『新撰北海道史』第2卷、札幌：北海道庁出版、1936—37年、412頁。平川新：『開国への道』、67—68頁。标记为："天長地久大日本国"和"天長地久大日本属島"，具体参见河野常吉：『国後択捉の建標に関する断案』、出自『札幌博物学会会報』第4卷第1号、1912年。近藤重蔵对于探险者的描述，参见近藤重蔵：『続蝦夷草紙』、札幌市中央図書館、8頁。

2 菊地勇夫：『幕藩体制と蝦夷地』、東京：雄山閣、1984年、89—115頁。三谷博：《黑船来航》(Mitani, *Escape from Impasse*, 15)。

3 函館市史編さん室：『函館市史 通説編』第1卷、函館：函館市出版、1980年、496—498頁。

幕府对长崎的统治也同样依赖于大名。"费顿"号事件暴露了长崎形同虚设的防御，港口沿岸的防御工事数量不足且陈旧不堪。"费顿"号有49门大炮，相比之下，距离长崎最近的海岸线炮台只有7门大炮，而且英国的大炮要大得多。当时的日本学者形容"费顿"号是一座"小城堡"。长崎的防御人员也严重不足，只有不到60人守卫港口。长崎奉行在其遗书中指责邻近的佐贺藩和福冈藩未能按照幕府规定提供军队。事实上，这些藩通过在长崎裁减守卫人员来减少财政开支，佐贺的大名因此被软禁在家中。但最严重的问题是组织问题。长崎奉行负责守卫港口，但只有25位直辖臣属，他需要动员佐贺藩和福冈藩大名手下的武士。指挥系统如此分散，以至于不清楚佐贺藩是应该派遣200人还是5000人，福冈藩是否也应该提供军队。这种混乱象征着德川国家体系的职责非常分散，该体系的设计宗旨只是维护国内稳定，而非全国动员。[1]

值得关注的是，"费顿"号事件导致的海防崩溃并未引发重大的制度变革。在惩罚了佐贺藩大名之后，幕府几乎没有改变长崎的组织。只是建造了额外的海岸炮台，部署了新的警报信号系统，并开发出一种更可靠的识别荷兰船只的方法。但福冈藩和佐贺藩继续逃避如增加弹药库存等昂贵的义务。幕府从来没有认真考虑通过直接控制港口地区和剥夺大名资产来支持长崎的防御。[2] 现有制度无法保卫长崎，尽管如此，幕府仍不

1 参见 Wilson, "Tokugawa Defense Redux," 16－27。

2 Ibid.，27－32.

愿挑战大名的特权。

66 接下来的几年里，日本与欧洲船只仅有几次接触。有几次，英国船只接近江户湾入口处的浦贺，要求开展贸易或寻求补给。1824 年，日本与上岸劫掠补给的英国捕鲸船队发生了两次小规模冲突。这些冲突都不像是由国家支持的军事行动。这些事件证实了这样一种观点，即应对外来危机的解决方案是继续保持孤立：可以通过恐吓外国人离开日本水域来维持和平。基于这一推论，1825 年幕府宣布了一项新的限制与外国接触的政策，即所谓的“异国船打退令”（又称“无二念打退令”，無二念打払令，むにねんうちはらいれい）。自此以后，任何西方船只接近日本海岸时，日军只会不加询问地将其赶走，即使这意味着可能会不小心向荷兰船只开火。如果西方人设法登陆，他们将被监禁并移交给幕府。1824 年，管理财政事务的远山景晋在一份关于军事改革的报告中对这一政策背后的逻辑进行了总结：“我们现在看到的不过是海盗，他们在世界各地游荡，潜入沿海水域，偷偷拿走他们能拿到的任何东西。他们不值得我们害怕。”远山坚持认为，没有必要建立一支庞大的新海军。组建一支能够对入侵做出快速反应的经过改良的海岸警卫队，就足以驱赶甚至俘获西方船只。通过将对当地水域的了解和武士精神相结合，日本可以打败这些简单的强盗。[1] 这是

1　遠山景晋：『籌海因循録』、出自住田正一编：『日本海防史料叢書』〈第 4 巻〉、東京：海防史料刊行会、1932 年、114 頁。原著出版于 1824 年。Mitani, *Escape from Impasse*, 17 - 18.

对日本最初与欧洲国家对抗的合理回应，但远山对欧洲的帝国主义和国家权力毫无了解。这一误判对幕府来说将是致命的。

如果德川政治被视为通往强大的明治国家的轨道，那么这些与西方帝国主义的早期对抗似乎逆转了这一进程。在虾夷和长崎，尽管当地的大名未能保卫边境，幕府仍选择不扩大国家权力进行直接统治。在长崎，承担公共责任的大名无法相互合作，也无法有效地为幕府服务。在虾夷，松前藩不仅在防御上失利，还虐待当地民众，违反幕府政策，并隐瞒自身渎职的证据。无论哪种情况，幕府都有充分的理由剥夺当地大名的权力与封地，但幕府却选择维持现状不做任何改变，继续保持德川政权复合型的政治权威。若结合前文所述，这些决定实际上是可以理解的。幕府的主要顾问本身就是大名，这些人显然不愿从根本上削弱大名的权力。与英国和俄国的小规模冲突没有引 67
发战争。只要超越国界的德川式和平能够持续下去，幕府的精英阶层就不愿动员起来发动战争。

帝国主义：鸦片战争和天保危机

1840 年[1]至 1842 年，英军在鸦片战争中击败了清王朝。在中国沿海，从广州到天津，英军摧毁堡垒，击沉帆船和军舰，封锁港口，占领了几处重要城市。1842 年，随着英国准备夺取南京，清王朝向英国请和。由此签订的条约（《南京条

1　译者注：原文为 1839 年，有误。

约》，1842 年）是对中国的巨大侮辱。清王朝将香港岛割让给英国，并同意支付 2100 万银元的损害赔偿金，相当于 500 多吨纯银。中国向英国开放五座城市（此后称为通商口岸），并在后来承认了治外法权：从此以后，在中国的西方人将根据自己的法律在自己的法院受审。治外法权使地缘政治在日常生活中触手可及，远远超出了通商口岸的范围。当欧洲传教士洗劫中国的宗教场所，以基督教的名义清除佛像时，清朝无法采取法律行动。就这样，清王朝丧失了一系列主权权威，对于普通的清朝臣民来说，这种权威的丧失是切实而具体的。外国人逍遥法外的事实，清楚地表明了清王朝的失败。

鸦片战争的起因使中国的战败更显惨痛。清朝在广州缴获并销毁了英国商人储存的鸦片。鸦片在中国是非法的，清政府官员希望英国尊重其打击毒品走私的行动。然而对英国政府来说，英国臣民的财产权要高于清政府执行反毒品贩运法律的权利。

鸦片战争对日本政治的影响是巨大的。英国，这个远在天边的小岛国，竟使东亚最强大的帝国蒙羞。这场失败既提出了实践问题，也引发了哲学讨论。清王朝只是在军事战略上犯了错误吗？他们的失败是因为内部弱化吗？难道他们没有在普通中国人中灌输崇敬和敬畏的理念吗？效仿西方技术是正确的防御方法吗？或者欧洲军事战术的引入会使欧洲思想更广泛地渗透，致使内部崩溃吗？

68 在日本，高级官员和人脉深厚的知识分子通过荷兰的相关报告迅速了解到中国战败的消息。到1841年初，一些幕府官员，如老中水野忠邦，已经在讨论中国的失败将对日本构成怎样的威胁。[1] 但幕府不愿就外交政策展开更广泛的讨论。例如在1839年，幕府以煽动罪逮捕了一群长崎的学者，他们在一份私人传阅的手稿中隐晦地批评幕府的外交政策。[2] 1849年，岭田枫江因未经授权出版关于鸦片战争历史的书籍而入狱。[3] 尽管幕府对这些言论进行了管控，但如此重大事件的相关消息仍然不胫而走。到了19世纪60年代，中国战败的细节已可从多种渠道获悉。廉价的木刻版画展示了英国军舰的尺寸大小和武器装备，而大部头著作则以文言书写分析中国的失败，其中旁征博引了许多历史典故。[4]

在幕府内部，这场战争的影响是立竿见影的，它直接改变了正在进行的名为"天保改革"（1841—1843年）的进程。起初，这场改革并不引人注目，只是用传统的训诫要求削减开支、戒骄戒奢。然而当鸦片战争的消息传来后，水野忠邦开始

---

1 加藤祐三：『黒船前後の世界（7）〈経験と風説〉モリソン号事件とアヘン戦争情報』、出自『思想』719号、1984年。三谷博：《黑船来航》（Mitani，*Escape from Impasse*，45-46，49）。

2 这次清洗行动，即所谓的"蛮社之狱"，其背后的确切动机至今尚不清楚。具体概述性研究参见Donald Keene，*Frog in the Well：Portraits of Japan by Watanabe Kazan，1793-1841*（New York：Columbia University Press，2006），以及三谷博的《黑船来航》（Mitani，*Escape from Impasse*，47-49）。

3 Bob Tadashi Wakabayashi，"Opium，Expulsion，Sovereignty：China's Lessons for Bakumatsu Japan，" *Monumenta Nipponica* 47，no. 1（1992）. 岭田后来作为海防专家而被重新启用。

4 R. H. van Gulik（高罗佩），"Kakkaron（隔鞾論）：A Japanese Echo of the Opium War，" *Monumenta Serica* 4，no. 2（1940）。

把重点放在应对外部威胁上。他废除了“异国船打退令”，并开始筹措一项改善国防的计划。他根据西方军事专家高岛秋帆的建议，重新部署了江户的防御。1843 年，水野下令成立日本第一个近代化炮兵部队——大筒组，并开始从其他部队选调人员。他还设立了三个新的海防职位，在下田、羽田和新潟三地任命奉行。[1]

为了支付这些新举措的花销，水野采取大胆的措施来增加幕府收入。他提高了幕府直辖地的税收，要求大阪商人提供“贷款”。并下令修建一条从江户湾到印幡沼的大型运河。该项目将开辟新的农田，并通过创建一条新的补给路线来改善江户的防御，以应对外国船只的封锁。1843 年 6 月，水野采取了最大胆的举动，宣布幕府直接控制三个地区：新潟港以及日本最大的两座城市江户和大阪周围的大片区域。[2]

水野的主张是对传统的大胆突破。江户和大阪周围的地区被有意设计成权力高度分散，由数百个小大名控制。一旦发生
69 战争，这些大名将动员自己的家臣保卫幕府。但每个藩都很小，很难协同合作进行军事行动，这种做法阻断了叛乱，但也不利于国防。水野试图用中央直接统治来取代这种传统。水野准备用远离江户和大阪的新领地来补偿失去封地的大名，但他

1 三谷博：《黑船来航》(Mitani，*Escape from Impasse*，49 – 50)。下田奉行从严格意义上来说是对一个于 1720 年被废除的官衔的恢复。

2 这项政策称为“上知令”（平假名：じょうちれい、あげちれい）或“上地令”。（译者注：有的史料以“上地令”表记，通常情况下记作“上知令”）。没收土地为所谓的“江户、大阪十里四方”，十里相当于 24. 4 英里。

坚持认为，面对新的国际环境需要采取新的国防方式。鸦片战争后，水野已没有兴趣要求几十个小领主动员传统的武士，带着长枪手和枪骑兵来对抗英国军舰。取而代之的是，他通过创建两个新的相毗邻的幕府直辖领土（每块领地大约2000平方英尺），并用最先进的武器加以保卫，来直面欧美列强的挑战。

这种大胆的行为是水野倒台的原因。大名和旗本激烈地反对新政，普通民众亦是如此，他们担心土地转让后会面临新的征税。水野无法经受如此广泛而猛烈的抵抗，不到两周他就辞去了老中一职。阐述土地转让的上知令被撤销，在接下来的几年里，他的主要改革措施被逐步废除。[1] 幕府在水野忠邦辞职后又存在了四分之一个世纪。但是，大名和旗本阻止土地转让的能力揭示了复合国家的稳定性如何妨碍了一个民族国家的建立。为了控制首都地区，幕府需要挑战其盟友——谱代和旗本大名的传统特权。然而，这些长期盟友并不支持对自身权力构成威胁的改革。最终的结果就是一场流产的改革运动，并没有使德川政权实力增强。天保改革的失败使得幕府反对进一步的激进变革。由于将军德川家庆对水野忠邦的改革所引起的异议感到震惊，他转而强调身边的顾问需要"和谐"相处。这一命令为19世纪50年代的外交危机埋下了隐患。水野忠邦的继任者阿部正弘深知外国威胁的严重性，但他是作为广泛共识的倡导者上台的。因为在当时最紧迫的问题上无法达成共识，这实

1　三谷博：《黑船来航》（Mitani, *Escape from Impasse*, 50–52）。

际就意味着德川政权已陷入决策困境。[1]

国内危机与藩政改革

天保改革的失败是日本政治更广泛转变的一部分。从 18
70 世纪末开始，更具创新性的改革实践并非由幕府主导，而是一些大名的藩政改革。其中比较著名的是萨摩藩和长州藩在天保时期的改革，也正是这两个藩在 1868 年推翻了德川幕府。他们的改革都解决了长期存在的财政问题，并为军事现代化积累了资金。在萨摩，改革者拒绝支付藩财政近 500 万两的巨额债务，致使几家大阪商行在此过程中破产。为了避免未来继续借贷，萨摩加紧在奄美诸岛执行甘蔗生产计划，在压榨种植者的同时，抬高在大阪的出售价格。加之在其他领域的垄断，最终获得了财政盈余。长州藩采取了不同的垄断形式，废除了对靛蓝、蜡、盐、清酒和棉花的藩政府直接垄断，将这些垄断权出售给商人公会。两藩还通过填海造地项目和促进马关等港口的航运增加了收入。改革带来的政治影响在两藩也是类似的：萨摩和长州在 19 世纪 50 年代和 60 年代都有足够的资金来购买先进的武器。

其他藩也同样大胆地面对幕末社会的挑战。例如，米泽藩试图通过鼓励家臣进行纺织品生产来解决武士贫困问题。藩政府没有将开展副业视为可耻的违反武士规范的行为，而是鼓励

---

1 三谷博：《黑船来航》（Mitani, *Escape from Impasse*, 54－59）。

以织布为业从而对藩的财富积累做出贡献。该藩将生产高质量的布料比作勇敢的服兵役行为：两者皆可表明武士是忠诚而坚定的仆从。武士家庭通常通过受大名管制的商家出售编织品。这种对武士从事纺织业的鼓励，是明治时期实行鼓励原武士提高经济生产力政策的先兆。然而具有讽刺意味的是，德川时代的苦难让米泽藩的武士为明治时代将薪俸转换成债券做了独特的准备。与大多数武士相比，米泽藩的武士们在商业经营和财务管理上都很精明。[1]

弘前藩采取了与米泽藩相反的方法。比起开展商品生产，该藩选择回归更简单的农业经济。在 18 世纪 90 年代，弘前藩试图将数千名武士从城镇“重新安置”到农村，并鼓励他们成为自给自足的农民。但几年后这一政策被放弃了：武士们宁愿向当地农民勒索粮食，也不愿亲自耕种。最终，弘前藩以一种不甚激进的方法解决了债务问题，即向开发新农田的农民提供工具、补贴和税收优惠。虽然重新安置武士在很大程度上是失败 71
的，但这同样是明治时期改革的先兆。明治政府曾试图在北海道建立武士农庄，但同样收效甚微。[2]

在这些不同政策的背后，是一种基于德川社会出现了严重问题的共同危机感。在农村，这种不满反映在新形式的民众抗议中。直到 18 世纪中期，村民们通常行动一致地要求地方政府减税。村长老领导这些抗议活动，代表农民团体向当权的武

1　参见 Ravina, *Land and Lordship in Early Modern Japan*, 93 - 114。

2　Ibid., 128 - 153.

士们投诉。然而从 18 世纪末开始，抗议者开始将地方精英视为敌人，而不是他们反对武士政府的代理人。农民们没有攻击政府，而是抢夺较富裕村民的财产（尽管很少伤害到人），毁坏债务记录、衣物和家具。在 18 世纪 80 年代和 19 世纪 30 年代的粮食歉收之后，此类抗议活动明显增加。[1]

在这些新的抗议活动背后，是收入和经济关系的变化。商品经济的发展削弱了农村的凝聚力，并破坏了传统的安全网。在 17 世纪的农村经济中，当大多数农民种植农作物的主要目的是为满足自我消费和进行纳税时，歉收对几乎所有农民都有共同的影响：更少的粮食意味着更少的食物和更弱的纳税能力。此外，理性的利己主义要求较大的土地所有者在危机来临时帮助较贫穷的邻居。如果没有小农户和租户的帮助，富农就无法种植自己的庄稼：富农不应仅仅让贫农和佃户为了生存而替其劳作，最好还能获得他们的合作。到了 18 世纪末，这些联系已经大大削弱。在商业经济中，丰收可能和歉收一样具有破坏性，因为这可能会压低价格。在村民互相购买商品的村庄里，一户人家的危机可能成为另一户人家的好运。例如，桑树价格的下跌对桑农来说是坏事，但对那些购买桑叶喂蚕的人来说却

---

1 关于农民们的抗议活动，参见 Stephen Vlastos, *Peasant Protests and Uprisings in Tokugawa Japan* (Berkeley: University of California Press, 1986); Anne Walthall, *Peasant Uprisings in Japan: A Critical Anthology of Peasant Histories* (Chicago: University of Chicago Press, 1991); Herbert Bix, *Peasant Protest in Japan: 1590 - 1884* (New Haven, CT: Yale University Press, 1986); James W. White, *Ikki: Social Conflict and Political Protest in Early Modern Japan* (Ithaca, NY: Cornell University Press, 1995)。

是一种福音。此外，房东对租户的福利也不那么关心了。短期劳动合同和劳动力流动破坏了道德义务和理性利己主义之间的早期联系。加剧这些紧张局势的是实际工资的停滞或下降。数据虽然不甚完整，但畿内地区的工资记录显示，从1730年到1762年，农场的实际工资每年增长约1.6%，但此后几无增长。[1] 到了19世纪，关东地区和畿内地区的熟练工人和非熟练工人的实际工资都在下降。[2]

普通武士也承受着越来越大的经济压力。大多数武士的薪 72
俸是用大米作为记账货币支付的，大米价格相对于其他商品逐渐下降，意味着武士们的实际收入也随之减少。更严重的是预期的压力。城市生活和越来越多的消费品驱使许多武士以未来的收入为抵押进行借款，而通常情况下借款利率很高。当领主“借用”属下武士的部分薪俸时，许多人的收入减少了。这些问题是德川体系特有的。岛津义弘早在1591年就哀叹城市生活对武士的有害影响，但到了18世纪90年代，文化评论家们描述了一个新的堕落现象：武士不仅失去了作为武士的精神，而且变得与其他阶层难以区分。武士再也不是社会其他阶层的道德榜样，而是集贪婪、放纵、暴食和懒惰等最恶劣行为于一

---

1 Osamu Saitō, “The Labor Market in Tokugawa Japan: Wage Differentials and the Real Wage Level, 1727 - 1830,” *Explorations in Economic History* 15 (1978).

2 参见 Osamu Saitō, “Wages, Inequality, and Pre-Industrial Growth in Japan, 1727 - 1894,” in *Living Standards in the Past: New Perspectives on Well-being in Asia and Europe*, ed. Robert C. Allen, Tommy Bengtsson, and Martin Dribe (Oxford: Oxford University, 2005)。也可参见 Howell, “Hard Times in the Kantō,” esp. 357 - 364。

身的群体。[1]

1837年，下级武士大盐平八郎领导了一场针对幕府的暴力抗议活动，武士与平民的不满以前所未有的方式结合在一起。大盐平八郎曾任大阪町奉行所与力，用现代美国的说法，这个职位集地区助理检察官、市法院法官和警探的职责于一身。他坚持不懈地追查渎职行为，捣毁卖淫团伙，揭露非法宗教团体。作为一名公共知识分子，大盐也培养了一批追随者，他的私塾名为“洗心洞”，吸引了许多武士和平民。1830年，大盐辞去公职，全身心地投入教育事业中。他越来越关注阳明学，这是儒家学派中的非正统学派，强调探索人与生俱来的道德。学术的目的与其说是获取知识，不如说是揭示内心的真理，然后让学习者按照这种智慧行事。因此，大盐在目睹了幕府对天保饥馑（1834—1837年）的反应后，认为这是一场个人道德危机。飙升的米价本应促使政府发放救济粮，但大阪町奉行却在为即将到来的将军就任仪式购买大米。对于大盐来说，良心上不可能忽视这种渎职行为，1837年，他召集追随者攻击政府。根据大盐的征讨檄文，他们的目标是没收富人资产散发于民，

---

1 『世事見聞録』中有关于该时期社会腐化的著名描述，参见武陽隠士：『世事見聞録』、出自『日本庶民生活史料集成〈第8巻〉見聞記』、東京：三一書房、1969年、641—766頁。原著成书于1816年。英文翻译版出自 *Lust, Commerce, and Corruption: An Account of What I Have Seen and Heard, by an Edo Samurai*, ed. Mark Teeuwen and Kate Wildman Nakai, trans. Mark Teeuwen et al. (New York: Columbia University Press, 2014)。简略扼要的概述性研究，参见 Susan L. Burns, *Before the Nation: Kokugaku and the Imagining of Community in Early Modern Japan* (Durham, NC: Duke University Press, 2003), 20-34。

销毁税务记录减免贡役，诛戮贪婪商人，“奉天命，行天罚”。若依据大多数标准来看，大盐被告密者出卖，他的追随者缺乏训练和组织纪律，这次起义无疑是失败的。他逃亡到乡下，最 73
终切腹自杀以避免被捕受辱。但是，大盐的起义足以羞辱幕府。负责逮捕他的指挥官在追捕叛军时从马上摔落，大阪20%的地区在随后的骚乱中被烧毁。在日本各地，富裕的平民被一则传言吓坏了，传言说大盐实际上已成功逃脱，并来到他们的领地内继续其斗争。[1]

大盐平八郎的起义并非即将来临的革命的先兆。日本农村没有爆发叛乱，心怀不满的武士也没有开始集结农民军。总体而言，在幕末的民众抗议活动中，鲜少存有阶级意识或连续性民众运动的证据。相反，推翻幕府的斗争发生于武士精英内部相对较小的派系间，这是一场“自上而下的革命”。但民众抗议活动的间接影响是巨大的。面对普遍的民众不满情绪，人们无法忽视进行彻底的社会变革的必要性。因此，民众抗议活动最有力的影响是间接表现的：它削弱了武士阶层对自身精英地位的信心。幕府灭亡后，当明治政府取消了武士的世袭薪俸并剥夺了他们的威望时，普通武士表现得异常平静。民众抗议活动并没有推翻德川幕府，但它排除了任何对现状的严肃辩护。再加上帝国主义的威胁，民众的不满终使武士精英阶层从内部

1 奈地田哲夫：『大塩平八郎（1793－1837）』（Testuo Najita, “Ōshio Heihachirō (1793－1837),” in *Personality in Japanese History*, ed. Albert M. Craig and Donald H. Shively, Berkeley: University of California Press, 1970, 155－179）。

崩溃瓦解。

构想一个新日本

明治维新时期的改良主义思想是多种思想杂交和融合的产物。遍观彼时的思想界，关于激进的复古主义和世界性的沙文主义的关键隐喻出现在各种相互批判的学派中。勤皇派经常能够从多个截然不同的思想派系中获得灵感，包括作为德川正统儒学的朱子学，以及徂徕学、兰学、国学和水户学。德川儒学的正统学派出现在 18 世纪末，当时幕府支持一种单一的儒家学说，这种学说以 12 世纪中国著名的哲学家朱熹的作品为基础。许多地方藩开始效仿幕府，使朱子学在日本各地得到官方支持。政府的赞助给予朱子学强大但并非垄断学说的影响力。例如，荻生徂徕的追随者们继续追求一种独特的回归中国古典文本的研究方法，以对朱熹的学说展开批判。兰学运动始于 18
74 世纪对西方科学文本的研读，后来逐渐融入对欧洲的历史、政治和经济著作的研究。“兰学”一词反映了荷兰人在长崎作为外来知识来源的重要性，但在 19 世纪，兰学者惊讶于荷兰已不再是欧洲大国。兰学者在许多藩都颇具影响力，特别是在医学和天文学领域，他们可以展示“外来”知识的经验力量。

相比之下，国学者坚持认为外来知识不仅使日本堕落崩溃，还摧毁了日本本土文化。为恢复失去的传统，国学者把重点放在研究日本古典上，比如被他们视为毫无瑕疵地描述了“神代”的《古事记》。成书于公元 712 年的《古事记》由口述历史和神话组成，描述了宇宙的起源、日本原始诸神的诞生、日本诸岛的创造，以及诸神降临统治日本并建立日本皇室的过程。《古事记》不是用文言而是用日语书写的，但仍以汉字表记表音。令国学者感到沮丧的是，他们几乎找不到描述古代日本的“纯粹的”日语记录。但国学对“纯粹的”日本文化的追求促进了文献学的重大进步。例如，本居宣长开创了日语语法研究的先河，从而确立了日本文化优越性论。他对《古事记》的点校与评述第一次向广大读者展示了这部古典著作。当本居开始他的训诂时，《古事记》对于大多数日本人来说是陌生的，就像《贝奥武夫》之于那些简·奥斯汀（Jane Austen）或查尔斯·狄更斯（Charles Dickens）的英国读者一样陌生。就像J. R. R. 托尔金（J. R. R. Tolkien）和其他古英语学者在《贝奥武夫》中寻找基督教产生前凯尔特人“高贵而野蛮的历史”痕迹一样，本居宣长事实上试图在《古事记》中寻找一个没有被佛教和儒家思想影响的古代日本。[1] 对本居来说不幸的是，《古事记》中大部分关于道德和宗教的描述都是单调、含混不清和缺乏系统的。例如，根据本居的说法，《古事记》并没有为美德提供特别的奖励。每个人死后，无论是善人还是恶人，都会堕入充满污秽的黄泉。与佛教认为善业可能带来吉祥转世相比，这是一种可怕的虚无主义的死亡观。《古事记》

1　参见约翰·罗纳德·瑞尔·托尔金（J. R. R. Tolkien）：《贝奥武夫：怪物和批评家》，（J. R. R. Tolkien, *Beowulf: The Monsters and the Critics*, 1936; reprint, London: Oxford University Press, 1963）；也可参见 Mary C. Wilson Tietjen, “God, Fate, and the Hero of ‘Beowulf’,” *Journal of English and Germanic Philology* 74, no. 2 (1975): esp. 159。

没有展现清晰一致的道德准则，而是充满了荒诞与混乱：众神以粪便亵渎彼此的宫殿，表演淫秽的舞蹈，争吵，折磨，奴役，撒谎。本居也被不得不得出结论认为，众神的行为往往是难以理解的。[1]

75 尽管存在这些问题，本居译校的《古事记》还是改变了日本人的思想。在本居之前，古代日本学者主要依赖成书于720年以中国编年体形式写就的《日本书纪》。因此，《日本书纪》省略了《古事记》中许多粗俗而耸人听闻的细节，例如血淋淋的屠杀和对经血的赞颂等。在本居之后，《古事记》受到了新的尊重。本居著作的影响与欧洲同时代对古代英雄传奇的重新发现大致相似。例如在德国，现代语版的《尼伯龙根之歌》激发了瓦格纳（Richard Wagner）创作歌剧系列《尼伯龙根的指环》等作品的灵感；而在英国，阿尔弗雷德·丁尼生勋爵（Alfred, Lord Tennyson）创作的《国王的田园诗》是维多利亚时代人们对亚瑟王传奇兴趣复苏的一部分。在以上三个案例

---

1 日本国学的相关研究参考书目众多。优秀的概论性研究，参见 Susan L. Burns, "The Politics of Philology in Japan: Ancient Tets, Language, and Japanese Identity," in *World Philology*, ed. Sheldon Pollock, Benjamin A. Elman, and Ku-ming Kevin Chang (Cambridge, MA: Harvard University Press, 2015)；更详细的研究，参见 Burns, *Before the Nation*; Peter Nosco, *Remembering Paradise: Nativism and Nostalgia in Eighteenth Century Japan* (Cambridge, MA: Council on East Asian Studies, Harvard University, 1990); Harry D. Harootunian, *Things Seen and Unseen: Discourse and Ideology in Tokugawa Nativism* (Chicago: University of Chicago Press, 1988); Harry D. Harootunian, *Toward Restoration: The Growth of Political Consciousness in Tokugawa Japan* (Berkeley: University of California, 1970); Peter Flueckiger, *Imagining Harmony: Poetry, Empathy, and Community in mid-Tokugawa Confucianism and Nativism* (Stanford, CA: Stanford University Press, 2011)。

中，古代的传奇英雄和龙以新的形式联系在一起。凡人的传奇与辉煌的历史被重新唤起作为疗愈充满愤怒与令人烦恼的当下的精神寄托。[1]

本居的众多追随者将他的学术遗产向不同的方向发展。其中最有影响力的是平田笃胤，他将国学演变成了一场民众运动。平田缺乏本居那样的学术严谨性和知识完整性，但他明白如何将对日本神明的重新解释与普通农民和商人的生活联系起来。根据平田的说法，日本人本身就是神的后裔，他们看似平凡的生活也因此充满了神圣的意义。但为了将国学思想推及更广泛的受众，平田改变了本居思想的关键方面。[2] 值得注意的是，平田对来世的理解主要建立在中国人对基督教的描述上，但他将这些想法归因于神道文本。[3] 平田还宣传了一位街头表演者高山寅吉的故事，寅吉声称曾与天狗一起飞上月亮。平田认真地指导寅吉，这样他的表演就可以直观地向世人展示平田

---

1 比较德国神话和英国神话的研究，参见 Maike Oergel, *The Return of King Arthur and the Nibelungen: National Myth in Nineteenth-Century English and German Literature* (Berlin: De Gruyter, 1997)。对亚瑟王传奇的兴趣复兴，参见 Rob Gossedge and Stephen Knight, "The Arthur of the Sixteenth to Nineteenth Centuries," in *The Cambridge Companion to the Arthurian Legend*, ed. Elizabeth Archibald and Ad Putter (Cambridge: Cambridge University Press, 2009), 103 - 119。

2 参见 Harootunian, *Things Seen and Unseen*, esp. 27 - 28, 48, 151 - 154。

3 参见 Donald Keene, "Hirata Atsutane and Western Learning," *T'oung Pao* 42, no. 5 (1954): 353 - 380; Richard Devine, "Hirata Atsutane and Christian Sources," *Monumenta Nipponica* 36, no. 1 (1981): 37 - 54。

的神道构想。[1] 这种表演技巧和折中主义虽然让一些平田的同时代人感到震惊，但他富有想象力的著作和讲演却产生了极其广泛的影响。[2] 平田的世界性沙文主义使他在坚持日本文化优越性的同时，吸收了外国的知识传统。例如，他认为汉语、梵语或荷兰语学习与日语学习在用来帮助日本时并无不同。[3]

水户学兴起于水户藩，这种学说将国学思想与更传统的儒
76 学方法融合在一起。例如，水户学者在将日本天皇尊崇为古代诸神后裔的同时，也依据儒家经典来讨论天皇的美德。从 17 世纪开始，水户学学者们以中国历代王朝的编年史为蓝本，开始大规模编纂日本历史。与努力用“纯粹的”日语写作的国学者不同，如藤田东湖和会泽正志斋这样的水户学者，通常用公认的学术语言文言来写作。水户学有排外的一面：藤田东湖帮助创造和推广了“尊皇攘夷”的口号。尽管如此，他们在采纳西方科学技术等问题上往往是务实的。水户是德川家支系统治的地方藩，这产生了 19 世纪日本思想领域最具讽刺意味的一件事：皇权的复兴是由德川家推动的。水户的大名是德川家康

---

1 参见 Wilburn Hansen, “The Medium Is the Message: Hirata Atsutane's Ethnography of the World Beyond,” *History of Religions* 45, no. 4 (2006)，以及 Wilburn Hansen, *When Tengu Talk: Hirata Atsutane's Ethnography of the Other World* (Honolulu: University of Hawai'i Press, 2008)。

2 参见 Harootunian, *Things Seen and Unseen*, esp. 27 - 28。

3 参见平田篤胤：『古道大意』、出自加藤咄堂編：『国民思想叢書〈第 7〉』、東京：国民思想叢書刊行会、1931 年、286—287 頁。英文翻译版本，参见 John Ordonic Walter, “Kodotaii, an Outline of the Ancient Way: An Annotated Translation with an Introduction to the Shinto Revival Movement and a Sketch of the Life of Hirata Atsutane” (Ph. D. diss., University of Pennsylvania, 1967), 65 - 66。

一位较年幼的儿子的后代。然而水户学学者们相信，对天皇的尊敬只会增强德川家的权威。几个世纪以来，日本天皇虽然一直在位，却没有实行统治权，水户学者没有料到这种情况会发生改变。[1]

幕末的话语体系是由这些思想流派间的相互竞争构成的，不过由于这些思想对立的学者开始支持相似的改革建议，明治改良主义思想的雏形在这些学派的思想主张中都或多或少有所体现。例如，有三位不同的思想家提议为加强国防动员普通民众：林子平、佐藤信渊和远山景晋。林子平是一位不拘泥于传统的学者，受到兰学和徂徕学的影响。在18世纪80年代和90年代，他提出武士阶层与平民阶层的严重分离是日本军事实力衰落的原因。他指出，日本需要回归尚武的传统：

> 武士的本质与今天的农民并无二致。这是因为古代的武士都住在乡下，而其中拥有较多土地的领主养活了众多仆从。当他们出征时，他们当然会带走仆从，同时也训练农民来组成军队。[2]

林子平还警告说，俄国即将发动攻击，并呼吁组建一支规

1　水户学的概论性研究，参见 J. Victor Koschmann, *The Mito Ideology: Discourse Reform, and Insurrection in Late Tokugawa Japan, 1790 - 1864* (Berkeley: University of California Press, 1987)。

2　林子平:『海国兵談』、東京: 図南社、1916年、175—178頁。

模庞大的新海军，同时解决虾夷的问题。他的谏言超出了幕府对民众异议的容忍度：1792 年 5 月，林子平的书被封禁，他本人也被关进监狱，一年后因病去世。

77 1823 年，佐藤信渊提出了一项更为大胆的领土扩张计划。佐藤同时受到兰学和国学的影响，他的作品反映了对日本天皇独有性的狂热信仰。在《混同秘策》中，佐藤提议日本应统治全世界，并从中国和朝鲜开始行动。[1] 这将需要一支新的军队，而佐藤对传统的身份地位等级毫无耐心。他不仅主张从所有健壮男子中征兵，而且还计划将地方藩并入更大的行政单位。例如，新的西南部地区大滨将有 300 万人口和大约 60 万名年龄在 20 到 50 岁之间的男性。从中挑选最强壮的，佐藤预计从该地区可以招募 6 万名新兵。他的想法引起了水野忠邦的注意，并可能启发了水野做出重新分配大名领地的计划。[2]

远山景晋在 1824 年的著作中驳斥这种激进的计划是荒谬的：他明确地将林子平的想法描述为“有害的”。作为一名坚

---

1 参见 William Theodore De Bary，Carol Gluck，and Arthur Tiedemann，*Sources of Japanese Tradition*，Vol. 2：1600 to 2000，2nd ed.（New York：Columbia University Press，2005），604 - 609。关于佐藤的经济思想，参见 Federico Marcon，“Satō Nobuhiro and the Political Economy of Natural History in Nineteenth-Century Japan,” *Japanese Studies* 34，no. 3（2014）。

2 参见佐藤信淵：『混同秘策』、出自尾藤正英、島崎隆夫校注：『日本思想大系 45 安藤昌益・佐藤信淵』、東京：岩波書店、1977 年、425—485 頁。也可参见佐藤晚期的著作，佐藤信淵：『垂統秘策』、出自尾藤正英、島崎隆夫校注：『日本思想大系 45 安藤昌益・佐藤信淵』、東京：岩波書店、1977 年、488—517 頁。关于佐藤向水野的献策，参见佐藤信淵著、滝本誠一編：『佐藤信淵家学全集』中巻、東京：岩波書店、1925—1926 年、319—337 頁。

定的幕府仆人，远山一路晋升，从西丸小姓组[1]、江户城西丸的小纳户头到长崎奉行，然后再到勘定奉行。他并不倾向于废除一个对他有利的政治制度。远山也不相信日本正面临着即将到来的西方入侵。他认为，主要的威胁来自外国捕鲸船寻求淡水和补给。日本只是需要一个更好的海岸警卫队加以应对。

尽管如此，远山景晋与佐藤信渊、林子平一样，主张动员平民来保卫日本。他提议使用渔船组成海岸警卫船队。武士和渔民将在联合船队中一起工作：渔民负责驾驶船只，而武士则躲在甲板下以避免被发现。西方船只会无视这些看起来很普通的船只，日军可运用突袭战术登陆并截停外国船只。在每个沿海防御区，渔民和武士都会穿着颜色互相匹配的衣物来表明他们是同一支部队的成员。[2] 林子平、佐藤信渊和远山景晋在对日本外来危机的性质分析上存在分歧。然而他们一致认为，保卫国家需要的不仅仅是武士，还需要普通日本人的参与。

19世纪的思想家们通过回溯日本历史来寻找动员平民的先例。例如，平田笃胤赞扬了长崎商人滨田弥兵卫的军事功绩，他在17世纪20年代与荷兰人在台湾发生过小规模冲突。[3] 滨田拒绝支付荷兰东印度公司的征税，当荷兰人扣押他的船只
时，他通过劫持殖民总督彼得·奴易兹（Peter Nuyts）作为报 78

1　译者注：西丸小姓组（西丸小姓組，にしのまるこしょうぐみ），德川将军直属亲卫队，小姓组之一。其任务是守护江户城西丸。

2　遠山景晋：『籌海因循録』、115—117頁。

3　参见平田篤胤：『伊吹於呂志』、出自室松岩雄編：『平田篤胤全集』第1、東京：法文館書店、1911—1918年、1—61頁，24—29頁。

复。荷兰人最终归还了滨田的船只，彼得·奴易兹后来也被引渡到日本，从1632年到1636年一直被软禁在日本。[1] 平田宣称，滨田的功绩表明，日本勇士曾经令全世界敬畏。

滨田弥兵卫也受到任教于昌平坂学问所的古贺侗庵的赞赏。在一篇讨论外交政策的著作中，古贺明确提到滨田是幕府的典范：滨田让荷兰人心生恐惧，彰显了日本皇室的权威。幕府应该以身作则，建造新的军舰，学习海军战术。[2] 平田和古贺代表着截然不同的学派：朱子学派和国学派。但他们一致认为，日本亟需像滨田这样勇敢的平民，以随时准备与欧洲人作战。

对动员并武装平民的如此多样化的支持有助于解释明治时代实行征兵制相对容易的原因。将平民编入军队的想法已经讨论了几十年，因而不再是激进的。然而在具体实践中，武士—平民的联合军面临着严重问题。例如，在1864年至1865年的长州征讨战中，反叛武士发现招募平民很容易，但这些士兵很快就背叛了他们的指挥官，指责他们是"极坏的浪人"。[3] 这反映了幕末政治的更深层次挑战。什么会取代传统的身份制度？什么样的新思想和新实践会把日本国家和社会团结在

---

1 参见 Leonard Blussé, "Bull in a China Shop: Pieter Nuyts in China and Japan (1627－1634)," in *Around and about "Formosa": Essays in Honor of Professor Ts'ao Yung-ho*, ed. Yonghe Cao and Leonard Blussé (Taipei: Ts'ao Yung-ho Foundation for Culture and Education, 2003)。

2 古賀侗庵：『海防臆測』卷之上、日高誠実出版、1880年、19頁。

3 井上勝生：『幕末·維新』、東京：岩波書店、2006年、121—122頁。

一起？

对民族意识进行探索的开创性著作是会泽正志斋的《新论》（1825年）。会泽是著名的水户学学者，他在著述中直接探讨了欧洲权力的本质：为什么欧洲国家能够征服世界上这么多地区？对会泽来说，答案在于宗教。通过基督教的“奸邪之说”，欧洲国家从内部瓦解了他们的敌人。他们通过传播欺骗性的教义，诱使世界各地的人们为外国主人服务。会泽断言，解决外来危机的办法是祈求天皇以团结日本人民之“心”。在古代日本，文武精英和普通民众因对天皇的敬畏而团结在一起。如今的日本正需要恢复这种团结意识。会泽为此强调仪式的重要性，如为天皇即位而举办的大尝祭和为庆祝丰收而举办的祭仪。虽然平民没有直接见证这样的仪式，但他们通过向宫廷奉献贡物参与其中。根据会泽所说，“新谷已熟，必用以报 79
于天神，然后与天下尝之，而天下皆知所食之粟，即是天神所颁之种也。于是乎畏天命而尽地力，人心与天地一”[1]。对会泽来说，信奉天皇可以使民族团结，防止来自外国的颠覆：“故民唯知敬天祖，奉天胤，所乡一定，不见异物，是以民志一而天人合矣。”[2]

1 参见 Bob Tadashi Wakabayashi, *Anti-foreignism and Western Learning in Early-modern Japan: The New Theses of 1825* (Cambridge, MA: Council on East Asian Studies, Harvard University, 1986), 184 - 185。原著参见会沢正志斎：『新論』、出自今井宇三郎、瀬谷義彦、尾藤正英校注：『日本思想大系 53 水戸学』、東京：岩波書店、1973年、50—159頁。

2 参见 Wakabayashi, *Anti-foreignism*, 158。译者注：引文具体参见今井宇三郎、瀬谷義彦、尾藤正英校注：『日本思想大系 53 水戸学』、383頁。

会泽的学说虽然在经验上存在缺陷，但仍不乏先见之明。会泽认为是基督教将欧洲各国凝聚为统一的力量。因此，他把基督教、民族主义和帝国主义混为一谈。但他敏锐地认识到需要一种新的、日本式的、可以团结日本民众的思想意识。因此，会泽的思想包含一种强大的张力：他将基督教拒之门外，但又为它的力量着迷。所以，会泽对日本宗教的构想既是对基督教的报复也是对它的模仿。“彼所以扰我之术，我将倒用之。”[1] 对抗西方的唯一方法是效仿西方，利用宗教动员民众。世界性的沙文主义使会泽欣赏到了欧洲治国之道的本质。

一个类似的过程致使佐藤信渊开始支持欧洲科学。在他的著作《天柱记》（1825 年）中，佐藤将欧洲天文学与日本的创世神话结合起来。就像他尊敬的平田笃胤的著作一样，佐藤也坚定地希望将日本神话与科学观察调和起来。与平田不同的是，佐藤对待理论经验的态度是一丝不苟的，他对宇宙的描述均基于最新的欧洲文本。例如，《天柱记》中展示了一个宇宙，其中有七颗行星在椭圆轨道上围绕太阳旋转。这些行星都绕着自己的轴旋转，地球的旋转轴倾斜了 23 度，导致了季节的变化。每颗行星上的年份和日子随着公转和自转速度的不同而不同。许多行星，不仅仅是地球，都伴有卫星。[2]

1 参见 Wakabayashi，*Anti-foreignism*，262。原著出自今井宇三郎、瀨谷義彦、尾藤正英校注：『日本思想大系 53 水戸学』、東京：岩波書店、1973 年、145 頁。

2 参见佐藤信淵：『天柱記』、出自尾藤正英、島崎隆夫校注：『日本思想大系 45 安藤昌益・佐藤信淵』、東京：岩波書店、1977 年、361—423 頁。译者注：关于佐藤的此段论述，具体参见『日本思想大系 45 安藤昌益・佐藤信淵』、376、377 頁。

对佐藤来说，这种欧洲知识如果缺少了日本人的洞察力是不完整的。虽然欧洲人可以解释行星运动的机制，但只有日本的创世神话才能解释宇宙的起源和运动背后看不见的力量。佐藤问道，是什么造就了行星，它们为什么运动不息？答案就在 80
伊邪那岐和伊邪那美的行动中，他们是两位原始的神，当他们将一支镶有宝石的长矛插入盐水海洋时创造了世界。众神搅动了盐水，当他们举起矛时，“自其矛末垂落之盐累积成岛”[1]。对于佐藤来说，行星的旋转是众神搅动原始盐水的合乎逻辑的结果。古代文献也解释了轨道的形状。佐藤将行星的椭圆轨道与《日本书纪》开篇所写的“混沌如鸡子”联系在一起：对佐藤来说，“如鸡子”就是如蛋形或椭圆形。[2]

通过大量阅读，佐藤以独特的描述将日本神话与现代天文学结合起来。与希腊、罗马、波斯和埃及神话不同，日本的古典本来就可以解释宇宙的内在运动。甚至是佐藤较少引用

1　参见佐藤信淵：『天柱記』、出自尾藤正英、島崎隆夫校注：『日本思想大系 45 安藤昌益・佐藤信淵』、東京：岩波書店、1977 年、374—379 頁。《古事记》选段“自其矛末垂落之鹽累積成嶋”，出自青木和夫、石母田正、小林芳規・佐伯有清校注：『日本思想大系 1　古事記』、東京：岩波書店、1982 年、20—21 頁。英文翻译版本：Donald L. Philippi，*Kojiki*（Princeton，NJ：Princeton University Press，1968)，3。

2　“渾沌如鷄子”，参见『日本書紀・上』、出自坂本太郎、井上光貞、家永三郎、大野晋校注：『日本古典文学大系〈第 67〉』、東京：岩波書店、1967 年、77 頁。关于《日本书纪》及其他五种正史（译者注：《续日本纪》《日本后纪》《续日本后纪》《日本文德天皇实录》《日本三代实录》）的讨论，参见坂本太郎：『六国史』、日本歴史叢書 27、東京：吉川弘文館、1970 年。英文翻译版本参见：Taro Sakamoto，trans. John S. Brownlee，*Six National Histories of Japan*（Vancouver：UBC Press，1991）。

的《圣经》，也无法解释宇宙的奥秘。[1] 佐藤的世界性的沙文主义使他宣称西方科学没有任何“外来”元素，恰恰相反，欧洲的科学更像属于日本的而非欧洲的。[2]

最后，世界性的沙文主义和激进的复古主义也出现在只野真葛的作品中。只野真葛是德川幕府时期为数不多的讨论政治问题的女性之一。尽管成长于一个充满智力与活力的家庭，作为一名女性，只野只能在德川公众生活的边缘工作。她的父亲工藤平助是一位见多识广、颇具名望的内科医生，深入参与了对俄国和虾夷的研究。只野的作品反映了她在父亲那里学到的东西。尽管从未正式研究过兰学，但她非常熟悉欧洲的风俗习惯。只野的哲学知识也是有限的：作为一名女性，她学会了读日语，但不能读文言。尽管如此，她独特的见解还是获得了赞誉与认可。著名作家泷泽马琴既倾倒又不安于她的“男子气概”。他赞扬只野的才华，却拒绝帮助她出版著作，后来又哀叹他们通信的结束。[3]

同佐藤和会泽一样，只野对日本神话非常着迷，尤其是《古事记》。她从这些文本中看出了对传统性别角色的挑战：太阳

1　尾藤正英、島崎隆夫校注：『日本思想大系 45 安藤昌益・佐藤信淵』、東京：岩波書店、1977 年、366—373 頁。佐藤曾引用《圣经》中上帝造人的片段。

2　关于此处对佐藤信渊思想的解读，我受到了约瑟夫森（Jason Ananda Josephson）相关著作的启发。参见 Jason Ananda Josephson，*The Invention of Religion in Japan*，116 - 117。

3　参见 Bettina Gramlich-Oka，“Tadano Makuzu and Her Hitori Kangae，” *Monumenta Nipponica* 56，no. 1（2001）。

女神，即天照大神是女性。怀孕期间征服朝鲜半岛的神功皇后也是女性。只野问道："那么，即使身为女性，为什么我们不能有雄心壮志呢？"对于只野来说，欧洲女性现在的地位似乎让人想起了日本女性在古代日本的地位。据她报道，在俄国，81
新娘和新郎发表了完全相同的公开结婚誓言，宣称他们"志同道合"。由于誓言是平等的，不忠行为对两性来说都被认为是严重的罪行。欧洲女性似乎也有更多提高知识水平的机会，比如学习医学的机会。只野写道："在一本来自西方国家的书籍中，我看到了一张在进行解剖的妇女的插图。"[1]

只野将她对欧洲的零碎知识编成了一篇对日本社会的批判文章。作为一位出身于中级武士家庭的女孩，只野既哀叹武士不计后果的冲动消费，也感叹城市商人日益增长的权力。她坚称，这两个问题在俄国都不存在。俄国商人致力于使国家富足，而不是通过琐碎的小计谋来增加自己的财富。俄国贵族不像日本的大名实行参觐交代制那样挥霍他们的财富。只野坚称，除沙皇以外，"即使是最显赫的官员也鲜有随从跟随"，"当我想到俄国的风俗习惯时，我感到羡慕"。就像佐藤和会泽一样，只野坚持认为模仿外国习俗可以促进对日本美德的重新发现。她认为日本的创造力是出类拔萃的，这在歌舞伎的艺术表演中表现得最为明显。她想知道，如果这种创新精神是以公共利益为导向，会产生怎样的效果？歌舞伎剧场之所以令人着

1　参见 Bettina Gramlich-Oka, "Tadano Makuzu and Her Hitori Kangae," *Monumenta Nipponica* 56, no. 1 (2001), 30。

迷，是因为演员和音乐家通过共同的节奏团结在一起。如果这种团结的精神被用来造福整个国家会怎样呢?[1] 和会泽一样，只野认为欧洲模式可以增强而不是削弱日本文化的独特优势。

将佐藤、会泽和只野的著作联系在一起的是一种共同的理念，即当代西方可以帮助恢复已经失落的日本历史。对会泽来说，基督教在欧洲的政治用途表明，幕府可能会复兴古代日本失落的美德。对于佐藤来说，欧洲科学和日本神话是相辅相成的，两者的结合将带来前所未有的繁荣和力量。对于只野来说，西方提供了如何利用雄心壮志和聪明才智为共同利益服务的例子，借此可以恢复失去的日本和谐感。佐藤、会泽和只野都有先见之明地提出了彻底变革的必要性，但他们的影响是循序渐进和不稳定地展开的。例如，在 19 世纪 50 年代和 60 年代，会泽的《新论》受到排外激进分子的推崇，尽管到了 1862 年，会泽本人已经得出结论，与西方列强签订条约是不可避免的。直到 20 世纪，只野在很大程度上都可说是默默无闻的，
82 但现代日本女权主义者会效仿她引用天照大神来捍卫女权。相比于任何具体的政策，这些思想家提倡的是世界性的沙文主义和激进的复古主义的思想主题。通过将颂扬古代日本历史与模仿西方相协调，他们预示了明治维新的核心主题。

---

1 Bettina Gramlich-Oka, “Tadano Makuzu and Her Hitori Kangae,”, 32 – 33; Tadano Makuzu et al., “Solitary Thoughts: A Translation of Tadano Makuzu’s Hitori Kangae (2),” *Monumenta Nipponica* 56, no. 2 (2001): 182 – 183.

第 3 章

改革与革命

从1844年到1868年，幕府统治者在努力创建新政府的同时，也试图维持政治现状的核心要素，但他们失败了。应对西方帝国主义需要全国动员，但德川政权的巨大成功恰在于避免了战争而使国家承平日久，因此无需这样的动员。相反，像参觐交代这样的机制是为了削弱大名，而不是让他们成为在国防问题上的强大盟友。在更抽象的层面上，德川制度在近现代国际秩序中很难合法化，日本有两位统治者（幕府将军和天皇）和数百个大名，在帝国主义列强看来不像是一个民族国家。从西方角度来看，德川秩序既在军事上软弱，也在政治上落后。因此，幕府的改革者面对着两个不可调和的要求：维持现状，同时创造一个与新兴国际标准相兼容的新政治制度。

德川幕府对抗帝国主义的努力失败了，但为后来的改革铺平了道路。明治维新有时被描述为忠于天皇的进步人士与保守落后的幕府进行的斗争，但事实并非如此。相反，当幕府在1868年垮台时，许多西方学者担心，新的明治政府会比旧政权更加排外和与世隔绝。到了1867年，那些努力拯救幕府的人和那些试图推翻它的人之间有了惊人的相似之处。两派都公开承诺建立一个以天皇主权为基础的新国家。两派都援引激进的复古主义思想来挑战传统的地位差别，用遥远的古代历史批评现在。两派还都援引世界性的沙文主义思想，敦促在军事、经济和政治改革方面采用西方的做法。因此，尽管明治政府公开
84 抨击德川政权的失败，但许多原幕府的封臣成了为明治政府服务的杰出改革者。

尽管有相似之处，但与明治新政府不同的是，德川改革者总是受到德川式妥协政策的制约。如果低级武士的特权可以忽略，为什么不能同样忽略中级武士的特权呢？那大名本身的特权又是什么呢？改革者怎样对由地位差别而引发的矛盾发起一场有节制的攻击呢？为了改变而不是破坏德川秩序，改革者回顾了 16 世纪末和 17 世纪初的历史，当时的社会阶层更具流动性。由此他们能够提倡加大社会流动性以呼吁更多人参军，以及使武士指挥平民，这都可以解释为参考了 17 世纪初的做法。但德川时代的改革者需要谨慎对待世袭特权，以免威胁到整个政治秩序。相比之下，新的帝国政府通过参照公元 7 世纪和 8 世纪的历史，可以明确地挑战世袭特权。恢复至高无上的天皇权力可以扫除除天皇制以外的任何世袭特权。

由于无法直接挑战世袭武士的身份地位，幕府的改革者试图从传统的政治结构中拼凑出一个民族国家。但他们的努力同样受到德川式妥协政策的限制。早期的幕府将军选择利用大名间的竞争，而不是完全摧毁大名。这些紧张局势使得幕府和大名很难在全国动员方面进行合作。幕府希望大名承担国防责任，而德川家在政治权威上仍居首位。许多大名以财政困难为

借口或以其他方式寻求回避承担国防职责。但幕府同样受到另一种预料之中的威胁，即大名的野心。例如，萨摩藩和长州藩积极进行军事改革，从而创立了强大的新式军队。他们正是用这些新军队在1868年与幕府展开争斗。

同样麻烦的是大名之间的派系争斗。幕府以国家统一的名义，反对长期存在的大名之间的区别。这项举措得到了那些祖先曾与德川家康敌对或当初只是迫于形势而与家康结盟的外样大名的支持。按照传统，外样大名被排除在幕府事务之外。但这也惹恼了德川家康亲信的后代，即谱代大名。创建大名议会的尝试就在这些紧张的对峙中破产了。使这个问题进一步恶化的是大名本身的性格。用历史学家康拉德·托特曼（Conrad 85
Totman）的话说："这些大名是在习惯于有顾问而不是同行的环境中成长的，当涉及艰难的选择时，他们似乎发现持续的政治妥协非常困难。"[1] 英国领事馆的翻译厄内斯特·萨道义（Ernest Satow）更为直言不讳，他形容日本的大名是"出身高贵的笨蛋"，他们的智力"几乎总是远远低于平均水平"。[2]

尽管有这些挑战，幕府的改革预见到了明治时代的许多重大变化。例如，大名议会预示着国家立法机构的建立，到了19

1　参见Conrad Totman，"Tokugawa Yoshinobu and Kobugattai：A Study of Political Inadequacy，" *Monumenta Nipponica* 30，no. 4（1975）：39。

2　在一场1868年举行的正式招待会后，萨道义感叹"许多来宾既聪明又彬彬有礼"，而长州藩的大名"喝了太多的香槟"，同时表现得像一个"巨婴"。具体参见Ernest Mason Satow，*A Diplomat in Japan*（Philadelphia：J. B. Lippincott，1921），38，371－372。

世纪60年代，建立一个基础广泛的议会的想法已并不新鲜。1867年，作为幕府和平投降的一部分，末代将军德川庆喜同意辞职，并将权力移交给两院制议会。上院将由宫廷贵族、大名和精英武士组成，下院将包括普通武士和平民。因此，德川时代的最后一份改革提案预见到了明治时代所提倡的具有广泛代表性的议会。

也有一些类似的举措来挑战其他的世袭特权，比如武士对服兵役的垄断。幕府在1862年开始对军队进行紧密队形操练，到1867年，在法国顾问的帮助下，幕府集结了一支庞大的近代化军队，同时，逐渐用配备近代步枪的步兵营取代原常规部队。幕府时代几位最热心的改革家后来都加入了明治政府。反幕府势力也同样活跃。例如，在长州藩，改革者在1863年创建奇兵队，其指挥官是武士，士兵则是各类平民的混合体，通常是富农的幼子。这些新军队跨越了传统的身份差别，用近代火枪进行了西式演练。[1] 奇兵队是明治时代相关改革的直接先例。近代日军的奠基人山县有朋曾是奇兵队指挥官，奇兵队在明治维新的关键战役中多次与幕府军作战。萨摩藩还引入了西式紧密队形，并配备进口武器。尽管社会级别较低，但大约三分之一的萨摩男子是武士，而在长州，这一比例约为8%，因

1 参见 D. Colin Jaundrill，*Samurai to Soldier：Remaking Military Service in Nineteenth-century Japan*（Ithaca，NY：Cornell University Press，2016），49－66，80－85；Thomas M. Huber，*The Revolutionary Origins of Modern Japan*（Stanford，CA：Stanford University Press，1981），122－124；Albert Craig，"The Restoration Movement in Choshu，" *Journal of Asian Studies* 18，no. 2（1959）：189－190。

此，萨摩藩的军事改革打破了武士阶层内部的等级差别，而非武士和平民之间的地位等级区别。[1]

这些对传统等级制度的挑战为明治政府更激进的改革铺平了道路。到 1868 年，人们达成了一个广泛的共识，那就是现有的政治秩序已破裂到无法修复的地步。因此，旧政权的捍卫 86
者少之又少。末代将军德川庆喜（1837—1913 年）积极推动了德川政权的解体。他辞去幕府将军的职务，促使江户和平开城。尽管有人呼吁对其采取惩罚性措施，但庆喜被允许在东京的一座别墅里安静而舒适地隐退。庆喜没有死在监狱里，也不是死于战斗，而是在 1913 年因年老体衰而去世；他很富有，并受到明治政府的尊敬。许多大名也同样表现得十分配合，明治政府在剥夺大名的政治权力时也向他们发放慷慨的养老金，这使多数大名都松了一口气。直到 1876 年，取消武士薪俸才引发了广泛抵制，但这为新政府赢得了近十年的时间来巩固其统治。这样，幕末的成功与失败都为明治改革者铺平了革新的道路。德川时代的改革者冲破了变革的阻力，坚持采用西方式的制度，挑战固有的传统。但再多的改革也不能把幕府统治下的国家变成一个日本式的民族国家。幕府改革的失败使旧政权合乎情理地走向毁灭。

1　Jaundrill, *Samurai to Soldier*, 66 – 72；井上勝生：『幕末・維新』、東京：岩波書店、2006 年、75—85 頁。在萨摩藩，武士精英包括一种农村的下级仆从，他们以武士身份参与农业生产，被称为“乡士”。

阿部正弘与民族团结的探索

1844 年，在幕府老中水野忠邦倒台后，国家政治事务由福山藩大名、幕府老中阿部正弘领导。阿部的主要任务是避免天保改革后出现针对幕府的公开对抗。他在就任后与大名进行了广泛协商，并试图哄骗和奉承有权势的大名与幕府达成新的合作。阿部最大胆的举动是试图使互相竞争的地方藩达成合作。尤其是他曾征求两位截然不同的领主的建议：前水户大名德川齐昭和萨摩藩大名之子岛津齐彬。这两个人在很多问题上意见不一。德川齐昭既是一个仇外主义者，也是一个打破传统的人。他领内的藩校“弘道馆”，以“尊皇攘夷”为口号。齐昭试图净化日本国内的外国影响，包括佛教等“外来”信仰的影响。在其统治期内，水户的数十座寺庙遭到洗劫和摧毁。在 19 世纪 50 年代和 60 年代，齐昭坚持认为日本的失败关键在于思想上的软弱：对天皇的忠诚、武士的勇气与获得新的军事技术一样重要。与之相对，岛津齐彬是一个亲欧分子和技术爱好者。他在个人日记中使用罗马字母作为加密敏感段落的手段。
87 他在鹿儿岛安装了电报系统，范围从城堡到附近的茶园。除了这些新奇之处，齐彬还是日本推动工业化生产的早期倡导者。1851 年，他下令在矶建造一座综合工厂。这座工厂从冶炼开始，最终制造出的产品种类繁多，包括玻璃、农具、地雷、硝化棉、皮革制品和钢铁。小规模的实验从摄影到提糖，涉及范围广泛。在其鼎盛时期，该厂有一个重达 50 吨（48000 公斤）

的反射炉，雇用了 1000 多名工人。[1]

齐昭和齐彬尽管在政治理念上存在差异，但他们有几个共同的重要特征。两人都十分受人拥戴，即使并非他们的支持者，仍对他们尊敬有加，这使得他们对阿部来说很有利用价值。两人都有政治野心，但按照惯例，都被排除在幕府核心事务之外。岛津家是外样大名，因此传统上自然被排除在幕府政务之外。水户德川家是“御三家”之一，其先祖是德川家康三位较年幼的子嗣中的一位。因此，如果德川宗家出现无人继承的情况，“御三家”可以提供幕府的继承人。而与此同时，水户德川家被禁止担任幕府要职，这与岛津家一样。最后，齐昭和齐彬都需要阿部正弘的帮助。在萨摩藩，齐彬与他同父异母的弟弟岛津久光卷入了一场激烈的继承权纷争。在水户，德川齐昭需要在政治上复权：由于齐昭在天保改革期间的激进政策，他被幕府强制隐居，并被处谨慎[2]。

阿部正弘推进了两人的政治生涯。他使德川齐昭解除软禁，并安排齐昭的一个儿子与将军的女儿联姻。[3] 在萨摩藩，阿部干预其藩内政治，迫使齐彬的父亲岛津齐兴隐居，将藩主之位让予齐彬。[4] 这些行动使岛津齐彬和德川齐昭成为全日本最重要的人物。但不幸的是，两位大名都没有坚定地支持阿

1　关于岛津齐彬的综合性传记，参见芳即正：『島津斉彬』、東京：吉川弘文館、1993 年。

2　译者注：谨慎（謹慎，きんしん），江户时代，适用于公家、上级武士的限制其自由的刑罚。在一定期限内强制关闭宅邸门户禁止外出，暂停一切社会活动。

3　参见三谷博《黑船来航》(Mitani，*Escape from Impasse*，74 - 76)。

4　参见 Hellyer，*Defining Engagement*，161 - 162。

部。齐彬表示了几点尊重和合作的意向。例如在 1854 年，萨摩藩完成了日本第一艘西式军舰的建造工作。为了表示尊重和支持，齐彬将这艘军舰赠送给幕府，幕府将其用作训练海军。[1] 但在琉球贸易等关键问题上，齐彬则持续偏袒岛津家的利益，而不是德川家的。在水户藩，德川齐昭一如既往地执拗。在恢复全国声望后，他成为对幕府政策直言不讳的批评者。凭借显赫高贵的血统，德川齐昭将自己定位为阿部正弘的合作伙伴，而不是他的拥护者。

阿部面临着与传统掌权者不同但同样令人沮丧的挑战，比
88 如旗本和谱代大名带来的麻烦。例如，忍藩和彦根藩的谱代大名渴望接受幕府慷慨的赏赐，但对将自己的资金花在海防上不太感兴趣。总之，幕府对军事改革不感兴趣。例如，幕府的海防挂[2]辩称，建造一艘西式单桅帆船是没有意义的，因为日本仿制的单桅帆船“无可与之匹敌”。[3] 就连改革的支持者也被造船成本吓倒了。浦贺奉行户田氏良和井户弘道深知日本需要西方军舰，进行广泛的军事准备有利于国家防卫。但他们对全面军事近代化改革的成本感到失望。训练一支新海军需要花费多年时间，在此期间，幕府只能希望西方军舰不会来。

1 参见芳即正：『島津斉彬』、117—122 頁。

2 译者注：海防挂（海防掛，かいぼうがかり），全称为“海岸防禦掛”，幕末时期，幕府中负责处理外交事务及规划与之相关的国内政策，并进行海岸防卫的部门。

3 『浦賀奉行上司書』、出自『維新史料稿本』1 巻、214 頁、嘉永二年六月是月（18490060660），写本 148/079，KA013-0667，引用自写本 87-1。永久链接：https://clioimg.hi.u-tokyo.ac.jp/viewer/image/idata/M00/M/20/KA013/0674.tif。

户田和井户的紧迫感和听天由命的结合恰到好处地说明了幕府统治的内部矛盾。重建日本军队的费用是“将军家之御任职”，但幕府以部分地区的税收作为基础，不能提供整个国家的防卫开支。[1]

直到 1852 年，认为能轻易击退外国势力的想法虽略显乐观，却并非无据可依。那些反对昂贵新武器的人可以用最近发生的一系列小规模冲突举例。1837 年，一艘美国商船“莫里森”号进入浦贺湾，目的是遣返日本漂流民，建立贸易关系，传播基督教。在日本海岸炮兵开火后，这艘船逃走了。1846 年，美国海军准将詹姆斯·贝特尔（James Biddle）将两艘军舰停泊在江户港的入海口，并要求签订贸易条约。他的信被幕府接受，但当幕府拒绝建立贸易和外交关系后，贝特尔很快和平地离开了。这些事件使人们对鸦片战争的消息不屑一顾。也许“西方野蛮人”关注的是中国，而对日本不感兴趣。

然而在 1852 年，长崎奉行收到了一份来自荷兰人的令人震惊的报告：美国正派遣一支庞大的舰队前往江户要求达成协议。[2] 荷兰的警告是明确的：位于北美洲的美国与欧洲最强大的国家的实力并驾齐驱。这意味着，这支舰队由出色的蒸汽船和帆船组成。美国不会安静地走开：如果“开放港口”的提议必须以

---

1 『浦賀奉行上伺書』、出自『維新史料稿本』1 巻、235 頁、嘉永二年十二月是月（18490120660），写本 162/144，KA016 - 0390，引用自写本 155 - 156。永久链接：https://clioimg.hi.u-tokyo.ac.jp/viewer/image/idata/M00/M/20/KA016/0401.tif。

2 三谷博：《黑船来航》（Mitani，*Escape from Impasse*，104 - 105）；井上勝生：『幕末・維新』、8—13 頁。

武力来解决，那么一场漫长而血腥的冲突将是不可避免的。[1]

即使是这份报告也不能打破江户的固执。阿部选派了几位89 大名转达了这一警告，但收效甚微。怀疑论者认为，荷兰人只是希望通过散布耸人听闻的谣言，改善本国的地位。因此，对佩里来航的准备工作更多的是行政方面的，而不是军事方面的。阿部秘密批准了萨摩藩建造西式军舰的请求。他提拔出身卑微但具有才干的武士官员川路圣谟担任勘定奉行。浦贺奉行户田氏良在江户城获得了更尊贵的职位，象征性地强调了江户湾防卫的重要性。但更多实质性的变化超出了阿部的掌握。他的妥协策略加深了而不是化解了国内政治的僵局。[2]

佩里于嘉永六年六月三日（1853 年 7 月 8 日）抵达浦贺湾，这让幕府感到沮丧，也让许多普通日本人感到震惊。然而，美国的报道经常错误地描述这一事件，夸大了日本对西方技术的惊叹。“即便火星人乘着宇宙飞船、手持伽马射线枪登陆地球，引发的骚动也莫过于此。”一本广受欢迎的历史著作这样写道。[3] 这些对震惊和敬畏的描述反映了佩里是如何寄希

---

1 参见 Martha Chaiklin, “Monopolists to Middlemen: Dutch Liberalism and American Imperialism in the Opening of Japan,” *Journal of World History* 21, no. 2 (2010): 262。

2 三谷博：《黑船来航》(Mitani, *Escape from Impasse*, 104 - 115)。

3 James Bradley, Flyboys: *A True Story of Courage* (Boston: Little, Brown, 2003), 36. 莫里森（Samuel Eliot Morison）在佩里的传记中也有一段类似的描述，称美国军舰是“来自外太空的外形怪异的飞行器”。参见 Samuel Eliot Morison, “*Old Bruin*”*: Commodore Matthew C. Perry, 1794 - 1858; The American Naval Officer Who Helped Found Liberia* (Boston: Little, Brown, 1967), 319。

望于用西方技术压倒日本人的。但在日本，许多人对佩里的机器更多的是好奇，而不是惊讶。例如，日本军事专家在审阅了炮兵手册的翻译文本后，渴望亲眼看到美国的大炮，他们提出详细而严苛的问题使佩里的工作人员精疲力竭。[1] 佩里的两艘蒸汽船冒着滚滚浓烟，迎风航行，给人留下深刻的印象。但是日本当地的军事专家已经研究蒸汽机多年了，所以这项技术对他们来说虽然是抽象的，却是众所周知的。[2] 同样，普通武士对外国人和他们的武器与其说是害怕，不如说是好奇。在嘉永六年六月九日（1853 年 7 月 14 日）正式收到米勒德·菲尔莫尔（Millard Fillmore）总统的国书后，日美两国士兵都打破原有阵形，混杂在一起检查对方的武器。[3] 江户的民众没有惊慌失措地逃走，而是聚集在岸上，甚至租观光船更近距离地观察外国人。[4]

佩里日本之行的历史意义固然深远，但其重大意义并非源自当时的冲击力。事实上，当佩里于同年六月十日（1853 年 7 月 15 日）和平离开时，阿部正弘似乎避免了一场危机。但佩里的出使引发了西方列强与日本缔结条约的竞赛。俄国特使普提雅廷（Putiatin）上将于 1853 年 8 月下旬抵达长崎。他曾希

1 S. Wells Williams, *A Journal of the Perry Expedition to Japan (1853 - 1854)*, ed. Frederick Wells Williams (Yokohama: Kelly & Walsh, 1910), 63 - 64, 102, 105.

2 Tessa Morris-Suzuki, *The Technological Transformation of Japan: From the Seventeenth to the Twenty-first Century* (Cambridge: Cambridge University Press, 1994), 61 - 63；三谷博：《黑船来航》(Mitani, *Escape from Impasse*, 137)；安達裕之：『異様の船：洋式船導入と鎖国体制』、東京：平凡社、1995 年、173 頁。

3 三谷博：《黑船来航》(Mitani, *Escape from Impasse*, 136)。

4 Ibid., 138 - 139.

望抢在佩里之前与日本缔约，但这一计划由于技术问题而被推迟。次年，一支英国舰队抵达日本。西方的要求范围也在逐步
90 扩大。当佩里于 1854 年回到江户时，幕府同意与美国签订《神奈川条约》。根据条约，日本需为美国船只提供补给援助，并开放下田与箱馆两港口与美国开展小规模贸易。俄国在箱馆、下田和长崎也被允许拥有类似的权利。但西方列强还想要更多：更广泛的贸易（关税由西方列强设定）、外交认可，以及拥有治外法权的贸易港口。从 1856 年起，美国开始要求与日本签订类似于其曾与暹罗签订的不平等条约。和中国一样，日本直接面对西方国际法的理念和帝国主义实践之间的矛盾：除了那些在非欧洲世界的广大“不文明”地区的国家，

91

图 3.1　日本人对佩里的描绘
美国国会图书馆藏

图 3.2　佩里的照片（摄于 1855 年）
美国国会图书馆藏

所有国家都是平等的。[1]

帝国主义危机在日本的周边地区表现得最为明显。在东北亚国际体系下，幕府给日本留下的是防卫松散、欠发达的边疆，以及散漫的疆域意识。这种做法确保了与琉球尚氏王朝、清王朝和李氏朝鲜的和平。但在欧洲国际秩序下，如此模糊的边界将招来武力入侵，例如佩里在琉球的公开挑衅。1853年7月下旬，他要求琉球提供土地以供其兴建煤仓。当国王的摄政拒绝时，佩里威胁要出兵占领皇宫。琉球国王无奈屈从。佩里的武力威胁超出了美国政府的官方指示，但并没有超出他出使任务的更广泛逻辑。一位支持其出使任务且颇有影响力的赞助者，亚伦·海特·帕尔默（Aaron Haight Palmer）曾明确主张 92
夺取虾夷或琉球。[2] 佩里本人也为可能夺取琉球而辩护，称其

1 综述研究，参见井上勝生：『幕末・維新』、23—38頁。

2 美国官方对佩里在琉行动的描述不如他的个人日记那么好战。注意对比几部著作对此事件的描述，参见 Hawks, ed., *Narrative of the Expedition*, 274–280；以及 Matthew Calbraith Perry, *The Japan Expedition, 1852–1854: The Personal Journal of Commodore Matthew C. Perry*, ed. Roger Pineau (1856; reprint, Washington, DC: Smithsonian Institution Press, 1968), 109–111。关于当时的国务卿丹尼尔·韦伯斯特（Daniel Webster）下达的命令，参见 Millard Filmore, "Message from the President of the United States, communicating, in compliance with a resolution of the Senate, certain official documents relative to the Empire of Japan, and serving to illustrate the existing relations between the United States and Japan," in *U. S. Senate Serial Set* Vol. no. 620, Session Vol. no. 9. 32nd Congress, 1st Session. S. Exec. Doc. 59 (1852), 80–82。韦伯斯特在佩里出航之前就已去世。关于佩里在此次出使任务中下达的命令，参见 Peter Booth Wiley and Korogi Ichiro, *Yankees in the Land of the Gods: Commodore Perry and the Opening of Japan* (New York: Penguin Books, 1991), 116–117。关于帕尔默的支持与游说，参见 Aaron Haight Palmer, *Documents and facts illustrating the origin of the mission to Japan, authorized by government of the United States, May 10th, 1851* (Washington, DC: Henry Polkinhorn, 1857)。

为“人道行为”，“保护这些不幸的人民免受统治者暴政的压迫”。美国对琉球的干预也会“出于某种原因”对日本政府施加压力。[1]

佩里第二年的行动致使局势更加不稳定。1854 年 7 月，他促使美国和琉球谈判签订一项条约，规定“所有琉球地区的美国公民都可以不受限制地旅行和自由贸易”。这比美国与幕府签订的《神奈川条约》更具侵略性。[2] 更令人不安的是，该条约提出了琉球主权地位的问题。在幕府与清朝的默契下，幕府向清朝隐瞒了他们对琉球的实际控制，作为回报，清朝忽视了日本对琉球施加影响的证据。佩里与琉球的条约能与清、日双方的外交默契相协调吗？

琉球官员不顾一切地试图维持德川—清朝的现状。《琉美修好条约》是用英文和中文起草的，而不是日文，日期根据公历和清历确定。因此，尚氏王朝在继续掩盖日本的影响，但佩里明白琉球实际上处于日本控制之下。在欧洲国际体系下，这种情况具有很大的隐患。如果德川幕府允许尚氏王朝独立缔结条约，那么西方列强就可以援引欧洲国际法的逻辑，声称日本已经放弃了对琉球的主权。[3] 相反，如果江户坚持涉及琉球的条约需要经幕府批准，那么这些条约就会使琉球脱离清朝，打

---

1 参见 Perry, *The Japan Expedition*, 85 - 86。

2 参见三谷博《黑船来航》(Mitani, *Escape from Impasse*, 198 - 201)。

3 这个关于条约关系的问题至少从 1844 年就开始显现，当时，在鸦片战争之后，幕府暗中允许萨摩藩与法国和琉球签订条约，以避免战争。

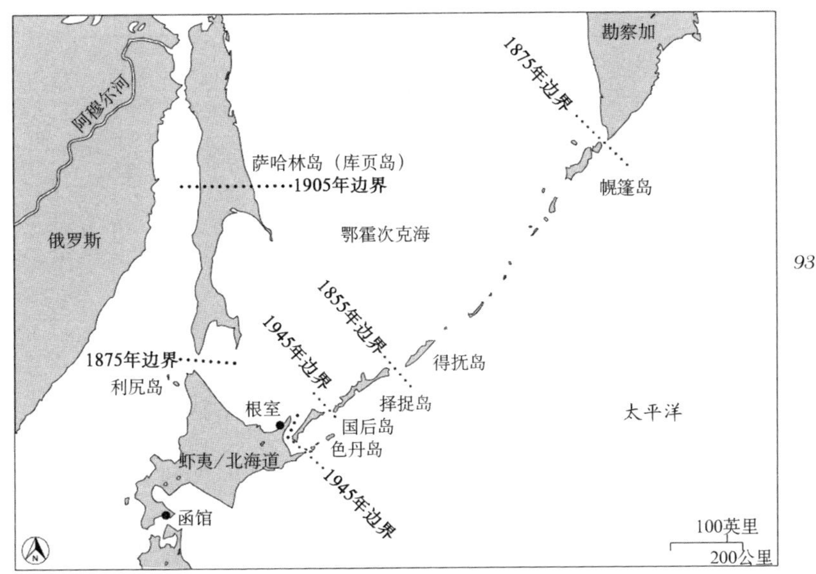

图3.3　千岛群岛

93

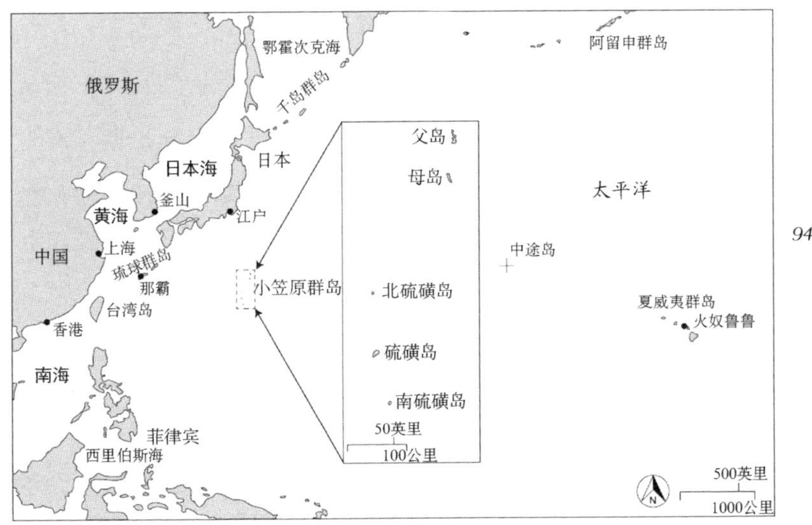

图3.4　小笠原群岛

94

破长达数百年的涉及清、琉、日多边的外交默契。因此，欧洲的国际法和领土观念要求德川幕府、尚氏王朝和清王朝之间发生冲突。幕府现在必须遵守欧洲的世界体系，或成为侵略者，或沦为受害者。

几乎同时，幕府的北部边界发生了一场危机。嘉永六年八月三十日（1853 年 10 月 2 日），江户传来消息说，俄国正在库页岛南端修建一座堡垒。[1] 俄国驻日本特使普提雅廷没有批准这一行动，但这次事件凸显了明确界定日俄边界的必要性。普提雅廷暗示，库页岛以及千岛群岛到得抚岛的区域一直都属于俄国。日本代表川路圣谟反驳说，千岛群岛应该一分为二，库页岛完全归属日本。双方无法达成一致，因此在 1855 年签订的《日俄和亲通好条约》中以择捉岛与得抚岛之间的弗里斯海峡为界瓜分千岛群岛，并同意搁置库页岛问题。然而条约缔结后，
95 英国和法国军队就占领了得抚岛，这是他们在克里米亚战争中对俄罗斯采取行动的一部分。这些事件清楚地表明了在领土问题上采用欧洲模式的必要性。北部边境漏洞百出、防御薄弱的状态长期以来一直符合幕府的利益，现在它却成了地缘政

---

1 『壬寅魯人樺太に来り』、嘉永六年八月三十日、出自『史料稿本』020100157782，99 编冊頁，史料綱文，永久链接：https://clioimg.hi.u-tokyo.ac.jp/viewer/image/idata/T38/1853/34-3-1/5/0162.tif。也可参见日本史籍協会编：『鈴木大雑集』、日本史籍協会、1919-1920 年、212-218 頁。更多的细节，参见 John J. Stephan, "The Crimean War in the Far East," *Modern Asian Studies* 3, no. 3（1969），以及 Thierry Mormanne, "La prise de possession d'Uruppar la flotte anglo-française en 1855," *CIPANGO Cahiers d'études japonaises* 11（2004）；Stephan, "The Crimean War in the Far East"。

治的负担。更广泛地说，日本现在完全卷入了英俄争夺亚洲和太平洋控制权的竞争中。例如在1861年，俄国军舰进入对马岛的浅茅湾并拒绝离开，直到英国海军对其施加压力。

对幕府领土最明显的挑战来自小笠原群岛（或称波宁群岛），这是江户以南约1000公里处的群岛。1675年，德川幕府对这些岛屿进行了勘测，但岛上无人居住。1823年，一艘美国捕鲸船造访了这些岛屿。1827年，一名英国军官声称这些岛屿是英国领土。在19世纪30年代，这些岛屿居住着少数西方男子和他们来自太平洋岛屿的妻子。佩里在1853年到达时，该岛的人口约为30人。[1]

佩里对江户或日本的主要岛屿没有领土规划，但他明确支持将小笠原群岛变成美国的殖民地。佩里承认日本对这些岛屿拥有主权，但坚称“目前的定居者毫无疑问拥有优先管辖权”。佩里在抵达浦贺湾之前就开始在小笠原群岛上建立美国基地，并于1853年6月为建立储煤仓库购买了土地。他明确表示，这些岛屿应该成为美国商业和民族的前哨。“我的计划是在波宁群岛的主岛，即父岛的劳埃德港建立殖民地，主权问题留待以后再讨论。”[2] 实际上，佩里认为这些岛屿将成为来往于上海

1 关于小笠原群岛的概论性研究，参见 David Chapman, “Different Faces, Different Spaces: Identifying the Islanders of Ogasawara,” *Social Science Japan Journal* 14, no. 2 (2011); David Chapman, “Inventing Subjects: Early History of the ‘Naturalized Foreigners’ of the Bonin (Ogasawara) Islands 24,” *Asia Pacific Journal* 24 (2009); Russell Robertson, “The Bonin Islands,” *Transactions of the Asiatic Society of Japan* 4 (1876)。

2 Hawks, ed., *Narrative of the Expedition*, 211 - 214.

和火奴鲁鲁之间的轮船的理想加油站。从更广阔的角度来看，他认为这些岛屿是美国扩张的关键："在我看来，美国人民似乎将以某种形式扩大他们的统治和权力，直到他们将大太平洋的众多岛屿纳入他们的强大怀抱，并让撒克逊种族定居于亚洲东海岸。"佩里预见了撒克逊人和斯拉夫人之间即将爆发的种族战争，而他对小笠原群岛的担忧出奇地具有先见之明，因为该群岛以二战期间的硫磺岛战役而闻名。[1]

日本周边的这些小规模冲突和危机突显了阿部正弘在战略上的软弱。不断变化的大名联盟不可能在一个领地划界明确的
96 日本国家之上建立统一的国家主权。但即使是最无能的大名，阿部也不愿疏远。例如在虾夷，幕府于 1853 年直接控制箱馆，进而在 1855 年声称对整个岛屿拥有直接统治权。但阿部不愿惩罚松前家，他给予松前家新的土地所有权和现金补偿。尽管有明确的证据表明松前家行为不端和玩忽职守，但阿部并不愿激怒大名们。[2]

在琉球，早期近代秩序的问题更加突出。在德川体制下，琉球被嵌入到一个关系网中：尚氏王朝宣誓效忠岛津家，岛津家宣誓效忠德川家，尚氏王朝由此直接效忠于幕府。但这并没有根据欧洲国际法建立明确的主权。事实上，尽管阿部和岛津

---

1 Matthew Calbraith Perry, *A Paper by Commodore M. C. Perry, U. S. N., read before the American Geographical and Statistical Society at a meeting held March 6th, 1856* (New York: D. Appleton, 1856), quote from 28 – 29.

2 函館市史編さん室：『函館市史 通説編』第 1 巻、函館：函館市出版、1980 年、579—582 頁。

齐彬之间关系融洽，幕府和萨摩藩的利益往往存在分歧。岛津家想把那霸（琉球首都）发展成一个国际港口，这可能会与长崎形成竞争，他们寻求与英国和法国建立独立于幕府之外的双边关系。德川家和岛津家利益的分歧在1867年就显露无遗，当时参加巴黎万国博览会的萨摩藩代表团自称是“萨摩—琉球王国”的代表。[1] 这与日本是一个统一国家的理念格格不入。

幕府衰落与大名崛起

1854年至1868年间，幕府逐渐失去了对国家事务的管控。这一衰落被幕府的两次权力复兴所打断，第一次是在1858年至1860年，井伊直弼任大老掌权时期，第二次是在1866年至1868年由德川庆喜担任将军的时期。幕府衰落的细节很复杂，但主要是由两大趋势推动的。首先，幕府失去了对皇室的控制。德川家确信朝廷不会反对幕府，因此接受了幕府听命于天皇的观点。从19世纪50年代开始，这一策略被证明是有害的。激进的勤皇者开始利用朝廷从江户那里榨取利益，到了19世纪60年代，通过政变和反政变来控制宫殿大门，使朝廷本身成为暴力冲突的焦点。末代将军德川庆喜能够重新获得朝廷的支持，但为时已晚。19世纪50年代和60年代的暴力和动乱改变了政治格局，粉碎了幕府掌握至尊霸权的幻想。幕府将军不再是日本的最高军事领导人，而只是争夺朝廷支持的竞争者

1 Hellyer, *Defining Engagement*, 162–168, 177–206.

之一。

97 该时期的第二个发展趋势是大名自治权的复兴。为了寻求大名的支持，阿部在不知不觉中激起了他们渴望权力的野心：强大的大名开始期待幕府会回应他们的要求。幕府对地方藩管控力度的变化加剧了这个问题。大名一直保有独立军队，但德川家以参觐交代制对其自治权予以管控。19 世纪 50 年代和 60 年代的改革改变了这种力量平衡。从 1862 年开始，大名的参觐交代时间被大幅削减到每 3 年在江户居留 3 个月。德川吉宗在 18 世纪 20 年代放宽了参觐交代制，但要求大名直接向幕府的国库捐款。相比之下，19 世纪 60 年代的改革旨在为大名提供更多的军事改革资源。结果是变得更强大的大名不再畏惧幕府。幕府这才为时已晚地意识到它已经加强了对手的实力：当德川政权在 1864 年初试图恢复参觐交代制时，许多有权势的大名干脆直接无视这一命令。[1]

随着大名的野心不断膨胀和皇室权力的复兴，从条约谈判到将军续任等一系列问题都变得愈加复杂。在与西方列强的谈判中，幕府希望得到大名和朝廷的支持。因此进行了错综复杂的多方磋商。但这些谈判更多的是哗众取宠和装腔作势，而不是冷静的深思熟虑。例如，德川齐昭将 1854 年的《神奈川条约》视为一种缓兵之计：日本应该拒绝任何进一步的让步，并动员起来发动战争。朝廷中的排外分子和激进的勤皇者认为，

1 Conrad Totman, "Fudai Daimyo and the Collapse of the Tokugawa Bakufu," *Journal of Asian Studies* 34, no. 3 (1975): 583 - 584; Totman, *Collapse*, 11 - 21.

日本可以以某种方式轻易地拒绝西方的要求。但到了 19 世纪 60 年代，大多数见多识广的学者都清楚地知道，“野蛮人”不能简单地“驱逐”。日本和中国一样，将面临长达数十年的反帝国主义斗争。关于“驱逐”的争论变得越来越具讽刺意味，因为幕府和几位重要的大名都投机取巧地支持“驱逐”计划，即使他们私下认为这些目标是荒谬的。

将军续任的问题也卷入更广泛的斗争中。从 1853 年到 1866 年，幕府由身体孱弱、没有子嗣的统治者统治。嘉永六年六月二十二日（1853 年 7 月 27 日），第十二代幕府将军德川家庆在佩里离开不到两周后去世。他的继承人家定没有子嗣且体弱多病。人们普遍（也是正确的）认为家定无法生育，由此引发了一场决定将军养子继承人的斗争。在正常情况下，这场竞争会被限制在德川家内部。然而在 19 世纪 50 年代，继承权纠 98
纷开始与大名和皇室的野心紧密相连。如同关于条约的争辩一样，关于继承权的争斗演变成其他问题的代理人战争，这让斗争变得更加不可预测和错综复杂。而阿部正弘的国家一致战略在这一问题上也对激化国内紧张局势产生了出乎预料的后果。

阿部本人于 1855 年辞去了老中之职，但他的继任者堀田正睦继续采取广泛协商的方式。1858 年，根据几位大名的建议，堀田寻求朝廷批准第二轮条约签订。他认为皇室的批准是一件简单而形式主义的事情。朝廷从未对德川家在外交事务上的权威提出异议，甚至在与皇宫有关的问题上，朝廷也勉强听从幕府的意见。因此，堀田确信朝廷会批准这些条约，使他能够安抚持不同意见的大名。但是，他的策略是一场灾难。朝廷非但没有支持这些条约，反而指责幕府将国家置于危险境地。堀田争取从朝廷获准签订条约的计划反而使批准变得更加困难。受到羞辱的堀田最终于1858年6月辞职。

为什么堀田会产生如此严重的误判？很多人认同美国驻日公使汤森·哈里斯（Townsend Harris）的观点，他认为堀田的做法匪夷所思。他想知道如果天皇的批准是必然的，那么堀田通过官方请求能得到什么呢？如果批准不是必然的，那么如果天皇说不，堀田将怎样应对？哈里斯批评他的日本同行"拿严肃的事情开玩笑"，他们的行为"如孩童一般，不配作为统治日本的英明政治家"[1]，然而仔细想想，堀田想把天皇的神圣权威与幕府的世俗合法性结合起来也不足为怪。例如，拿破仑（Napoleon Bonaparte）就曾在1804年依赖教皇庇护七世出席其加冕礼并让他为自己加冕而成为法兰西皇帝。堀田错误地认为朝廷会服从幕府的请求。那么到底哪里出了问题？

朝廷对堀田的拒绝受到了两个不同群体的影响。首先是激进的勤皇者，他们是"尊皇攘夷"的忠实信徒，并且多受到水

---

1 Townsend Harris, *The Complete Journal of Townsend Harris: First American Consul and Minister to Japan* (Rutland, VT: Charles E. Tuttle, 1959), 569-540. 值得注意的是，像理查德·科克斯（Richard Cocks）这样的英国学者在17世纪称日本天皇为"日本教皇"。参见 Michael Cooper, ed., *They Came to Japan: An Anthology of European Reports on Japan, 1543 - 1640* (Berkeley: University of California Press, 1965), 366，以及 Richard Cocks, *Diary of Richard Cocks, Cape-merchant in the English Factory in Japan, 1615 - 1622*, ed. Edward Maunde Thompson, 2 vols. (London: Hakluyt Society, 1883), 1: 311。

户学的启发，但在19世纪50年代出现了一场截然不同的激进运动：参与者包括朝廷贵族、大名、教师和浪人。他们认为西方人在日本活动、贸易是对天皇的侮辱，他们愤怒地反对与外
国签订的条约。虽然他们对西方的敌意很明确，但他们对未来 99
的构想就不那么明确了。正如欧洲的空想社会主义者预测无产阶级革命将导致国家消亡一样，激进的勤皇者认为天皇统治将结束传统意义上的政治形式。国家将消失，取而代之的是通过神道仪式连接起来的组织团体。[1] 这是一个充满荣耀而令人陶醉的景象，加之他们的仇外心理，最终引发了长达数年的恐怖暴力事件。从1858年开始一直到明治初期，通常被称为“志士”的勤皇者，残害他们的敌人，杀死朝廷贵族、武士以及外国人中任何阻止他们追求“纯粹”日本的人。虽然志士通常依据各藩地域进行组织，但他们也跨越藩界结成联盟，在很大程度上超出了大名的控制范围。堀田低估了志士们的热情和尊皇攘夷的力量，他的行动捅了马蜂窝。[2]

堀田的失败还有另一个原因，天皇对条约的态度与幕府的继承问题纠缠在一起。将军继任的争议集中在两名候选人身

---

1 我关于此处的理解来源于：Burns，*Before the Nation*；Harootunian，*Things Seen and Unseen*；H. D. Harootunian，“Late Tokugawa Thought and Culture，” in *The Cambridge History of Japan*，Vol. 5：*The Nineteenth Century*，ed. John Whitney Hall (Cambridge：Cambridge University Press，1989)。

2 Anne Walthall，“Off with Their Heads! The Hirata Disciples and the Ashikaga Shoguns，” *Monumenta Nipponica* 50，no. 2（1995）；W. G. Beasley，*Select Documents on Japanese Foreign Policy*，*1853 - 1868*（London：Oxford University Press，1955），35 - 43.

上。幕府内部的候选人是纪州藩藩主的长子德川庆福。他得到了幕府大部分人的支持，被认为年轻而顺从。竞争对手是水户藩德川齐昭的七子德川庆喜。他的候选人资格是由广泛的大名联盟推动的，其中包括萨摩藩、福井藩和宇和岛藩的大名。他们认为，艰难时期需要一个大胆的选择：长子继承制有利于德川庆福，但庆喜更聪明机智、更成熟沉稳。在现实政治方面，庆喜是改革派和长期被排除在政治核心之外的局外人的候选人，庆福则受到幕府当权派的青睐。这些相互冲突的议题却产生了奇怪的利益重合。庆喜的许多支持者都务实地准备接受这些与外国签订的条约，但具有讽刺意味的是，他们支持庆喜的论点却吸引了“驱逐”外国人的倡导者。如果庆喜果真更精力充沛、更能干，也许他能把“野蛮人”赶回海上？当庆喜的支持者游说朝廷时，他们不知不觉地提高了人们认为“野蛮人”真的可能被“驱逐”的期望。这种希望反过来助长了朝廷的仇外情绪，加剧了对条约的抵制，并破坏了堀田对天皇批准签订条约的请求。[1]

1 George M. Wilson, “The Bakumatsu Intellectual in Action: Hashimoto Sanai in the Political Crisis of 1858,” in *Personality in Japanese History*, ed. Albert M. Craig and Donald H. Shively (Berkeley: University of California Press, 1970).

图 3.5[1]　宫廷朝臣
日本松户市户定历史馆藏

 100

图 3.6　将军与德川家家督
爱德华·詹姆斯·里德（Edward James Reed）：《日本》，卷1，第238页

图 3.7　西式军事改革家
日本松户市户定历史馆藏

 101

图 3.8　受人尊敬的绅士
日本松户市户定历史馆藏

1　图 3.5—3.8 展现了末代将军的四副面孔：德川庆喜依靠其卓越的政治敏锐性展现出四种不同的公众形象。

这些针锋相对的议题所导致的最终结果对堀田来说是灾难性的。安政五年三月二十日（1858 年 5 月 3 日），孝明天皇宣
102 称这些条约将使神国蒙受灾祸，引发国家危机。美国所要求的让步将危及日本国体。[1] 天皇指示堀田再次与大名协商，以恢复“国家荣誉”。敕令没有提到关于将军继承的纠纷，这让庆喜的支持者感到沮丧。而其中对堀田的严厉指责，直接导致了他政治生涯的终结。

朝廷对堀田的羞辱引起了强烈反响。堀田的继任者，幕府大老井伊直弼放弃了阿部正弘的广泛协商战略，转而支持不加掩饰的幕府强权政策。他在外交和国内事务上行动迅速，批准了与美国签订的条约，并选定德川庆福为将军继承人。井伊以不容置疑的强权回应他的批评者。他下令囚禁那些在幕阁会议中挑战自己权威的人，并迫使十几名重要朝臣辞职。对于敌对的几位主要大名，包括水户藩、尾张藩和福井藩藩主，均处以谨慎，或禁止进入江户。从水户藩的高级武士到京都的寺院住持，他下令处决或逼迫这些人切腹自尽。由于擅自批准签订了所谓的“哈里斯条约”，即 1858 年的《日美友好通商条约》，井伊受到严厉的批评。但井伊本人更关心将军继承的问题：外界对德川家的内部事务发表意见令其十分恼怒。在条约问题上，井伊虽遵照天皇旨意，却颠覆天皇的意图。他按照指示咨

---

1 東京大学史料編纂所：『大日本古文書 幕末外国関係文書之十九』、東京：東京大学出版会、1910 年、636—637 頁。英文翻译史料参见 Beasley, *Select Documents*, 180－181。

询各大名，最后务实地得出结论，抵制与美国签订条约将使日本走向毁灭。[1]

井伊暂时成功地阻止了幕府的衰落，但他缺乏政治远见。他希望通过将一些新武器与武士精神相结合，从而解决外来危机。比起在国内政治或外交事务方面的见解，井伊的茶道技艺更具实践性和洞察力。从本质上来说，井伊只是在努力维持现状中捍卫幕府至高无上的权力和地位。例如在虾夷，他将该岛划分为由六个藩共同防卫：仙台藩、南部藩、秋田藩、会津藩、庄内藩和津轻藩。这种情况让人回想起德川幕府早期的政治活力，他们既奖励宣誓效忠的盟友，也绝对不容异议。但这种复兴的封建制度几乎无法解决政权中更深层次的结构性问题：若从资源方面来判定，幕府不过是一个地方势力，但在职责方面却俨然体现为一个国家性政府。[2]

幕府权力的复兴以井伊被暗杀而告终。安政七年三月三日（1860 年 3 月 24 日），来自水户藩的 17 名浪人和来自萨摩藩的
1 名武士在江户城外伏击了井伊直弼的车队。在一场暴风雪的 103

1 对于井伊直弼的重新评价，参见母利美和：『井伊直弼』、東京：吉川弘文館、2006 年、149—183 頁。

2 函館市史編さん室：『函館市史 通説編』第 3 巻、函館：函館市出版、1980 年、583—585 頁。『維新史料稿本』3 巻、安政六年九月二十七日、221 頁、AN157 - 0448。永久链接：https://clioimg.hi.u-tokyo.ac.jp/viewer/image/idata/M00/M/20/AN157/0448.tif。井伊的这种安排在戊辰战争后被彻底更改，参见菊池勇夫：『蝦夷島と北方世界』、東京：吉川弘文館、2003 年、82 頁。关于井伊直弼的外国政策，参见 Michael R. Auslin，*Negotiating with Imperialism: The Unequal Treaties and the Culture of Japanese Diplomacy*（Cambridge, MA: Harvard University Press, 2004），45 - 50。

帮助下，他们谋杀了井伊的保镖，并开枪打死井伊，随后砍下并带走了他的头颅。在他们的宣言中，刺客们指责井伊允许外国人在日本生活并信奉基督教，玷污了国家荣誉。井伊谋杀案震惊了幕府。勤皇者不仅杀害了幕府的首席官员，而且是光天化日之下在将军居城脚下进行的刺杀。幕府直到同年闰三月三十日（1860 年 5 月 20 日）才宣布井伊的死讯，坚称他只是“身体抱恙”。这种仪式是日本传统习俗的一部分，只有在继承人的各种细节确定后，才会宣布大名的死亡。然而对于井伊的情况来说，这似乎是荒谬的。将军下令关闭江户的城门并对刺客展开追捕，因此很难维持官方关于井伊“生病”的报道。时任驻日英国领事的阿礼国（Rutherford Alcock）就困惑于当时幕府拒绝宣布井伊死讯的缘由，即使井伊被谋杀的消息已变成了“公开的秘密，成为日本公共澡堂中的常见八卦，如同法国咖啡馆中流传的小道消息一样”[1]。

井伊遇刺事件促使人们重新回到共识与和解的政治策略上来。为了平息激进的勤皇者的威胁，幕府提议皇室与德川家联姻。其中潜在的逻辑很简单：让年轻的将军德川家茂（此前的

1 Rutherford Alcock, *The Capital of the Tycoon: A Narrative of a Three Years' Residence in Japan*, 2 vols. (New York: Longman, Green, Longman, Roberts, and Green, 1863), 1: 347 - 359, quote from 1: 348. 外籍人士似乎在四月下旬就已得知井伊被暗杀的消息。"The Rumored Assassination of the Tycoon of Japan," *New York Times*, June 13, 1860. 参见『維新史料稿本』3 巻、万延元年三月八日、282 頁、MA005 - 0412。永久链接：https://clioimg.hi.u-tokyo.ac.jp/viewer/image/idata/M00/M/20/MA005/0412.tif，以及万延元年闰三月二十五日，MA007 - 1030、3 巻 303 頁。永久链接：https://clioimg.hi.u-tokyo.ac.jp/viewer/image/idata/M00/M/20/MA007/1030.tif。

庆福）迎娶天皇同父异母的妹妹和宫，这将使国家团结。实际上，和宫的婚姻成为新一轮不和的根源。作为结婚的前提条件，朝廷推测幕府会将“野蛮人”驱逐出日本。然而幕府却开始与比利时、普鲁士和瑞士缔结贸易条约。天皇为此大发雷霆。经过长时间谈判，朝廷最终同意了这场联姻，但天皇公开谴责了幕府老中安藤信正和久世广周。这引发了关于幕府欲进行政变以报复天皇的传言，这些传言引发了针对安藤的暗杀企图，不久之后，安藤于江户城坂下门外被刺伤。虽然将军与和宫的联姻是在文久二年二月十一日（1862年3月11日）正式达成的，但这一策略不但没有使国家统一，反而使国家愈加分裂，联姻激化了激进的勤皇者的反抗，掀起了反对幕府的愤怒狂潮。[1] 遭受重创和士气低落的幕府自食其果，谴责安藤和久世的“不当”行为，并将他们免职。[2] 同样以民族团结的名义，104
幕府恢复了与各大名间的广泛协商。1862年，福井藩藩主松平庆永（又称春岳，1828—1890年）被授予“政事总裁”的新头衔。在将军继承问题中的失败者德川庆喜被任命为将军后见。幕府还任命其他几位大名为“参预”，从1864年开始，这些大名在京都与遴选出的朝廷贵族会面，组成了“参预会议”。

1　Totman, *Collapse*, xx－xxii；Edwin B. Lee, “The Kazunomiya Marriage: Alliance between the Court and the Bakufu,” *Monumenta Nipponica* 22, no. 3/4 (1967): 293－295；多田好問編：『岩倉公實記』上巻、東京：岩倉公舊蹟保存会、1927年、393—395頁。

2　『幕府、安藤信正・久世廣周等を譴責し、退隠せしむ』、文久二年八月十六日、『維新史料稿本』99編冊頁、020100160259、史料綱文，永久链接：https://clioimg.hi.u-tokyo.ac.jp/viewer/image/idata/T38/1862/34-7-2/5/0012.tif。

这些改革反映了松平庆永通过广泛磋商解决幕府外交危机的信念。比起在外交事务上单方面采取行动，幕府需要与皇室和众大名协商，然后代表全日本发言。此外，庆永建议幕府和各地方藩应像英国和法国那样建立两院制议会。每个地区议会将由武士以及一些农民和城镇平民组成。通过公开辩论，幕府可以促进民族团结，从而重塑其辉煌。[1]

与庆永的宏伟愿望相反，广泛的协商不仅没有促进国家团结，反而滋生了新的竞争。其中最严重的分歧发生在德川庆喜和他以前的支持者之间。在19世纪50年代，几位最强大的外样大名曾支持庆喜作为幕府继承人的候选资格：他的盟友包括萨摩藩的岛津家、土佐藩的山内家、宇和岛藩的伊达家、德岛藩的蜂须贺家和佐贺藩的锅岛家。他们选择支持庆喜是因为他享有聪慧能干的改革者的美誉。然而在19世纪60年代，这些盟友开始对庆喜所具备的才干心生忌惮。庆喜决心加强幕府权力，不愿以民族团结的名义牺牲德川政权。他继续促进广泛的协商，但条件是所有人必须臣服于幕府的权威。到了1868年，庆喜的政治决心和政治手腕已经把他以前的盟友变成了公开的敌人。

事实证明，庆喜非常擅长操纵皇室。勤皇者通过向朝廷上

---

1 松平慶永全集編纂委員会編：『松平春嶽全集』第2巻、東京：松平春嶽全集編纂刊行会、1973年、85—110頁。也可参见 Kyu Hyun Kim, *The Age of Visions and Arguments: Parliamentarianism and the National Public Sphere in Early Meiji Japan* (Cambridge, MA: Harvard University Asia Center, 2007), 60。

诉仇外心理而赢得了天皇的支持，但京都方面也希望局势稳定。1864 年之后，当来自长州藩的激进分子与来自会津藩和萨摩藩的军队在京都街头作战时，朝廷对“尊皇攘夷”的信仰者已不再抱有幻想。在战斗中，京都的大片地区被烧毁。庆喜深知“驱逐野蛮人”是不可能的，但他说服朝廷相信他可以在维护国内和平的同时除掉外国人。因此，他从激进的勤皇者那里窃取了“驱逐”外国人的议题，然后将忠于长州藩的人边缘化为“朝敌”。庆喜的所作所为可谓一场辉煌却伤敌一千自损八 105
百的胜利。分而治之是德川管控全日本的基石，但这些策略与民族团结的论述不可调和。庆喜巧妙地操纵了最强大的大名，但这样做引起了人们对其动机的怀疑，并激怒了曾经的盟友。庆喜还面临着来自幕府内部的麻烦，幕府的许多官员都将之看为雄心勃勃的外来者。[1]

当庆喜试图重新确立德川家的统治权威时，萨摩藩和长州藩正逐渐着手建立一个反幕府联盟。直到 1864 年，萨摩藩和长州藩还是死对头，互相争夺对朝廷的控制权。当忠于长州藩的人在 19 世纪 60 年代初控制了皇宫大门时，他们冷落了萨摩藩。1863 年，萨摩藩和会津藩联手发动宫廷政变，将长州藩的军队驱逐出京都。次年，长州藩试图发动反政变，如上所述，政变不仅最终失败还激怒了朝廷。幕府与会津藩、萨摩藩一起，展开了一场军事行动，以“惩罚”被打上朝敌标签的长州

1　Totman, “Tokugawa Yoshinobu and Kobugattai: A Study of Political Inadequacy,” 393 - 403.

藩。然而在最后一刻，萨摩藩意识到摧毁长州藩对自己没有好处。萨摩藩的指挥官西乡隆盛，提出了温和的投降条件并解散了远征军。[1]

这一行动使日本国内的力量平衡发生了转变，这两个竞争对手先是探索合作进而结成同盟。萨摩藩同意帮助长州藩获取西式武器，并努力争取朝廷的赦免。到庆应元年八月（1865年9月20日至10月19日），萨摩藩帮助长州藩购买了1艘军舰和7300支步枪。[2] 长州藩的复兴和新成立的萨长同盟将幕府置于进退两难的境地。幕府想要长州藩明确请降，最好是其大名本人能够直接道歉。但长州藩藩主拒绝谈判。幕府认为有必要对这种羞辱行为做出回应，但应该如何回应呢？军事行动几乎是不可能得到支持的。前次军事行动的领导者萨摩藩，已公开拒绝支持幕府。长州藩的邻藩，包括广岛藩、冈山藩和龙野藩，都反对再次发动袭击。幕府虽明白自己处于孤立状态，但觉得有必要捍卫自己的荣誉。庆喜本人则认为长州藩的忤逆威胁到了幕府的统治权威。几个月来，幕府一直在寻求一些让步，以证明江户的霸主地位，但长州藩对此不屑一顾。[3]

到1866年夏天，幕府落入了自己制造的陷阱中。幕府曾
106 公开坚持要求长州藩做出让步，而幕府政权的合法性取决于地

1 Mark Ravina, *The Last Samurai: The Life and Battles of Saigō Takamori* (Hoboken, NJ: John Wiley, 2004), 111 - 129.

2 Totman, *Collapse*, 208 - 214.

3 Ibid., 125 - 138, 168 - 172.

方藩是否服从其命令。但幕府在不动员大名的情况下无法迫使其服从，并且其他大名的支持并不会到来。幕府权力假定了大名的可塑性：为了获得奖励，或者仅仅是为了避免幕府的报复，每名藩主都会代表幕府作战。一旦其权威光环消退，幕府体系就会旋即失灵，这将使其在没有国家统治权威的情况下承担国家责任。

庆应二年六月七日（1866年7月18日），幕府发动了一场注定失败的战争，试图“惩罚”长州藩。理论上，幕府已经集结了一支庞大的军队，但这是一支软弱无力的部队，不太适合与英勇的敌人进行一场不受欢迎的战争。这次军事行动堪称一场灾难。对长州藩的入侵计划演变为长州藩对邻藩的入侵。广岛藩迅速向长州藩请和，这减轻了长州藩军队的战线压力，使其将注意力转移至其他战局。庆应二年八月（1866年9月9日至10月8日），长州藩军队越过下关海峡攻击小仓藩。幕府对长州藩的“惩罚”反而让其控制了一条主要航道。在这场惨败中，幕府将军德川家茂于同年七月二十日（1866年8月29日）薨逝，这给幕府提供了一个保留颜面的借口来要求停战。

到1866年末，幕府几近崩溃。仅一藩反叛就打败了日本最高的军阀。幕府惩罚敌人的行动却反噬了它的盟友。将军德川家茂的薨逝，重新开启了持续不断的继承危机。按理说，德川幕府应该在1866年末解体。但1866年的危机引发了日本历史上最引人注目的改革之一。被长州藩击败使那些捍卫幕府现状的人名誉扫地。庆喜抓住这个机会，推动了日本千年以来最激进的改革项目。庆喜所寻求的无非是将幕府“从封建组织的宗主国政权，转变为依照拿破仑统治下的法兰西的官僚主义路线组织起来的统一国家政权”[1]。这一努力影响了明治维新的进程。庆喜的改革意味着长州藩和萨摩藩已不能等待德川政权安静地自行解体，他们需要在幕府建立一个成功的近代国家之前推翻它。

幕府涅槃与英法对抗

家茂薨逝后，庆喜成为幕府的实际领袖。他于庆应二年十二月五日（1867 年 1 月 10 日）被正式任命为幕府将军，但早
107 在几个月前他就取得了最高统治权。庆喜开始撤除德川政权在军、民两方面最基本的组织结构，转而推行近代化的中央集权管理体制。他用由陆军总裁、海军总裁、会计总裁、国内事务总裁、外国事务总裁组成的类内阁制度（五局体制）取代了幕阁会议。这种新的类内阁制度不是一个广泛和普遍的协商制度，而在于强调职权范围的不同。改革将多种可世袭和非世袭的秩禄和津贴合并为单一的薪酬制度。这些变化是改革国家统治权的更广泛、更长期计划的一部分。幕府将重新估算整个日本的税收，并将收入用于支持其新职权部门的建设。政府将建立一所国立大学，对日本各地的武士和平民进行农业、商业和

---

1 Conrad Totman, “From Reformism to Transformism: Bakufu Policy, 1853 - 1868,” in *Conflict in Modern Japanese History: The Neglected Tradition*, ed. Tetsuo Najita and J. Victor Koschmann (Ithaca, NY: Cornell University Press, 1982), 77.

工业等方面的培训。[1]

在军事方面，庆喜下令解散旗本的军制役，而改为直接向国库缴税作为代替。有了这些资金，庆喜开始创建近代化的步兵、炮兵和骑兵部队，所有事宜都由陆军局负责。幕府抛却了几个世纪的传统，开始从平民中征兵。最有能力的平民被训练，可以领取薪水，并有机会晋升为士官，就像欧洲军队的组织结构一样。[2]

在经济发展方面，幕府聘请外国专家勘探潜在的铁和煤炭资源。同时解除了对马车的长期禁令，允许在国家公共道路系统上使用马车。这促进了江户和大阪之间的定期运输服务。江户开城前的最后几天中，幕府授权在江户和横滨之间修建一条铁路。在社会和文化事务方面，幕府取消了对外国人和外国习俗的一系列限制，开始鼓励兴办养牛场并提倡对牛肉和乳制品进行消费。允许外国人进入江户和大阪的餐厅，促使江户在1867 年末开设了全日本第一家西式餐厅。幕府还放宽了对日本人和外国人结婚的限制。这些变化处处显露了一个正在崩溃的政权的绝望，他们更关心的是改革的象征意义，而不是改革的长期后果。然而就总体而言，这些改革代表着一个严肃的（尽管是变化无常的）建设新日本的计划。例如，幕府修建新铁路

1　Totman, *Collapse*, 332－339；稲葉正邦著、日本史籍協会編：『淀稲葉家文書』、東京：日本史籍協会、1926 年、467—478 頁。

2　Totman, “From Reformism to Transformism,” 71－74；Totman, *Collapse*, 342－354；熊沢徹：『幕末維新期の軍事と徴兵』、出自『歴史学研究』(651)、1993 年。

的计划包括融资细节、对成本超支的控制、外国人和日本臣民
108 的访问权以及日本政府的购买权。[1] 对庆喜来说，他将自己的改革描述为对德川政策的彻底改变，旨在终结300年的无能和怠惰，重振幕府昔日雄风。他设想了一场彻底的“军事战略革命”，并最终达到“富国强兵”的目的。[2]

由于这些变化，到1867年末，幕府比天皇政府更加“近代”。虽然幕府的改革仍处于萌芽阶段，但它的许多政策已经预示了明治初期的众多改革：采用欧洲式的内阁制，在全国范围内拥有财政和经济权力，经济发展听取西方技术专家的建议，取消世袭身份的区别和义务，以及实行全国征兵制以建立一支新的近代化陆军和海军。相比之下，许多尊皇派的武士则主张以天皇为中心建立国家政府，但他们仍然受到大名统治的约束。虽然尊皇派构想了一个新的帝国政府，但他们的计划中仍然为大名议会和大名统治保留位置。在萨摩藩和长州藩，改革者们开始裁撤旧政权的主要政治结构。例如，新军队的组织结构打破了旧的世袭等级制度。但对萨摩藩和长州藩来说，他们不能在准备颠覆大名统治的同时主张建立大名联盟。事实上，中央集权和大名自治之间的紧张关系要到1871年才能彻底解决。

---

1 Totman, *Collapse*, 355－357.

2 『徳川家主徳川慶喜、書を仏国全権公使レオン・ロッシュに贈り』、慶応二年八月二十七日、『維新史料稿本』6巻、599頁。18660080270，写本2689/123，KE087－1156。永久链接：https://clio－img. hi. u-tokyo. ac. jp/viewer/image/idata/M00/M/20/KE087/1156. tif。

幕府的改革依赖于法国的支持。从1865年初开始，法国向幕府提供了先进的大炮，并同意派遣军事顾问帮助幕府进行一项军事训练任务。法国代表团于1867年1月抵达，开始训练大约230名军官。这比将军要求的2000人要少，但法国承诺训练日本军官，而完成训练的日本军官将反过来训练他们自己的人。[1] 这些努力得到了法国驻日公使莱昂·罗什（Léon Roches）的积极配合。虽然法国在日本国内事务上正式宣布保持中立，但罗什希望以法国理想和近代技术帮助重塑一个新日本。[2]

罗什对日本的了解始于他在北非任职期间，根据其回忆录，罗什在那里像一个土生土长的北非人：说阿拉伯语，穿当地人的衣服，狩猎，和当地人交往。根据罗什的说法，他在不同文化之间卓越的沟通能力，以及他与当地统治者的个人关系，对法国的成功至关重要。例如，在阿尔及利亚，根据他与埃米尔的要好关系，他甚至幻想推动该国出台允许与基督徒签订和约的教令。罗什明确地将日本比作北非，他坚持认为，109
“读日本政府的备忘录或听日本部长们提出的反对意见，可以把自己想象成是在摩洛哥”。罗什大概把庆喜看成一位日本版的突尼斯贝伊艾哈迈德·伊本·穆斯塔法（Aḥmad Ibn

1 Meron Medzini, *French Policy in Japan during the Closing Years of the Tokugawa Regime* (Cambridge, MA: East Asian Research Center, Harvard University, 1971), 125 - 134.

2 R. L. Sims, *French Policy towards the Bakufu and Meiji Japan, 1854 - 95* (Richmond, UK: Japan Library, 1998), 67; Totman, *Collapse*, 332 - 335.

Mustafa）。他废除了奴隶制，建立了世俗教育，并发展了一支新的法国式军队。推而广之，罗什将日本视为一个潜在的法国附属国，就像突尼斯一样，与巴黎的联系不是通过直接征服，而是通过经济、政治和文化上的依赖。[1]

庆喜则小心翼翼地维护罗什对他的支持。这既唤起了罗什作为文明使者的自豪感，也激发了法国人对英国的敌意。庆喜写信给罗什说，他希望“把我的国家置于文明世界的国家之列”，并请求罗什支持这项“文明工作”。[2] 在1867年3月与罗什的一次会议上，庆喜强调了他们对英国的共同恐惧。他问罗什，如果英国在萨摩藩和长州藩的支持下，夺取日本西南部的港口，并将它们变成类似香港的基地，会发生什么？罗什坚称这是不太可能的，因为其他大国不会允许这样做。庆喜因此获得了法国将为其监视英国战略意图的承诺。[3]

英国的干预不像法国那样公开，但其影响力并不亚于法国。英国领事巴夏礼（Harry Parkes）坚持中立立场，但也致

---

1 Amy Aisen Kallander, *Women, Gender, and the Palace Households in Ottoman Tunisia* (Austin: University of Texas Press, 2013), esp. 125 - 149; Jean-Pierre Lehmann, "Léon Roches—Diplomat Extraordinary in the Bakumatsu Era: An Assessment of His Personality and Policy," *Modern Asian Studies* 14, no. 2 (1980). 英国人对罗什的殖民经历有不同的看法。例如，米特福德（Algernon Bertram Freeman-Mitford）认为“与其说罗什是一位外交家，不如说他是一位别致的游骑兵”。参见 Algernon Bertram Freeman-Mitford Redesdale, *Memories*, 2 vols. (New York: E. P. Dutton, 1916), 1: 377。对罗什的东方主义进行深入考察的著作，参见 Dana Irwin, "Sheikhs and Samurai: Léon Roches and the French Imperial Project," *Southeast Review of Asian Studies* 30 (2008)。

2 Lehmann, "Léon Roches," 301 - 302.

3 Medzini, *French Policy*, 134 - 144.

力于英法竞争。在得知法国的军事任务后，巴夏礼匆忙批准了英国海军的一项任务，这在很大程度上是为了“报复”罗什。[1] 除了这些公开行动外，英国还悄悄地支持反幕府势力。庆应二年六月（1866年7月12日至8月9日），巴夏礼在萨摩藩与岛津久光及其家臣举行了一次正式会议。巴夏礼没有提出英国将提供支持的话题，但当被问及时，他暗示英国将欢迎对庆喜的挑战。巴夏礼下属和同事的态度则更加明确。[2] 英国领事馆翻译萨道义积极支持萨摩藩和长州藩。在《日本时报》的一系列社论中，他认为英国需要放弃“承认大君（将军）是日本唯一统治者的陈腐借口，而要考虑与其他势力相互协调”。英国应该考虑直接与主要大名谈判条约，因为幕府只是名义上的国民政府。虽然最初的社论是匿名的，但萨道义还准备了一份日文翻译版本，并将其发送给了他的日语老师，德岛藩的大名。这个翻译版本很快被发表出来，将萨道义列为作者，并将他描述
为一名英国军官。翻译版的销量很可观，造成了很大的影响， 110
这被广泛理解为英国的官方政策。[3] 萨道义在会见萨摩藩武士时表现得很坦率，公开鼓励他们反对幕府，并承诺英国将给予支持。[4]

---

1 Redesdale, *Memories*, 1: 377－378.

2 Ravina, *The Last Samurai*, 131－135.

3 Grace Estelle Fox, *Britain and Japan, 1858－1883* (Oxford: Clarendon Press, 1969), 179－182; Satow, *A Diplomat in Japan*, 159－160.

4 西乡隆盛在1867年7月26日写给大久保利通的信中，描述了与萨道义会见的细节。此信出自西郷隆盛全集編集委員会：『西郷隆盛全集〈第2巻〉』、大和書房、1977年、221—226頁。

英国公使馆也忽略了苏格兰商人汤玛士·哥拉巴（Thomas Glover）的活动。哥拉巴是萨摩藩和长州藩的主要武器供应商，并帮助将这些地区的年轻武士送到伦敦学习。这些学习访问对日本政治产生了显著的影响。例如，未来的首相伊藤博文，因在英国的学习访问而发生了思想转变。直到 1862 年，伊藤还信奉着尊皇攘夷思想，加入了其他长州藩武士对英国领事馆的攻击。1863 年，他在哥拉巴的帮助下被偷运到伦敦，工业革命的影响和英国政府机构的成熟令他惊叹不已。他开始确信暴力驱逐外国人是徒劳的，于是赶回日本劝阻他的同事攻击英国民众。作为明治政府的一员，他主张采用英美机构，如美国国家银行体系。他在英美两国被誉为“新日本”的典范：勤奋、进步和国际化。[1] 伊藤的转变虽是一例个案，但到了 1867 年，萨摩藩和长州藩的许多人已经对日本政治有了世界性的理解。

展望一个新日本

这些事件是日本政治话语体系更广泛转变的一部分。幕末时期，世界性的沙文主义和激进的复古主义的相关运用为与西方政治和社会经济实践更紧密的接触提供了基础。人们通常将

---

1 参见“Marquis H. Ito: The Bismarck of Japan,” *Phrenological Journal and Science of Health* (1870－1911) 104, no. 4 (1897)；“Ito, the Pioneer of the New Nippon,” *Current Literature* (New York) 39, no. 3 (1905)；“Ito Hirobumi,” *Outlook* (1893－1924), May 4, 1901。

明治初期称为“文明开化”，这标志着从达尔文学说到红烩牛肉等各种西方影响的涌入。但是，这种传统的描述模糊了与幕末思想的重要连续性。到 19 世纪 60 年代，一系列引人注目的思想家开始争辩说，西方的政治实践与日本文化完全一致。

世界性的沙文主义话语在深度和广度上充斥着日本人的思想。例如，早在 1862 年，来自出石藩的藩士加藤弘之就开始了对世界政治的仔细调查。他的结论是，君主立宪制和共和政体是全球发展趋势的一部分。日本之所以需要采取这些政治形式，是因为这是“大势所趋”。对加藤来说，共和主义和宪政 111
不是外国或西方的政治形式，而是基于普遍规范的最佳实践。他认为，仅以西方国家来说，拥有宪政制度的国家在蓬勃发展，而独裁政权正在瓦解。他坚持认为，因其是外来的而拒绝世界上的最佳实践，实则是谴责日本的衰落。加藤含蓄地将这些新的普遍标准嫁接到旧的儒家观念上。他指出，中国古代的圣人先王一直秉持“公明正大”的原则，但最近的统治者缺乏这种美德。而宪法制度和权力划分可以帮助确保善治的施行。这些系统不仅符合“大众世情”，而且还基于“天意”[1]。

1　丰富的经历与对外来知识的接纳，使加藤弘之的文章看起来非常有趣。19 世纪 70 年代和 80 年代，他成为一位思想颇为先进的政治哲学家和自然权利理论的重要倡导者，并活跃于一个著名的进步知识分子团体——明六社。19 世纪 70 年代末，他开始转向社会达尔文主义和德国政治理论，并在 1881 年禁止出版社出版自己早期的政治著作。明治政府任命他担任东京帝国大学的校长。后来他还任职于参议院、枢密院和元老院。托马斯把加藤的知识转型放在他的政治投机主义的背景下进行分析，参见 Julia Adeney Thomas，*Reconfiguring Modernity：Concepts of Nature in Japanese Political Ideology*（Berkeley：University of California Press，2001），84 - 110。

全球性标准的主题在横井小楠的著作中也尤为凸显，他是福井藩藩主松平庆永的一位颇有影响力的顾问。横井通过松平直接参与幕政改革而对幕府产生了直接影响，其中包括对参觐交代制的改革。横井认为，日本需要接受新兴的世界治理标准。世界已经进入了国际交往愈发频繁的时代，日本的孤立主义政策既是不可持续的，也是不自然的。横井对其设想的和平与繁荣的新世界非常乐观。他将这一国际体系称为“布大义于四海”，这句话大致引用了《论语》中的相关论述，同时也暗示了一个欧洲式的“民族大家庭”。这种家族秩序是以天理为基础的，并反映了潜在自然之理。[1]

对于横井来说，这种新的国际环境的崛起要求日本政治必须发生根本性的变化。例如，参觐交代制的目的是削弱大名，而不是建立一个强大和繁荣的国家。相反，日本需要效仿世界上的最佳实践。这种效仿不是单纯的模仿，而是实行善政的核心要素。横井认为，美国通过在世界各地寻求知识，从政治到技术上复制一切可用之物，已经变得强大和繁荣。他对公开审

---

1 横井小楠：『沼山対話』、出自佐藤昌介、植手通有、山口宗之校注：『日本思想大系 55 渡辺華山・高野長英・佐久間象山・横井小楠・橋本左内』、東京：岩波書店、1971 年、496—511 頁、505 頁。“The nations of the world as one, a brotherhood of the four seas”是我对“万国一体四海兄弟”的英文翻译，此段话与《论语》中记载的颜渊所说的“四海之内皆兄弟也”颇为相似。理雅各（James Legge）的翻译是：“Let the superior man never fail reverentially to order his own conduct, and let him be respectful to others and observant of propriety—then all within the four seas will be his brothers.”参见 James Legge, *Confucian Analects, the Great Learning, and the Doctrine of the Mean* (1893; reprint, New York: ACLS Humanities E-Book, 2012), 253。

议的力量印象尤为深刻：美国和英国，通过将政治决定建立在公众讨论的基础上，提升了公共道德。这产生了意想不到的结果，使他们的国家在战时变得更加强大。民众一旦明白开战的理由，就毫不畏惧艰辛。[1]

西方的最佳实践植根于普遍的原则，因而它们既不是新兴 112
的，也不是外来的。相反，西方鼓励道德、繁荣与和平的做法只是古代圣贤统治的延续。因此，对于横井来说，乔治·华盛顿相当于中国古代王朝的圣人先王，如夏商周时期的贤君。同加藤一样，横井从中华文明衰落和西方崛起的角度来看待近代历史。[2] 但他也强调了中西思想的互补性和连续性。例如，宋代的儒家思想洞悉了人类行为的普遍原则，但忽视了实践观察。西学现在是中国古典思想的重要补充。横井坚称，将两者兼收并取才是真正的日本文化。"我国自古以来就没有固定的学派，只有神道、佛教、儒学。现在我们也应该借鉴西方的成功经验。"[3] 横井就这样把西方的政治思想本土化了，既引用了激进的复古主义思想，又吸收了世界性的沙文主义观念。日本需要做的是采纳外国做法的普遍原则，如同它在古代所做的那样。

在正式的改革提案中也有类似的发展。庆应三年五月(1867年6月3日至7月1日)，来自上田藩的藩士赤松小三郎

---

1 横井小楠：『国是三論』，出自佐藤昌介、植手通有、山口宗之校注：『日本思想大系 55 渡辺華山・高野長英・佐久間象山・横井小楠・橋本左内』、東京：岩波書店、1971年、438—465頁、448—449頁。

2 横井小楠：「国是三論」、448—450頁。

3 同上、512—520頁、512—514頁。

提出了以选举产生国家立法机构的意见。在其建议中，上局将由 30 名上议员组成，下局将由 130 人组成，议员“不分血统贵贱”，皆以选举产生。立法机构将主要向天皇提出建议，但在极端情况下，立法机构拥有可以推翻天皇观点的否决权。这些改革将确保天皇的权威和美德，并恢复国体。赤松还呼吁建立符合国际标准的新法律体系，并进行广泛的军事改革，以发挥所有健全男女的能力。[1] 虽然在建议中既未提及横井小楠，也未提到加藤弘之，但他的建议植根于与他们相似的对西方政治形式的欣赏。赤松认为，一个强大的立法机构将加强而不是削弱天皇权威，这是他与横井和加藤共同的想法。此外，他所提倡的并非西方模式，而是普遍规范。

这些作品反映了与西方政治思想和制度接触的新深度。然而同样重要的是，人们对外国实践的兴趣虽然不如思想家那般深入持久，但更加广泛。例如从 19 世纪中期开始，拿破仑·波拿巴（Napoléon Bonaparte）开始作为典型的民族英雄出现在日本的话语体系中。德川时代关于拿破仑的论述在很多方面
113 都存在因经验缺陷而产生的混乱，日本评论者无从理解科西嘉独立运动或法兰西共和思想等塑造拿破仑生平的关键语境。但他们对其传记中更易理解的方面深感兴趣：他从一个不起眼的小贵族家庭英勇地崛起为国家领导人，他建立了一个伟大的帝

1 『上田藩士赤松小三郎「友裕」意見書』7 巻、慶応三年五月十七日、出自『維新史料稿本』、127 頁，（18670050170）、写本 2884/060. KE127 - 0827。永久链接：https://clioimg.hi.u-tokyo.ac.jp/viewer/image/idata/M00/M/20/KE127/0827.tif。

国，他对科学技术的兴趣，他在普通法国人中拥有广泛人气并得到普遍拥护。经过日本人的中间改造，拿破仑变得像一个理想的儒家士大夫：勤奋、睿智、忠诚和自我牺牲。拿破仑的生平是从欧洲背景中抽象出来的，他的生活与许多未来的明治领导人产生了共鸣，他们都是来自中低级武士阶层的雄心勃勃而意志坚定的人。

历史学家、画家、诗人和书法家赖山阳，是第一个在日本详细描述拿破仑生平事迹的人。他于1818年写了一首名为"佛郎王歌"[1]的诗，将拿破仑描述为一位军事英雄，他在即将完成一场漫长的征服战役时，被厚厚的积雪和严寒击败。[2]赖山阳的诗激发了兰学者小关三英撰写拿破仑传记的灵感。小关曾任职幕府天文方，翻译过从地理学到医学的各种外来著作，包括一本关于牛痘疫苗的医学小册子。[3]小关的拿破仑传记有时被描述为约翰内斯·范德林登（Joannes Van Der Linden）的 *Het Leven van Bonparte*（1802年）的翻译书（『那波列翁伝』），但将之视为其改编本更为合理，即从儒家政治思想的角度重新解释拿破仑的生活。根据小关的说法，法国大革命符合

1　译者注：佛朗王歌（仏郎王歌，ふらんすおうか）是赖山阳游历长崎时，从一位曾随拿破仑远征沙俄的荷兰人那里听到关于拿破仑的事迹后，以此为主题所写的汉诗。全文参见安藤英男編：『頼山陽詩集』、東京：近藤出版社、1982年、78—80頁。

2　岩下哲典：『江戸のナポレオン伝説：西洋英雄伝はどう読まれたか』、東京：中央公論新社、1999年、69頁。

3　日本国立国会图书馆有一个非常有用的关于小关三英的概述。参见 http：//www.ndl. go. jp/nichiran/s2/s2 _ 2. html. Accessed October 27，2013。关于牛痘疫苗的书名为『牛痘種法』。

“天命”，因为路易十六的统治使他的国家积贫积弱，人民苦不堪言，革命既公正又不可避免。法国大革命是一场反对暴政的起义，英勇的英雄们为人民建立了开明而公正的统治。[1]

小关的作品使忠诚的武士群体得以了解拿破仑。翻译避开了共和主义等在当时存在争议的政治概念，转而关注更被武士熟知的问题，如国防。例如，小关对“自由”这个词（日语“フリヘイド”，来自荷兰语“vrijheid”）做了很长的注释，解释说它是“一个庆祝战胜敌国，从而成为一个自由独立的国家的词”。这种特殊的翻译意味着拿破仑的经历与试图击退西方入侵的武士直接相关，拿破仑由此成为许多日本政治活动家崇拜的英雄，包括西乡隆盛、吉田松阴和佐久间象山。[2] 小关还强调拿破仑对科学技术的兴趣，将之作为对其民事和军事胜利的补
114 充。因此，他就这样在拿破仑传记中把先进技术的推广与旧的普遍美德的观念协调起来。

小关的影响在吉田松阴的著作中可见一斑。吉田是一位富有魅力的长州藩学者和政治活动家。1859 年，在因批评幕府而入狱期间，吉田哀叹日本政治精英的无能。幕府和大名未能“击退野蛮人”并保卫“神州”。他们忽视了古代日本明智而有远见的政策。三千年独立之邦，如今竟沦于外国之手，这种屈辱

1 岩下哲典：『江戸のナポレオン伝説』、東京：中央公論新社、1999 年、184—185 頁。

2 小关三英的拿破仑传记有多种版本。我在这里主要依据的是小関三英訳：『那波列翁伝』、早稲田大学蔵書ヌ02 04764、田原：清風館、1857 年。此部传记也称作：『那波列翁勃納把爾的伝』、出自『那波列翁伝』1 巻、12 頁。

令人难以忍受。吉田不无讽刺地说，拿破仑本人会为这种“自由”的丧失而苦恼。在这种情况下，拿破仑并不是一个“野蛮人”，相反，他鼓舞了“神州”的忠诚之士。吉田将拿破仑与中国东晋（265—420年[1]）和南宋（1127—1279年）的伟大英雄联系在一起，他们超越了时代与地域的局限，堪称普世美德的典范。矛盾的是，这意味着日本应该通过效仿拿破仑来击退西方的“野蛮人”而保卫神州；恢复古代日本天皇的神圣统治，需要拿破仑式的勇气、足智多谋和忠诚。[2]

吉田接受拿破仑的理念是对法国和法国理想的更广泛的、更具跨国性的共鸣。例如，颇具影响力的意大利民族主义者朱塞佩·马志尼（Giuseppe Mazzini）将1789年的法国大革命视为国际民族主义革命浪潮的开始。对马志尼来说，拿破仑·波拿巴在滑铁卢的失败标志着专制对民主和民族自决的暂时性胜利。法国大革命发起了一场运动，“告诉不同的人民：你们是祖国的真正主人；你们是自己生活法则的唯一解释者。”[3] 1849年，当路易·拿破仑（Louis Napoléon）出面镇压意大利民族

1 译者注：原文如此，晋朝时间为265年至420年，而东晋为317年至420年。

2 吉田松陰著、山口県教育会編：『吉田松陰全集』第6巻、東京：岩波書店、1934-1936年、287—288頁。

3 参见“Toward a Holy Alliance of the Peoples”（1849）in *Giuseppe Mazzini*, *A Cosmopolitanism of Nations: Giuseppe Mazzini's Writings on Democracy, Nation Building, and International Relations*, ed. Stefano Recchia and Nadia Urbinati, trans. Stefano Recchia (Princeton, NJ: Princeton University Press, 2009), 117-131, quote from 188。关于马志尼的更广泛的影响，参见 C. A. Bayly and Eugenio F. Biagini, eds., *Giuseppe Mazzini and the Globalisation of Democratic Nationalism 1830-1920* (New York: Oxford University Press, 2008)。

主义运动时，马志尼援引法国共和派的理想来批评法国。对于马志尼来说，民族主义和世界主义本质上是相辅相成的，法国的共和原则是全人类的共同遗产。[1] 吉田松阴对法国大革命的理解是支离破碎和混乱的，但他对法国也有同样的世界性欣赏，尽管他从未离开过日本。对吉田来说，法国大革命、美国独立战争，都是民族独立之战，都值得尊重和效仿。

115 吉田松阴的思想非常重要，因为他的几位弟子，包括伊藤博文、木户孝允和山县有朋，都在创建明治政府的过程中发挥了重要作用。但吉田对拿破仑的态度揭示了幕末一股更广泛的思想潮流。激进的复古主义和世界性的沙文主义的双重叙事，使日本思想家能够将近代欧洲文化与古老的日本历史相结合。至高无上的道德行为是普遍存在的，日本的仁人志士有义务尊重和效仿这种行为。如果西方能孕育道德典范，那么它们就可以从“野蛮人”的起源中脱离出来。对“野蛮人”的重新诠释为明治政府推广西方实践赋予了合理性。

终局：1867 年 12 月 9 日政变[2]

在 1867 年的最后几天，后幕府时代国家的轮廓浮现出来。

---

1 Stefano Recchia and Nadia Urbinati, “Giuseppe Mazzini's International Political Thought,” in *Mazzini*, *A Cosmopolitanism of Nations*, 2；以及“Concerning the Fall of the Roman Republic”（1849）in *Mazzini*, *A Cosmopolitanism of Nations*, 208 – 212.

2 译者注：此处并非公历日期。原文写作“1867/12/9”，根据作者“读者须知”中有关“日期”的说明，对应日期为庆应三年十二月九日（1868 年 1 月 3 日）。

幕府将被新的将大名统一在天皇主权之下的国家机构取代。日本将动员全国的人力物力，创建一支新式陆军和海军。新政府将更加集权，也更加包容。

这些共同点削弱了明治维新的暴力因素。尽管如此，旧政权的最后几天见证了一场争夺统治权的疯狂斗争。来自萨摩藩和长州藩的积极推进改革的人渴望与幕府进行军事对抗，但其他几位重要的大名则更为谨慎。土佐藩的代表尤其希望商议出一个和平的解决方案，他们获得了福井藩藩主松平庆永的支持。庆应三年十月三日（1867年10月29日），土佐藩的家臣向幕府提交了一份正式建议书，由土佐藩藩主山内容堂以请愿书的形式提出。基于激进的复古主义和世界性的沙文主义，请愿书将革命性的政治变革描述为回归历史的方式，提出了“王政复古”的方针。这实际上意味着将所有政治权力移交给朝廷，并在京都建立两院制议会（議政書）。立法者的范围从朝廷贵族到平民，这是根据他们的美德和正直而被挑选出来的。朝廷将建立新的学校和研究中心，改革陆军和海军，并派遣特使重新谈判不平等条约。这种“一新改革”的结果将是建立一个有能力使日本“独立于世界”的新政府。[1]

庆喜热切地接受了土佐藩的提议。他认为从“全球形势” 116
来看，土佐藩的提议是合理的。为此，他同意将“政权”奉还

1　渋沢栄一：『徳川慶喜公伝』巻4、東京：竜門社、1918年、71—74頁。Marius B. Jansen, *Sakamoto Ryōma and the Meiji Restoration* (Princeton, NJ: Princeton University Press, 1961), 312-335.

给朝廷，并承诺与新的国家议会合作。庆喜的举动在战术上是明智的。通过同意恢复朝廷的统治权力，他从长州藩和萨摩藩那里夺取了应对局势的主动权。同时，和平地“投降”将为庆喜在新兴政治秩序中的重新定位赢取优势。朝廷在同年十月十五日（1867年11月10日）接受了庆喜的“大政奉还”，同时要求各大名召开会议，决定改革的方向。由于庆喜之前曾巧妙地操纵过大名议会，他有充分的理由期待在任何国家议会中拥有实质性的权力。此外，庆喜被要求在议会召开前维持他在国内外的政治权力。[1] 最后，庆喜保留了他在天皇统治秩序中古老的、高贵的头衔，如右近卫大将和内大臣等，这使勤皇者的希望产生了混乱。几个世纪以来，这些头衔主要用于表明天皇对德川霸权的认可。幕府将军之所以被授予右近卫大将的头衔，是因为他们本就实力强大，并非在获得头衔后才变得强大。但许多忠于皇室的人希望扭转这种关系，并为古代的头衔注入真正的权力，以此作为恢复天皇权力的一部分。然而，庆喜保住了他的朝廷头衔，就使勤皇者的这一目标发生了混淆。如果他们恢复奈良时代的政治结构，就会使庆喜成为皇室阁僚中级别最高的军官。[2]

1　佐々木克：『戊辰戦争：敗者の明治維新』、東京：中央公論新社、1977年、10—12頁。太政官編：『復古記』第1冊、東京：内外書籍、1930年、10—11頁。也可参考：青山忠正：『幕末維新：奔流の時代』、東京：文英堂、1996年、184—189頁。佐々木克：『大政奉還と討幕密勅』、出自『人文学報：京都大学人文科学研究所』80、1997年、15頁。Totman，*Collapse*，386－388.

2　近代早期，日本左大臣、右大臣和内大臣往往由多人共同担任。

庆喜的战术性投降同时激怒了他的敌人和盟友。旗本和谱代大名，这些幕府的家臣，既愤怒又困惑。他们在新的政治秩序中将会扮演什么角色？末代将军是否抛弃了幕府的长期盟友？庆喜似乎牺牲了德川幕府来拯救德川家族。萨摩藩和长州藩的支持者同样被激怒了。庆喜把看似灾难性的局面转变为自己的优势。通过回避暴力争斗，庆喜再次将自己定位为理性与和平妥协的代言人。令萨摩藩和长州藩沮丧的是，庆喜仍然受到孝明天皇的青睐。孝明天皇曾多次抨击外来的“野蛮人”掠夺“神国”，但他同样对排外激进分子的鲁莽感到不安。[1] 天皇
发现庆喜似乎拥有一套合理而可靠的妥协方案，而那些忠于皇 117
室的人很难胜过一位天皇的宠臣。

庆应二年十二月二十五日（1867年1月30日），孝明天皇的猝然驾崩动摇了庆喜对朝廷的掌控力。天皇的突然死亡被广泛归因于中毒，但长期以来，历史学家就天皇是被蓄意毒杀还是感染天花而亡一直争论不休。[2] 孝明天皇的继任者是他的儿子睦仁，即众所周知的明治天皇。这位新天皇年仅14岁，与他的父亲不同，他从未见过日本的各大港口没有西方战舰停靠

---

1 关于孝明天皇的仇外表现，参见 Donald Keene, *Emperor of Japan: Meiji and His World, 1852 - 1912* (New York: Columbia University Press, 2002), 7 - 8, 16, 25, 34, 37, 38, 78 - 79。

2 岩下哲典、小林哲也：『孝明天皇は天然痘で毒殺された』、出自『歴史通』20, no. 9、2012年、202—203頁。一个值得深思的调查，参见 Keene, *Emperor of Japan: Meiji and His World*, 1852 - 1912, 94 - 97。主张阴谋论的观点，认为孝明天皇是被毒杀的概论性研究，参见 Donald Calman, *The Nature and Origins of Japanese Imperialism* (London: Routledge, 1992), 90 - 92。

的世界。这使得明治天皇对日本能够回到相对的文化和政治孤立不抱任何期望。因此，这一皇权的变更实际上有助于消除朝廷内部的排外主义情绪。但许多有权势的朝臣仍然对萨摩藩和长州藩持怀疑态度，庆喜在朝堂之上保留了足够的影响力，足以挫败来自西南部的对手。例如，当长州藩在庆应三年十二月初开始向京都派遣军队时，庆喜准备了一份天皇圣旨，将他们重新调遣到大阪。[1]

为了使朝廷与庆喜敌对，萨摩藩决议策划宫廷政变。庆应三年十二月八日（1868 年 1 月 2 日），朝廷召集各大名、朝廷贵族和武士代表，开会讨论赦免长州藩的问题，取消将其指定为“朝敌”的计划。庆喜没有反对赦免，却拒绝出席会议。不出所料，会议决定赦免长州藩，但在随后到来的深夜，会议议题转向了一项由萨摩藩提出的方案。除了长州藩，会议还同意赦免几位有影响力的朝廷贵族（包括岩仓具视和三条实美），他们先前因激进地支持长州藩的活动而遭受惩罚。岩仓曾被禁足于京都北部的一座村庄中，获得赦免后，他很快加入了会议。十二月九日（1868 年 1 月 3 日）凌晨，会议休会，摄政二条齐敬返回家中。在他离开后，岩仓夺取了控制权。他召集主要来自萨摩藩的军队，控制了皇宫大门。萨摩军队整装待发，来自会津藩和桑名藩的守卫受到恐吓而撤退了。岩仓随后召集议会听取新天皇的号令。这位年轻的君主坐在高台上的竹帘之

1 Totman, *Collapse*, 397.

后，宣读了“王政复古”的法令。

这条天皇圣旨是具备革命性质的，但它唤起的是激进的复古主义情绪，即以回归历史的方式来证明激进的变革是合理的。天皇的敕令宣布废除幕府，包括幕府官员以及诸如京都守护职等较低的职位，这一职位曾由会津藩藩主担任。朝廷内部 118
一些重要职位也被取消了：自 7 世纪以来一直是朝廷权力核心，由二条家世袭的摄政一职也不复存在。该法令建立了一个新的政治结构，以取代幕府和传统的朝廷职位。一位 17 世纪在位的天皇的后裔有栖川宫亲王将担任总裁；高级朝臣和主要的大名被任命为议定，包括萨摩藩、土佐藩、尾张藩和福井藩的藩主；下级朝臣被任命为参预。这个两院制议会的包容性明显低于土佐藩的提议，其中并没有提到普通武士或平民。这些创新被描述为“王政复古”的一部分，而不是与传统的彻底决裂。

新政府在十二月九日晚间召开会议，他们不顾土佐藩和福井藩的反对，决定改变庆喜投降的条件。新的条件现在要求庆喜不仅要辞去幕府将军之职，还要一并交出他的朝廷头衔和领地。[1] 即使面对这一挑衅，庆喜仍然保持镇静。他没有在京都的街道上挑起争端，而是将他的部队撤回到大阪。十二月十六日（1868 年 1 月 10 日），他召见了美国、英国、法国、荷兰、

1　此次会议被称为“小御所会议”，概论性的研究，参见 Totman, *Collapse*, 398 - 400，以及佐々木克：『戊辰戦争：敗者の明治維新』、12—15 頁。相关史料，参见太政官編：『復古記』第 1 冊、214—256 頁、214—222 頁。

意大利和普鲁士的公使，告诉他们自己仍是日本的实际统治者。[1] 在大阪，他利用了新朝廷内部的分歧，尤其是土佐藩和尾张藩的矛盾。到了月底，他的努力取得了成果：新政府同意，庆喜和平投降的细节必须成为新政府未来财政审议的一部分。[2]

庆喜势力的反弹驱使萨摩藩采取极端的措施。由于他们在谈判方面无法胜过庆喜，萨摩藩利用街头暴力事件挑动了一场危机。从庆应三年十一月末开始，萨摩武士和效忠天皇的浪人在江户开始了一场有针对性的破坏运动，他们洗劫商人仓库，放火焚烧幕府财产，并袭击维持治安的幕府官员。同年十二月二十三日（1868 年 1 月 17 日），在经历了几周的骚乱之后，爆发了一场可疑的大火灾，烧毁了将军居城的大奥。同一天晚上，幕府盟友庄内藩的宅邸被袭击，而袭击者则穿越江户城逃到了萨摩藩的宅邸。江户的官员义愤填膺，欲进行报复：在十二月二十五日（1868 年 1 月 19 日），他们攻击并烧毁了萨摩藩在江户的宅邸，同时杀害数人。[3]

---

1 佐々木克：『戊辰戦争：敗者の明治維新』、17 頁。US Department of State, *Executive documents printed by order of the House of Representatives during the third session of the fortieth Congress, 1868 - 69*, 14 vols., vol. 1 (US Government Printing Office, 1869), 607 - 609.

2 太政官編：『復古記』第 1 冊、357 頁。

3 Ravina, *The Last Samurai*, 148 - 149; Totman, *Collapse*, 408 - 415; M. William Steele, "Edo in 1868: The View from Below," *Monumenta Nipponica* 45, no. 2 (1990): 131 - 132; 猪飼隆明：『西郷隆盛：西南戦争への道』、東京：岩波書店、1992 年、25—26 頁；佐々木克：『戊辰戦争：敗者の明治維新』、21 頁。

在大阪，庆喜一直试图牢牢掌控住他的支持者，但当江户发生武力冲突的消息传到大阪时，他再也无法控制他的部下。在日本新年的第一天，庆喜发表了充满怒火的宣言，谴责十二月九日的皇室会议是萨摩藩策划的一场政变。这些恶徒欺骗了 119
年轻的天皇，使其错失值得信任的顾问，并在江户进行焚烧和掠夺。庆喜要求交出这些叛徒，这样他就可以向皇室报仇。在新年的头几天，幕府从大阪向北派遣军队到达京都，不顾一切地试图“惩罚”它的对手。战争就这样打响了。

在不到一周的时间里，幕府军就被击败了。这种迅速的崩溃令人始料未及。幕府军队有近 13000 人，其中包括 900 名接受法式训练的步兵，这是全日本最好的部队之一。他们得到了来自会津藩、桑名藩和其他同盟地方藩武士的支持。许多来自幕府一方的军队都能够英勇作战。来自会津藩的部队展示了传统武士战术的有效性：至少有两次，他们在敌人重新装填之前，用剑和长矛冲锋，击溃了萨摩和长州的步枪手。但是幕府的军力被无能的领导、无序的组织和长期的不团结所削弱。由于缺乏连贯的战略，他们的部队总是在错误的时间出现在错误的地点，无法利用他们的人数优势取胜。幕府军队在取得阶段胜利后没有前进，增援部队也没有按照命令部署。随着幕府军队踌躇不前，其盟友开始为自身利益最大化而消极应战。淀藩名义上是德川家的盟友，却拒绝让幕府军队在其城堡内避难。对幕府军队的最后一击发生在庆应四年一月六日（1868 年 1 月 30 日），津藩突然改变支持幕府的立场，开始炮击作为盟友的会津藩军队。幕府军队同时受到外部打击和内部侵蚀，最终土崩瓦解。[1] 庆喜命令军队快速撤退回江户。虽然有一些关于英勇的最后一战的传言，但庆喜此时已经失去战斗意志。庆应四年四月，最后一位幕府将军不战而降地打开了江户城的大门。

明治领导人后来坚称他们推翻了一个落后的、保守的、孤立的政权。但西方评论家们并没有看到他们所说的情况。相反，他们给予庆喜高度的尊重与评价。例如，美国驻日公使罗伯特·布鲁斯·范·瓦肯伯格（Robert Bruce Van Valkenburgh）评价庆喜的“思想是所有日本官员中最进步、最自由的”。新成立的明治政府赢得了京都方面朝廷的支持，但这种支持被朝廷自古代遗留下来的狭隘思想和仇外心理所玷污了。尽管迎来了年轻的新天皇，但十二月九日的天皇敕令仍然哀叹着外国人如何给日本带来动荡：“癸丑（1853 年）以来，未曾有之国难，先帝频年被恼……众庶之所知。”因此，大多数外国官员对新政权
120 持怀疑态度。用美国国务卿威廉·亨利·苏厄德（William Henry Seward）的话说：“将军将权力让给了天皇，这似乎是一个令人遗憾的结果。”[2]

尽管有这些悲观的预测，明治政府仍将实现革命性的变革。但实现的途径是与昔日的敌人结盟。在 1868 年的战斗中，

1　Totman, *Collapse*, 425 - 435；佐々木克：『戊辰戦争：敗者の明治維新』、21—31 頁。淀藩的藩主稻叶正邦是幕府的盟友，但他当时在江户，担任幕府老中。鸟羽伏见之战中，其家老以稻叶不在藩内为由，拒绝幕府军入城，从而背叛了幕府。

2　US Department of State, *Executive documents 1868 - 1869*, 619, 634.

反幕府势力和忠于德川家的人更多是因为派系仇恨和彼此敌视，而不是由于意识形态分裂而相互对立。双方阵营都囊括了一些古板的保守派和排外主义者，朝廷方面的改革者更像他们的幕府同僚，而不像朝廷内部的保守派。双方的改革者都受到了世界性的沙文主义和激进的复古主义的影响，既参考了西方模式，也参考了日本历史的先例。明治政府需要在短期内击败幕府，以维护自身统治的合法性。但随着革命热情的降温，许多原幕府的封臣很明显可能成为对新国家建设有价值的臣属。这种和解使明治国家在没有暴力革命的情况下实现了革命性的变革。

第 4 章

一个新的古代日本

从 1868 年开始，曾自称为“天皇政府”的明治新政府摇身一变为日本正式的政治机构，它推翻了德川幕府，废除了各地方藩，建立了一个新的中央集权国家。这些变化的过程异乎寻常的和平，新政府在没有引发旷日持久的内战的情况下，罢免了整个统治精英阶层。早期的明治政权以对冲突有着令人惊讶的厌恶为特征。事实证明，幕府内部主张体面地投降的派系比强硬派更有影响力。因此，末代将军德川庆喜并非死于 1868 年的战斗，而是因年老体衰自然死亡于 1913 年，并且生活富足、受人尊敬。尽管庆喜选择和平投降，但一些德川家的盟友拒绝投降。特别是会津藩，他们坚决反对萨摩和长州的统治，这场斗争使日本在地域上产生了分裂，形成东北与西南的对抗。日本和外国学者都想知道东北地区的叛军是否会分裂割据，并引发一场像美国南北战争那样漫长而血腥的内战。但即使对会津藩的顽固派来说，公开割据也几乎是无法接受的事情。叛军没有割据自立，几场激战之后，战斗结束了。

1869 年至 1871 年间，新政府和平解散了整个大名阶级。起初，明治新政府对大名非常谨慎。明治政府的领导层中武士出身者居多，他们认为对领主忠诚是基本美德，因而不愿摧毁自己宣誓效忠的体制。取而代之的是，他们继续德川时代的努力，通过大名开展工作，建立大名议会，并鼓励大名实现军队现代化和财政预算平衡。比起直接建立一个强大的中央政府，明治改革者们寄希望于通过数十项区域性改革的积累，逐步构建起一个日本民族国家。

122 这种希望无疑是徒劳的，但明治政府对待大名问题的克制产生了意想不到的结果。它削弱而不是促进了大名统治的延续。当明治政府致力于地方藩改革时，一些日本最精明、最有能力的大名涌现出来，成为中央集权的拥护者。他们认为，地方藩改革不仅困难，而且徒劳无益：无论经历多少次区域性改革，都不会创建一个日本民族国家。相比于为捍卫贵族特权而战，末代大名更渴望被政府吸纳：他们中有少数人在明治新政府中获得了职位，但大多数人只是接受了丰厚的养老金，随后从政治生活中消失。旧政权的安静投降表明，日本人对日本的理解已经发生了转变。如果不支持日本民族国家，就很难成为日本的真正拥护者，这就需要解散这些地方藩。一种新的世界性的沙文主义就这样摧毁了旧政权。

戊辰战争（1868—1869 年）

摧毁德川幕府的战争被称为戊辰战争，这个名字来源于中国 1868 年的干支纪年。虽然一些零散的军事力量坚持抵抗直到明治二年五月十八日（1869 年 6 月 27 日），但幕府的命运在 1868 年的最初几天就已尘埃落定。到了明治二年一月十七日

(1869年2月27日)，德川庆喜确信他最好的选择是有尊严地投降。他没有为德川幕府辩护，而是把注意力转移到更小的事务上，即德川家的存续。他请求朝廷承认他的养子，一个名叫龟之助的幼童。庆喜开始从内部解散幕府，解除主要的谱代大名和旗本的军职，并命令他们服从天皇。这些法令预料到了明治政府的要求，并削弱了新政府对德川家发动惩罚性行动的欲望。[1]

对国际局势的担忧也坚定了新政府避免发动内战的愿望。新兴的明治政府明白，它需要保护外国人的生命和财产安全，以确保其政权的合法性。但新政权中不乏因幕府垮台而受到鼓舞的排外激进分子，新政府同时也发现很难约束自己的军队。例如，新政府军在庆应四年一月十一日（1868年2月4日）进入神户时，在列强根据不平等条约进行管理的租界区内打伤了外国外交官，同时还杀死了几名士兵。

英国、美国、法国、普鲁士、意大利和荷兰的公使随即发 123
表了一封联合声明信，要求日本政府赔偿并惩罚责任人。他们警告说，只有通过这样的行动，“签名人所属的国家政府和天皇陛下的政府之间才能保持未来的友好关系”。[2] 没花费几年时

1 M. William Steele, “Against the Restoration: Katsu Kashū's Attempt to Reinstate the Tokugawa Family,” *Monumenta Nipponica* 36, no. 3 (1981): 302 - 304; Totman, *Collapse*, 436 - 439; 佐々木克:『戊辰戦争：敗者の明治維新』、51—55頁；西郷隆盛全集編集委員会:『西郷隆盛全集〈第2巻〉』、431—440頁。

2 US Department of State, *Executive documents 1868 - 1869*, 641 - 660.

间，明治政府就修复了自身形象，他们声明将致力于如伊藤博文演讲中所说的“将遥远的人民团结在一起的那种强烈的兄弟情谊”。[1] 但建立这种新的公众形象需要迅速的和平而非漫长的内战。

明治政府同样担心国内的动乱。由于通货膨胀和歉收，民众抗议活动在19世纪60年代激增。急于安抚民众的新政府军队承诺减税，但这一承诺很快就让政府悔恨不已。民众抗议的主旨暴露了社会结构的支离破碎。抗议者没有遵循惯例，呼吁政府给予怜悯和同情，而是开始使用“世直し”[2] 一词，表达一种乌托邦式的、准宗教的未来愿景。他们超越简单的经济需求，而构想一个启蒙主义的、生活富足的、人人平等的新时代。在1867年年中，日本的大部分地区开始举行宛如节日般的狂欢。从城镇到乡村，民众们即兴创造节日。由于想要一睹宗教护身符的“神秘”外观，他们或离家前往朝圣地点，或沉迷于喧闹的公共舞蹈，或穿着狂野的服装，或穿着异性的装束，或干脆脱光衣服。由于大多数平民未经许可不能旅行或庆祝节日，这些自发的庆祝活动显然是对政府的公开怠慢。这些抗议活动没有公开的政治内容：参与者唱着淫秽但宿命论的歌

1 “Brief History,” *New York Times*, May 14, 1871.

2 译者注：“世直し”，即“世直し一揆”（よなおしいっき），特指江户时代中期至明治时代初期在日本多地发生的社会骚乱。“世直し”可以理解为“革新世界”或“修复世界”。

曲，以“ええじゃないか”或“ようじゃないか!”[1] 等结尾。他们没有直接提到幕府的暴政或皇室的美德。但在这种狂欢的背后是社会动荡的明显证据：狂欢者瞄准富人，用疯狂的舞蹈破坏他们的家。[2] 对日本的政治精英们来说，这是民众不满和传统社会管理失控的明证。[3]

来自国内和国际的双重压力也直接影响了一场旷日持久的惩罚性行动。尽管新政府对幕府的“罪行”大事宣扬，但它更想要和平与合作而非复仇。因此，在责备庆喜“欺骗朝廷”的同时，新政府允许他让出德川家家督并隐居水户。原幕府的主要官员，尽管犯下了“严重罪行”，也被新政府给予宽大处理，并被允许从公共生活中隐退。江户城被移交给作为德川家支系的尾张藩大名管理。德川家还承诺上交所有战争物资。庆应四 124
年四月十一日（1868年5月3日），新政府军和平进入江户城。[4]

---

1 译者注：“ええじゃないか”或“ようじゃないか”（实际读作よいじゃないか）意为“不是挺好的吗”。此处所说的群体事件，发生于庆应三年（1867年）八月至庆应四年（1868年）四月，指以伊势神宫降下神符为契机，以畿内、东海地区为中心而爆发的民众骚动。男女老幼不顾身份互相斟酒豪饮，身着奇装异服。一边说着“神符、佛像从天而降”“不是挺好的吗”，一边狂歌乱舞。据说讨幕派志士是人为降下神符的幕后主使，目的在于扰乱幕府统治秩序，推进讨幕进程，但至今尚无确证。

2 比较富裕的日本家庭，其住宅中常有榻榻米和障子，并礼节性地要求在门厅处脱鞋才允许进入。“ええじゃないか”舞者则穿着木屐四处踩踏这些住宅以达到破坏的目的。

3 “世直し”的标准翻译应该是“world renewal”，但也可以译为“world rectification”或“world repair”，通常指社会失去秩序。参见 Stephen Vlastos，“Yonaoshi in Aizu，” in *Conflict in Modern Japanese History*，ed. Tetsuo Najita and J. Victor Koschmann (Princeton，NJ：Princeton University Press，1982)；Vlastos，*Peasant Protests and Uprisings in Tokugawa Japan*。对于19世纪60年代的抗议活动的研究综述，参见 Bix，*Peasant Protest in Japan：1590－1884*，161－214。

4 佐々木克：『戊辰戦争：敗者の明治維新』、54—56頁。Ravina，*The Last Samurai*，155－157.

庆喜通过和平投降放弃了德川幕府，但挽救了德川家的世系。事实上，明治新政府将封赏一大块领地给庆喜年仅五岁的继承人龟之助。具有讽刺意味的是，庆喜的投降协议引发了在戊辰战争中最顽强的抵抗。投降条款忽略了与德川家结盟的一些地方藩，如会津和其他普通的德川家封臣。他们感觉遭受了背叛和抛弃，因而无视庆喜和平投降的决定，选择自己对抗新政府。主要的抵抗运动是由奥羽越列藩同盟发动的。这场抗争活动的核心是新政府和会津藩之间的激烈对抗，后者的武士在鸟羽伏见之战中顽强战斗。但这场斗争逐渐扩大为东北部和西南部之间更广泛的地区冲突。大部分明治新政府的领导人来自西南部强藩，尤以萨摩藩和长州藩居多。相比之下，会津藩位于东北部。当新政府坚持要“惩罚”会津藩时，邻近藩的大名们请求政府对会津藩宽大处理。明治政府将这种地区性团结解读为区域性的煽动，双方的对抗由此演变为内战。

北方列藩同盟渴望在没有德川家支持的情况下维持德川秩序。德川庆喜已辞去征夷大将军的职务，但同盟用一个新的将军和属于他们自己的朝廷来重建旧政权。仙台的大名被宣布为新的幕府，皇室成员北白川宫能久亲王（1847—1895 年）作为替代天皇悄悄登基。[1] 耐人寻味的是，这一独立的东部朝廷让人想起 250 多年前德川家制定的应对意外事件的应急计划。1616 年，德川幕府开创了一项新传统，即让一位皇室成员担任

1 佐々木克：『戊辰戦争：敗者の明治維新』、111—133 頁、132—133 頁。亲王的全称为：北白川宫能久亲王。他是仁孝天皇（1800—1846 年）的养子，也被称为“轮王寺宫”。

德川家江户菩提寺的首席住持。这一计划的目的是，如果反德川势力控制京都，并开始以天皇的名义发布命令，德川家就可以用拥立自己的天皇来回应。这将使宽永寺[1]的住持登基，从而在江户创造一个新的“天皇”，而新“天皇”恰好是德川家菩提寺的住持。1868年，也就是250多年后，北方列藩同盟执行了这一计划，北白川宫被尊为“首席住持”，此头衔通常是为在位天皇保留的头衔。北白川宫登基的消息传播甚广，以至于外国
外交官和报纸都称之为第二位“北方天皇”。日本曾有过两位天 125
皇内战的历史，即从1336年到1392年，两位远房堂兄弟各自宣称皇位。但在1868年，北方列藩同盟选择不公开宣布北白川宫为日本真正唯一的天皇。[2] 即使在与萨摩、长州作战时，叛军也没有进一步激化不可挽回的分裂。

虽然会津藩及其盟友奋勇作战，但他们终究未能阻挡明治政府军。经过两个月的激烈战斗，北方列藩同盟诸藩先后于明治元年九月宣布投降。在战斗的最后几日，由榎本武扬统率的一部分原幕府海军加入反叛斗争中。榎本对庆喜的投降感到愤怒，但直到庆应四年八月十九日（1868年10月4日），当他确

1　译者注：宽永寺为德川家的菩提寺之一，另一座为增上寺。菩提寺是为埋葬祖先遗骨，世代安置灵牌，祈祷冥福而建立的家族寺庙。江户时代，由于宗旨人别改制度和寺请制度，以及寺内墓地的发达，几乎所有日本人都拥有一个特定的菩提寺。

2　藤井德行：『明治元年・所謂「東北朝廷」成立に関する一考察—輪王寺宮公現法親王をめぐって』、出自手塚豊『近代日本史の新研究〈1〉』、東京：北樹出版、1981年、228—314頁。关于美国文书中出现“Northern Mikado”的相关举例，参见Van Valkenburgh to Seward August 24 and September 17, 1868, in US Department of State, *Executive documents 1868 - 1869*, 1: 807 - 809, 1: 819 - 820。非常感谢法比恩・德里克斯勒（Fabian Drixler）与我分享了他对奥羽越列藩同盟详尽的理解。

信德川家的继承人龟之助是安然无恙的，他才举起叛旗。榎本带着大约2000名随从，几名法国顾问和原幕府最好的军舰离开了江户。在仙台停留后，他们继续前往虾夷地，并迅速击溃了明治政府军，于同年十月二十六日（1868年12月9日）占领箱馆。[1] 明治政府选择在冬天不发动攻击，因此，榎本统帅的叛军一直坚持抗争到明治二年五月（1869年6月）。

如果榎本早四个月宣布反叛，他很可能会支持北方列藩同盟的目标，并寻求重建旧幕府政权。[2] 但到1868年末，这个目标已化为乌有，取而代之的是，榎本和他的支持者创建了一个新的政权，称为“虾夷共和国”。“共和国”实属用词不当，但它反映了虾夷地的叛乱在外国学者看来是具有进步性和以西方为导向的。例如，美国公使范·瓦尔肯伯（Van Valkenburgh）赞扬榎本“始终如一地倡导进步和与外国的自由交往”。[3] 榎本最大的不满是，庆喜的和平投降忽视了许多德川家的封臣，致使他们成为没有收入和物资来源的浪人。他要求统治虾夷地以作为对这些武士被拖欠的薪俸与损失的领土的补偿。但在向外国人发表讲话时，榎本将这种不满置于全球政治变化的大背景下。他宣称，亚洲政府长期饱受统治者和被统治者分裂之苦，

---

1 佐々木克：『戊辰戦争：敗者の明治維新』、56—64頁。M. William Steele, “The Rise and Fall of the Shōgitai: A Social Drama,” in *Conflict in Modern Japanese History*, ed. Tetsuo Najita and J. Victor Koschmann (Princeton, NJ: Princeton University Press, 1982).

2 离开江户前，榎本武扬写了一篇攻讦新政府的文章，斥责新政府是由来自萨摩藩和长州藩的市井无赖领导的团体。参见佐々木克：『戊辰戦争：敗者の明治維新』、195—196頁。太政官編：『復古記』第7冊、214—217頁。

3 参见Van Valkenburgh for to Seward, July 3, 1868, in US Department of State, *Executive documents 1868-69*, 762-763。

而彼此滋生愤怒和怨恨。日本的情况只是这个普遍存在的问题的一例，一旦新政府允许叛军与他们的君主直接沟通，这个问题就会得到解决。榎本还宣称，外国仲裁可以让叛军接触到他们的天皇，防止自相残杀的战乱持续下去，并使日本建立一个“文明政府”。[1] 与北方列藩同盟的领导人不同，榎本能够在世界性的话语中重新表达他的不满。

由于其国际参与，虾夷的叛乱预示了明治政府的某些面貌。126
“虾夷共和国”非常注重国际认同，其领导核心由留洋精英和外籍顾问构成。榎本曾在荷兰学习了五年的海军知识，是军事近现代化的坚定支持者。他和西方人在一起很自在，可以在没有翻译的情况下私下会见英国领事，因为两人都能流利地说荷兰语。协助榎本的是几名法国军官，他们曾是出使幕府的使团成员，并选择无视本国政府保持中立的命令。儒勒·布吕奈（Jules Brunet）中尉成为虾夷叛军事实上的外交部长；他起草了叛军的法语版公告，安排与外国领事的会晤，并处理与外国势力的初步谈判。[2] 布吕奈

1　外務省明治元年十二月、『徳川脱徒英仏両国公使ヲ経由シテ嘆願書提出ノ件』(B08090130200, 5－3－1－0－2)、所蔵館：外務省外交史料館、アジア歴史資料センター、114—121。榎本武扬的这些言论是以日文记录的，但借用了一些荷兰语词汇，如“communicatie”。

2　江户开城后，布吕奈辞去军职并加入了起义军。在给拿破仑三世的信中，他坚称自己是通过报答幕府将军的信任来为法国服务的。参见クリスチャン・ポラック(Christian Polak)：『ブリユネの人と生涯』、出自岡田新一：『函館の幕末・維新：フランス士官ブリユネのスケッチ 100 枚』、東京：中央公論社、1988 年。对榎本武扬以荷兰语进行交流的相关描写，参见 Richard Eusden to Harry Parkes, December 23, 1868, in MS British Foreign Office: Japan Correspondence, 1856 – 1905: Japan, Section II, F. O. 46/ 1 – 104, 1868 – 1890, Vol. 99: 127, frames 204 – 208, The National Archives (Kew, United Kingdom), accessed through *Nineteenth Century Collections Online*, tinyurl. galegroup. com/tinyurl/4E3CQ7。

巧妙地从自然权利的角度重新阐述了叛军的不满：叛军想要和平，但他们“有合法的权利在他们父辈的土地上体面地生活，（他们）手持武器准备好捍卫这些权利”。[1] 榎本和布吕奈共同努
127 力，说服驻箱馆的外国领事在叛军和天皇政府间进行调解。[2]
明治政府拒绝了这种调解，因为这将构成对叛军事业的间接承认。

图 4. 1 儒勒·布吕奈与德川幕府的军官，拍摄于 1868 年，布吕奈为前排左二，其面向者为幕府军官松平太郎

日本函馆市中央图书馆藏

1 Tarō Matsudaira and Kamajirō Enomoto, " Kerais Exile's Tokonghava Aux Représentants Européens," in British Foreign Office: Japan Correspondence, 1856 - 1905: Japan, Section II, F. O. 46/1 - 104, 1868 - 1890, Vol. 99: 1, frames 31 - 37, the National Archives (Kew, United Kingdom), accessed through *Nineteenth Century Collections Online*, tinyurl. galegroup. com/tinyurl/4E3EE1. 相关的日文记录，参见函館市史編さん室:『函館市史 通説編』第 2 巻、238 - 241 頁。

2 各国领事给天皇政府的信件显示似乎双方处于密切合作中。参见外務省:『徳川脱徒英仏両国公使ヲ経由シテ嘆願書提出ノ件』、137—139 頁、142—144 頁。

但调解的提议揭示了虾夷叛军给外国势力留下了深刻的印象。

用词不当的“虾夷共和国”也反映了榎本如何巧妙地吸引了外国舆论。虾夷叛乱与“共和政体”毫无关联。叛军信仰帝国主权，而不是人民主权，他们从未将自己的政府描述为共和国。“虾夷共和国”一词很可能源于布吕奈的承诺，即叛军政府将根据“普选”选出其领导人。[1] 叛军确实在明治元年十二

---

1 这可能源于明治元年十二月十四日（1869年1月26日）布吕奈给外国领事写的一封信，他在信中承诺虾夷政府将根据“普选”原则来选择领导人。似乎布吕奈是在没有事先得到榎本武扬授意的情况下做出这一承诺的：目前尚无日文史料可以证明布吕奈有做出此承诺的征兆。尽管如此，叛军政府还是在第二天迅速地进行了选举。信中的法语原文为“ces nomination faités a election on d'aprés le mode de suffrage universelle.”。这封信的抄本是一封收件人为箱馆领事的未注明日期的法语信件，具体参见 Richard Eusden，“Eusden to Parkes，1 February 1869 ‘Mr. Eusden reports latest intelligence respecting Tokugawa Kerais’ ” in British Foreign Office：Japan Correspondence，1856－1905：Japan，Section II，F. O. 46/1－104，1868－1890，Vol. 107：1，frames 65－70，the National Archives（Kew，United Kingdom），accessed through *Nineteenth Century Collections Online*，tinyurl. galegroup. com/tinyurl/4E3UU8。我根据相关史料确定了该信的日期是明治元年十二月十四日，具体参见函館市史編さん室：『函館市史 通説編』第2巻、241—243頁。“虾夷共和国”似乎起源于弗朗西斯·奥提维尔·亚当斯（Francis Ottiwell Adams）对萨道义一本翻译著作的改编，这本著作翻译自山口谦对明治维新早期历史的描写，在山口的著作中，他在没有任何外来影响的情况下将明治元年十二月十五日的选举称为“投票公选”。萨道义对之加以注释，称：“这是模仿在美利坚合众国所观察到的做法，在那里这些事情是按照大多数人的意愿来解决的。”亚当斯则更进一步地推断虾夷政府是一个践行共和政体的共和国。参见山口謙、椒山野史：『近世史畧』3編、山口謙出版、1872年、39—40頁。萨道义英译版，参见 *Kinsé Shiriaku：A History of Japan，from the First Visit of Commodore Perry in 1853 to the Capture of Hakodate by the Mikado's Forces in 1869*，trans. Ernest Mason Satow（Yokohama：Japan Mail Office 1873），131－133；Francis Ottiwell Adams，*The History of Japan*，2 vols.（London：Henry S. King，1875），2：173－175。因此，短语“Republic of Ezo”在1875年先以英文的形式出现，不久又被翻译回日文“蝦夷共和国”。

月十五日（1869 年 1 月 27 日）举行了选举。榎本当选总统，赢得了 856 张选票中的 156 张。但那次选举远未达到“普选”的程度。只有约三分之一的叛军投票：投票权仅限于担任中队指挥官和更高军衔的人。普通士兵和普通民众被排除在外，基本上不知道选举活动。一名士兵描述这次选举是一场高级军官的“盛宴”。[1] 然而，在英文描述中，这次选举被理解为是对西方民主的模仿。这种对虾夷叛乱的模糊但积极的评价反映了榎本在外国圈子中受到的高度评价。

因此，对新生的明治政府的抵抗有两种截然不同的方式。北方列藩同盟试图恢复幕府统治，甚至在庆喜宣布投降并解散幕府后仍是如此。相比之下，“虾夷共和国”预见到明治政府的一些最进步的方面。它举行了选举，尽管选举权有限。它拥抱了先进的科学技术，并聘请了外国顾问。它对国际合法性深为关切。1869 年，新生的明治政府将这些成就视为威胁。在 1869 年 6 月击败“虾夷共和国”后，新政府囚禁了榎本和他的支持者。但事实证明，意识形态上的亲和力比战时的敌意更重要，政府很快就恢复了活力，并接纳了昔日叛军。1872 年，明治政府赦免了榎本，两年后任命他为驻俄罗斯全权公使。原虾夷政府的陆军大臣大鸟圭介也被赦免，并被任命为驻清国特命全权公使，兼任驻朝鲜公使。原虾夷政府的海军大臣荒井郁之

---

1 关于选举结果，参见函館市史編さん室：『函館市史 通説編』第 2 卷、238—241 頁。关于这场“盛宴”的描写，参见『苟生日記』、出自須藤隆仙編：『箱館戦争史料集』、東京：新人物往来社、1996 年、173 頁。一些来自奥羽越列藩同盟的逃亡者拥有比榎本武扬更高的武士等级，但他们没有竞选官职，也没有在叛军政府中扮演任何角色。

助成为明治政府中央气象厅的负责人。

明治政府对待布吕奈的态度也同样宽容。布吕奈逃回法国，明治政府最初强烈要求法国政府惩罚他，但很快就赦免了 128
布吕奈和他的法国同僚。布吕奈最终变成了英雄，既佩戴着旭日章，又被授予瑞宝章。布吕奈为此写了一本关于近代日本“骑士精神原则”的书作为回应，并对明治天皇进行了热情洋溢的描述。[1] 对“虾夷共和国”叛军的善后处理反映了意识形态是如何跨越派系界限的：明治政府在其宿敌中找到了合适的盟友。

相比之下，北方列藩同盟的领导人逐渐从公众视野中隐去。仙台和米泽的大名对新政府没有什么贡献，陷入了“优雅的”寂寂无闻中。[2] 他们不能在新的国际环境中为日本确立合法性，不能向欧洲学者解释天皇国家，不能传播新的社会理念或物质技术，甚至不能得体地与外国人交谈。相反，他们恰恰坚持维护新政府试图抛弃的东西。因此在戊辰战争中，对明治政府的抵抗有两种截然不同的形式：北方列藩同盟反映了明治政府的过去，而“虾夷共和国”则预示着明治政府的未来。

---

1 太政官：『箱館紛擾ノ際助勢仏人ブリユーネ等免罪ノ儀ニ付伺』、公文録（1873年6月）、国立公文書館 本館-2A-009-00・公00826100、件名番号005。J. L. Brunet, *Les ordres de chevalerie et les distinctions honorifiques au Japon* (Paris: Actualités diplomatiques et coloniales, 1903). 日本的新帝国勋章是模仿欧洲的勋章式样设计的，比如法国荣誉军团勋章（Legion d'honneur），这使得勋章对布吕奈尤为有吸引力。

2 唯一的例外是北白川宫能久亲王，他在欧洲待了几年之后，在政治上得到了赦免，并恢复了名誉。

地方藩的消亡

为了建立中央集权的近代民族国家，明治政府需要以新的地方制度取代大名统治。新政府不能在维持数百个独立的陆军、海军和税收系统的同时树立国家权威。激进的复古主义思想为此提供了充分的依据，使这些地方藩迅速而彻底地消失。废除传统可以诉诸历史上更古老的先例来证明其正当性。大名只是在 15 世纪和 16 世纪才出现的，目的是填补由于皇权衰落和室町幕府崩溃而造成的权力真空。作为国家衰落的产物，大名在逻辑上会在一个新兴的、强盛的帝国统治下消失。

然而在实践中，替换这些地方藩是一个令人担忧的过程。复辟运动的领导人主要是武士，对他们来说，忠诚是一种基本美德。他们怎么能鼓吹推翻自己的领主呢？而且，在大名统治了几个世纪之后，新政府将用什么来取而代之呢？明治政府只有在建立起新的地方控制系统后才能撤走大名。因此，新政府在面对大名统治问题时极为谨慎，为此历时近两年循序渐进地改革。

129 在地方改革的早期阶段，明治政府没有表露出任何将要废除这些地方藩的迹象。相反，新政府以封授世袭土地来奖励其盟友，形成了新的藩域格局。在这种情况下，新政府更像一个“明治幕府”，而不是全新的天皇政权。最大的新藩是为德川家继承人龟之助创建的。这块封地领有 700000 石，比长州藩或土佐藩都要大，这使龟之助（德川家达）成为日本最富庶的大名之一。日本政府还在东京为大名制定了出席日程表，这一政策让人想起了参觐交代制，即德川时代大名定期前往江户居住的制度。例如，德岛藩的大名蜂须贺茂韶本应在1872年、1875年、1878年和1881年冬季住在他东京的别墅里。德川龟之助被安排在1871年、1874年、1877年和1880的冬天居住在东京。[1] 政府也通过减封来惩罚敌人，就像德川家在17世纪初所做的那样。例如，会津藩的松平家被剥夺封地，但随后又重新被封为斗南藩藩主，该领地的面积是其原来领地的1/8，距离其原领地300多英里。[2] 明治政府还创建了新的地方藩以补偿因龟之助新领的设立而流离失所的大名。例如，长尾藩是于庆应四年七月为了前田中藩藩主本多正讷创建的。

政府对传统权威的尊重体现在1868年4月发布的著名的"五条誓文"中。这五条誓言是由三条实美代表明治天皇向古代诸神宣誓的。其中第一条宣称："广兴会议，万机决于公论。"日本民主的倡导者后来坚称，这些承诺创建了一个民选议会。但誓词的起草者对大名议会的看法更为谨慎。宣誓的目的很大程度上是为了将大名从个别地方议程中分离出来，转而投向新的国民政府。[3] 事实上，明治政府早期的国家议会、公

---

1 内閣：『職員録・明治三年・藩銘録全（坤震一）』、1870年、A09054454500，職B00023100、アジア歴史資料センター。

2 勝田政治：『廃藩置県：「明治国家」が生まれた日』、東京：講談社、2000年、40頁。

3 John Breen, "The Imperial Oath of April 1868: Ritual, Politics, and Power in the Restoration," *Monumenta Nipponica* 51, no. 4 (1996): esp. 423 - 424；鈴木淳：『維新の構想と展開』、東京：講談社、2002年、12 - 14頁。Thomas, *Reconfiguring Modernity*, 60 - 62; Marius B. Jansen, *The Making of Modern Japan* (Cambridge, MA: Belknap Press of Harvard University Press, 2000), 336 - 341; Toby, *State and Diplomacy in Early Modern Japan*.

议所和集议院都是基于旧的地方藩界限和世袭地位差别而划分。从这个意义上说，他们与北方列藩同盟的执政议会非常相似。这些机构表明，大名的地位仍然重要，而武士也同样行使着相应职能。例如，德川家的大沢基寿伪造了一份关于其封地的报告，以便将他归类为大名而不是旗本：他将其领土上的一个大湖描述为正在开垦的土地。

130 明治领导层维持大名权威的部分原因是他们不确定要以何种方式取代它。明治二年一月，作为迈向中央集权的第一步，政府开始重新任命大名为“藩知事”，让他们掌权，同时将他们重新定义为中央政府在各地的代理人。第一批“奉还”领地的是长州藩、萨摩藩、土佐藩和佐贺藩的大名，这些西南强藩击败了德川幕府。在家臣的逼迫下，他们在明治二年一月二十日（1869 年 3 月 2 日）的一个正式仪式上向天皇“版籍奉还”。许多大名都明白这是一种隐晦的命令，也开始自愿“奉还”其领地。到明治二年六月二十四日（1869 年 8 月 1 日），只有 14 名顽固的大名被勒令“奉还”他们的领地。这一过程被描述为大名向天皇奉还版籍，因为根据皇室思想，所有的主权都来自天皇。大名已经是皇室的封臣，所以正式“奉还”其封号与封地的行为实际上是让大名们承认天皇是自己的君主。天皇对这一行为的回应是重新授予大名“地方长官”的新职位，为他们烙上天皇臣属的印记，而不再是原幕府的封臣。

从修辞角度来看，这些“奉还”的仪式利用了世界性的沙文主义和激进的复古主义，将古老的过去与当今的挑战联系在一起。第一次"奉还"，宣告了日本自天照大神下凡统治以来一直处于天皇统治之下。版籍奉还承认了这一古老的真理，但也有助于日本"与外国平起平坐"。因此，回归古代原则与在新的国际秩序中建立日本主权是完全相容的。[1]

作为地方藩的统治者，大名既是地方领主，又是中央权力机构的代理人。同样，大名属下的高级官员既是武士侍从，也是中央政府官员，现在受到新的职员令的约束。这种混合的、过渡期的制度产生了意想不到的效果，催生出大名反对大名统治的悖论。政府赋予大名管理其财产的权利，但命令他们削减武士薪俸，以用来偿还债务并购买新式武器。这个过程既苛刻又令大名们感到屈辱。他们需要削减自己的开支，削减仆从的薪俸，并进行复杂的改革。对许多大名来说，改革的重担令他们不堪重负，已远超攫取权力的意愿。[2]

德岛藩藩主蜂须贺茂韶就是大名如何走向拒绝自己地位的 131
缩影。1867年，作为德岛藩的法定继承人，茂韶向英国外交官萨道义寻求建议，表示他有意放弃继承权并去英国学习。[3] 当他的父亲在庆应四年一月突然去世时，茂韶继承藩主之位，随之就与自己的家臣发生了冲突。茂韶想要在戊辰战争中加入新政府一方，但其属下则更为谨慎。蜂须贺家长期以来深受德川

1 松尾正人：『廃藩置県一近代統一国家への苦悶』、東京：中央公論社、1986年、34—38頁。太政官：『太政官日誌』、太政官出版、1876年，1869年1月23日、1月24日。
2 勝田政治：『廃藩置県：「明治国家」が生まれた日』、160—161頁。
3 Satow, *A Diplomat in Japan*, 264.

家的荣宠，而茂韶的父亲也是从德川家过继而来的。在茂韶被任命为藩主后，他面临着一场新的危机。在中央政府的命令下他被要求减少武士薪俸，但问题在于到底谁是他的武士家臣。在德岛藩，这是一个引发分歧的问题。作为德岛藩精英武士家族之一的稻田家拥有自己的领地和封臣。根据新的国家标准，稻田家是武士，但稻田家的封臣不是。作为封臣的封臣，稻田家的武士被归类为“卒”而非“士”，这直接导致这些人的收入和地位降低。稻田家决心要避免这种降级，并在明治二年八月向明治政府请求特殊关照。[1]

茂韶希望避免这场争执，而不是卷入其中。在明治三年一月，他建议废除所有地方藩，以建立更小的行政单位。他写道，政府需要兑现承诺，废除旧习俗，创建一个强大的、中央集权的天皇制国家。新国家需要将领土划分为若干县，并将所有武士置于一名国家军务大臣的指挥之下。他认为，就连“藩”这个词都是有害的，应该果断地废除。[2] 在明治政府下令撤除地方藩的整整 19 个月前，茂韶已开始主张结束大名的统治。

---

1 这一事件在日本被称为“庚午事变”，“庚午”是公元 1870 年的干支纪年。对此事件的一个很好的概述，参见德島県立文書館編：『庚午事変の群像：特別企画展』、德島：德島県立文書館、2007 年。该事件同时也被太政官的公文记载。参见太政官：『德島騒擾始末』、公文録、1871 年、国立公文書館、公 00434100。

2 参见細川家編纂所編：『肥後藩國事史料』卷 10、侯爵細川家編纂所、1932 年、775 頁。相关背景，参见松尾正人：『廃藩置県の政治的潮流』、出自『歴史学研究』596, no. 8、1989 年、9—12 頁。青山忠正：『幕末維新：奔流の時代』、東京：文英堂、1996 年、184—189 頁。井上勝生：『幕末・維新』、東京：岩波書店、2006 年、186—187 頁。

在此期间，德岛藩与稻田家的争端演变为暴力事件。明治政府希望通过将稻田家的封臣安置在虾夷地来调解矛盾。然而在德岛藩内部，各派都在持续不断地争夺传统的武士地位。稻田家的封臣提议创建一个新的稻田藩，这将使他们成为大名的直接封臣，从而成为真正的武士，而不是次级从属。这一提议激怒了一群德岛藩武士，包括德岛藩藩校的负责人，他们认为稻田家的上诉是充满耻辱和不忠的。[1] 为了捍卫他们主人的荣誉，明治三年五月十三日（1870 年 6 月 11 日），近千名蜂须贺家的家臣袭击了德岛城中稻田家的房屋，杀害其中的居住者，并将其烧毁。茂韶对此感到沮丧和被羞辱：1868 年，他的封臣 132
们未能团结起来支持天皇政府的平叛行动；1870 年，他们在新政府面前又再次让他难堪。他们对武士荣誉的执念只会让德岛藩蒙上不忠之嫌。[2]

对于茂韶来说，1871 年大名统治的结束与其说是一次失败，不如说是一种解脱。和其他大名一样，他获得了政府给予的慷慨的补偿金。为此他得以自由地离开日本，前往英国，并在牛津大学学习。回国后，他证明了自己的才干，虽然并非特别杰出的管理者，但最终被任命为驻法国特命全权公使，后来又被任命为文部大臣。茂韶在财务上精明，在政治上人脉深厚，他发现资本主义和封建主义同样具有吸引力。他在铁路、保险和纺织方面的投资为其带来丰厚的收入，其作为明治政府

1　参见『徳嶋藩兵隊歎願書』、出自太政官：『徳島騒擾始末』。

2　徳島県立文書館編：『庚午事変の群像：特別企画展』、11 頁。

官员的身份保持了他的威望。[1]

德岛藩发生的事以其突然升级为暴力事件和藩主蜂须贺茂韶强烈的不满情绪而引人注目，但潜在的紧张局势在许多藩都存在。许多大名都认同茂韶的观点，即大名统治是徒劳无益的，而如鸟取藩藩主池田庆德和尾张藩藩主德川庆胜都建议撤
133 销地方藩，建立一个更强大的中央政府。[2] 萨摩藩年轻藩主的父亲岛津久光是为数不多直言不讳地捍卫传统权力结构的人。久光经常指责新政府削弱了大名的权力，破坏了传统的地位差异。他猛烈抨击采用西式装束，因为西方服饰没有充分区分贵贱身份；他反对妇女教育，认为这违背了正统；还反对平民和武士通婚。[3] 萨摩藩的领土广阔、军事力量强大，因此，久光的不满令人生畏，但他的发声却是孤立无援的。他没有将其他大名团结到一个共同的事业中，而是陶醉于自己对改革咄咄逼人的谴责中。

---

1 松尾正人：『廃藩置県の政治的潮流』、出自『歴史学研究』596，no. 8、1989 年、9—12 頁；Andrew Fraser，"Hachisuka Mochiaki (1846 - 1918)：A Meiji Domain Lord and Statesmen，" *Papers on Far Eastern History* (Canberra) 2 (1970)；Andrew Fraser，"Hachisuka Mochiaki (1846 - 1918)：From Feudal Lord to Businessman，" *Paper on Far Eastern History (Australian National University)* 37 (1988)。

2 勝田政治：『廃藩置県：「明治国家」が生まれた日』、120—123 頁。

3 我对岛津久光的描述，是根据他在 1873 年 6 月的详细回忆。参见日本史籍協会編：『島津久光公實紀』3、東京：東京大学出版会、1977 年、211—225 頁。其他关于岛津久光这些怨言的描述，参见宮内省臨時帝室編修局編修：『明治天皇紀』第 3 巻、89—90 頁。岛津久光批判西乡隆盛和大久保利通的大段言论，参见 Ravina，*The Last Samurai*，170，177 - 178。

图4.2 萨摩藩军官。请注意在这幅萨摩藩军官的工作肖像中西式军装和传统武士发型的结合

美国保罗盖蒂博物馆藏（84. XO. 613. 7）

虽然大名对改革的抵制逐渐消退，但东京的新政府越来越意识到中央集权的必要性。像山县有朋和西乡隆盛这样的军事领导人渴望效忠天皇，而不是忠于各自的地方藩。外交上，大名统治的延续损害了明治国家的国际声誉。当岛津久光率领身着传统服装的武士随从在东京列队前行时，不可能让外国人相信日本正在成为一个受人尊敬的现代民族国家。在财政方面，如果不进行薪俸改革和直接征税，中央政府就无法控制财政预算。在民政领域，对武士薪俸的改革是混乱的，各藩采取不同的策略。

到1871年中期，问题的分歧已不再是是否要撤销这些藩，而是建立怎样的地方行政体系来取代它们。有几个总体目标得到了广泛认同：明治国家需要将古代天皇至高无上的统治权威与世界上的最佳实践结合起来。这意味将采用某种伴有明确分权的君主制。但明治领导层在细节问题上举步维艰。这个国家应该有一个强大的立法机关吗？需要独立的司法机构吗？要设立多少个部门？哪些部门最有权势？[1] 明治四年七月，明治领导层终于就新国家的框架达成一致。新国家的政治结构是古代日本和近代西方形式的融合物。上层建筑让人回忆起古代日本国家的政治体系。最高代理机构是太政官，它拥有最高的立法、行政、司法权力。太政官由三议院组成。权力最大的是正院，有七名成员：太政大臣（三条实美）、右大臣（岩仓具
134 视）、左大臣（空缺，但后来由岛津久光担任）和四名参议。另外两个较小的议院：左院和右院。这些机构名称和头衔在很大程度上借鉴了经典的东亚模式。“太政官”“太政大臣”“右大臣”等术语都是以古代奈良—平安朝廷为基础的。通过这种方式，“新”政府与唐代中国的制度相呼应。

在唐朝式的政治结构之下，是一个受欧洲模式启发的内阁制度。新的内阁分成八部：外务省、大藏省、兵部省、文部

1 笠原英彦：『明治留守政府』、東京：慶應義塾大学出版会、2010年、4—6頁。

省、工部省、司法省、宫内省、神祇省[1]。外务省的设立是欧洲实践最显著的例子。在古代唐朝和奈良政权时期，外交仪式由礼部处理。

这两种结构并不完美地结合在一起，反映了明治政权内部持续的紧张局势。太政官制的职位主要由旧精英担任，如朝廷贵族和大名。相比之下，内阁主要由中低级武士组成。目前尚不清楚这两个机构如何互动。正院将在多大程度上监督各部的运作？实际操作中，预算是由大藏卿还是由太政大臣决定？这些都是令人困惑的问题，但即使是一个不完美的中央集权政府也被认为比数百个地方藩政府更好。带着极大的不安，新政府准备着手撤销地方藩藩主的职务。[2]

明治四年七月十四日（1871年8月29日），明治政府宣布地方藩将被县取代。这一行政法令再次反映了世界性的沙文主义和激进的复古主义的修辞。该法令以年代更为久远的传统的名义废除了大名传统。天皇不能依靠大名统治的惯例来保护他的臣民，让日本“与世界各国并立”。因此，必须确保真正地将权力归还给天皇。[3] 大名将得到丰厚补偿，以弥补他们的收入损失，但他们将不再统治。明治政府做好了应对暴力反应的

1　译者注：明治政府于明治四年（1871年）八月八日对神祇官进行改称，于太政官下设神祇省，掌管祭祀、宣教活动。明治五年（1872年）三月十四日，被废除，祭祀事项由式部寮负责，宣教事项由新设的教部省执掌。

2　勝田政治：『廃藩置県：「明治国家」が生まれた日』、190—197頁。

3　太政官：明治四年七月十四日：『藩ヲ廃シ県ヲ置ク』、太00062100件名番号122、国立公文書館。

准备，但没有任何激烈反抗。士气低落，组织混乱，被慷慨的补偿金诱惑，末代大名就这样从历史舞台上悄然消失了。

地方藩的瓦解标志着近代日本国家的诞生。武士改革派推翻了旧政权，建立了一个新的中央集权政府。这一过渡是和平
135 的，很大程度上是因为大名本身已经对旧政权失去了信心。但明治政府也通过延缓应对许多挑战来确保和平。新政府曾暗示要进行彻底改革，但其改革尚未触及大多数日本人的生活。农民仍然像他们的祖父母一样缴税。武士仍然自豪地佩戴着两把武士刀，作为比平民优越的公开象征。军队和政府的任命仍然主要基于世袭特权。明治政府创建了一个日本国家，但尚未凝聚为日本民族国家。明治革命的第二阶段将引发新一轮冲突和骚乱。

第 5 章

缺乏耐心的国家

地方藩的解体使明治政权成为一个中央集权国家，但这更多是名义上的而非基于实践的。政府对所有日本人都有直接的统治权，理论上，这种权力可以到达日本的每一个村庄。明治政府剩下的任务是利用这一权力将日本臣民转变为日本国民，并创建一个日本民族国家。尽管如此，明治政权在 1871 年发表的所有宏伟声明中，几乎没有触及大多数日本人的日常生活。当时尚未建立统一的国家税收体系：新政府从日本各地获得税收，但这些收入是通过数千个不同的地方系统征收的。当时没有国家军队，只有由几个大藩的武士部队拼凑而成的天皇近卫队。当时没有全国性的法典。教育仍然主要由当地僧侣或私立学校提供。政府大事宣扬所有日本臣民一律平等，但在实践中，日常生活仍然受到传统等级制度的支配。武士仍然统治着平民，佩戴着两把武士刀，这是他们世袭优越地位的象征。如秽多和非人这样的贱民阶层，仍然受到工作和居住方面的长期限制。与德川时代一样，日本人在很大程度上是通过共同的差异感团结在一起的，这是一种按地位和地域划分的共同准则。创建一个单一日本民族国家的巨大工程还没有完成。

与此同时，政府希望确保其统治的国际合法性，并修改不平等条约。条约的关键条款象征性地标志着日本是一个被征服的国家。例如根据治外法权的规定，在日本犯罪的西方人将根据其所属国家的法律在属于其国家的法院受审。这样的安排在欧美列强和“不文明”国家之间的条约中司空见惯，因此这些
137 条约隐喻性地将日本划为文化落后的国家。更实际的情况是，根据不平等条约，日本不能自行设定进出口关税。这限制了政府增加收入和塑造经济发展的能力。最后，这些条约无时无刻不在提醒着日本的失败。西方列强通过炮舰外交强加不平等条约，这种羞辱也在无形中削弱了德川幕府的实力。虽然明治新政府不再寻求“驱逐野蛮人”，但它急于洗刷耻辱。因此，明治政府准备展开一场以修改条约为终极目的的外交攻势。

为了追求这些目标，明治领导层做出了一个了不起的决定：将政府高层一分为二。一些重要官员将离开日本，前往美国和欧洲，向外国领导人阐述日本的维新，通过了解和学习西方，为改订条约奠定基础。与此同时，“留守政府”将继续留在日本，继续推进国内的改革。因此，从 1871 年 11 月到 1873 年 9 月近两年的时间里，对日本政府的描述是双重的。一方面是东京留守政府的记述，由西乡隆盛、板垣退助和江藤新平等维新元勋领导。另一方面是关于岩仓使节团的记述，这是一个以其名义上的领袖——朝廷贵族岩仓具视名字命名的大型使节团。

这两个政府截然不同的经历导致了一场政治危机。即使在最好的情况下，重新整合政府仍是件具有挑战性的事情。双方对如何建立一个强大的日本民族国家具有截然不同的理解。岩

仓使节团惊讶地目睹了欧美工业革命的影响。例如在英国，铁路和工厂改变了日常生活，导致了令人震惊的贫富悬殊和污染水平，但也带来了巨大的财富和国家实力。虽然代表团成员熟悉蒸汽机等技术，但他们仍对英国产业转型的深度和广度感到震惊。庞大的近代化工厂似乎无处不在，这引发了一系列新的问题。日本如何才能建设与之水平相当的基础设施呢？明治政府如何创造一个铁路和电报线同样纵横交错、天空被工厂烟雾笼罩的新日本？日本政府需要推广特定技术的想法并不新鲜。甚至在明治维新之前，佐贺和萨摩等地方藩就已推动高炉和造船厂等高科技资本密集型项目的发展。但以大久保利通为中心 138
的政治集团开始确信，国家需要领导日本工业化的方方面面，不仅是如铁路和电报这样资本密集型的工厂或基础设施项目，还包括陶瓷和漆器等普通消费品的生产。这种经济发展方式源于一种新的看法，即日本经济相对落后，商人缺乏创业精神，且资本也很贫乏。尽管岩仓使节团以身为武士感到荣耀，但与他们所看到的相比，日本的经济劣势给他们留下了深刻印象。相比之下，留守政府则没有经历过这样的冲击。因此，同江藤新平一样，一些人认为与西方经济水平的平等指日可待。日本的企业活力只需通过新的、完善的法律法规来予以释放。

岩仓使节团也对法国的衰落和德国的崛起感到震惊。1870—1871年的普法战争后，使节们在巴黎和柏林来回游走，见证了在这场战争中，俾斯麦在外交和军事上羞辱了欧洲大陆最强大的国家。那次失败引发了日本对法国局势的重新评价，法国在 19 世纪 70 年代曾向日本提供军事和法律顾问。然而到了 19 世纪 80 年代，在日担任顾问的德国人变得越来越多。和工业革命一样，岩仓使节团和留守政府对普法战争也有不同的解释。在日本，1871 年巴黎公社的起义者们被想象为共和理想和武士精神的光荣结合体。即使在法国军队向普鲁士投降后，巴黎的勇士们仍在继续战斗，他们宁可忍受补给匮乏，也要捍卫荣誉与爱国，这难道不是爱国主义的典范吗？如果普通的店主和工匠能够与伟大战士英勇地并肩战斗，那么法国显然是一个完美的民族国家。即使战败，法国也值得效仿。然而岩仓使节团却看到了一些不那么美好的事情。法兰西第三共和国的政府机能失调，难以负担支付给德国的战争赔偿。与此同时，在柏林，奥托·冯·俾斯麦（Otto von Bismarck）正在用法国的赔款建造一支近代化的德国军队。岩仓使节团最终作为普鲁士现实主义政治的皈依者回到日本。战争不是关乎荣誉或高尚原则的，尽管这些思想作为宣传工具可能大有用处。同样，战争也并非关于争夺领土。相反，战争是在巩固和扩大国家权力时被明智而审慎运用的工具。

因此，1873 年的政治危机源于如何建立一个强大的日本民
139 族国家的两种不同构想之间的冲突。日本需要一个强大的政权来领导落后的人民吗？或者，作为一个自豪而强大的国家的一员，日本人民已经准备好领导他们的国家了吗？国家应该解放人民还是引导人民？这场关于政府性质的争论植根于中国古典思想中由来已久的矛盾之上。平民从本质上来说是否是愚民而

没有自我管理的能力？作为“民众的父母”，国家是否应该提升和改变他们的行为？或者，国家听取和回应民众的不满是必要的吗？孔子曾言：“去兵……去食。自古皆有死，民无信不立。”[1] 这种观念是正确的吗？这些古老的问题裹挟着武士的美德与忠诚观念。武士究竟是忠于其领主本人还是忠于领主的家族？一个忠诚的武士会以更高的抽象原则为名而违抗其领主的命令吗？在一个没有大名和幕府的世界里，这些传统如何发扬光大呢？武士是忠于民族、国家还是政府呢？日本思想家在融合西方国家主权、人权和人人平等等新观念的同时，也在努力解决这些疑问。这场智力斗争产生了一个借鉴儒家经典、武士伦理和欧洲政治思想的混合但令人信服的思想体系。

由于这种复合属性，1873年的政治危机并不能很好地反映出传统的政治差别。在许多历史著作中，留守政府被描述为极其保守。留守政府的两名关键成员西乡隆盛和江藤新平后来参与了受传统思想影响的武士起义，因此留守政府经常与“对近代化的反动”联系在一起。[2] 但同时代学者看到了截然不同的东西。例如，英文报纸《日本公报》（*Japan Gazette*）将留守政府描述为“共和派”，将岩仓使节团描述为“君主主义者”。[3]

---

1 “为民父母”的相关理念起源，可在《孟子·梁惠王上》中找到经典依据。孔子的言论，引用自《论语·颜渊》。

2 George M. Beckmann, “Political Crises and the Crystallization of Japanese Constitutional Thought, 1871－1881,” *Pacific Historical Review* 23, no. 3 (1954): 263.

3 *Japan Gazette*, November 1, 1873, 2.

这样的描述会让岩仓使节团和留守政府的成员感到震惊，他们在支持天皇主权的问题上团结一致。但公报的报道源于党派之争，而非混乱或无知。编辑约翰·雷迪·布莱克（John Reddie Black）与留守政府的领导人私人关系密切，他的儿子亨利·布莱克（Henry Black）是日本反对派在政治上的同行者。在使用“共和派”一词时，公报对留守政府拥护“权利”和“自由”等概念表示赞赏。[1]

140 相比之下，《日本每周邮报》（*Japan Weekly Mail*）反对留守政府并站在其对立面。该报指责留守政府的鲁莽。在援引约翰·班扬（John Bunyan）[2] 的《天路历程》时，它将政府的急躁比作撒旦的诱惑。日本政府曾设想，一些捷径“将引导它与那些不仅在这条道路上辛勤耕耘数世纪”，而且还发展出“日益增长的道德和智力力量”的国家并驾齐驱。认为日本可以迅速赶上西方的诱人幻想，不过是“谄媚者织造的迷网”，是魔鬼的诡计。

这些截然不同的描述凸显了留守政府的不同侧面。它致力于共和派的理想，认为国家的核心职责是捍卫人民的权利和自由。它追求激进的平等主义目标，批判地位、阶级和性别差异。同时，其权利意识也注入了武士的荣誉感。因此，捍卫

---

1 Ian McArthur, *Henry Black: On Stage in Meiji Japan* (Clayton, Victoria, Australia: Monash University Publishing, 2013), esp. 30－37.

2 译者注：该处原文写作 Paul Bunyan，*The Pilgrim's Progress*（中译本［英］约翰·班扬：《天路历程》，西海译，上海译文出版社，1983 年），作者为 John Bunyan，此处应为作者笔误。

“人民权利”包含了对武士荣誉的报复。这种扩张的“权利”意识导致了鲁莽的外交政策。当岩仓使节团在1873年夏末归国时，留守政府已经准备好与中国和朝鲜开战。留守政府在国内政策上同样鲁莽行事，且缺乏耐心。它确信可以迅速将日本转变为世界强国，因此以惊人的速度推进征兵、废除身份差别、宗教灌输和小学义务教育等政策的施行。与其他革命政权（法国、俄国和中国）一样，留守政府成员将温和、耐心与懦弱、叛国联系在一起。

相比之下，岩仓使节团的成员则致力于审慎而稳定地巩固国家权力。日本需要几代人的时间来建设，不可能在几个月或几年内一蹴而就，与西方经济实力相抗衡，而在此期间，日本人民更需要的是引导，而不是解放。如果日本老百姓缺乏对工业革命的欣赏，他们怎么能领导国家呢？日本转变为强国需要的并非解放，而是国家的领导，尤其在经济方面。日本人民可以享有公民权利，但只有在一个强大的、不断发展的国家庇护下才能享有。在外交政策上，日本可能发动战争，但只是作为一以贯之的地缘政治战略的一部分，而不是为了报复历史上曾蒙受的屈辱。在效仿普鲁士的情况下，岩仓使节团的成员只在战争结果可控，敌人有能力支付战败赔偿的情况下才赞成发动战争。

近代日本政治的主要力量是从1873年的政治危机中孕育 141
而出的。1874年1月，一些重要的前政府官员从政府辞职后不久，就公开呼吁选举产生议会，坚持认为一个强大的日本需要民众广泛参与公共事务。这标志着日本民主主义运动的开端。但这些人也是主张与中国、朝鲜开战这种论调的狂热支持者，渴望建立一个日本帝国。因此，1873 年的政治危机催生了两个相互纠缠的民众运动：民主主义者呼吁代表权和包容性，民粹主义者要求动员民众和发动战争。最终获胜的一方主要由大久保利通领导，他们更专注于国家权力建设而不是民众的支持。大久保政府创建了一个致力于工业发展的强大官僚机构，这成为日本发展型国家的前身。二战后出现的以增长为导向的企业与政府联盟，即所谓的“日本公司”（Japan Inc.）[1]，其前身就出现于 1873 年政治危机之后。

岩仓使节团

岩仓使节团有三个重叠的任务。其一是将明治政府与德川政权区分开来；[2] 其二是向西方国家宣示日本政府急于重新谈判以改订不平等条约；其三是为近距离了解西方制度和学习西方知识。这些目标是相辅相成的：通过了解西方政治体系，使节团希望让西方政府相信，明治政府是认真对待国内改革的，

1 译者注：Japan Inc. 是对日本传统的、高度集中的经济体系的描述。从某种意义上说，自 20 世纪 80 年代以来，日本一直被资本主义和追求出口利润的企业文化所定义。尽管社团主义迅速发展，但日本经历了长期的经济停滞，表现为 GDP 增长缓慢、利率较低。

2 大多数史学著作往往忽略岩仓使节团与幕末的欧美使节团之间存在的连续性。尽管面临着巨大挑战，幕末的使节团在欧洲和美国还是受到了欢迎。赴美使节团拜访了旧金山、华盛顿、费城和纽约，在这些地方都吸引了大量人群围观。当时报纸对他们的报道大多是积极的。比如《纽约时报》（1860 年 6 月 19 日）曾报道，除了穿着怪异，使节团成员们看起来是“热情、敏锐、聪明的人”。

因此完全不同于德川幕府。

这三重议程最早由明治政府的荷兰顾问吉多·沃贝克（Guido Verbeck）提出。当沃贝克得知新政府正计划向西方派遣外交使团时，他向来自佐贺藩的明治政府官员大隈重信提出了一套详细的建议。沃贝克建议使节团应向西方外交官传达日本希望“按照国际法的设想，被国际社会充分接受和接纳”，并实现“与西方国家在政治上的完全平等”的愿望。但同时也应该预防西方外交官会拒绝这些请求，坚称日本还不值得被平等对待。西方官员会争辩说，日本文化既与世隔绝又与西方迥异。日本的民事和刑事法庭系统不符合“西方司法标准”，日 142
本法律仍然禁止基督教和外国人的行动自由。沃贝克建议使节团应认真处理这些反对意见。应该请求天皇发表一份书面文件，以“列举出天皇政府为实现政治平等将采取的基本措施”。同时应该成立几个大型研究团体，负责仔细审查并研究西方的政治机构。这些研究人员将编写严谨的报告，如此一来，政府便可以就国内改革问题展开有广泛依据可循的讨论。[1]

沃贝克强调了通过直接观察而不是依据理论文本来了解西

1　我在这里赞同沃贝克给大隈重信的信件是促使使节团成行的重要推动力。参见大久保利謙：『岩倉使節の研究』、東京：宗高書房、1976年、26—52頁。田中彰：『岩倉使節団の歴史的研究』、東京：岩波書店、2002年、69—73頁。在田中彰校注的书中，可以找到一份沃贝克的“Brief Sketch”的文件抄本。参见田中彰校注：『日本近代思想大系1 開国』、東京：岩波書店、1999年、364—371頁。我还查阅了美国归正教会档案中的信件原件：Verbeck folder, “Brief Sketch,” Japan Mission Box 737. 3N。也可参见 A. Hamish Ion, *American Missionaries, Christian Oyatoi, and Japan, 1859 - 73* (Vancouver: University of British Columbia Press, 2009), 143 - 144。

方的重要性。“西方文明中有一些东西，”他写道，“必须亲身观察和体验，才能被充分欣赏。”研究文本对于理解理论和原则是有价值的，但西方制度是“实践和经验”的结果，而不仅仅是“抽象的理论推演”。此外，西方也有很多正反两方面的例子，展现出“千姿百态，既存在需要学习和模仿的优点，也不乏需要了解和避免的缺点”。沃贝克特别注重直观感受，因为他曾在佐贺藩教授外语的学校中担任教师，在那里他教过几位未来的明治领导人学习英语。因此，他十分了解课堂上书本教育的局限性。[1] 他对直接体验和观察的重视极具先见之明：岩仓使节团的成员也确实被他们在国外的经历改变了。

明治政府采纳了沃贝克的多项建议。使节团由政府的高级官员、右大臣，也是最有能力的朝廷贵族岩仓具视领导。为表明此次出使的严肃性，岩仓被正式任命为特命全权大使，而另外四位领导者则被任命为副使，包括：大久保利通、木户孝允、伊藤博文和山口尚芳。[2] 这些任命反映了推翻幕府的地方藩联盟对新政府的影响力，其中大久保来自萨摩藩，木户和伊藤来自长州藩，山口来自佐贺藩。使节团还包括大批科研人员和学生，共计100多人。值得注意的是，沃贝克提建议的对象大隈重信并没有加入使节团，而是被更有权势的人物排挤了出去。

143 岩仓使节团于1871年12月下旬（1871年12月23日，明

---

1 关于沃贝克的生平，参见 William Elliot Griffis, *Verbeck of Japan: A Citizen of No Country* (Edinburgh: Oliphant, Anderson & Ferrier, 1901)。

2 Auslin, *Negotiating*, 170 - 172.

治四年十一月十二日）离开东京[1]，在旧金山停留两周后，乘坐火车在新建成的横贯大陆的铁路上穿越美国。使节团抵达华盛顿特区后不久就面临第一次外交挑战。美国国务卿汉密尔顿·菲什（Hamilton Fish）表示愿意考虑日本的几个重要请求，包括关税自主权和改订治外法权，这让代表团感到惊讶。菲什的和解立场是战略性的。美国急于将自己在太平洋地区的野心与欧洲殖民主义区分开来，菲什希望通过在欧洲列强之前向日本做出让步来戏剧化地达成这一目标。美国也急于重申其在日本与西方关系中的首要地位。美国——在 1853 年"叩开"日本大门的国家，却在南北战争时期失去了这一阵地。如今内战已经结束，格兰特总统（Ulysses S. Grant）再次希望统一后的国家"成为日本、中国和世界贸易平衡的领导者"。[2] 菲什的和解精神皆源于这一雄心壮志。

与此同时，菲什对使节团的外交授权范围提出了疑问。他们是被授权签署条约，还是仅仅开始初步磋商？他们能在假定

1　译者注：原文此处日期记作 1871/11/23，根据"读者须知"中"日期"的规定，对应为明治四年十一月二十三日。此处为作者笔误。实际上，岩仓使节团于 1871 年 12 月 23 日，即明治四年十一月十二日从横滨港出发。

2　Auslin, *Negotiating*, 184. 关于格兰特所说言论的出处，参见 Grant to Fish, July 16, 1872, in Ulysses S. Grant, *The Papers of Ulysses S. Grant*, ed. John Y. Simon and John F. Marszalek, vol. 21, (Carbondale: Southern Illinois University Press, 1967), 202 - 204。关于美国外交的概论性研究，参见 Robert L. Beisner, *From the Old Diplomacy to the New, 1865 - 1900*, 2nd. ed., (Arlington Heights, IL: Harlan Davidson, 1986), 72 - 95; Stephen McCullough, "Avoiding War: The Foreign Policy of Ulysses S. Grant and Hamilton Fish," in *A Companion to the Reconstruction Presidents 1865 - 1881*, ed. Edward O. Frantz (Chichester, West Sussex, UK: Wiley Blackwell, 2014), 311 - 317。

批准只是一种形式的情况下对改订的条约草案作出承诺吗？使节团成员们既高兴又困惑。菲什似乎在暗示对条约进行重大修改，但这样的谈判超出了他们的职权范围。在回应菲什的询问时，岩仓使节团决定请求东京方面提升他们的外交权限。1872年3月下旬（1872年3月21日，明治五年二月十三日[1]），大久保和伊藤离开华盛顿特区回到东京，与留守政府协商，并请求授权谈判新的条约。留守政府同意提升岩仓使节团的外交权限，大久保和伊藤于7月下旬（明治五年六月十七日）返回华盛顿。[2] 岩仓使节团似乎已胜券在握地准备为祖国带来一场外交胜利：（通过）美国在不平等条约问题上的让步与改订。

然而谈判在激烈的争吵中陷入僵局。岩仓使节团满怀乐观，却对西方外交规则一无所知，他们向菲什提议在欧洲召开一次关于改订条约的大会。菲什对使节团的回应感到失望，他的目标是加强美日双边关系，而不是派美国代表参加国际会议。一场大型多边会议将使美日间的任何特殊关系黯然失色，因此他将使团的提议解读为对其早先提议的拒绝。他变得愤怒和多疑，同时宣

---

1 译者注：此处原文日期记作1872/5/2，根据“读者须知”中“日期”的规定，对应为明治五年五月二日（1872年6月7日）。但依据久米邦武《米欧回览实记》等资料，大久保利通于1872年3月20日（西历），明治五年二月十二日出发归国。伊藤博文于翌日，即1872年3月21日（西历），明治五年二月十三日出发归国。

2 如玛琳·梅奥（Marlene J. Mayo）在注释中所说：“确切地说，在东京发生的事情很难理清。”关于留守政府给予大久保和伊藤对岩仓使节团新的授权证明，毛利敏彦则认为，岩仓使节团仍然没有订立新条约的权力，这只是大久保保留颜面的策略。参见 Marlene J. Mayo，“A Catechism of Western Diplomacy：The Japanese and Hamilton Fish，*1872*，” *Journal of Asian Studies* 26，no. 3（1967）：406－408；毛利敏彦：『明治六年政変』、東京：中公新書、1979年、24—27頁。使节团的新授权证明，参见外務省：『大日本外交文書』第5巻、東京：日本国際協会、1936—63年、225—226頁。

称，与日本在欧洲谈判一项条约“有悖美国的威严和自尊”。他 144
私下写信给格兰特，指责使节团遇事“推诿”，并极具“东方的狡猾”。由于使团不切实际的野心和在欧美外交事务上缺乏经验，近在咫尺的胜利就这样付诸东流。此外，使团不仅没有说服美国外交官，反而激怒了他们。[1] 木户孝允在其日记中记录了当时绝望的心情：“尽管我们辛勤工作百余天……其中两人更跨过 5000 多里的海洋，穿越 3000 多里的平原和山脉专程回国请示……如今我们所有的努力都白费了……我现在感到无限的懊悔，因为我们的鲁莽轻率，将事情陷于此种境地。”[2]

华盛顿谈判的失利改变了岩仓使节团的使命。在条约改订问题上的过激行为实际上损害了日本的利益，而此后，使节团又犯了过于谨慎的错误。事实上，使节团不仅放弃了在欧洲召开大会的计划，还放弃了迅速改订条约的任何希望。他们最终将重点放在第三个目标上：详细了解并学习西方的政治结构。这些学习结果强化了使节团关注长期战略而非急于求成的改革观点：日本需要几十年，而不是几年，才能与西方的经济实力相抗衡。

---

1 当森有礼于 3 月 20 日第一次提出在欧洲举行会议这个议题时，菲什表示强烈反对，但森有礼似乎没有充分地理解菲什的立场。当岩仓在 7 月提出同样的议题时，菲什对之做出愤怒的回应。菲什的相关言论，参见 Fish to Grant, July 11, 1872, in Grant, *The Papers of Ulysses S. Grant*, 21: 202 - 204。也可参见 Auslin, *Negotiating*, 187 - 191; Mayo, “Catechism,” 404。

2 木戸孝允著、妻木忠太編：『木戸孝允日記』第 2、明治五年六月十七日（July 22, 1872）、早川良吉出版、1932—1933 年、201—202 頁。也可参见英文翻译版：Kido Takayoshi, *The Diary of Kido Takayoshi*, trans. Sidney DeVere Brown, 3 vols. (Tokyo: University of Tokyo Press, 1983), 2: 186 - 187。

在寄回日本的信中，大久保解释了对欧洲的实地观察如何改变了他对日本在世界上所处地位的理解。从表面上看，日本似乎正在接近西方的“文明”标准。明治政府开始普及教育，建立了新的法院系统。东京到长崎有了电报服务，东京到横滨铺设了铁路。但出使欧美数月后，如今这一切似乎都是肤浅和无关紧要的。[1] 西方经济发展的程度令人震惊。在

145

图 5.1　从新桥到品川的铁路，出自 1875 年歌川广重的“名胜”指南

美国洛杉矶博物馆藏（16.16.5），经允许转载

1　大久保利通：『西徳二郎への書翰』（明治六年正月廿七日）、出自『大久保利通文書』第 4、東京：日本史籍協会、1927—1929 年、483—486 頁。

英国，铁路、公路、桥梁和运河延伸到这个国家的偏远角落。几乎每一个行业都拥有巨大的工厂：造船、纺织、制糖，甚至一家位于伯明翰的啤酒厂，据大久保称该厂绵延 30 英里。庞大的工业基地超出了他的想象，但这正是英国财富和实力的关键。[1] 建立一个强大的日本民族国家首先需要建设类似的工业基地。

大久保的另一个发现是普鲁士的崛起和法国的相对衰落。在新生的德意志帝国，俾斯麦大获全胜，使帝国的实力接近巅峰。根据大久保的说法，总理大臣（指俾斯麦）可以满怀信心地向德意志帝国议会提出立法建议，并确信议案会被顺利通过。当帝国皇帝在议会发表讲话时，他将获得热烈的掌声和满堂的喝彩。由此可见，普鲁士将君主制的尊严和稳定与人民议会巧妙地结合在一起。更好的是，国会可以通过花费从法国那里获得的战争赔偿来增编军队。巴黎公社的理念 146
或许高尚，但俾斯麦的现实主义政治需要花费冰冷的金钱。大久保指出，普鲁士与他预想的完全不同：它先进得多，令人印象深刻，而且“简单且可靠”。[2]

相比之下，法国则处于动荡之中。左翼和右翼都不信任临时总统阿道夫·梯也尔（Adolphe Thiers）。君主派认为他不够

1　大久保利通：『西鄉隆盛・吉井友實への書翰』（明治五年十月十五日）、出自『大久保利通文書』第 4、447—451 頁。

2　大久保利通：『西鄉隆盛・吉井友實への書翰』（明治六年三月廿一日）、出自『大久保利通文書』第 4、491—493 頁。

保守，而左翼人士则指责他镇压了巴黎公社，因此议会达成一致的只有对梯也尔的蔑视。他们投票禁止梯也尔在议会前发言，通过了针对梯也尔的不信任投票。大久保认为这些行为是荒谬的。一个国家的总统怎么可能被禁止向其议会发表讲话呢？如果这是真正的民主的话，大久保并不希望模仿这样的体制。[1] 这些经历证实了他对法治的偏爱甚于人民议会。[2] 实际上，大久保得出的结论是，法国、英国和美国的政治模式不适合日本的发展水平。效仿俄国和普鲁士更为适宜，因为这两个国家的“开化”程度更接近日本。[3]

木户同样对秩序和稳定的美德印象深刻。回国后，他在《日本每周邮报》上撰文，声称法国人自己都羡慕英国人。他坚持认为，英国人“伸张权利，保有天赋之自由”。相比之下，法国人“据要路之一局，而偏持威权”，其结果是混乱和国家实力的衰落。[4] 木户还对俄国、奥地利和法国如何利用其

1　大久保利通：『大山巌への書翰』（明治六年二月十四日）、出自『大久保利通文書』第4、489—491頁。关于当时法国的局势，参见 Georges Valance，*Thiers：Bourgeois et Révolutionnaire*（Paris：Flammarion，2007），382－383。

2　Kim，*The Age of Visions and Arguments*，62－63；以及大久保利通：『大久保利通文書』第1、東京：日本史籍協会、1927—1929年、442—443頁。

3　大久保利通：『西徳二郎への書翰』（明治六年正月廿七日）、出自『大久保利通文書』第4、483—486頁。

4　“Discourse of Kido，Councillor of State，after his Return to Japan，” *Japan Weekly Mail*，November 8，1873. 这篇文章的重印版，参见 Walter Wallace McLaren，“Japanese Government Documents，” *Transactions of the Asiatic Society of Japan* 42，Part I（1914）：567－577。这篇文章没有直接的日文文本，但在木户孝允的日记中可以看到全部的内容，参见木戸孝允：『憲法制定の建言書』、出自木戸公伝記編纂所編：『木戸孝允文書』第八、東京：日本史籍協会、1929—1931年、118—129頁。

内部矛盾瓦解波兰的行为感到困惑。他认为波兰和中国都是富裕和文明的国家，但是国内的混乱导致了这两个国家的毁灭。[1]

当使节团于 3 月 19 日抵达柏林时，来自东京的命令要求木户和大久保返回日本。[2] 留守政府名义上的首脑三条实美迫切地需要帮助。三条是留守政府名义上的领导人，在纯粹的朝廷贵族中，他的地位甚至超过了岩仓。但是，他缺乏遏制内阁内部派系斗争所需的实际政治能力。经过多次讨论，使节团决定立即让大久保回国。他于 5 月初抵达东京。而木户继续按原计划前往俄国，直到 7 月份才返回日本。当岩仓使节团的其他成员在东南亚经历了一段悠闲的旅程，并于 9 月抵达东京时，他们发现日本正处于激烈的革命动乱中。

留守政府

和岩仓使节团一样，留守政府的成员也来自推翻幕府的地 147
方藩联盟。其中，正院参议是西乡隆盛（萨摩藩）、板垣退助（土佐藩）、大隈重信（佐贺藩）和江藤新平（佐贺藩）。而长州藩的代表是两位有权势的人物，分别任职于大藏省（井上馨）和军队（山县有朋）。然而，与岩仓使节团不同，留守政府致力于快速的革命性变革。他们没有意识到西欧在技术和物质上的优势，充满乐观地期待着日本迅速崛起为世界强国。在思想上，留守政府提倡个人自由和平等，也提倡武士道德中的

1　木戸公伝記編纂所編：『木戸孝允文書』第八、126—127 頁。
2　大久保利通：『大久保利通文書』第 4、495—499 頁。

责任意识和道德修养。留守政府在积极废除武士世袭特权的同时，试图创建一个体现传统武士精神的日本民族国家。对于留守政府的成员来说，这些目标是一致的。追求个人利益、道德修养与职责、荣誉以及为民众服务是完全一致的。这种融合了政治和社会的构想被《日本公报》称为“共和主义”，或可以称之为“武士民粹主义”：它对“权利”和“自由”的构想充满了武士的服从意识。武士的伟大取决于其个人才华和无私的忠诚，这成为自力更生和为国牺牲的新构想的基础。留守政府深信他们的政策将释放日本民众的巨大力量，因此他们不惧怕对外发动战争，在 1873 年秋天，他们已准备进攻朝鲜半岛。理想主义的、狂热的和缺乏耐心的“武士民粹主义”与受岩仓使节团推崇并经过深思熟虑而决定践行的现实主义政治是完全对立的。这种基于理论构想的分歧使日本政府四分五裂。

“武士民粹主义”的力量在平民征兵中表现得最为明显。《征兵告谕》（明治五年十一月二十八日，1872 年 12 月 28 日）大胆地宣布，所有日本人的权利和义务现在都是平等的。这被描述为是对奈良时代国家军队的复归，据称当时在位的天皇亲自统帅应征入伍的平民。武士阶层对兵役的长期垄断被指责为对这一古老做法的侵犯。武士本身也被谴责为傲慢的游手好闲的人，且热衷于毫无意义的暴力。但这种对武士传统的公
148 开批评，与对武士文化更为低调的颂扬相平衡：所有日本人现在都将“生血以报国”[1]。此番话语唤起了武士精神中臣下报答

1　内閣：『徴兵告諭』明治五年十一月二十八日、勅語類、勅 00001100，件名番号 032、国立公文書館。

主恩的传统共鸣。征兵将把这种崇高的使命感带给民众。然而对许多日本人来说，这番话并不是崇高的，反而令人生畏，因为这表明新政府真的需要他们献出鲜血甚至生命去战斗。[1]

留守政府的法律改革以权利、自由和个人自主权为重点。司法卿兼参议江藤新平认为，国家的首要目的是捍卫人民的权利。爱国主义源于这一原则：人们自愿保卫国家，以捍卫自己的权利。江藤的政策反映了日本人自我掌控权利的信念。在法律改革方面，他主张迅速采纳《拿破仑法典》。他认为，日本民众已准备好迸发出创业的活力，并可能推动日本走向前所未有的富强。但是这种民众的活力被德川时代的法律制度扼杀了。由于日本缺乏公共法律规范，权利和义务不明确，致使民众不可避免地陷入旷日持久的法律纠纷。在西方法律规范下，人们会清楚而明确地知道如何做生意。他们买卖财产的权利是什么？如何出租和租赁土地？如何发放和接受贷款？一旦从法律混乱中解放出来，日本的农民和商人就可以推动国家向前发展。[2]

留守政府的教育政策也同样激进。当政府在 1872 年宣布实行初等义务教育时，它宣称教育应坚持民先于国的理念。它

1　毛利敏彦：『明治六年政変』、70—73 頁。藤村道生：『徴兵令の成立』、出自『歴史学研究』、no. 428、1976 年。

2　江藤知晓 1871 年法国被普鲁士击败的事实，但这没有改变他对《拿破仑法典》的信仰。他写了一首汉文诗来为法兰西的法律原则辩护。关于江藤新平和明治时期司法省的研究，参见毛利敏彦：『江藤新平：急進的改革者の悲劇』、東京：中公新書、1997 年、138—185 頁。江藤在 1873 年的辞职书中，明确地论述了对《拿破仑法典》的辩护，参见江藤新平：『江藤新平辞職願書』、1873 年 2 月 5 日、Request no. 4144—98，ID 00061115、東京大学史料編纂所。

驳斥了教育的目的是帮助武士直接为政府服务等诸如此类的“邪恶”观念。与之相对，教育的目的是个人的自我完善：帮助每一个个体变得富足和智慧。因此，今后的教育将把重点放在法律、政治、科学、医学和农业、公共管理、商业和工程方面的实际问题上，而不是背诵经典文本。[1] 这些改革隐含着一层假设，即富有而聪明的民众自然会促进民族国家的建设，因此自我完善本身就是忠诚地服务于国家的形式。此外，教育是全民教育，不分性别和地位，这项改革强烈谴责了教育中的性别歧视。文部卿大木乔任在给正院的一份声明中坚称，男子和
149 妇女在基本人性方面是相同的，因此男孩和女孩应该有平等的教育机会。[2] 同样，教育应该普及全民，而不考虑经济收益。日本新的教育制度将提升所有孩子的知识水平，他们将成为日本民族国家的基础。[3] 留守政府中的大多数人充满了这种革命激情，认为他们可以迅速改变日本。追赶列强仅仅需要激发并解放日本人民的力量。

---

1 对1872—1873年教育改革的研究，参见倉沢剛:『学制の研究』、東京：講談社、1973年。关于1872年学制改革的背景，参见Brian Platt，*Burning and Building*：*Schooling and State Formation in Japan*，*1750 - 1890*（Cambridge，MA：Harvard University Press，2004），131 - 134；以及Benjamin C. Duke，*The History of Modern Japanese Education*：*Constructing the National School System*，*1872 - 1890*（New Brunswick，NJ：Rutgers University Press，2009），67 - 74。对教育法令的英文翻译，参见Herbert Passin，*Society and Education in Japan*（New York：Studies of the East Asian Institute，Columbia University，1965），209 - 211。法令原文，参见文部省：『学制』、東京：文部省、1872年。

2 倉沢剛：『学制の研究』、436—438頁。

3 太政官：『学制発行ノ儀伺』、公文録（1872年6月）、国立公文書館、公00671100、件名番号011、420—424頁。

留守政府认为个人权利和自我利益完全符合稳定和谐的社会秩序。例如，江藤新平从儒家思想中引用了一种观念，即区别社会地位对于社会的和谐稳定至关重要：所有人可能是平等的，但每一个个体都不尽相同。对于江藤来说，问题是在德川时代的日本，人与人的区别已陷入了地位世袭的泥潭，因此社会秩序是基于血统而不是能力或职责。武士继承了独特的权利和义务，无论他们的战斗能力或统治能力如何。对于江藤来说，像《拿破仑法典》这样全面系统的民法典将把法律上的区别与能力、成就相匹配。贷款人和债务人、出租人和承租人、未成年的儿童和有财产的成年人，都将根据他们的社会角色而不是出身血统拥有不同的权利和义务。因此，从法律上澄清所有日本民众的权利将规范秩序，而不是引发无序。

江藤把这种法律比作清晰而有效的军事指挥机构，将未婚男子比作新兵，将已婚男子比作训练有素的士兵。相比之下，传统的日本社会就像一群无组织无纪律的士兵，他们的职务任命与实际职责毫无关联。这种军事化的自由观是“武士民粹主义”的一部分。在江藤的构想中，废除武士的世袭地位实际上有助于通过创建一个推崇忠诚、自我实现但尽职尽责的以国民为主体的社会来实现武士的价值观。但其中自相矛盾的是，武士的价值观可以通过消除武士的世袭地位这种平等主义的方式来加以兑现。[1]

1　参见毛利敏彦：『江藤新平：急進的改革者の悲劇』、東京：中公新書。关于武士的自我实现，参见 Eiko Ikegami，*The Taming of the Samurai*（Cambridge，MA：Harvard University Press，1995）。

甚至在岩仓使节团归国之前，留守政府中持不同政见的成员就批评了这种对自由和平等的关注。例如，井上馨拒绝接受日本的未来在于解放人民的观点。相反，他认为国家进步有两个要素：政府和人民。欧洲的大国依赖于其人民的足智多谋，留守政府正试图效仿这种做法。但是日本人根本就没有那么老
150 练。相较于投身世界性的贸易，日本商人更注重为微薄的利润讨价还价。日本工匠对近代机械一无所知，日本农民依靠地方豪绅提供农业知识。武士被认为是“人民的父母”，但实际上，他们既不懂战争，也不懂公共管理。要将日本民众的素养提升至西方人的水准需要花费数年时间。在此期间，留守政府的仓促改革是有百害而无一利的，犹如一剂猛药，杀死而不是治愈了病人。政府需要谨慎行事，并强调国家权力优先于民众支持。[1]

时任外务大辅的寺岛宗则也对其同事们提出的激进观点深感不安。他公开地批评他们关于“所谓的自由权”和“天赋自由”的言论。和井上一样，他认为政府首先需要建立国家政权。真正的自由只有在一个强大国家的庇护下才可能实现，这个国家“公平公正地征税，公正地运行法院，公平地治理每个人，以稳定民心”。令寺岛尤为震惊的是，留守政府将征兵与平等、自由联系在一起。所有的日本人现在理应在对国家的权

1 井上馨与涩泽荣一合作写出了他的异议，并将之刊登在《日新真事志》上公开发表。参见井上馨、渋沢栄一：『井上馨・渋沢栄一ノ財政ニ関スル奏議評論』、1873 年、早稲田大学図書館所蔵大隈重信関係資料、i14 _ a1397。

利和义务上都是平等的。但寺岛怀疑那些农场男孩和商店店员们是否已准备好成为士兵。他指出，普鲁士的征募军队，其中的新兵在学校里接受了爱国主义教育和军事训练。为拥有同样的征募部队，日本需要效仿普鲁士，培养忠诚尽责的臣民，而不是用“权利”和“自由”的空洞言论来迷惑民众。[1]

与这种国家未来构想的冲突同时出现的是预算优先事项的冲突。井上馨等人要求政府严格控制财政预算，他们认为财政稳定是国家富强的关键。通过教育改变日本固然很好，但是钱从哪里来？文部省希望花费大约 300 万日元用于免费的初等义务教育，但井上辩称，大藏省只可以负担得起大约 100 万日元。井上与司法省就建立新法院系统的相关费用进行了类似的斗争。这些斗争由于行政管辖权的混乱而变得更加复杂。例如，尚不清楚哪个机构对财政预算拥有最终决定权。理论上，正院高于所有部，但它的一些最有权势的成员，包括三条实美和板垣退助都对金融毫无兴趣。在这种权力真空中，大藏省宣示对一般预算拥有裁决权，但其他机构对此提出异议。由于无法解决预算优先事项，政府采取了增印钞票的权宜之计。1872 *151*
年至 1874 年间，日本的纸币供应量增加了近 50%。[2] 各部还在其他问题上争论不休。大藏省声称拥有对所有地区公务员的管

1　大久保利通：『寺島宗则への書翰』（明治六年四月朔日）、出自『大久保利通文書』第 4、504—507 頁。

2　关于货币供给，参见松方正义的《日本采用金本位制度的报告》（Matsukata：*Report on the Adoption of the Gold Standard in Japan*，Tokyo：Government Press，1899），第 29、97—98 页。

理权力，但司法省坚持表示其拥有对法官和司法官员的权力。两部都声称有权收取法院罚款。工部省受托发展铁路和电报，但它在基础道路和桥梁问题上也与大藏省发生了争执。[1]

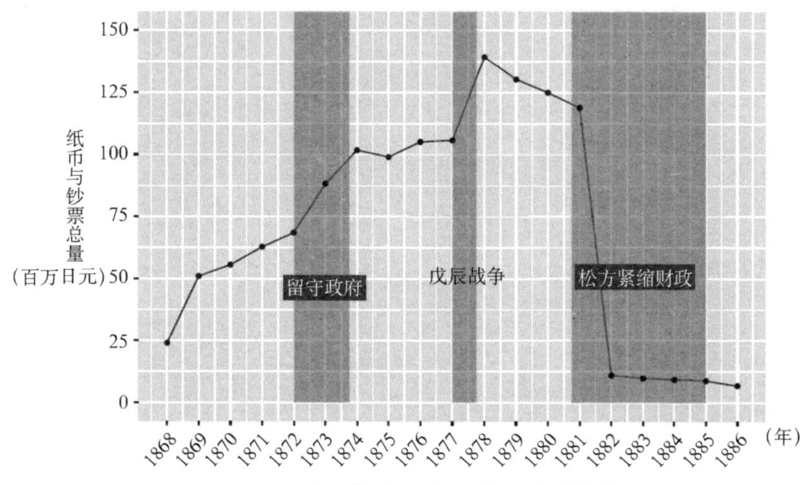

图 5.2　日本明治初期纸币发行量的增长

数据来源：松方正义《日本采用金本位制度的报告》，第 29、97—98 页。

除了内部斗争，留守政府还面临民众的反对。特别是征兵制在日本各地激起了强烈的抵抗。起初，由于困难家庭被广泛豁免，征兵制对大多数家庭影响较小。但是，政府的激进措辞具有煽动性。它将征兵称为“血税”。这是一种大胆的平等主义、爱国主义的措辞。所有的日本人现在在权利和自由上都是

1　关于财政预算投资的争执，参见笠原英彦：『明治留守政府』、88—109 頁。毛利敏彦：『明治六年政変』、78—79 頁。

平等的，因此他们的纳税义务也是平等的。服兵役也是一种纳税形式，而且是要冒着生命危险去支付的。[1] 这样的措辞与武士的责任和勇气观念产生了共鸣，但乡下人望文生义，并得出征兵是从年轻人身上采血这种结论。

乡村团体也对推翻传统等级差别和对禁忌的改革感到愤 152
怒：比如，新的发式、关于屠宰牲畜的新规定，以及消除平民和贱民（如秽多）间的差别。西式男性发型的推广似乎颠覆了传统的社会秩序。在德川时代，大多数成年男子剃掉前额和头顶的头发，把两边和后面的头发留得更长，将长发扎成一束，并向头顶方向翻转发束作为装饰。而明治政府提倡的西式发型以短发为特色，通常带有分缝。但是，这种“新”发型与边缘化的“非人”群体的发型相似。因此，男性发型这一看似微不足道的问题与一场更深层次的地位和特权之争息息相关。从明治精英阶层的角度来看，废除身份差别是创建一个统一的日本民族国家的一部分。“非人”不再是“弃儿”，而是同等的日本臣民和新的日本民族国家的一部分。但对于成千上万的乡村人来说，这些改革是对原有社会结构的颠覆。[2] 与此同时，明治政府还竭力抹除典礼仪式的贵贱之别。但在一些地方，民众对

1　内閣：『徴兵告諭』。

2　关于当时的发型发式，参见 Suzanne G. O'Brien, "Splitting Hairs: History and the Politics of Daily Life in Nineteenth-Century Japan," *Journal of Asian Studies* 67, no. 4 (2008)。关于受歧视阶级的解放，参见 Daniel V. Botsman, "Freedom without Slavery? 'Coolies,' Prostitutes, and Outcastes in Meiji Japan's 'Emancipation Moment,' " *American Historical Review* 116, no. 5 (2011)；Howell, *Geographies of Identity in Nineteenth-century Japan*, 79 - 109。

征兵制、新学校和文化改革的愤怒交织在一起，最终酿成大规模的抗议活动。1873 年夏天，超过 6 万人在日本西部的大规模抗议活动中被捕。[1]

教育改革在政府内部和外部都引发了异议。尽管大藏省将教育预算削减了 50%以上，但文部省拒绝改变原计划。在没有足够收入的情况下文部省施行了教育改革，而改革成本则转嫁给了民众。[2] 在日本各地，村民被要求为他们不喜欢或不理解的教育系统付费。在相对繁荣的村庄中，拥有儒学教育者是当地引以为傲的事情，但新的规定要求废除所有现存的学校。在“解放”民众的理想下，新政府激怒了许多地方精英。通过强迫民众“自由”，他们威胁到受人尊敬的地方领导人和机构的地位。而最终招致的回应是对新学校的抵制。[3]

政府在改革问题上的极端紧迫感延伸到了教科书的编订上。传统的教育主要集中于基本识字和经典文本的背诵，因此在其他领域没有合适的本土素材。政府仓促引进译介国外的（主要是美国的）小学课本，比如广受欢迎的《威尔逊读本》（*Wilson Reader*）。这种做法导致的结果是，日本小学课本
153 上奇怪地出现了孩子们打棒球的故事、乔治·华盛顿的故事，以

1 Hiroko Rokuhara, “Local Officials and the Meiji Conscription Campaign,” *Monumenta Nipponica* 60, no. 1 (2005)；cf. 参见後藤靖：徴兵令反対一揆、『国史大辞典』。

2 关于预算议案，参见笠原英彦：『明治留守政府』、88—90 頁、103—109 頁。Duke, *The History of Modern Japanese Education*, 134 - 140.

3 Duke, *The History of Modern Japanese Education*, 160 - 171; Platt, *Burning and Building*, 131 - 133.

及对基督教祈祷的笨拙改编，关于日本的故事却相对较少。在日本第一本近代史教科书中，对明治天皇的描述只有一句话。文部省还推荐为成年受众创作的作品，如福泽谕吉的《西洋事情》和《劝学篇》等。这些都是有影响力的、被广泛阅读的书籍，《劝学篇》浓缩了 1872 年改革背后的许多理想，其著名的开场白宣告了人人平等的理念："天不生人上之人，也不生人下之人"，因此，任何不基于教育成就划分的阶级差异都是不合理的。此外，个人通过教育追求自己的进步，才能最好地服务于国家和公共利益。虽然这篇文章雄辩地表达了教育改革的目标，但它是为成年人写的，很可能会让大多数处于基本识字阶段的儿童感到困惑。[1]

法律界也出现了类似的混乱。虽然司法省正苦恼于在法国和中国两部互不相容的法典中该参考、效仿哪一部的问题，但日本法院已开始宣布其大胆裁决。在刑法方面，法官们以 1871 年的《新律纲领》为依据，该纲领以中国明清时期的法律为基础。但在民法方面，司法省正在翻译《拿破仑法典》。这种分裂反映了维新思想的双重性质：它既是对日本古代的回归，也是对最先进的西方模式的接纳。日本最古老的法典是公元 701 年颁布的《大宝律令》，其以中国唐代法律为基础，因此向古

1　福泽谕吉：《劝学篇》，英译版参见 *An Encouragement of Learning*, trans. David A. Dilworth (New York: Columbia University Press, 2012), quote from 3。Duke, *The History of Modern Japanese Education*, 140 - 146; Earl H. Kinmonth, "Fukuzawa Reconsidered: Gakumon no Susume and Its Audience," *Journal of Asian Studies* 37, no. 4 (1978).

代的复归意味着对中国模式的重新评估。从 1869 年开始，明治政府命令研究中国法律的专家根据明清法典“更新”刑法。但在民法方面，改革者转而将目光投向欧洲的理性和正义模式。

这两种方法是不可调和的。中国法律不仅与欧洲法律相冲突，还与明治政府自己的法令相冲突。明治政府废除了身份等级的差别，《新律纲领》却依据等级差异给予犯法者不同处罚。同样的罪行，贵族会被禁足在家，而平民却会被人用棍棒殴打。作为司法卿，江藤试图解决这些分歧，但他的改革造成了进一步的混乱。他下令修订刑法草案，以监禁取代殴打，但修订后的刑法仍然将惩罚与世袭地位挂钩。[1] 与此同时，江藤不
154 顾其属下官员的警告，继续迅速推进采纳《拿破仑法典》的计划，尽管他们尚处于努力为“公民权利”等术语制定一致的日语翻译的工作阶段。[2] 这一过程如此仓促，以至于政府的法国法律顾问乔治·希莱尔·布斯凯（Georges Hilaire Bousquet）都对该项目的“愚蠢”感到惋惜。[3] 在缺乏全面修订的民法典的情况下，江藤仍然推动了一项允许日本臣民起诉政府的法令。这激怒了其他官员，他们认为这既是鲁莽的行为，也是对

---

1 Paul Heng-Chao Ch'en, *The Formation of the Early Meiji Legal Order: The Japanese Code of 1871 and Its Chinese Foundation* (Oxford: New York, 1981), 3 - 11.

2 石井良助：『「民法決議」解題』、出自明治文化全集研究会：『明治文化全集』13、東京：日本評論社、1929 年、39—41 頁。

3 Georges Bousquet, *Le Japon de nos jours et les échelles de l'extrême Orient*, 2 vols. (Paris: Hachette, 1877), 2: 56 - 58.

行政特权的侵犯。[1]

政府的宗教改革也引发了骚动。明治政府官方支持一些本土主义思想家的观点，他们在坚持纯粹的神道思想的同时，也主张排佛。但许多日本宗教场所，包括位于日光的德川家族陵墓，长期以来都以兼具佛教和神道教的双重特点为特色。对于非专业人士来说，这种融合是自然而然的。与之类似，今天很少有美国人认为圣诞树是基督教曲解了古老而“纯粹”的凯尔特圣诞传统的产物，或者知晓复活节彩蛋来自地中海的丰产仪式。然而，日本本土主义学者寻求的正是清除佛教影响、“回归”到“纯粹”的神道。在水户藩，对佛寺的捣毁行为始于19世纪40年代，在明治政府时期，这曾短暂地成为一项国家政策。数以千计的佛教寺庙要么被彻底摧毁，要么被洗劫，以清除其中的佛教影响，并转而将其重新归类为神道教神社。[2]

留守政府发起了倡导一种新的、融合的国家宗教的改革运动，动荡由此进一步加剧。虽然主要是以神道教为导向，但这场运动却雇用了形形色色的人来宣教，包括佛教僧侣、巡回说书人、俳优乃至在野布道者。就像法国大革命时期的“至高存

1　笠原英彦：『江藤新平と司法省—司法政策の政治的背景』、『法学研究』64、no. 1、1991年。鈴木鶴子：『江藤新平と明治維新』、東京：朝日新聞社、1989年。江藤在1873年2月以辞职相威胁的政府讨论会上对此问题做出了更全面的阐释。参见毛利敏彦：『江藤新平：急進的改革者の悲劇』。

2　关于幕末时期和明治时期的排佛运动，参见安丸良夫：『神々の明治維新：神仏分離と廃仏毀釈』、東京：岩波書店、1979年。以及James Edward Ketelaar, *Of Heretics and Martyrs in Meiji Japan: Buddhism and Its Persecution*（Princeton, NJ: Princeton Univesity Press, 1990）。

在崇拜”一样，新宗教的设计是为了将现有的各种行为与理性和爱国主义相结合。这场运动的重点是“三条教宪”：敬神爱国、明白天理人道以及奉戴天皇。虽然这场运动援引了在日本各地都家喻户晓和受人尊崇的天照大神，但它也凸显了一些鲜为人知的、只有宗教学者和语言学家才熟知的神道教神明。因此，发放给官方宣教使的传道手册坚持尊崇鲜为人知的天御中主神，同时敦促民众履行征兵、公共教育和国家税收的爱国义务。日本平民对这一新的官方信仰时而困惑，时而厌烦，时而
155 警觉。这种融合是如此激进和奇怪，以至于在日本东北部，当地人将一群官方宣教使误认成基督徒，并对他们进行了攻击。由于这项指令缺乏条理和过于复杂，最终陷入瘫痪状态，神道大教院也被冠以“优柔寡断院”的耻辱绰号。[1]

留守政府激起的骚乱也波及日常问题，如时间的计算。1872 年末，政府宣布日本将放弃传统的阴阳历，改用公历。政府采取了惯常的激进行动。在改变之前不到一个月的明治五年十一月九日（1872 年 12 月 9 日），颁布法令宣布，第十二个月的第二天（明治五年十二月二日，1872 年 12 月 31 日）之后是下一年的元旦，而不是第十二个月的第三天。改革就这样在 1872 年底消除了几乎整整一个月的时间。政府在其公共法令中呼吁崇高的理想：旧历法的复杂性被谴责为妨碍“促使人类理解能力进步”。但日历改革也反映了留守政府的财政困境。由

1 Helen Hardacre, “Creating State Shinto: The Great Promulgation Campaign and the New Religions,” *Journal of Japanese Studies* 12, no. 1 (1986).

于在农历十二月初结束了这一年，政府从 1872 年的预算中节省了一个月的工资。[1]

更令人不安的是，政府甚至不确定在采用公历月份和年份的同时，是否也同步引入西方的一周七日制。在日本传统的城市作息时间表中，每隔五天一次用于结清账目，第二天被视为休息日。因此，每个月的第一天、第六天、第十一天、第十六天、第二十一天和第二十六天都是节假日。这通常被称为“一六休日制”。而西方将时间划分为七天为一周则植根于《圣经》的创世故事：上帝在六天内创造了世界，然后在第七天休息。尽管文化根基迥异，数个政府部门仍主张采用西方的每周六天的工作制，以便更好地与外国顾问协调工作。早在 1871 年，军方就要求将周日定为假日，以符合其外国雇员的时间表。[2]司法省和大藏省同意这一建议，但外务省希望所有政府机构的

1　太政官:『太陰暦ヲ廃シ太陽暦ヲ行フ附詔書』(明治五年十一月九日)、太 00224100，件名番号 041、国立公文書館。关于财政预算的相关考虑，参见円城寺清：『大隈伯昔日譚』、東京：立憲改進党々報局、1895 年、604 頁。实际节省下来的预算资金甚至更多。日本传统的太阴太阳历，就像中国和犹太的历法一样，会定期补充额外的月份。“闰月”使农历与太阳年保持同步。根据农历计算，1873 年原本计划有 13 个月，留守政府的突然改历，实际上在 1872 年和 1873 年各消除了一个月，即共计削减了两个月的公务员工资。参见岡田芳朗：『明治改暦「時」の文明開化』、東京：大修館書店、1994 年、1—17 頁。以及 Stefan Tanaka，*New Times in Modern Japan* (Princeton，NJ：Princeton University Press，2004)。

2　宗像靖共、小森沢長政、古海長義：『兵部省書類鈔録 毎月一六休日定の件達』、1868 年、C09090002700 海軍省—公文類纂- M1 - 2 - 2、アジア歴史資料センター。以及造兵司：『日曜日休業ニ改正伺』、1873 年 6 月、A03023212100，出自『公文別録・陸軍省衆規淵鑑抜粋・明治元年～明治八年・第十四巻、第十五巻・明治四年～明治八年』、アジア歴史資料センター。也可参见岡田芳朗：『明治改暦「時」の文明開化』、269—272 頁。

作息时间保持一致。[1] 文部省内部则对此问题存在分歧。留守政府最终在1872年决定采用星期日作为节假日，并设置了以周为基础的新工作日程安排，尽管他们并不清楚“一周”有多少天。[2] 但此后政府又对其进行修正，回归传统的“一六休日制”。[3]

1873年4月，文部省试图调和一周七天的外来习惯与日本
156 传统相适应。根据相关部门计算，神武天皇在2533年前的一个星期六建立了日本帝国。因此文部省辩称，一周七天，周六休息，既实用，又能彰显万世一系的皇统。[4] 然而不幸的是，各部门的意见并不一致。他们一方面主张根据神武天皇即位日将周六定为假日，另一方面也主张基于同样的计算，将2月11日定为全国性节日——纪元节。然而根据公历，2月11日可能属于一周的任何一天。1874年的纪元节是星期三，1875年是星期四，1876年是星期五，1877年是星期日。事实上，直到1882年，纪元节才会与星期六重合。政府官员也没有考虑让绝

1 海軍省:『乙 1 号大日記一六休暇日曜日に改定の件大蔵省答他』、1871 年、C09090195300，公文類纂、アジア歷史資料センター。

2 设立星期日的法令参见文部省：『小学教則（抄）明治五年九月八日文部省布達番外』、出自『学制百年史』、帝国地方行政学会、1972年。也可参见 http://www.mext.go.jp/b_menu/hakusho/html/others/detail/1318005.htm。学校管理条例规定，1873年的课程表以周为单位进行排课，但同时也显示“一六休日制”时间表。文部省：『小学教則』、出雲寺万治郎、1873年。

3 1873年3月2日的第21号法令参见文部省：『文部省布達全書』明治6年、東京：文部省、1885年、29—30頁。

4 大木喬任：『休暇日之義伺』、1873年4月、A07060136300，記 00358100、アジア歷史資料センター。第二次世界大战后，“纪元节”更名为“建国纪念日”（*Kenkoku Kinen no Hi*，建国記念の日）。

大多数是基督徒的外国雇员把周六而不是周日作为假期的问题。此番改革致使历法大乱，幸而当时政令所及有限，混乱尚不至席卷全国。[1]

留守政府试图通过史无前例的“天皇公开展览”来使这一系列混乱至极的改革看起来合法化。几个世纪以来，皇权一直处于遥不可及的神秘状态，但明治领导者们现在寻求的是相反的做法。比起将天皇隐藏在“珠帘”之后远离其臣民，明治政府更希望将这位年轻的君主树立为进步与改革的象征，并通过公开的仪式来颂扬他。[2] 从 1872 年 6 月（明治五年五月二十三日）到 1872 年 8 月（明治五年七月十二日），明治天皇在日本西部进行了一次盛大的巡幸旅行，访问了大阪、神户、长崎、熊本和鹿儿岛，其行程反映了留守政府对近代君主的期盼。天皇身着新的西式燕尾服，骑着马而不是被抬在轿子里离开了宫殿。他登上了一艘悬挂日本国旗的蒸汽铁甲军舰，日本海军乐队向他敬礼。他参观工厂，视察西式雨伞等新产品的制造情况。他访问了一所新的中学，听学生们练习算术和外语，并会见外国老师。对于传统主义者来说，这样让天皇公开露面既危险又不体面，但打破传统是这次旅行的目的之一。在对京都离

1　直到 20 世纪，日本的村民和城市商人仍然按照传统的假日时间表工作。对于官方时间表的缓慢渗透，参见勝部眞人：『明治改暦と新暦の浸透過程』、出自頼祺一先生退官記念論集刊行会編:『近世近代の地域社会と文化』、東京：清文堂出版、2004年、485—505 頁。

2　Gyewon Kim, “Tracing the Emperor: Photography, Famous Places, and the Imperial Progresses in Prewar Japan,” *Representations* 120, no. 1 (2012).

职朝廷贵族的讲话中，天皇宣布有必要进行彻底的改革。为了让日本与欧美列强并驾齐驱，日本人民需要团结起来，接受来自世界各地的知识。朝廷贵族可以通过摒弃过时的习俗，刻苦
157 学习“宇内开化”，从而成为民众的榜样，以推动改革事业的发展。这项法令彻底改变了贵族的形象。天皇不再将他们看作是传统的智囊，而是新知识的开拓者。[1]

天皇的巡幸旅行大获成功，但天皇这样的公开行动既不能阻止民众对改革的反对，也不能遏制政府内部的异议。当岩仓使节团成员在 1873 年中下旬返回时，他们对眼前盲目而无序的改革感到震惊。留守政府急于改造日本，似乎已经放弃了任何长期规划或相互协调的改革行为。不同的部门之间互相争斗，当大藏省削减司法省的预算时，司法省以指控大藏卿贪污腐败作为报复。大量相互矛盾的法令正在破坏政府的公信力，对激进变革的追求正在引发民众的公开叛乱。对留守政府而言，这被视为伟大革命过程中不可避免的动乱。然而从岩仓使节团成员的角度来看，日本正在走向毁灭。比留守政府的国内政策更令人担忧的是其外交政策，使节团归国后惊诧地发现政府正准备开战。

1　关于天皇巡幸的概论性研究：参见 Keene，*Emperor of Japan：Meiji and His World，1852－1912*，210－216。更多细节，比如旌旗和欢迎仪式等相关安排，参见太政官：『壬申・御巡幸雑録』、公文録（1872 年）、国立公文書館、公 00727100。给京都朝廷官员的指示印发成了“巡幸日志”。关于天皇公众角色的转变，参见 Takashi Fujitani，*Splendid Monarchy：Power and Pageantry in Modern Japan*（Berkeley：University of California Press，1996），42－55；以及 Carol Gluck，*Japan's Modern Myths*（Princeton，NJ：Princeton University Press，1985），77－80。

外来威胁

当岩仓使节团在国外专注于斡旋日本与西方列强的关系时，留守政府试图重塑日本与东亚邻国的关系。明治新政府将如何取代德川幕府—李氏朝鲜—中国清王朝之间长期的外交关系呢？此前，朝鲜、日本和中国清王朝通过回避主权和领土问题而维持长期的和平。但那是前近代的安排，是前近代的东北亚国际秩序，与西方的国际秩序是无法调和的。欧洲的国际政治体系虽容许主权平等国家与殖民帝国并存，但它对界定不清的国家势力怀有敌意。明治国家、李氏朝鲜和清王朝在这个新的世界秩序中将如何定义它们之间的关系？在外交政策上，就像在国内政策上一样，留守政府寻求迅速彻底的转变。他们将迅速解决日本所有悬而未决的外交和领土争端，即使这面临极大的战争风险。

早期明治国家的好战是由多种势力推动的。在某种程度上，这是对西方帝国主义的效仿，西方帝国主义为明治政府以最微不足道的借口攻击中国和朝鲜提供了完美的参考。例如在 158
1856 年，英国与中国开始了一场为期四年的战争（第二次鸦片战争），开战理由是所谓英国国旗在中国受到了侮辱。1866 年，法国袭击朝鲜，以报复李朝政府处决了违反当地法律进入朝鲜的天主教传教士。还有 1871 年，美国擅闯朝鲜领海挑起冲突。明治早期的对外政策深受这些案例的影响，以至于历史学家罗伯特·埃斯基尔森（Robert Eskildsen）将日本的对外政策描述为“模仿帝国主义”。[1] 除此之外，留守政府也受到武士民粹主义思想的推动。依据这种思想，侮辱日本政府就是对武士荣誉的侮辱，是对日本臣民权利的攻击，以及对皇室威严的冒犯。这种革命热情与武士精神的结合足以振奋人心，并激发了在外交事务上的鲁莽行为。留守政府确信他们的事业是正义的，同时不会想到攻击中国和朝鲜可能会削弱新的明治国家。当归国的岩仓使节团成员劝告应审慎小心对待此事时，他们被留守政府成员嘲笑是软弱和怯懦之人。

中日关系的几项关键议题已经由1871年谈判达成的《中日修好条规》得到了部分解决。[2] 但许多日本人认为该协定是一个令人尴尬的错误。日本外交官已经启程前往北京，相信他们可以将一项西方式的不平等条约强加给中国。他们使用普鲁士和清朝之间的条约作为其草案范本，该条约规定了治外法权、进入中国内地的权利和最惠国待遇。但在北京，日本使节团被清朝的外交官彻底击败。

由李鸿章率领的谈判代表团完全驳回了日本的草案。李鸿

1 Robert Eskildsen, “Of Civilization and Savages: The Mimetic Imperialism of Japan's 1874 Expedition to Taiwan,” *American Historical Review* 107, no. 2 (2002): 388 - 418. 关于这一术语的来龙去脉，参见 Peter Duus, *The Abacus and the Sword: The Japanese Penetration of Korea, 1895 - 1910* (Berkeley: University of California Press, 1995), 424 - 438。

2 关于这项条约的标准英文名为“Sino-Japanese Friendship and Trade Treaty”，但清朝代表相对于“条约”，更倾向于将之称为“条规”，以区分于欧美式的条约。参见 Toshio Motegi, “A Prototype of Close Relations and Antagonism: From the First Sino-Japanese War to the Twenty-one Demands,” in *Toward a History Beyond Borders: Contentious Issues in Sino-Japanese Relations*, ed. Daqing Yang and Andrew Gordon (Cambridge, MA: Harvard University Asia Center 2012), 27 - 28。

章不仅是一位经验丰富的外交官，也是一位有成就的学者和久经沙场的将军。他说服日本使节接受东亚关系的新架构。日本和中国都不会寻求特权，而是平等行事，互相保护，以反对“不公正和侮辱”。被李鸿章击败后，日本使节团带着一项与其最初的指示背道而驰的协议回到了东京：他们未能把西方式的帝国主义强加给中国，而是同意建立一个模糊的中日联盟，对抗未具名的第三方。决定中日关系如何与新的西方外交规范相协调的是中国，而不是日本。反对“不公正和侮辱”的“互
助”一词引起了麻烦，英国公使询问明治政府是否与清政府缔 159
结了军事同盟。因此，中日条规的签订有可能破坏日本与欧美列强的关系。日本官员想要重新谈判该协议，但被李鸿章毅然回绝。明治政府最终同意确认该条规的有效性，但前提是得到清朝不会将“互助”解释为军事同盟的保证。[1]

尽管留守政府准备批准该条规，但还是希望在其他问题上赢得让步。第一个问题是象征性的：中国将如何接待明治政府的使节？第二个是领土问题：日本和中国将如何调和对琉球群岛的宗主国宣示？留守政府的外务卿副岛种臣决心就这两个问题向中国施压。与《中日修好条规》的精神背道而驰的是，他试图用日本的军事实力给清朝留下深刻印象。副岛计划乘坐日

1 李啓彰：『日清修好条規成立過程の再検討—明治5年柳原前光の清国派遣問題を中心に』、出自『史学雜誌』115、no. 7、2006年。Motegi, “A Prototype of Close Relations and Antagonism,” 20 - 52; Edwin Pak-Wah Leung, “The Quasi-War in East Asia: Japan’s Expedition to Taiwan and the Ryūkyū Controversy,” *Modern Asian Studies* 17, no. 2 (1983): 259 - 261.

本最有威慑力的，由法国制造的铁甲战舰“东舰”抵达天津参加正式的条规签订仪式。[1] 但令他懊恼的是，东舰无法在天津附近的浅水湾航行，他最终被迫乘坐一艘美国轮船前往天津。

尽管这次戏剧性的登场尝试失败了，但副岛继续以其他形式证明、展示日本的强大，比如外交礼仪。副岛坚称，他作为外务卿，是日本外务省的首席官员，这使其优越于西方驻华外交官，后者只是领事或使节。[2] 因此，副岛坚持在与清朝皇帝的任何联合会晤中占据优先地位。与此同时，副岛将自己树立为西方列强反对中国传统礼仪的盟友。几个世纪以来，西方列强一直反对中国的叩拜传统，即要求外国使节在皇帝面前行下跪礼。这一仪式标志着中国皇帝相对于其他所有主权国家的至高无上地位。[3] 清廷在 1860 年正式放弃了外国使节觐见皇帝时行使的叩拜礼，但刚刚登基的同治皇帝还没有会见过任何一位外国使节。因此，在北京的西方外交官急于看看清廷是否会履行其遵守欧洲外交规范的承诺。副岛在这些外交礼仪问题上大

---

1 “东舰”之前是一艘南北战争中美利坚联盟国向法国订购的军舰，称为“石墙”号，它被认为比任何帆船都要强大。1865 年，被派遣阻止“石墙”号离开欧洲的联邦海军选择不与之交战而撤退。具体参见 J. Thomas Scharf, *History of the Confederate States Navy from its Organization to the Surrender of Its Last Vessel; Its Stupendous Struggle with the Great Navy of the United States; The Engagements Fought in the Rivers and Harbors of the South, and Upon the High Seas; Blockade-running, First Use of Iron-clads and Torpedoes, and Privateer History* (New York: Rogers & Sherwood, 1887), 804 - 806; Edwin Strong, Thomas Buckley, and Annetta St. Clair, “The Odyssey of the CSS Stonewall,” *Civil War History* 30, no. 4 (1984): 318。

2 在 19 世纪，ambassadors 多被写作 ministers，我在这里采用现代的说法。

3 关于对传统认知上的中国外交仪式进行大胆地修正研究的著作，参见 James Louis Hevia, *Cherishing Men from Afar: Qing Guest Ritual and the Macartney Embassy of 1793* (Durham, NC: Duke University Press, 1995)。

获全胜。1873年6月29日，同治皇帝接待外国使节时，副岛第一个递交了国书。他独自进入皇帝接见外国使臣的大殿，欧洲各国使臣则是紧随其后以集体形式觐见皇帝。[1] 这一仪式象征性地逆转了李鸿章在《中日修好条规》中取得的外交胜利。李鸿章敲定了第一个西式中日条约的文本条款，但副岛在西方 160
外交官面前大获全胜。日本领导西方列强迫使清朝放弃了其觐见礼仪上的优越性。副岛的胜利受到了世界各国媒体的称赞。例如，《纽约先驱报》(*New York Herald*)写道，虽然西方国家长期以来一直在寻求受到清朝皇帝的接见，但“日本掌握着芝麻开门的钥匙……并刚刚用这把钥匙解开了中国外交的大锁”[2]。

副岛还试图推进日本对琉球和台湾的领土主张。日本对琉球的宣称源于1609年萨摩藩征服尚氏王朝，但日本对台湾的宣称却是前所未有的。这两个宣称与1871年的一次暴力事件有关，台湾排湾人部落的几名成员在牡丹社附近杀死了54名遭遇海难而漂流到该地的琉球人。[3] 副岛计划代表琉球人向清政府施压，日本政府坚称琉球人是日本人，并要求赔偿。如果

---

1 Wayne C. McWilliams, “East Meets East: The Soejima Mission to China, 1873,” *Monumenta Nipponica* 30 (1975): 244 - 252; Tseng-Tsai Wang, “The Audience Question: Foreign Representatives and the Emperor of China, 1858 - 1873,” *Historical Journal* 14, no. 3 (1971). 麦克威廉姆斯过分依赖于副岛种臣的日记，应该谨慎使用。

2 “China. Court Formalities during the Imperial Reception of the Foreign Ambassadors,” *New York Herald*, August 21, 1873.

3 关于事变的概论性研究，参见 Leung, “*The Quasi-War in East Asia*,” 261 - 264; 以及 Norihito Mizuno, “Early Meiji Policies Towards the Ryukyus and the Taiwanese Aboriginal Territories,” *Modern Asian Studies* 43, no. 3 (2009): 688。

清政府同意惩罚排湾人部落，就等于间接承认牡丹社事件的受害者是日本人。如果拒绝，日本就有理由攻击台湾，代表日本"惩罚""野蛮的"排湾人。如果清政府否认应为排湾人承担法律责任，那么日本可以对该岛提出自己的领土主张。[1]

副岛的扩张战略将萨摩藩武士的虚张声势与西方帝国主义的逻辑结合起来。其殖民台湾的计划受到了美国顾问李仙得（Charles W. Le Gendre，1830—1899）的启发。李仙得曾因在南北战争中军功卓著而被授勋为美国陆军名誉准将，也是美国驻厦门前领事。[2] 他在1866年开始关注台湾东海岸发生的事件，当时岛上排湾人杀害了美国沉没商船"罗发"号上的幸存者。李仙得随后率领中美联合军事探险队进入排湾人领地，并成功地与排湾人部落首领卓杞笃（Tokitok）进行了一项条约谈判。该协议为未来的海难幸存者提供了庇护，只要他们在岸上等待，并升起红色旗帜作为求救信号。[3] 排湾人在1869年和

1 Leung, "The Quasi-War in East Asia," 264 - 271; Mizuno, "Early Meiji Policies," esp. 711 - 712.

2 关于李仙得参与此事的相关讨论，参见 Charles William Le Gendre, *Notes of Travel in "Formosa"*, ed. Douglas L. Fix and John Shufelt (Tainan: Museum of Taiwan History, 2012), xiii - xxxiv。参见 Leung, "The Quasi-War in East Asia," 257 - 281；以及 Mizuno, "Early Meiji Policies," 705 - 708。

3 关于该条约的文本，参见 Le Gendre, 292。李仙得对此次探险和谈判的官方描述，参见 Le Gendre to Burlingame, November 7, 1867, in US Department of State, *Executive documents 1868 - 1869*, 504 - 510。也可参见 Thomas Francis Hughes, "Visit to Tok-e-Tok, Chief of the Eighteen Tribes," in George Taylor, *Aborigines of South Taiwan in the 1880s: Papers by the South Cape Lightkeeper George Taylor*, ed. Glen Dudbridge (Taipei: Shung Ye Museum of Aborigines, 1999), 22 - 32。Tokitok 英文文献中一般将其名字拼作 Tokitok 或 Tou-ke-tok。译者注：中文文献中 Tokitok 一般音译为卓杞笃，排湾语：Cuqicuq Garuljigulj。

1870年都遵守了这项协议，但在1871年，琉球人因无意中走入排湾人居住的山里而违反了条约。[1]

牡丹社事件使李仙得相信，为保证海上安全，外国势力需要夺取台湾并使其变得“文明”。值得注意的是，李仙得没有质疑排湾人部落酋长卓杞笃的善良或诚信。相反，他怀疑这位年迈的酋长是否有能力控制年轻的竞争对手，对那些年轻的排湾人来说，猎首（出草）是成年的仪式。[2] 李仙得认为，清政府声称对台湾拥有管辖权，但不能保证海难幸存者的安全，甚 161
至不能在岛上竖立灯塔。如果清王朝对台湾的宣称是空洞的，那么一些“文明大国”需要夺取该地区的控制权，以确保西太平洋的航海安全。他曾写道，“人道主义……确保海难幸存者在台湾的大部分地区不受任何对之不友好的野蛮民族的侵扰，并设法使之成为文明国家的一项法律。”如果清朝“缺乏能力或力量完成这项任务，外国将不得不接手此案”。[3] 由于他在外

---

1 有的学者指出，排湾人掠走了琉球难民的全部财产，但给他们提供了食物和住所。排湾人只在琉球人未经允许离开村庄的情况下，因愤怒而杀死了他们。排湾人还认为琉球人属于中国人，因而不愿与李仙得签订条约。参见 Robert Esklidsen, *Recursive Imperialism* (forthcoming); Le Gendre, 311, 314 - 315; Owen Rutter, *Through "Formosa": An Account of Japan's Island Colony* (London: T. F. Unwin, 1923), 38 - 39。关于当地土著民族的研究，参见 George Taylor, " 'Formosa': Characteristic Traits of the Island and Its Aboriginal Inhabitants," *Proceedings of the Royal Geographical Society* 11, no. 4 (1889)。

2 Le Gendre, 309 - 333. 关于作为成年仪式的猎首，参见“Notes of the Paiwan Tribe” in Taylor, *Aborigines of South Taiwan in the 1880s*, 65 - 69。

3 Charles William Le Gendre, *How to Deal with China: A Letter to De B. Rand. Keim, Esquire, Agent of the United States* (Amoy: Rozario, Marcal, 1871), 135 - 140. 关于李仙得此后为日本宣称台湾行为的辩护，参见 Charles Le Gendre, *Is Aboriginal "Formosa" a Part of the Chinese Empire?* (Shanghai: Lane, Crawford, 1874)。也可参见 Eskildsen, "Of Civilization and Savages."

交部门的职业生涯似乎已停滞不前，而且美国明确拒绝在台湾采取行动，李仙得在 1872 年末受雇于明治政府成为外务省的顾问。[1]

李仙得让副岛相信，根据国际法，日本对台湾有“合法的”主权宣称。反过来，副岛让留守政府相信，不仅是台湾，清朝连朝鲜都已“拱手相让”给日本。但副岛此种观点的理论依据却薄弱到令人惊讶。清朝既没有放弃对琉球的宗主权，也没有放弃对台湾的控制，甚至不承认牡丹社事件的受害者是日本人。根据清朝的说法，琉球是清朝的藩属国。然而在副岛的描述中，清朝代表只是顺带提到台湾岛东部的一些岛民“尚未被征服”且“未开化”。他将之解读为是清朝放弃对台湾太平洋沿岸的有效控制的声明。[2] 副岛对中朝关系的解释同样牵强。清朝代表表达了维护朝鲜传统朝贡国地位的愿望。在副岛的解读中，这变成了清朝对朝鲜事务丧失了兴趣。以上两种情况均未被记录在相关官方文件中。尽管如此，副岛于 1873 年 7 月下旬返回日本时，他确信清朝在朝鲜和台湾问题上都已放手给日本。[3]

---

1 李仙得曾有希望成为美国驻阿根廷领事，但参议院并未批准对他的任命。Le Gendre, xvii.

2 外務省：『大日本外交文書』第 6 卷、東京：日本国際協会、1936—63 年、160—161 頁、178—179 頁。

3 McWilliams, "East Meets East: The Soejima Mission to China, 1873," 274 - 275；笠原英彦：『明治留守政府』、115—121 頁。

留守政府轻易地相信并接受了副岛对其出使情况的描述。大隈重信质疑，在没有书面记录的情况下，只依据副岛对清朝声明的解释采取行动是否明智。[1] 但大多数留守政府成员都急于将副岛的成就与岩仓使节团的努力进行比较。岩仓使节团在外交事务上失败的时候，留守政府正在建立一个日本帝国。副岛的叙述也助长了武士们某种日益增长的对外发动军事行动的渴望。[2] 大多数萨摩武士通过抄写《虎狩军记》来学习阅读和写作，这本书讲述了在 1594 年，来自萨摩的英勇武士如何从朝鲜带回一只活老虎并作为贡品献给秀吉。[3] 而且，大多数萨 162
摩武士也仍然深深地迷恋 1609 年征服琉球的故事。例如在 1867 年，萨摩藩派使者前往法国，使者携带的身份凭证上提到了琉球——“琉球国王陛下，松平修理大夫，源茂久”，而不是德川幕府或日本。在巴黎万国博览会上，萨摩代表团接受了印有“萨摩和琉球王国”的奖牌。[4]

副岛的说法也催化了日本对朝鲜日益增长的敌意。自德川幕府灭亡前的最后几天开始，日朝间的紧张局势一直在加剧，并在明治新政府执政期间呈愈演愈烈之势。[5] 朝鲜希望维持由对马藩官员等中间人处理日朝关系的现状。根据这种安排，日

---

1 円城寺清：『大隈伯昔日譚』、643—644 頁。

2 Mizuno, “*Early Meiji Policies*,” 702 - 703.

3 島津久道：『虎狩物語』、Kyōdo shiryō K23/シ62 0130095557。关于这个故事在传统教育中的应用情况，参见鹿児島県教育委員会編：『鹿児島県教育史』、鹿児島県立教育研究所、1985 年、98—99 頁。

4 Hellyer, *Defining Engagement*, 200 - 204.

5 Totman, *Collapse*, 324 - 326.

本在釜山的贸易站倭馆不是由德川幕府管理，而是由对马藩大名管理，日朝关系完全避开了日本皇室。然而，明治政府坚持让朝鲜接受日本天皇的外交文书。这一要求在釜山或汉城（今首尔）可以说是毫无意义。这位天皇是谁？为什么德川幕府或尚氏王朝以前没有提到他？在经历了两个世纪的和平关系之后，日本为什么要求承认另一个主权？然而在日本，朝鲜拒绝承认天皇的外交文书被解读为对皇室的侮辱和对明治国家合法性的挑战，人们普遍支持对朝鲜采取某种惩罚性行动。更有甚者辩称，此时国际社会的动荡为日本对朝鲜的征服提供了保证。例如，1861 年俄国占领对马岛的浅茅湾，1856—1860 年清朝在第二次鸦片战争中失利，西方列强在朝鲜海域的好战，都预示着原东北亚国际体系的崩溃。早在 1861 年，就有零散的言论认为，日本应该从朝鲜开始建立自己的帝国来面对东北亚地区的权力真空。[1]

日朝间的紧张局势在 1873 年 5 月达到顶峰，当时明治政府官员身着西式军装抵达釜山。朝鲜官员反感这一违反传统的做法，形容这些变化是“无耻的”，并停止了对倭馆的供给供应。[2] 留守政府开始讨论对朝鲜进行惩罚性打击，以报复这些

1 参见瀧川修吾：『対馬藩の征韓論に関する比較考察——文久 3 年・元治元年・慶應 4 年の建白書を中心に』、出自『日本大学大学院法学研究年報 35』、2005 年。木村直也：『幕末の日朝関係と征韓論』、出自『歴史評論』、no. 516、1993 年。土谷涉：『幕末征韓論の源流についての一考察』、出自『国史学研究・龍谷大学国史学研究会 29』、2006 年。

2 毛利敏彦：『明治六年政变』、108—111 頁。外務省：『大日本外交文書』第 6 巻、276—283 頁。

侮辱。留守政府以武士的恫吓、民族主义言辞和革命热情的危险组合来处理朝鲜的僵局。一些直言不讳的武士希望有机会挽回他们失去的荣誉。他们没能击退“西方野蛮人”，但也许可以痛击一个“无礼的”邻居。来自西南强藩的心怀不满的武士甚 163
至提出对朝鲜发动战争的个人计划。[1] 这种好战的武士言论与炮舰外交的逻辑相吻合。例如在 1856 年，据称英国人是以对英国国旗的侮辱这种极为牵强的借口发动了对清战争。按照这个标准，日本有充分的理由发动战争：朝鲜官员侮辱了日本政府的代表，并拒绝向倭馆提供补给。在参考西方的案例时，外务省官员认定，根据国际法，军事报复是完全正当的。[2]

在这些争论的推动下，1873 年 8 月，政府批准了派遣西乡隆盛作为特使前往朝鲜的计划。西乡是一个矛盾的人物，他身处看似不可调和的各种政治立场之间。他被广泛推崇为具有传统武士美德的偶像：忠诚、勇敢和节俭。但作为留守政府的领导人，他支持征召平民入伍。西乡对王政复古如何使他的多重承诺和忠诚产生冲突而痛苦不已：对志同道合的伙伴们，对他的故乡萨摩，对他效忠的大名——岛津忠义，对大名的父亲——暴躁易怒的岛津久光，对年轻的日本天皇，对日本帝

1　諸星秀俊：『明治六年「征韓論」における軍事構想』、出自『軍事史学』45、no. 1、2009 年、48—49 頁。黒竜会编：『東亜先覚志士記伝』、黒竜会出版部、1935 年、27—34 頁。

2　一则较早的主张在国际法约束下攻击朝鲜的文件，参见太政官：『佐田白茅外二人帰朝後見込建白』、公文録、国立公文書館 本館- 2A - 009 - 00・公 01697100、件名番号 019。

国。他将出使朝鲜调和这些冲突的机会视为最后一次荣耀行动。他会试图说服李朝朝廷承认天皇政府。如果朝鲜同意，他将凯旋，为天皇增添荣耀。但若朝鲜拒绝，他将坚持到底，直至他们杀死他，给日本一个公正的开战理由。在任何一种情况下，他都可以履行作为一名萨摩武士和一名皇室仆人的职责。

而刚从欧洲归国的木户孝允和大久保利通对这一计划的鲁莽感到震惊。大久保批评政府缺乏战略和远见，质问他们是否考虑过战争的后果？是否统计过战争费用？政府会增税、发行债券，还是只印钞票？政府准备好战争物资了吗？留守政府有没有想过入侵朝鲜会不会招致列强的干涉？他们准备好与中国、俄国或英国作战了吗？从更广泛的层面上来说，大久保批评了留守政府对国家实力的过高预估。虽然日本需要捍卫其国家荣誉，但只有在变得富强的情况下才能做到。真正的国家实力提升需要推进工业化，增加出口，减少外债。这将花费数年
164 时间，而对朝鲜的鲁莽开战只会削弱日本。战争非但不能确保日本的主权，反而会招致外国干涉日本的内政事务。[1]

因此，1873 年的危机是一场关于世界观的冲突。那些迫切要求对朝鲜开战的人将战争视为国家动员的工具。有什么方式能比以捍卫日本荣誉为名的战争更能团结日本人民呢？这样的论点将武士的虚张声势与新的帝国主义侵略融合在一起。对朝开战的反对者不是和平主义者，而是谨慎的中央集权主义者。

1　大久保利通：『大久保利通文書』第 5、東京：日本史籍協会、1927—1929 年、53—64 頁。

战争可以成为治国的工具，但前提是在冲突前结果是确定的。日本无论在外交沟通还是物资准备上都没有为战争做好准备，无论何种高涨的民众热情也无法撼动这些冷酷无情的现实。最近的普法战争就是普鲁士现实主义政治与法国革命激情之间的一场战斗。现实主义政治取得了胜利，岩仓使节团在巴黎和柏林看到了结果。日本需要怎样选择其实已一目了然。

这场围绕朝鲜问题的对峙一直持续到当年 10 月份。由于长期的斗争，三条实美感到非常沮丧且筋疲力尽，他以生病为由选择辞职。这使得岩仓具视成为政府中级别最高的朝廷贵族，同时打破了原先的权力平衡。尽管两派的势力相当，但岩仓具视最终成为天皇政府的代表，他获得天皇的旨意，取消了西乡隆盛的出使任务。[1] 对于支持与朝鲜对抗的人来说，这是最低级的诡计，但他们不能反对朝廷的命令。怀着失败的愤怒，西乡隆盛、板垣退助、江藤新平、后藤象二郎、副岛种臣宣布辞职以示抗议。紧随其后还有数十名与他们观点相同的高级官员和军官提出辞职。

在这些人辞职后，大久保利通一直主导着日本政坛直到 1878 年去世。历史学家将这五年称为“大久保政府”。他的政府与前一届留守政府在政府性质与类型上都有所不同。留守政府出台了旋风式的激进改革法令，但在实现改革的议题与执行方面举步维艰。其目标是通过释放日本民众的能量来改变日

1　毛利敏彦：『明治六年政変』、82、176—205 頁。Ravina，*The Last Samurai*，188 - 190，138 - 144.

本。只有狂热的民众才能使日本成为一个强大的民族国家。相比之下，大久保政府对民意不太感兴趣，他们将之视为政治合法性的一部分，或当作推进实现国家利益的工具。成功的国家治理需要仔细的、长期的规划。民众的支持是有帮助的，但却是次要的。大久保政府渴望改变日本，但这种转变将由官僚审
165 议推动，而不是由民众的热情推动。此外，与留守政府的紧迫感相反，新政府强调耐心。将日本建设成为世界强国需要几年或几十年，而不是仅仅几个月，政府需要专注于长期的、可持续的转变。这与民众对快速变革的期望，比如迅速修改不平等条约背道而驰，因此政府有必要与民众的要求隔绝。大久保看到了民众对不平等条约的怨恨如何削弱了德川幕府。事实上，作为一名倒幕派，他曾经煽动民众对幕府表达不满情绪。由于他未能成功修改条约，他看到了民众期望不切实际而危险的一面。

1873 年政治危机的失败者们已经离开权力中心，他们坚持认为政府应听取民众的不满。1874 年 1 月，原留守政府的主要成员发表请愿书，谴责大久保政府的专制，并宣告民众有权参与政府事务。他们既引用了西方的原则，如“无代表，不纳税”，也因政府没有尊重元老们的意见而采用更古老的儒家式批评予以抨击。《民选议院设立建白书》的要求孕育了日本近代的民众政治，它使数以千计的农民和城镇居民进入到公共领域。几个世纪以来，武士将城市和乡村管理的细节委托给普通民众，同时将他们排除在更高层次的政治话语之外。1874 年的

请愿书打破了这种分歧，它使公众对政府的批评合法化，报纸社论、请愿书和公众集会上的公众异议呈现出爆炸式的增长。留守政府的领导人曾宣称，日本民族国家的强大程度取决于民众在政府中的参与度。从 1874 年起，数以千计的日本平民开始争先恐后地提供这种力量。

因此，1873 年的政治危机催生了日本的民主主义思想，但也催生了当时并不受人关注的异卵双生物——民粹主义甚或军国主义。许多在 1873 年退出政府的人继续鼓动与朝鲜开战。与日本的民主主义一样，民粹主义或军国主义是新旧思想的有机融合物。武士们那些关于对外国的侮辱施加报复的叫嚣已是老生常谈。在 19 世纪 60 年代，这样的言论削弱了幕府，并驱使许多武士采取排外暴力行为。但西方的思想赋予了这种古老的咒骂以新的感染力。根据国际法，发动战争如今可以被证明是正当的，并且可以作为国际范围内各帝国攫取利益竞赛的一部分。例如，完全忠心于西乡隆盛的副官桐野利秋认为，日本需要接管东亚秩序的领导权，以保持日本的独立。英国、法 166
国、普鲁士和俄国等列强计划夺取朝鲜半岛、中国东北及中国内陆地区。日本需要先发制人，以便“与万国并立”。武士不仅被迫捍卫日本天皇的荣誉，而且还需要在危险和弱肉强食的国际环境中保护日本民族。[1] 1873 年政治危机之后，这种对战争和帝国的要求，就像对选举和民主的呼吁一样，出现在不断

---

1 黒竜会編：『西南記伝』上巻 1、東京：原書房、1908—1911 年、附録 1—21。

扩大的由印刷媒体和公共活动组成的公共领域中。这场充满活力和变化无常的公开辩论与大久保政府国家主导改革的愿景发生了激烈的冲突。

第 6 章

审慎的帝国

与留守政府一样，大久保政府试图在19世纪的欧洲国际体系中确立日本作为主权国家的地位。然而与留守政府不同的是，大久保政府确信达成这一目标将需要花费数十年的时间。那些在岩仓使节团出使过程中亲眼看到欧洲和美国现状的成员深深地意识到日本在物质和技术上的劣势。只有经过数十年的经济发展和技术近代化，日本才能克服这种劣势，从而在与列强进行谈判时居于优势地位。因此，政府把重点放在巩固国家权力和促进经济增长上。政府首先改革了土地税，创造了约一千年来最为统一的国家税收制度。同时还解散了武士阶级，并开始在征召平民入伍的基础上建立一支近代陆军和海军。政府向一系列基础设施和工业项目投入资金，包括矿山、铁路、电报线路、钢铁铸造厂、造船厂、纺织厂以及玻璃、漆器、陶瓷和肥皂工厂等。[1] 新政府完全相信它可以让日本跻身世界强国的行列，但也深知这样的转变需要进行工业革命，而不是煽动革命激情。旧武士们叫嚣要对朝鲜或中国台湾发动一场关乎荣

1　相关概述性的研究，参见 Mataji Miyamoto（宫本又次），Yōtarō Sakudō（作道洋太郎），and Yasukichi Yasuba（安場保吉），"Economic Development in Preindustrial Japan, 1859 - 1894," *Journal of Economic History* 25, no. 4 (1965)。

誉的战争，但日本的外交政策需建立在审慎的现实主义政治基础之上。民众的观点需要被驯服和引导，而不是激进地动员。历史学家坂野润治曾将明治政治的这种面貌描述为“开发专制”。[1]

大久保政府主要面临着两种形式的反对：一是保守主义者对改革本身的反对，一是迅速发展的民众代表的意见。尽管两
168 者存在差异，但他们在反对大久保政府的专制方面是一致的。作为回应，政府既尝试对其进行安抚，也计划镇压那些试图挑战政府权威的人。1874 年，大久保政府对台湾发动了一次惩罚性攻击，以安抚那些要求实施更具侵略性的外交政策的人，其中尤以来自西南强藩心怀愤懑的武士为代表。但当心怀不满的武士小团体发动暴力袭击时，国家以压倒性的武力加以回应。1877 年 1 月，在西乡隆盛的追随者突袭鹿儿岛的一个军械库并开始向东京进军后，这样的对抗爆发为一场全面的内战。明治政府动员了近 6 万名陆军和海军来迎战人数近 3 万的叛军，到了 3 月，叛军已经撤退。战斗一直持续至 9 月底，因为叛军总能设法躲避正在行进的政府军队。明治政府最终赢得了西南战争，或称为“萨摩起义”，却以巨大的财力、物力、人力作为代价。至少有 1 万名参战人员在战争中丧生，明治政府的直接

1　坂野潤治：『未完の明治維新』、東京：筑摩書房、2007 年、166—169 頁、197—208 頁。
在其他著作中，坂野曾指出：“这种思维方式与第二次世界大战后许多亚洲国家‘发展专制’的思维方式非常相似。”参见 Junji Banno（坂野潤治），*Japan's Modern History, 1857 - 1937: A New Political Narrative*, trans. J. A. A. Stockwin (London: Routledge/Taylor & Francis Group, 2014), 75。

军费高达4000多万日元，大约相当于政府半年的收入。这场战争对日本财政的影响远远超过了长达9个月的战斗本身。政府主要通过印钞来支付战争开支，这导致日元暴跌，大米、木炭和盐等生活基本用品的价格飞涨。[1]

政府还面临着如民众要求更多的政治参与等非暴力性质的请求，其中最尖锐的是，要求建立一个民选的国民议会，这就是所谓的“自由民权运动”。明治政府以既压迫又迁就的手段来应对这一运动。从1873年年底开始，政府逐步加强了对新闻舆论和公众集会的控制。明治政府最初鼓励新闻自由，将其作为“开明”社会的必要组件，但大久保政府执政期间，政府开始采取行动打压并限制批评政府的出版物出版。它对新闻舆论施加了越来越严格的监管，而且限制公共集会，并最终派遣警察出现在所有政治集会上。与此同时，政府对舆论也做出了些许让步。1875年的一项帝国法令承诺用“宪政”来回应“民意”。1879年，政府引入了县议会，尽管其权力有限，且只有一些民选议员。[2] 1881年，政府回应了一个主要反对党提出的要求，承诺到1890年不仅要制定宪法，而且要建立国民议会。但这部宪法将由几位寡头政治家起草制定，并作为天皇赠送给
臣民的礼物。民众将获得国家允许的尽可能多的自治权。民众 *169*

1 我所用的数据，主要来自佐々木寛司：『租税国家と地租』、出自『近代日本の形成と租税』、東京：岩波書店、2008年、12頁。西南战争的费用数据来自毛利敏彦：西南戦争、『国史大事典』、吉川弘文館、1979—1997。

2 太政官：『元老院大審院ヲ置ク詔・四月十四日』、太政類典、国立公文書館 本館-2A-009-00・太0022310、件名番号031。

争取更多公共事务参与的斗争将继续下去，但要在明治政府建立的架构内进行。

明治国家与明治帝国

同早期的德川幕府一样，大久保政府并不排斥战争，只是拒绝结果不可预测的战争。大久保政府愿意支持军事行动，只要它看起来是可控的、成本低廉的且有节制的。最明显的例子是1874年的侵略中国台湾，名义上是为了回应1871年的牡丹社事件而对台湾岛上部落发动的"惩罚性"突袭。明治政府根据李仙得的建议，认为列强会承认其对台湾的"主权"要求。在这种情况下，这次远征似乎是一个低风险、高收益的提议，4月初，明治政府正式授权进行殖民探险。令明治领导者感到惊讶和沮丧的是，英国强烈反对即将发起的攻击，美国也公开否认李仙得的行动。[1] 作为回应，明治领导层试图推迟远征，但指挥官西乡从道已经收到天皇敕令，无视了政府在最后一刻的踌躇。[2] 关于此次远征的描述在日本国内和国外有巨大的分歧，为避免激怒美国和英国，明治政府否认其领土扩张野心，坚称其对台突袭只是一项调查任务。[3] 然而在日本国内，出兵

---

1 Fox, *Britain and Japan, 1858 - 1883*, 290 - 298.

2 Mizuno, "Early Meiji Policies," 724 - 730.

3 Japanese government memorandum, enclosure 3 in no. 76, Bingham to Fish, April 22, 1874, in US Department of State, *Executive documents printed by order of the House of Representatives*, 1874 - 75, 18 vols., vol. 1 (Washington, DC: US Government Printing Office, 1875), 679 - 680.

台湾被描述为一次殖民冒险：西乡从道等人希望夺取中国台湾东部的部分地区，并将心怀不满的萨摩武士送到那里作为定居者。[1]

作为一次以殖民为目的的出征，这次出兵是失败的。日军“占领”了台湾东部的部分地区，但他们因染病而损失惨重，并陷入了与岛上部落的游击战中。事实证明，军队中的一些武士志愿者尤其无用，因为他们无视有关疟疾预防和一般卫生的指示。[2] 在外交方面，清政府拒绝放弃台湾，明治政府也没有准备好以公开战争来应对清政府的抵抗。然而通过这次战争，日本对琉球的领土主张赢得了国际社会的承认，从这一层面来看，此次远征无疑是成功的。清政府同意支付高达 50 万两（约 37000 磅）白银的巨额赔偿金：其中 10 万两用于赔偿被杀害的琉球人家庭，40 万两用于弥补日本攻击台湾而受到的损
失。死亡赔偿金直接支付给了日本政府，而不是遇难者家属。 170
其余的军费赔偿，是日本效仿了西方的做法：例如 1858 年，英国收到了清政府支付的 400 万两白银，作为在鸦片战争中英军的军费补偿。一些英国学者和评论家对日本的“模仿帝国主义”不以为意。英国驻日本公使巴夏礼不无讽刺地哀叹中国

1 Mizuno, “Early Meiji Policies,” 726; Eskildsen, “Of Civilization and Savages,” 396 - 397.

2 Robert Eskildsen, “An Army as Good and Efficient as Any in the World: James Wasson and Japan's 1874 Expedition to Taiwan,” *Asian Cultural Studies* 36 (2010): esp. 53 - 55; Robert Eskildsen, “Suitable Ships and the Hard Work of Imperialism: Evaluating the Japanese Navy in the 1874 Invasion of Taiwan,” *Asian Cultural Studies* 38 (2012): esp. 54.

“愿意为被侵略付出代价”。[1] 但美国学者和评论家大多对日本予以称赞。至少对《纽约时报》（*New York Times*）来说，明治国家结合了“东方的狡黠与西方的直率”，作为“文明国家大家庭中最年轻的成员——根据正式承认的年份来计算——应为此感到自豪”。[2]

明治国家的对朝政策也是以西方模式为基础的，但比起对台政策，它更为谨慎。在 1873 年的政治危机中，政府在是否冒险与朝鲜开战的问题上出现了分歧，大久保利通当时曾警告要避免发动代价高昂的、无限期的战争。依据此种思路，大久保政府避免公开入侵朝鲜，而是专注于破坏朝鲜与清政府关系。1875 年 9 月，日本军舰“云扬”号在江华岛附近开火挑衅，随后摧毁了朝鲜的海岸防御工事。在后来的谈判中，日本威胁朝鲜将发动战争，但其关键要求是迫使清政府承认朝鲜和日本是地位平等的主权国家。因而由此产生的《江华条约》（1876 年）囊括了 19 世纪西方国际法中的许多种紧张关系：日本将朝鲜确立为与本国地位平等的国家，但也掌控了将之确立为半殖民地的优势。[3] 根据日本和朝鲜的平等宣言，朝鲜同意直接与明治政府互派公使，而不是通过对马藩的代理人制度。但该协议也与 19 世纪 50 年代列强强加给日本的条约相呼应。朝鲜被迫对外开

1 F. Victor Dickins and Stanley Lane-Poole, *The life of Sir Harry Parkes: K. C. B., G. C. M. G., sometime Her Majesty's minister to China and Japan* (London: MacMillan, 1894), 194.

2 “New Oriental Diplomacy,” *New York Times*, December 6, 1874, 6.

3 《江华条约》原文，参见外務省：『大日本外交文書』第 9 巻、115—119 頁。

放三座港口作为贸易口岸，并允许日本商人在朝鲜全境居住和从事贸易。日本还拥有治外法权：在朝鲜的日本人只能在领事法院受审。[1] 总体而言，条约宣布朝鲜为主权国家意味着结束了清政府声称朝鲜国王是清朝皇帝的附庸的说法。与出兵台湾一样，明治国家摒弃了旧的东亚国家间的协议，转而推行炮舰外交，这赢得了西方报纸媒体的一致好评。伦敦的《蓓尔美街报》（*Pall Mall Gazette*）指出，“日本……东方最小的国家，刚刚摆脱绝对的孤立，‘打开了’朝鲜的大门，这是曾经让西方 171
两大强国在船只和资金方面遭受严重损失而不得不失败撤退的国家。这很可能成为日本人引以为豪的‘外交成就’”。[2]

明治国家利用这些外国赔偿来巩固和界定其国家领土。例如，出兵台湾激发了日本将琉球改造为直接统辖区而不是外国附属地的构想。留守政府于1872年开始了这一进程，但其颁布的法令是前近代和近代主权及领土权概念的混乱组合。例如在明治五年九月，政府召集琉球使节团前往东京，并通知他们琉球处于明治天皇的统治之下。政府官方法令坚称琉球在文化上是日本的一部分，因为琉球与日本在语言和习俗上都是相同的。这种对文化相似性的强调与西方的民族国家模式是一致

---

1 Duus, *The Abacus and the Sword: The Japanese Penetration of Korea*, 1895–1910, 43–51; Takemichi Hara, “Korea, China, and Western Barbarians: Diplomacy in Early Nineteenth-Century Korea,” *Modern Asian Studies* 32, no. 2 (1998); James B. Palais, *Politics and Policy in Traditional Korea* (Cambridge, MA: Harvard University Press, 1975), 252–271.

2 “The Japanese Treaty with Corea,” *Pall Mall Gazette*, March 20, 1876.

的。但接见仪式的遣词造句与礼仪姿态，又几乎复制了将琉球视作拥有独特文化的朝贡国家的旧观念。使节团赠送给明治天皇的礼物包括中国出产的商品（毛笔、砚和墨水），反映了琉球作为中国贸易中介点的地位。使节还赠送了如“缟紬”等琉球特产，琉球国王则收到了“大和锦”作为回礼。但这次礼物交换恰恰凸显了琉球文化与日本文化的差异，而不是在文化上融入了日本民族国家。此次事件后，琉球被描述为位于“富有四海、君临八荒”的日本帝国的南部。使情况进一步复杂化的是，政府还授予琉球国王独一无二的头衔——“藩王”。留守政府复活了“藩”这个词，实际上逆转了一项其此前进行的关键性中央集权改革：就在前一年，政府废除了各地方藩，并以县取而代之。现在，藩正式成为已废止的政治体系的一部分。但“藩王”的头衔表明，琉球在日本政体中的独特地位将在明治政府的领导下延续下去。这些古怪的头衔选择和官方礼物的选择揭示了日本政府内部的困惑：最符合日本利益的是维持外交模糊的现状，还是大胆提出新的主权宣称？[1]

出兵台湾后，大久保政府开始大举清除德川时代遗留的领
172 土主权重叠问题。它试图将琉球人定义为文化和政治上的日本人，并切断琉球与中国的传统纽带。大久保认为琉球尚氏王朝

1 外務省：『大日本外交文書』第 5 巻、373—384 頁。我对于这一时期琉球问题的全部解释，受到了以下学者著作的影响。安良城盛昭：『琉球処分論』、出自『蝦夷地と琉球：「異国」の内国化と統合』、東京：吉川弘文館、2001 年、184—186 頁。與那覇潤：『琉球からみた琉球処分一「近代」の定義をまじめに考える』、出自村井章介、三谷博編：『琉球からみた世界史』、東京：山川出版社、2011 年、137—158 頁。

是“顽固、盲从和狭隘的”，但他希望通过儒家传统的仁爱思想和近代西方技术的结合来赢得尚氏的支持。1874年，他提出用清朝支付的赔款为琉球购买30艘轮船。新轮船将取代传统的、容易发生海难的浅龙骨船以改善普通琉球人的生活，这些浅龙骨船只过去经常来往于中国和日本。因此，提供新船就是近代技术与儒家仁爱思想的完美结合，大久保认为这样的举动将赢得琉球统治精英们的支持。[1]

然而让大久保沮丧的是，尚氏朝廷对此无动于衷。首里方面无视日本的“仁政”，并拒绝实行日式改革。明治政府随即出动军队，要求琉球接受轮船和救济粮。面对日方的军事压迫，尚氏朝廷做出了让步，却继续呼吁中国和其他国家帮助其抗击日本。明治政府对此极为震惊，但由于担忧国内接连发生的动乱（如1876年末的武士暴力叛乱，及随之于1877年升级为大规模叛乱的西南战争，以及1878年5月大久保被刺事件），不得不推迟进一步的行动。[2]

1878年末，琉球问题再次成为明治政府的考虑议题，这在很大程度上是为了先发制人，以阻止外国的干预。美国前总统尤利西斯·S. 格兰特（Ulysses S. Grant）计划于1879年访问东亚地区，作为其环球访问的一部分，而北京方面正计划请求

---

1 大久保利通:『琉球藩処分方ノ儀ニ付キ伺』、1874年12月25日、公文録、A01100061700、アジア歴史資料センター。对大久保此后议案的总结性研究，参见George H. Kerr, *Okinawa, the History of an Island People*, rev. ed. (Boston: Tuttle, 2000), 367-369。

2 Kerr, *Okinawa, the History of an Island People*, 370-376.

他对琉球争端进行仲裁。明治政府希望在接待格兰特时显得理性和友好，但不愿就琉球的主权问题与实际控制权进行谈判。为了排除任何关于主权的讨论，明治政府在格兰特访问之前采取了直接控制琉球的手段。1879 年 3 月，日军夺取了首里城的控制权，罢免了尚氏国王，并宣布设立冲绳县。5 月，琉球前国王被送往东京，明治天皇在那里谴责了他的傲慢无礼，但随后，基于天皇的“仁慈”而赦免其罪行，并授予其贵族头衔。[1]

冲绳县的设立引起了清政府的强烈不满，清廷曾警告明治政府不要采取单边行动。但在占领琉球后，日本政府开始表现出理性、亲切与和解的姿态。当格兰特本着“宽容和正义”的精神劝告日本进行让步时，明治政府提出将群岛的西南端让给中国，以换取在华的最惠国待遇。清政府谈判代表接受了这一
173 提议，但总理衙门拒绝签字。清廷内部的分歧使得明治政府可以顺理成章地拒绝进一步谈判，而不会显得无理而好战。1881 年 1 月 5 日，日本驻清领事通知清政府，明治政府认为琉球问题已经结束。清廷对此提出抗议，却无济于事。[2] 在这些新的主权宣称中，明治政府强调琉球与日本在文化上的相似之处。它坚称琉球的语言只是日语的一种方言，琉球的礼仪与日本完

1 桜井基外：『天之聖声』、稚内：桜井基外、1910 年、48—49 頁。

2 Kerr, *Okinawa, the History of an Island People*, 376 - 377, 384 - 392; Richard T. Chang, “General Grant's 1879 Visit to Japan,” *Monumenta Nipponica* 24, no. 4 (1969): 379 - 383.

全相同，琉球的宗教信仰不是其他宗教而是神道教。[1] 这些说法不仅不符合事实，而且完全颠覆了德川时代注重琉球文化特色的政策。但这些谎言在政治上是有效的，再将其与娴熟的外交技巧和军事力量相结合，最终使国际社会承认琉球是属于日本的。尽管如此，明治政府的政策仍然反映了琉球最初是作为日本“内地”的半殖民地的地位。尽管琉球已被国际社会承认为日本的一部分，但明治政府因担心引发当地动乱而推迟实施了几项关键性改革。例如，征兵制直到1898年才在冲绳县实施，即在日本本土实行征兵制度的25年后。土地改革，包括废除公有制农耕地，直到1899年才开始实行。在推迟这些重大改革的同时，政府做出了一些有限的尝试，以将普通琉球人标记为日本臣民。例如，琉球人被要求采用明治政府推行的户籍制进行姓氏登记。[2] 在赢得国际社会承认琉球为日本所有之后，明治政府开始延缓推进同化当地人的政策。当日本在19世纪90年代末重新努力同化琉球时，这成为其帝国征服发展新阶段的组成部分。根据《马关条约》，清政府在1895年将台

---

1 “Riu Kiu: Memorandum upon the Diplomatic Question now pending between Japan and China, July 1879,” part of “Official Correspondence between Japan and China relative to Loochoo,” in MS British Foreign Office: Japan Correspondence, 1856 - 1905: Japan, Section II, F. O. 46/1 - 104, 1868 - 1890, Vol. 248: 1, frames 147 - 151, National Archives (Kew, United Kingdom), accessed through *Nineteenth Century Collections Online*, tinyurl. galegroup. com/tinyurl/4E3bG1.

2 金城善：『近代沖縄における戸籍法の施行』、出自田里修、森謙二：『沖縄近代法の形成と展開』、榕樹書林、2013年、400—408頁。Kerr, *Okinawa, the History of an Island People*, 400 - 408.

湾岛割让给日本。在正式宣称占据台湾后，明治政府将琉球同化为日本“内地”的一部分，而不是其帝国的组成部分。因此，日本帝国的扩张实际上包括了对日本“内地”的重新定义。在遥远的日本东北部地区，同样的巩固地方统治的行为也在一并进行，大久保政府试图将虾夷地纳入日本民族国家之中。作为德川政权与俄国的中间交流地带，对虾夷地的划分一度处于“内地”、边疆、殖民地之间的灰色概念区域。1875 年，从监狱获释的榎本武扬通过谈判，在日本和俄国之间划定了明确的国际边界，两国对库页岛模棱两可的共同占有状态由此宣告结束。根据 1875 年的《圣彼得堡条约》（或称《库页岛千岛交换条约》），日本放弃对库页岛的主权宣称，以换取堪察加
174 半岛以南的整个千岛群岛的完全控制权。明确的国际边界的建立激发了明治政府将阿伊努人重新定义为日本帝国臣民的构想。于是，明治政府比先前更加努力地将日式发型、服装强加给阿伊努人；禁止他们使用毒箭狩猎，而鼓励使用枪支；同时向其颁发地契，试图强制他们实行定居农业，并禁止阿伊努人在死亡后焚烧房屋的做法。[1] 尽管如此，虾夷地仍保留着半殖民地的有限地位，明治时期的虾夷地行政机构，被称为“北海道开拓使”（1869—1882 年），就是很好的例证。

激进的复古主义推动了这些努力，使虾夷地成为日本不可

1 关于幕末政治，参见 Howell, *Geographies of Identity in Nineteenth-century Japan*, 144 - 150。关于明治政策，参见海保洋子：『「異国」の内国化と統合』、出自桑原真人、我部政男：『蝦夷地と琉球』、東京：吉川弘文館、2001 年、132—136 頁。

分割的领土，也促使明治时代的术语用词充斥着历史用语。北海道的殖民机构使用了一个不合时宜的字——“使”来表示其办事机构，这让人回想起8世纪管理日本本州岛东北部的一个官职——“按察”或“按察使”。[1] 明治政府将旧武士安置在北海道军事前哨，令其充任“屯田兵”，而这一命名方式来源于一项中国古代制度。[2] “北海道”的地名创设于1869年，让人回想起日本古代将京都—奈良的畿内地区划分为五国，将畿外地区划分为七道的“五畿七道”制度。将虾夷地更名为北海道，则是创造了第八个“道”，暗示虾夷地曾是古代日本政权统辖的领土。有趣的是，“北海道”这一名词现在成了语言界的“活化石”，尽管在明治政府将东京（而不是京都）指定为首都后，恢复古老的“五畿七道”制度的努力失败了，但北海道至今仍是该县的官方名称。由于日本的新首都位于古代的畿外地区，因此，将首都迁往位于古代“东海道”的东京的行为，实际上摧毁了“五畿七道”体系的内在逻辑。今天，北海道是日本唯一以“道”作为后缀的县：日本最新的领土却拥有着最古老的名字。[3]

---

1 “按察使”曾在1869年至1870年被明治政府短暂地重新设立过，关于“按察使”与“开拓使”的相似之处，参见『按察使諸官ノ等級ハ開拓使ト同一ナラシム』。

2 讨论“屯田兵”相关问题的英文著作，参见 Harry D. Harootunian, “The Economic Rehabilitation of the Samurai in the Early Meiji Period,” *Journal of Asian Studies* 19, no. 4 (1960): 435 - 439。

3 海保洋子：『「異国」の内国化と統合』、126頁。关于这件事的讨论，参见太政官：『五畿八道ノ名称改定ノ儀伺』、1873年6月、公文録、国立公文書館 本館-2A-009-00・公00782100、件名番号007。深入探讨迁都这一极为复杂的问题的研究，参见 Fujitani, *Splendid Monarchy*, 31 - 92。

将虾夷地更名为北海道，也即通过在词源学上消除与野蛮的联系而达到驯化该地区的目的。“虾夷地”中的“夷”是野蛮人或未开化的意思，反映了德川时代野蛮人和文明人之间的区别。明治时代的话语体系否决了这些区别，反而着力强调阿伊努人从原来的“土人”转变为日本帝国臣民，即成为“前土人”的过程。[1]

在将北海道与古代日本政权联系起来的同时，北海道开拓使也引入了跨国经济发展的理念。开拓使在很大程度上依赖于
175 美国顾问，其中最著名的是美国前农业专员霍勒斯·凯普伦（Horace Capron）。这些顾问明确地指出，美国西部的建设应成为开拓北海道的模板。他们宣称，政府应拨赠土地以建设大学，就像 1862 年受惠于《莫雷尔法案》（Morrill Act，又称《土地拨赠法案》）创建的那些学院。还需通过复制 1862 年的《宅地法》（Homestead Act）来鼓励农民向北海道迁移。与此同时，牧牛场、奶牛场和苹果园的建设也不可或缺，所有这些都是理想的美国式体制与建筑。[2] 日本政府热衷于接受这种将北海道视为美国西部的构想，但其中关于北海道的言论也充斥着一种海外扩张和殖民的意味。官方出版物《北海道开拓杂志》在其创刊号上将定居于北海道的日本人比作“开辟新土

1 Howell，*Geographies of Identity in Nineteenth-century Japan*，149，178–180. 关于这一巨变的举例，参见太政官：『通辞ノ名称ヲ廃シ土人取締ト称ス』、1872 年 7 月 8 日、太政類典、国立公文書館 本館-2A-009-00・太 00343100、件名番号 027。

2 Brett L. Walker，“Meiji Modernization，Scientific Agriculture，and the Destruction of Japan's Hokkaido Wolf，” *Environmental History* 9，no. 2 (2004).

地的五月花号上的清教徒”。[1] 从更广泛的角度来说，鼓励向北海道迁徙的论述预示了此后关于移民和殖民的争论。例如，福泽谕吉敦促原武士在北海道定居，但随后将其关注点转向移民美洲。《北海道开拓杂志》编辑津田仙主张在朝鲜和中国北方定居，而他的儿子和女儿却都移民到了美国加州。[2]

明治政府的政策对北海道的影响显然是好坏参半的。札幌农学校，即现在的北海道大学，成为一所受人尊敬和有影响力的高等教育机构。但许多在开拓使推动下的其他企业则构思不周、经营不善。移民促进政策也充满了矛盾。政府对迁徙至北海道的移民给予补贴，但最初的定居者被分配到的是位于肥沃低地外围的最贫瘠之地。更好的土地被预留给后来的定居者，或被当地官员扣留，随后安排将之出售给投机者。交通不便和市场不发达意味着基本商品的价格很高，许多定居者发现北海道的冬天冷得让人难以忍受，因此很少有移民成为永久定居者。[3] 除了农业，开拓使管辖下的各种农场、罐头厂、酿酒厂、矿山、磨坊和铸造厂常常入不敷出。这些外国顾问，尤其是凯普伦，在给明治政府的建议中，似乎忽视了劳动力成本、资本

---

1 我很感激 Sidney Lu 让我注意到这本杂志。

2 Alexis Dudden, “Japanese Colonial Control in International Terms,” *Japanese Studies* 25, no. 1 (2005): 1 - 20; Sidney Xu Lu, “Colonizing Hokkaido and the Origin of Japanese Trans-Pacific Expansion, 1869 - 1894,” *Japanese Studies* 36, no. 2 (2016).

3 John A. Harrison, “The Capron Mission and the Colonization of Hokkaido, 1868 - 1875,” *Agricultural History* 25, no. 3 (1951): 137 - 138; Katsuya Hirano, “Thanatopolitics in the Making of Japan's Hokkaido: Settler Colonialism and Primitive Accumulation,” *Critical Historical Studies* 2, no. 2 (2015): 198, 202 - 203.

成本、文化和气候。[1] 可悲的是，明治政策为北海道带来的最持久的变化是传染病的蔓延：随着定居者传播麻疹、流感和结核病，原住民阿伊努人被传染而大批死亡。[2] 明治政策的另一项遗产是丑闻：1881 年之后，当政府开始出售其在北海道的资产时，一连串的有关腐败的报道在当地引发了一场政治危机。

与琉球和虾夷地类似，小笠原群岛在人种、民族和国际法
176 方面都是一个传统意义上的阈限空间。1875 年，根据一位英国领事的报告，当地居民是一个由 37 名男性和 32 名女性组成的克里奥尔人社会。英国的报告将其中 5 名男性定居者描述为“白人”，指的是在欧洲出生的男性，但岛上居民本身明显不关心种族分类或民族认同。他们自称是博宁岛人，据英国领事推测，“他们希望自己能够独自掌控自己的财产而不受外界干扰，国籍或其他任何形式的保护对他们来说越少越好”[3]。对岛上居民来说，不幸的是，19 世纪的国际政治不允许这种“世外桃源”一般的地方存在。佩里曾建议将这些岛屿变成美国的殖民地，明治政府随即仓促地将该群岛重新定义为日本“内地”不

1 对凯普伦的批判，参见 Bogdan Mieczkowski and Seiko Mieczkowski, “Horace Capron and the Development of Hokkaido: A Reappraisal,” *Journal of the Illinois State Historical Society* (1908 - 1984) 67, no. 5 (1974)。也可参见 Harrison, “The Capron Mission”; Donald Roden, “In Search of the Real Horace Capron: An Historiographical Perspective on Japanese-American Relations,” *Pacific Historical Review* 55, no. 4 (1986)。

2 Brett L. Walker, *A Concise History of Japan* (Cambridge: Cambridge University Press, 2015), 204 - 205.

3 Robertson, “The Bonin Islands,” 138.

可分割的一部分。

对小笠原群岛的兼并与虾夷地和琉球的情况大致相似，但岛上的“白人”定居者带来了独特的问题。根据治外法权，小笠原群岛上出生于欧洲的定居者可能受到其“母国”法律的管辖。为了对这些岛屿进行有效的法律控制，明治政府需要将这些“白人”定居者及其家人转变为日本天皇的臣民。因此，兼并小笠原群岛的行为还催生了一个新的法律分类——“归化外国人”，这是一个专门为适应岛上居民的特殊地位而设计的术语。作为入籍过程的一部分，根据户籍制度，岛民被登记在册，从而成为日本帝国的臣民。为了强调小笠原群岛作为日本国土的一部分，1880 年，这些岛屿被置于 600 多英里外的东京的行政管辖之下。尽管如此，这些岛屿仍然保持着边缘的半殖民地地位。1878 年，日本政府禁止“归化外国人”在日本“内地”进行再定居，从而确认了这些定居者同时在日本国内和国外的身份。为与 1889 年明治宪法的法令相一致，这一禁令于 1897 年被解除，但此时，最初的定居者已成为岛上的少数群体。由于明治政府鼓励“内地”日本人移民，小笠原群岛的人口从 1875 年的不到百人猛增到 1894 年的 3000 多人。[1]

1　Chapman,“Inventing Subjects: Early History of the ‘Naturalized Foreigners’ of the Bonin (Ogasawara) Islands 24” http://apjjf.org/-David-Chapman/3169/article.html; Chapman,“Different Faces, Different Spaces: Identifying the Islanders of Ogasawara.” 1878 年的相关法律，参见太政官：『小笠原島帰化人処分ノ件』、1882 年 1 月、公文録、国立公文書館 本館-2A-010-00・公 03231100、件名番号 022；以及内閣：『小笠原島在籍帰化人ニ対シ内地移住等ノ禁ヲ解キ一般臣民タルノ権義ヲ有セシム』、国立公文書館 本館-2A-011-00・類 00797100，014。

国内的转型

在国内政策方面，大久保政府驳回了留守政府的关键执政
177 理念：日本民族国家的成功建立需要紧急动员民众的力量。大久保没有贬低自由和民权的重要性，他的同僚井上馨和寺岛宗则也是如此。但他坚称，日本民众的相对落后限制了他们享受权利和自由的能力。他认为，民众“已经习惯了多年的封建压迫，长期践行陈规陋习”，所以日本人民根本没有做好自我治理的准备。大久保主张逐步扩大民众的政治权利，在法兰西共和国的动荡革命和俄国的独裁专制之间采取谨慎的中间路线。但他坚持认为，日本永远不可能成为民主国家，这是一种罕见且不稳定的政府形式。美国建国仅100年，所以世界上唯一持久的民主国家是瑞士。对于大久保来说，1789年的法国大革命表明，仓促地赋予民众权利可能造成暴政而非自由。从长远来看，英国似乎是日本的理想模型：一个拥有有限君主制和许多繁荣岛屿的庞大帝国。但考虑到日本民众的落后，大久保还不能赋予他们政治责任。首先需要提高日本人的“才力”，培养他们的爱国精神。[1]

大久保政府的首批行动之一是颠覆留守政府先前实行的政

1 一张大久保在1873年11月写有相关想法的纸张，翻译件参见George M. Beckmann, *The Making of the Meiji Constitution: The Oligarchs and the Constitutional Development of Japan, 1868－1891* (Lawrence: University of Kansas Press, 1957), 111－119。原件参见『大久保利通文書』第5、182—203页。

策，收紧对新闻的控制。早期的明治政府曾广泛支持报纸传媒，认为它是“启蒙的必需品”。政府曾警告不要刊登诽谤、煽动犯罪行为和“伤害公众感情”的新闻，但鼓励报道国内和国际事务，以此作为“拓展人类知识”的一种方法。[1] 然而到了 1873 年 10 月，太政官发布了新的法令，禁止对政治或国家法令发表任何“不负责任的批判性评论”。法令还禁止任何可能“通过诋毁国家政治、讨论国家法令或宣传外国法律来干扰国家法律”的新闻。[2] 1875 年，政府继续收紧这些限制，对包括“诽谤国家法令和妨碍遵守国家法律”在内的一系列罪行处以最高三年的严厉刑罚。[3] 外国政府也参与到这次打击行动中，当明治政府抱怨英国人的出版物时，英国公使宣布禁止英国人在日本印刷或出版报纸。这一禁令很可能是针对持不同政见的记者约翰·雷迪·布莱克（John Reddie Black），他曾在 1873 年的政治危机中支持失败的留守政府一派。[4] 明治政府还对公 178
共集会施加了新的限制。从 1878 年 7 月开始，所有涉及政治事务的公开讲座都受到警方的监控，并可能因发表“煽动民众

1 参见 1871 年 7 月 19 日的太政官法令，出自松本三之介、山室信一編：『日本近代思想大系 11 言論とメディア』、東京：岩波書店、1990 年、410—411 頁。也可参见 Kim, *The Age of Visions and Arguments*, 263 - 264。

2 参见 1873 年第 352 号太政官法令，『新聞紙発行条目—日太政官布告第 352 号—1873/10/19』、出自松本三之介、山室信一編：『日本近代思想大系 11 言論とメディア』、東京：岩波書店、1990 年、411—412 頁。以及 Kim, *The Age of Visions and Arguments*, 263 - 264.

3 参见 1875 年第 12 号太政官法令，『新聞紙条例—日太政官布告第 12 号—1875/6/28』、出自松本三之介、山室信一編：『日本近代思想大系 11 言論とメディア』、東京：岩波書店、1990 年、412—415 頁。

4 Dickins and Lane-Poole, *The Life of Sir Harry Parkes*, 244.

不满”的言论而被强制解散。1880 年以后，所有政治集会的组织者都必须事先获得警方的批准。[1]

在教育政策上，明治政府也开始强调对国家的服从和忠诚。最初，政府专注于通过恢复一些地方控制权和降低学费来安抚当地的反对意见。然而在 1879 年，政府明确否定了 1872 年制度的核心要素。在一份政府宣言中，他们斥责最近的改革忽视了忠诚和孝道，而偏向于获取知识和技能。过分强调“文明和启蒙”是有害的，与日本教育的真正目的背道而驰。日本需要重新强调忠于主人和父母等美德，以确保国家的独立。这些对儒家等级制度的明确复归与政府早先强调个人的自我实现形成了鲜明对比。1872 年的改革强调了父母教育子女的义务，而 1879 年的宣言则侧重于儿童对父母的顺从。新政策还凸显了传统的性别角色，如“贤妻”，与留守政府在教育方面主张性别中立的举措形成对比。[2]

大久保政府对日本民众的低估塑造了其经济政策。1873 年以后，政府开始直接与私营企业合作，促进先进技术的推广。政府将厂房和设备出售或租赁给私营企业家，生产一系列产品，包括布料、线、印刷版、陶瓷、漆器、肥皂和马口铁。与

---

1 Kim, *The Age of Visions and Arguments*, 266 - 267.

2 参见『教学聖旨大旨』(明治十二年)、出自『学制百年史・資料編』。http: //www. mext. go. jp/b _ menu/hakusho/html/others/detail/1317935. htm。

私营企业的直接合作标志着国家政策的转变。[1] 明治政府的内部共识是，国家需要帮助建设发展近代经济所需的基础设施，如铁路和电报线路。为此，日本政府在1872年开通了一条从新桥（东京市中心）到横滨的铁路线，随后在1874年开通了一条从大阪到神户的铁路线，又于1877年开通了从大阪到京都的铁路线。电报系统也迅速扩展，1869年从东京到横滨架设了一条短线路，此后在1873年从东京向西南延伸700多英里到长崎，并在1875年向东北延伸600多英里到小樽市（北海道）。国家需要扶持资本密集型和科技密集型的企业，这也是大家的共识。例如，横须贺造船所由德川幕府于1866年开始 179
建设，并由明治政府扩建，最终成为日本主要的海军基地和军火库。政府还在1872年开设了富冈纺纱厂，这是一个拥有300多个操作工位的巨大工厂，完工时共耗资近20万日元。[2]

在坚持实行这些产业促进政策的同时，大久保政府也开始直接扶持民营企业发展。例如在1874年，政府以每年650日

---

1 鈴木淳：『工部省の十五年』、出自鈴木淳：『工部省とその時代』、東京：山川出版社、2002年、3—22頁。柏原宏紀：『征韓論政変後の工部省に関する一考察』、『法学研究』82、no. 2、2009年、487—510頁、502—503頁。

2 E. Sydney Crawcour, "Economic Change in the Nineteenth Century," in *Cambridge History of Japan, Vol. 5: The Nineteenth Century*, ed. Kozo Yamamura (Cambridge: Cambridge University Press, 1989), 610 - 614; E. Sydney Crawcour, "Industrialization and Technological Change, 1885 - 1920," in *Cambridge History of Japan, Vol. 6: The Twentieth Century*, ed. Peter Duus (Cambridge: Cambridge University Press, 1989), 423 - 424. 关于富冈纺纱厂，参见 E. Patricia Tsurumi, *Factory Girls: Women in the Thread Mills of Meiji Japan* (Princeton, NJ: Princeton University Press, 1990), esp. 25 - 46。

元的价格将一家纺织厂租给一群私人投资者。1877年，政府以每年40日元的价格出租了一座砖窑，以每年65日元的价格出租了一台镀锡机。政府还以低于成本15%的价格将肥皂生产设备出售给一家私人企业。[1] 在各种补贴背后，是政府对日本企业家的悲观看法。大久保确信日本民众是无知的、性情懦弱的。民众缺乏勤劳和坚毅的品德，“催促”他们创业是国家的责任。虽然自由放任政策对西方发达经济体可能有效，但日本需要保护、促进和培育关键产业，直到日本民众在经济上更加成熟。[2] 这种态度与江藤新平那种日本需要解放而不是保护企业家的理念截然不同。对江藤来说，只要国家为他们提供适当的框架、高效和透明的法律体系，日本商人就完全有能力自主引领经济发展。

大久保政府最大的成就也许是地税改革，这项政策稳定了国家的主要收入来源。税制改革的双重目标是创造可靠的收入来源，并通过用单一标准的现金支付取代地区性税收制度来平衡整个日本的税负。为了稳定税收收入，政府从对收成征税转向对土地本身征税。这一变化使明治国家开始正式地遵守资本主义的所有制原则。依据德川时代的法律，出售农田是非常困

1　大蔵省：『工部省沿革報告』、東京：大蔵省、1889年、687—691頁。

2　大久保利通：『大久保利通文書』第5、561—566頁。神山恒夫把这种政策上的转变描述为从政府直接支持到间接支持的转变，这种转变始于1874年，并在1881年随着松方正义推动出售政府企业的政策而加速。参见神山恒夫：『殖産興業政策の展開』、出自大津透、桜井英治、藤井譲治：『岩波講座日本歴史. 第15巻（近現代1）』、東京：岩波書店、2014年、97—129頁。

难的，因为从理论上讲，土地不属于任何人：地方大名、武士和农民都对土地享有不同维度的权利主张。地方组织也存在拥有共同土地的多种传统。明治地税改革从形式上用明确的地契取代了这些旧传统，土地所有者现在按土地价值缴税。最后，通过征收现金而不是实物税收，政府可以确保更稳定的财政收入来源。因此，明治地税改革是建立一个强大的中央集权国家的核心变革。[1]

明治政府官员以忐忑的心情实施了税制改革，他们预计新税制将遭遇巨大的阻力。值得注意的是，1874 年引入这项税收政策时，尽管一些地区的税收经历了两位数的增长，但几乎没 *180*
有人抗议。然而在 1876 年，由于大米价格下跌，出现了大规模的、广泛的抗议活动。因为税收是以前一年的大米价格为基础的，所以在 1875 年，一张 10 日元的税单相当于 1.37 蒲式耳[2]的大米，但在 1876 年则是 2 蒲式耳。由于对抗议活动的规模和强度感到震惊，1877 年 1 月，政府将税率从地价的 3%降至 2.5%。抗议活动虽有所缓和，但酝酿中的反政府情绪为西南战争中的叛军赢得了民众的支持。较低的税率也加剧了政府的财政困难，而此时正逢内战，这使国家财政在此之上付出了

1　佐々木寛司：『租税国家と地租』、12—15 頁。Kozo Yamamura, "The Meiji Land Tax Reform," in *Japan in Transition: From Tokugawa to Meiji*, ed. Marius B. Jansen and Gilbert Rozman (Princeton, NJ: Princeton University Press, 1986). 关于维新对公共土地的影响，参见 Philip C. Brown, *Cultivating Commons: Joint Ownership of Arable Land in Early Modern Japan* (Honolulu: University of Hawai'i Press, 2011), esp. 177 - 187。

2　译者注：1 蒲式耳等于 27.216 千克。

更为巨大的代价。[1] 尽管存在这些问题，地税改革将国家权力和中央集权化提升到了一个新水平。到了 1878 年，所有的日本土地所有者都以相同的税率、在同一时间向中央政府缴税。大约 1100 年前，古代天皇国家曾尝试过类似的中央集权制度，而明治政权以近代官僚政治的高效实践并强化了这一主张。

政府以类似的坚定和谨慎相结合的态度来对待征兵制改革。留守政府在 1872 年末宣布实行征兵制，但真正的征兵直到 1873 年 8 月才开始进行。在因“血税”引发的反征兵抗议和骚乱后，政府小心翼翼地将征兵对农村家庭的影响降至最低。新的法令提供了多项豁免条件：生病或残疾的；身高低于五尺一寸（约 5 英尺/154.5 厘米）的人；潜在的户主；有兄弟已在军队的人；被判有罪的人；政府官员；更高级别的公立学校、医学院或军校的学生；以及出国留学的人。富人还可以通过支付 270 日元换取兵役豁免。这其中的许多豁免条件被利用来逃避兵役，最终超过 80％的适龄男子获得了兵役豁免，导致明治早期的军队规模相对较小。1878 年的日军只有 4.1 万人，而德军则超过 130 万人。政府废除豁免条件的行动比较缓慢。比如在 1878 年，政府禁止 20 岁及以下的男子申请户主豁免权。这阻止了一些家庭为他们的儿子建立基本上是虚构的“分支家庭”。直到 1889 年，政府才将豁免条件限

1 佐々木寛司、落合弘樹：『税政改革と禄制廃止一地租改正と秩禄処分』、出自佐々木寛司、勝部真人：『明治維新の経済過程』、東京：有志舎、2013 年、89—91 頁。

制在疾病和残疾上。然而如同地税改革一样，征兵制标志着国家权力的系统化和集中化达到了一个新水平。在试图逃避征兵的过程中，日本各地的年轻人都从相同的规则中寻求兵役豁免。因而即使是对政府的反对，也标志着国家统一性达到了一个新的水平。[1]

对大久保政府来说，最令人担忧的问题之一是武士身份的 181
废除。初期的明治政府和留守政府曾试探性地采取行动，以取代武士秩禄和其世袭特权。1872年初，留守政府批准了井上馨提出的一项计划，该计划与最终于1876年实施的计划非常相似。武士的秩禄将大幅减少，取而代之的是有收入的债券，削减幅度最大的是最富有的家臣。但该项目背后的共识是脆弱的。西乡隆盛和其他来自萨摩藩的人担心新政策会遭受岛津久光的反对，后者曾大肆批评新政府的激进主义政策。岩仓具视和木户孝允的海外回信也告诫留守政府成员不要仓促采取行动。在缺乏坚定共识的情况下，留守政府采取了更温和的方式来简化秩禄制度。它取消了下级武士的“卒族”等级，并将所有可继承收入的家臣归类为“士族”，这是一个用来指代“旧武士”的新词。[2]

大久保政府延续了留守政府的渐进政策。它规定武士秩禄

1 D. Eleanor Westney, "The Military," in *Japan in Transition: From Tokugawa to Meiji*, ed. Marius B. Jansen and Gilbert Rozman (Princeton, NJ: Princeton University Press, 1988), 176 - 185; Rokuhara, "Local Officials and the Meiji Conscription Campaign," 81 - 88.

2 落合弘樹:『秩禄処分』、東京:中央公論新社、1999年、74—110頁。

要征收累进税，从2%到35.5%不等。同时开始实施一项自愿秩禄转换计划，敦促旧武士接受债券和现金相结合的补偿，并将这些收益用于购买农场或企业。那些最初的转换以糟糕的结局告终，部分原因在于1873年稻米歉收导致大米价格上涨，这使那些选择以现金换取秩禄的人处于不利地位。[1]

1876年3月，政府果断地对武士特权采取行动，剥夺了武士在公共场合佩戴武士刀的长期权利。此后，刀剑仅限于现役军人和警察使用。[2] 8月，政府采取行动取消武士秩禄。所有基于世袭权利领受的秩禄都被债券取代，价值从5年到14年的收入不等，年收益率从5%到7%不等。政府由此全年支付的总金额减少了大约45%，但转换计划是很先进的，有利于秩禄最少的武士。例如，秩禄在15石或以下（最低档次）的武士获得了价值其14年收入的债券，年利率为7%。由此造成的年收入损失只有2%。然而在年秩禄为250石的情况下，这些债券只相当于其10年的收入，收益率只有6%，年收入减少了40%。最高等级的武士，年秩禄在7000石及以上的，则造成75%或更多的收入损失。[3]

1 落合弘樹：『秩禄処分』、東京：中央公論新社、1999年、112—134頁；佐々木寛司、落合弘樹：『税政改革と禄制廃止一地租改正と秩禄処分』、100—101頁。

2 佐々木寛司、落合弘樹：『税政改革と禄制廃止一地租改正と秩禄処分』、101頁。

3 同上，101—103頁。具体的转换方案，参见近藤信敬編：『秩禄処分法』、近藤信敬出版、1897年、17—24頁。

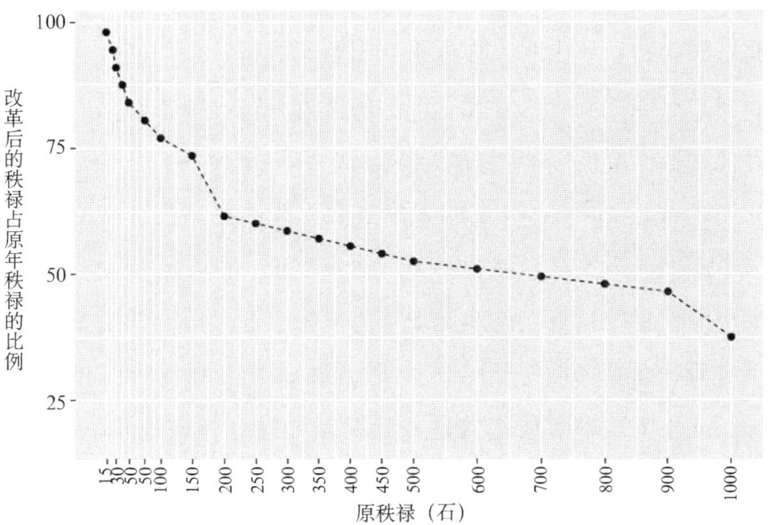

图6. 1　1876年秩禄与公债兑换情况表

数据来源：近藤信敬編『秩禄処分法』、17—24頁。

作为一项行政政策，武士的秩禄转换是一项令人瞩目的成就。仅在第九年，新政府就成功发行了大规模的国债，而没有出现价格或利率的剧烈波动。由于预料到许多武士可能会迅速抛售他们的债券，导致价格暴跌，政府指示其新生的银行系统购买这些债券。为了给债券的现金支付提供资金，政府在英国发放了一笔大额贷款。[1] 废除武士秩禄实际上终止了武士作为特权阶层的地位，但对其在经济上的影响则更为多样化。对于一些武士来说，这些债券代表着突然注入的资本，为他们提供 182

1　佐々木寛司、落合弘樹：『税政改革と禄制廃止一地租改正と秩禄処分』、103—104頁。

了新的商业机会。例如在米泽藩，许多武士家庭在 18 世纪末就开始织布，从中间人那里租来织布机和线，然后再卖回成品布料。这笔额外收入补充了他们微薄的秩禄。将秩禄转换为债券使这些家庭能够购买自己所需的工具和原材料，从而成为独立生产者。[1] 同样，岐阜的大多数武士成功地适应了务农或经营小企业的新生活。然而对于其他人来说，秩禄转换是一个令人望而生畏的挑战。许多武士认为掌握商业金融知识有损其精英身份，而管理债券恰恰需要他们既缺乏又鄙视的技能和知识。武士无法理解他们的财务状况是如此令人震惊的一件事，
183 以至于那个时期的评论家们创造了一个新短语，称其为“士族的商法”，意思是完全缺乏商业意识。当时的小报沉溺于描写曾经强大的武士去拉人力车或将妻女卖为娼妓等耸人听闻的故事。但是这些轶事并不能代表秩禄改革的整体影响。强有力的渐进式转换计划意味着最严重的收入削减集中在人数相对较少的精英阶层身上。大多数旧武士在失去世袭特权时，都表现出了钢铁般的决心和默默的顺从。[2]

少数派用舆论和武器来抵制秩禄转换计划。但到了 1876 年，已很难对世袭特权进行直截了当的辩护。秩禄改革的反对者没有捍卫“传统”，而是援引了“武士民粹主义”。例如，一封刊登在反政府报纸《评论新闻》上的信批评政府的行为是“专制的”（压政，あっせい），并呼吁推翻它。总部设在土佐

---

1 Ravina, *Land and Lordship in Early Modern Japan*, 97 - 113.

2 关于武士是如何适应这种境遇的研究，参见落合弘樹：『秩禄処分』、194—203 頁。

的政治团体立志社援引武士受到的不公平待遇，但这是在呼吁建立民选议会的背景下进行的。这种激进主义并没有阻碍改革，而是试图将旧武士转变为新政治格局中的领导人。[1]

在司法改革中，大久保政府认为只有强大的国家才能保障个人的权利，因此它专注于通过军队、官僚机构、警察和新的刑法（1882 年）来巩固国家权力。推迟制定日本民法典使明治国家得以巩固其权力，直到 1899 年明治政府才颁布实施了一部全面的民法典。这种做法与留守政府坚持迅速全面地进行法律改革的理念背道而驰。在没有新的民法典的情况下，法官们一直被一些世俗问题困扰，比如如何确认合同的有效性，如何判决离婚，或者如何分割遗产。法官们不能依赖德川时代的法律，因为它没有提供统一的国家性质的审判案例。德川时代的法律更强调日本身份群体（如武士和平民）之间的区别，而明治政府已经明确废除了身份等级制。因此，参考德川时代的案例会破坏新的民族国家的核心原则：日本人民的团结。为此，明治政府的行政人员和法官们共同制定了一个将武士家庭观念与西方法律规范融合在一起的国家判例法特设机构。

这部不断演变的法典逐渐废除了婚姻和继承法中许多基于地域和地位产生差异的法令。在德川时代，武士和平民受到不
同法律规范的约束。例如，武士家庭偏爱长子继承制和不可分 *184*
的继承权。这反映了武士遗产的本质：一个家庭的主要资产是

1　落合弘樹：『秩禄処分』、177—178 頁。关于立志社的呼吁，参见色川大吉、我部政男：『明治建白書集成』第 5 巻、東京：筑摩書房、1996 年、334—343 頁。

作为领主家臣的世袭地位，这基本上是不可分的。然而，平民在分配家庭财产和选择继承人方面则更灵活，且地域差异很大。虽然一些平民家庭也支持长子继承制，但在日本西南部，他们倾向于在儿子之间进行更平等的资产分配。在四国，一些村庄更倾向于幼子继承制而非长子继承制，即由最小的儿子继承。劳动力迁移率高的地区也有代理户主的传统，在丈夫不在的情况下，妻子被承认为户主。[1] 在家庭关系中，普通家庭更关心配偶间的兼容性，而不是性别等级秩序。对于武士家庭来说，妻子对丈夫的绝对服从如同家臣对其领主永恒的忠诚。但这种类比对农户来说毫无意义，因为男性农民不受家臣传统的约束。农户们更多地认为夫妻和睦是家族繁荣兴盛的关键。[2]

由于明治时代的大多数官员都是旧武士，他们在发布裁决和法令时会参考武士家族的习俗。例如，根据 1872 年颁布的明治户籍制度，日本是由家而不是个人组成的，并由此形成了武士的社会观。在户籍制度的规范下，每个家庭都有一位户主，通常是一名成年男子，他同时是其妻子、孩子和弟弟、妹妹的法定代表人。成年子女结婚或组建独立家庭需要得到户主的许可。政府认识到武士家长制的某些方面不适用于平民家

1 Akira Hayami and Satomi Kurosu, "Regional Diversity in Demographic and Family Patterns in Preindustrial Japan," *Journal of Japanese Studies* 27, no. 2 (2001): 295 – 321; Akira Hayami, "The Myth of Primogeniture and Impartible Inheritance in Tokugawa Japan," *Journal of Family History 8*, no. 1 (1983): 3 – 29.

2 Anne Walthall, "*The Life Cycle of Farm Women in Tokugawa Japan*," in *Recreating Japanese Women, 1600 – 1945*, ed. Gail Lee Bernstein (Berkeley: University of California Press, 1991).

庭，因此新的《户籍法》也参考了平民的做法，例如可分的遗产继承权等。但这一制度的总体影响是促进了全日本的统一。[1]从理论而非实践上来说，土佐的农户、国后岛的阿伊努人家庭、硫磺岛上的克里奥尔人家庭在家庭结构上都与生活在东京的旧武士家庭相同。[2]

因此，明治户籍制度发明了一种基于日本“传统”的人为统一的家制度，但要让日本看起来“文明”，就需要将这种“传统”与西方的法律规范相调和。这一过程尤其艰难，因为明治政府1871年的刑法是以中国法律为基础的，而民法的改革者则专注于法国和此后德国的法律。中国刑法规定了家庭关 185
系的五个层级。对于一位男子来说，第一级是他的父母、孩子、养父母以及养子。对于一位女子，第一级完全由她的丈夫组成。男人的第二级是他的祖父母，他父亲的妻子，他父亲的兄弟姐妹（叔伯阿姨），他自己的兄弟姐妹，他的妻妾，他的侄女和侄子以及他的儿媳。女子的第二级是其丈夫的父母，但不包括她自己的父母。[3] 因此，刑法不仅将父权制正规化，而

1 Chizuko Ueno, “The Position of Japanese Women Reconsidered,” *Current Anthropology 28*, no. 4 (1987): S75 - S84.

2 Robert Epp, “The Challenge from Tradition: Attempts to Compile a Civil Code in Japan, 1866 - 1878,” *Monumenta Nipponica* 22, no. 1/2 (1967): 36 - 38. 对于德川时期法律的总结，参见 Carl Steenstrup, *A History of Law in Japan until 1868*, 2nd. ed. (New York: E. J. Brill, 1996), 124 - 159。关于大久保认识到武士世袭身份制很难与平民的实际情况相匹配，参见太政官：『平民家督相続ノ儀伺』、1876年3月、国立公文書館 本館-2A-009-00・公01837100、件名番号059。

3 Mojuro Tonooka, “The Development of the Family Law in Modern Japan,” *Comparative Law Review Hikaku hōgaku* 2, no. 2 (1966): 3 - 4; Wilhelm Röhl, *History of Law in Japan since 1868* (Leiden: Brill, 2005), 271 - 272.

且还呈现了一夫多妻制，因此它与欧洲人关于不忠的观念相冲突。例如，根据《拿破仑法典》，丈夫若有了情妇可以作为离婚的理由。因此，明治政府关于民法的声明经常与其刑法相冲突。

努力调和这些相互冲突的传统是明治法律改革的典型特征之一。早在明治五年十一月，福冈孝弟和江藤新平就敦促将妾排除在家庭成员的户口之外。他们宣称，一夫一妻制符合“天理自然之道”，而将妾视为家庭成员则违反了“自然法”。由于一夫一妻制是“天理”规定的，废除妾不是打破传统，而是回归古老的原则。他们没有将这个问题描述为中西法律之间的冲突，而是诉诸普适价值和自然法。虽然政府中的其他人对这些论点表示理解，但他们指出，天皇也有嫔妃，这个问题需要仔细考虑。[1] 福冈和江藤没有因此退缩，他们建议将妾重新归类为家庭的仆从，但这项建议也没有成功。[2] 明治政府 1882 年颁布的刑法部分解决了妾的地位问题，其中省略了妾作为家属的问题，但直到 1884 年，太政官才确认妾不再归为家属，因此应该从家庭户口中删除。[3]

与妻妾的区别纠缠在一起的是“婚生子女”与“私生子”

1　太政官：『妾ノ名義廃止伺』、1873 年 1 月、公文録、国立公文書館 本館- 2A - 009 - 00・公 00892100、件名番号 008。我将“性法”译作“natural law,”将“天数”译作“heaven's law”以及将“犯姦”译作“adultery”。

2　太政官：『妾ノ名義廃止伺』、1873 年 6 月、公文録、国立公文書館 本館- 2A - 009 - 00・公 00902100、件名番号 007。

3　太政官：『妾戸籍ノ件（刑法実施後ニ登記シタルハ除籍セシム）』、1884 年 4 月、公文録、国立公文書館 本館- 2A - 010 - 00・公 03694100、件名番号 012。

的区别。这种身份差异在欧洲家庭法中显得至关重要，但在前近代的日本几乎无关紧要。在德川时代的法律中，儿童之间最常见的区别是嫡子和其他兄弟姐妹或庶子之间的区别。由妾而不是妻所生的孩子也是合法的，并且没有被排除在继承权之外。然而在 1873 年，太政官宣布了一项新的区分法令："妻子 186
或妾"所生的孩子从此被称为"公生子"，字面意思是"公开的子嗣"，而与其他人所生的孩子则是"私生子"，字面意思是"私下的子嗣"。这一术语融合了欧洲对"婚生"和"非婚生"子女的区分，以及中国传统中将妾视为家庭成员的做法。直到 1884 年，当妾从家庭户口中移出后，"私生子"这个新词才开始与欧洲的"私生子"概念相对应："婚生"子女是指登记为丈夫家庭成员的妇女所生的孩子。然而在没有一部全面的民法典作为判决依据的情况下，"婚生"仍然定义不清，只能依靠判例法来渐趋完善其含义。大多数已婚夫妇所生的孩子都是"合法的"，因为在结婚后，妇女通常会进入丈夫的家庭生活。然而直到 19 世纪 90 年代，政府仍在对一些存疑的情况进行裁决，例如合法结婚的夫妇生下了孩子，但女方没有正式登记为其丈夫家庭成员的情况。[1]

不同法律传统间的紧张关系在社会各阶层都有所体现。例如，明治天皇和皇后被公开描绘成一对恪守一夫一妻制的夫妇，皇后承担着那些英国维多利亚时代地位高贵的女士履行的

1　外岡茂十郎：『我國に於ける私生子法の誕生と私生子の範圍』、出自『早稲田法学』20、1941 年、1—58 頁。

职责。她主持国宴，并在天皇参观学校、工厂和军事设施时出现在他身边。[1] 但在私下里，天皇与五位不同的嫔妃共生育了19个孩子。由于皇后本人没有生育子嗣，天皇在1887年将一名由典侍所生的孩子指定为他的皇位继承人。依照日本皇室传统，这是毫无问题的。事实上，明治天皇本人就是一位侍女所生的孩子。然而在国际事务上，日本政府想把明治天皇描绘成一位开明的近代君主，所以西方媒体被告知，皇后“收养了一位由天皇副妻所生的男孩作为自己的孩子”。[2] 一夫一妻制直到未来的大正天皇嘉仁在1900年举行大婚时，才成为皇室传统。

明治领导人的私生活也反映了他们对待妻妾态度的变化无常。例如在19世纪70年代，胜海舟在其东京宅邸至少养育着由三位女性（他的妻子和两位情妇）所生的子女。对于与胜海舟同时代的日本人来说，这并不值得大惊小怪，但这足以令美国人感到惊讶，如一位传教士的年仅十余岁的女儿克拉拉·惠特尼（Clara Whitney）。胜海舟为克拉拉的学校提供了大量的资金支持，克拉拉经常和胜海舟的孩子们一起玩耍和学习。得知胜海舟的两个儿子梶梅太郎和四郎的生母不同，她很失望并
187 哀叹“帝国被这样的行为破坏了”。尽管一开始很沮丧，但在1886年，可能是因为她已经怀孕了，克拉拉选择嫁给胜海舟的

1 Keene, *Emperor of Japan: Meiji and His World*, 1852－1912, 350－351, 411－412.

2 Ibid., esp. 7, 52, 415; F. Cunliffe Owen, “The Mikado and the Reigning House of Japan,” *Town and Country*, January 7, 1905. 关于明治天皇与皇后是一对完美的夫妻，参见 Fujitani, *Splendid Monarchy*, 181－191。

"私生子"梶梅太郎。然而在1900年，克拉拉和梶梅太郎结束了他们的婚姻，她回到了美国，并带着他们的婚生子嗣定居在宾夕法尼亚州。克拉拉和梶梅太郎的关系涵盖了一系列不断演变的家庭结构。当梶梅太郎于1864年诞生时，日本还不存在"私生子"的概念。在克拉拉的日记中，她写道，梶梅太郎向她承认了他的"秘密"，但他直到几年后才在法律上被认定为是私生的。他对自己身为"私生子"的羞耻感可能反映了他皈依基督教后产生的一种新的家庭结构意识。至于克拉拉，根据1873年太政官发布的法令，她通过与梶梅太郎的婚姻成了日本臣民，他们的孩子也因此成为日本臣民。所以，即便两人已经离婚，克拉拉和梶梅太郎的孩子仍是梶梅家的家庭成员，他也仍是孩子们的监护人。同时，1899年的民法允许由父母双方协商决定子女的监护权，依据此项法令，克拉拉将孩子带出日本回到美国的行为是被允许的。[1]

明治政府推迟出台民法的决定没有解决有关妇女和家庭的许多问题，但这种混乱也可能是一种解放。19世纪60年代和70年代的社会规范和法律的易变性为人们跨越性别和地位的界限提供了独特的机会。楠本稻（楠本イネ）就是最好的例证：她出身卑微，后来却成了皇室御医。楠本于1827年出生在长

1 Haru Matsukata Reischauer, *Samurai and Silk: A Japanese and American Heritage* (Cambridge, MA: Harvard University Press, 1986), 186 - 187; Clara A. Whitney, *Clara's Diary: An American Girl in Meiji Japan, ed. M. William Steele and Tamiko Ichimata* (Tokyo: Kodansha International, 1979), 9 - 23, 239 - 240.

崎，她的父亲是荷兰工厂的一名内科医生菲利普·弗兰兹·冯·西博尔德（Philipp Franz Von Siebold），母亲是西博尔德的日本情妇楠本滝。[1] 西博尔德在1829年因被控从事间谍活动而被驱逐出日本，此前他与几名日本学者交换了详细的地图资料。为了与长崎当地的做法保持一致，西博尔德在离开女儿之前为她提供了经济上的支持。但他也采取了不同寻常的举措，即要求他的日本医学生帮助照看楠本稻的教育。楠本是一位有能力、有决心的学生。“私生子”和“混血”的出身并未阻碍她的医疗事业发展。相反，作为一名“荷兰”或西医从业者，她进入了一个为宇和岛藩藩主伊达宗城服务的医生团队。作为西方学术的著名赞助者，伊达宗城聘请楠本稻作为宇和岛藩女性家眷的专属医生，并向她发放正式的薪俸。她在宇和岛藩的地位非常高，以至于驻日英国领事馆的医生威廉·威利斯（William Willis）错误地将她描述为“宇和岛藩的首席医师”，并指出她和她的家人“似乎是上流社会贵族的仆从”。

188 楠本稻的家庭结构是流动的，并且超越了国家和地位的界限。楠本的父亲于1859年回到日本，并支持她的教育和事业，但她继续与母亲、女儿和女婿三濑周三生活在一起，三濑也是一名为宇和岛藩藩主服务的著名医生。她还与同父异母的兄弟亚历山大（Alexander von Siebold）与海因里希（Heinrich von

---

1 此处引用了以下著作的研究成果，参见 Ellen Nakamura，“Working the Siebold Network：Kusumoto Ine and Western Learning in Nineteenth-Century Japan，” *Japanese Studies* 28，no. 2（2008）。

Siebold）保持联系，这两位兄弟是西博尔德的德国妻子所生的儿子。楠本稻没有结婚，但因遭其导师之一石井宗谦的强奸而育有一女。她拒绝了石井的求婚，但接受了石井与另一个女人所生的儿子石井信义对其在医疗事业上的支持。

楠本稻的医疗事业在1873年左右达到巅峰，当时她被朝廷召唤为天皇的嫔妃叶室光子助产。尽管那次助产以母子双亡而悲惨结束，但她获得了100日元的报酬，这笔钱相当于许多武士或熟练工匠几年的收入。这一刻可以说象征着明治维新的解放力量：一位"私生子"、"混血儿"、单身母亲和强奸幸存者因在皇室担任私人医生而受到奖赏。在德川秩序崩溃和明治国家政权巩固之间的窗口期，楠本稻在个体知识技能和职业发展上都得到了巨大提升。如果她出生得早一点，很可能会在长崎过着平淡无奇的生活。如果她出生得晚一些，她的性别和缺乏正规教育的职业状况将阻碍她的发展。事实上，明治国家的近代化进程逐步地降低了楠本稻的职业权威。1874年，政府开始将医学作为一种职业而不是一门手艺来进行管理，并要求医生必须通过一系列考试才能获得政府认证。楠本稻的医疗经验丰富，但她是通过学徒制而不是正规教育学习的医术，因而对这种以考试为基础的新管理制度毫无准备。她最终获得了行医资格，但只是有限的"老助产士"身份，而不是产科医生或"助产士"。1899年的"助产士条例"取消了楠本稻的"老助产士"资格，这可能会结束她的职业生涯，但她似乎事先自愿停止了执业。[1] 楠本稻的人生轨迹反映了一个更广泛的社会现象：随着明治国家的近代化进程逐步推进，其监管范围也逐步扩大，同时也终结了一个充满机遇的时代。

明治的反对派

大量反对派团体对大久保政府扩大国家权力的行为提出了
189 质疑。他们在政见上各执一端，但因反对政府的独裁统治以及对外交政策的不信任而团结在一起。许多旧武士被大久保政府的对朝政策激怒了。例如，西乡隆盛宣称，大久保通过欺骗朝鲜李氏王朝而挑起争端的策略有损武士荣誉。日本应该明确地为本国的荣誉而战，而不是效仿西方外交策略中最卑劣的欺诈手段。对于许多旧武士来说，想象中征服朝鲜和中国台湾的荣耀将替代他们失去的特权和威望。这种对武士荣誉的强调与对民众治理的要求惊人地完美融合在了一起。反对派们坚持认为战争是由民众授权的，因而他们将武士的好战行为重塑为一种民主价值观。如果“人民”要求对外国采取侵略性的政策，那么政府就需要遵循“民意”。因此，反对派运动融合了新的外来“民主思想”与武士的“正义、正直观念”。

---

1 Ellen Nakamura, “Working the Siebold Network: Kusumoto Ine and Western Learning in Nineteenth-Century Japan,” *Japanese Studies* 28, no. 2 (2008), 197 - 211. 关于明治时期的医学和助产士制度，参见 Yuki Terazawa, “The State, Midwives, and Reproductive Surveillance in Late Nineteenth-and Early Twentieth-Century Japan,” *U. S. -Japan Women's Journal English Supplement* 24 (2003): 59 - 81; Aya Homei, “Birth Attendants in Meiji Japan: The Rise of a Medical Birth Model and the New Division of Labour,” *Social History of Medicine* 19, no. 3 (2006): 407 - 424。

1874年的佐贺之乱就是这种思想融合的产物。江藤新平在辞职后召集了一群志同道合的人，并决心进攻朝鲜，以完成“维新大业”。其组织“征韩党”将军国主义思想建立在民权和自然法理论的基础上。他们坚持认为国家权利和人民权利从根本上是相互依存的。国家只有根据民权才能正确行使其民族权利。此外，如果国家失去了民族权利，人民也就失去了民权。对于江藤及其追随者来说，这种联系在逻辑上要求他们入侵朝鲜。朝鲜官员侮辱日本官员，损害了日本的国家荣誉，侵害了日本的民族权利。因此，所有日本人都有责任为这种侮辱复仇，以捍卫个人权利和荣誉。江藤用充满激情但生硬的英语写道，对朝鲜宣战是“any man, as rational being, must adhere with full impulse”（任何人，任何理性的人，都必须满怀激情地坚持下去的事情）。[1] 这段征韩党的宣言完全借鉴了西方法律理论，却忠于日本的武士价值观，读起来就像是《联邦党人文集》（*Federalist Papers*）中一则关于武士的注脚。

江藤新平在佐贺的行动吓坏了东京的中央政府，大久保利通在预料到会有麻烦的情况下动员了军队。江藤新平随后与忧国党结成联盟。佐贺忧国党是由保守、排外的旧武士组成的团体，致力于清除日本国内的外国影响。佐贺忧国党对那些“崇

1　关于佐贺征韩党，参见『決戦之議』、出自杉谷昭、毛利敏彦、広瀬順晧編：『江藤新平関係文書』、東京：北泉社、1989年、17—29頁。江藤的英文宣言也收录于此书，但被错误地标记为“Memorandum on International Law［English］”（国際法に関する覚書　英文）。

拜野蛮人的肮脏行径”的人持批评态度，因此与江藤新平的征韩党几乎没有共同之处，后者的许多成员都曾在国外旅行和学
190 习。但这两个团体找到了共同的理由，即他们蔑视大久保政府的独裁统治，并提倡“公平公正的公议”（公平主義）。1874 年 2 月 15 日晚，叛军袭击了佐贺城，击溃了政府军。但大久保政府调动了更多军队，在 2 月 27 日击溃并驱散了叛军。江藤新平在战斗中逃脱，并向南奔逃 150 英里去往鹿儿岛，以寻求西乡隆盛的帮助，但最终与其他 12 名叛军领导人一起被抓获并被处决。

叛军要求的“公平公正的公议”（公平主義）是日本政治文化转型的一部分。在德川幕府执政时期，公开讨论国家政治是被禁止的，但到了 19 世纪 70 年代，政治成为公共话语体系的常规内容。从高规格的政策杂志到散布谣言的小报，各种印刷媒体报道了政治的方方面面，包括外交事务、国内法规、经济政策和贪腐丑闻。这些新的媒体建立在早期公共话语形式，比如瓦版和多姿多彩的锦绘的基础上。为逃避德川时代的审查，这些早期的公共话语形式都以高度的象征意义进行创作。例如，著名画家歌川国芳于 1853 年创作的一幅版画描绘了一位医生探望一位生病的公主，公主被忧心忡忡的家人和护理人员包围着。从表面上看，这幅版画描绘了小说《竹斋》中的一个场景，但实际上是对幕府继承人问题的讽刺评论。这位“公主”对应的是垂死的幕府将军德川家庆，医生代表幕府老中水野忠邦。利用当时的日记和信件，历史学家重建了读者在 1853

年将这幅画作解读为幕府政治的狡猾而诙谐的嘲讽方式。从19世纪60年代末开始，这种隐晦的政治新闻突然变得公开化，各种印刷品开始“报道”令人眼花缭乱的新闻、八卦、谣言、丑闻甚至是纯粹的幻想。[1]

明治初年诞生了许多新闻媒体。一些出版商将木版印刷传统与西方报纸的部分样貌结合起来，创造了形形色色的小报。也有人效仿比较古板的西文报纸的结构和版式，即在新闻内容、社论和读者通讯上有明显的区别。[2] 文化程度较高、渴求获知新闻的日本民众推动了西式报纸的稳步扩张。到19世纪80年代初，数百家不同的新闻报纸公司每年印刷6000多万份报纸，而当时的日本总人口约为3000万。到1890年，报纸发行量已飙升至1.8亿份以上。这些报纸从半官方的政府出版物 191
到措辞激烈的反政府报纸，种类繁多，应有尽有。[3] 大久保政府对反对派报纸刊登的尖锐言论感到震惊，但政府很难在不陷入专制的情况下压制异见。而问题所在正是政府自己的行为使公众异议合法化。在1873年的政治危机中，互相对立的两派都在新闻报纸和公开声明中表达了己方观点。这些先例造就了一个喧闹的，反对监视、审查和逮捕的公共领域。

1　岩下哲典：『江戸の海外情報ネットワーク』、東京：吉川弘文館、2006年、108—134頁。

2　关于类新闻报纸的印刷方式转变，参见木下直之、吉見俊哉：『ニュースの誕生：かわら版と新聞錦絵の情報世界』、東京：東京大学出版会、1999年。

3　松本三之介、山室信一編：『日本近代思想大系11 言論とメディア』、490頁。James L. Huffman, *Creating a Public: People and Press in Meiji Japan* (Honolulu: University of Hawai'i Press, 1997), 12-110.

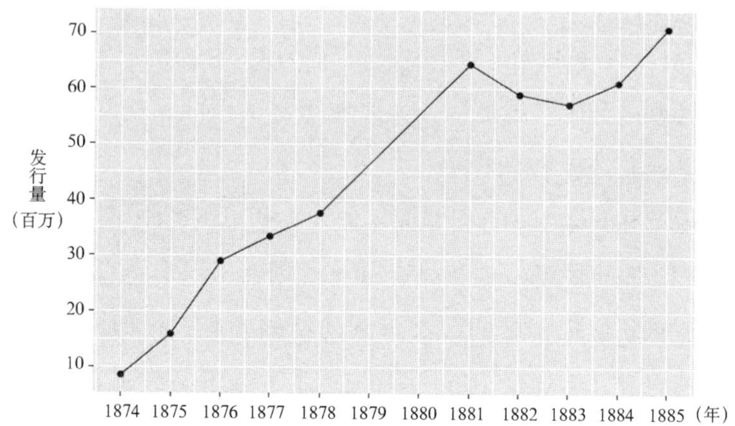

图 6.2　日本报纸发行量

数据来源：松本三之介、山室信一編『日本近代思想大系 11 言論とメディア』、490 頁。

政治活动家还通过提交建白书来与政府展开对抗。明治政府最初鼓励以“言路洞开”的名义请愿，这个短语暗示高级官员应尊重异议。[1] 然而从 1872 年开始，普通民众越来越愿意直接向中央政府提交书面请愿，他们就外交事务、产业促进政策、教育改革、邮政系统和宗教信仰等广泛的主题提出详尽的建议。“建白书”作为一种提出不同政见的形式在 1874 年变得愈发合法，包括板垣退助、江藤新平和副岛种臣等刚刚辞职的留守政府成员，都利用这一形式来批评大久保政府。他们在建

1　Mark Ravina, "The Medieval in the Modern: Command and Consensus in Japanese Politics," *Medieval History Journal* 19, no. 2 (2016): 1-10. 吉田昌彦：『学習院建言制度の成立と「言路洞開」』、出自『比較社会文化』17、2011 年。賴鈺菁：『幕末期における「諫言」と「建言」/「建白」:「言路 洞開」をめぐって』、出自『言葉と文化』14、no. 12、2013 年。

白书中指责政府独裁，并要求迅速建立民选议会。

与许多明治初期的思想主张一样，1874 年的《民选议院 192
设立建白书》是西方新思想和日本本土思想的生动融合。例如，它坚持“无代表、不征税”的原则：“有义务向政府纳税的人同时有权获知并有权批准或拒绝该政府的决定。这是一个普遍被接纳的原则，在这里解释是多余的。”通过坚持民主是一种“普世”价值观，请愿者们驳斥了日本尚未为民主做好准备的说法。他们指出，电报在日本运行得非常好，因为电的基本原理是普遍存在的。没有必要仔细调整电报以适应当地文化的不同方面。因此，选举在日本也是可行的，因为自然权利的基本原则也是普遍的。如果日本已经为电力和蒸汽机做好了准备，那么它也已经为全国选举做好了准备。所以，建白书实际上表达了一种世界性的沙文主义思想：坚持要求日本遵循普遍原则，接受国际范围内的最佳实践，这种行为是爱国之举。[1]

建白书的作者通过援引古代东亚的政治合法性和礼仪概念，来巩固这一普遍性的主张。他们用文言“言路壅蔽”，即“阻塞发表言论的途径”之意，来批评政府的专制。这句话既提及政府本身承诺开辟“言路”，同时也援引了中国几个世纪

1　关于建白书及其回应的讨论，参见 Kim，*The Age of Visions and Arguments*，102 - 114。关于板垣退助思想中民主与组织性一致的关联，参见 Thomas，*Reconfiguring Modernity*，71 - 73。建白书的原文，参见色川大吉、我部政男：『明治建白書集成』第 3 巻、22—25 頁。

以来的政治思想。在中国宋代人的观念中，“言路壅蔽”这个短语通常指的是妨碍向上级官僚表达恭敬异议的状态。一位官员有义务引导其上级品行端正，即使这意味着要批评上级的意愿。在古典意义上，“言路壅蔽”指的是少数皇室顾问的行为，但它反映了一种观点，即有原则的异议是忠诚的标志，而非不忠诚的行为。[1] 1874 年的建白书扩大了这一“开放言路”的概念，将选举要求与东亚的合法统治概念联系起来。在这种逻辑下，选举机制是新的和西方的，但言论自由和征询被统治者同意的基本原则是古老而熟悉的。

1874 年的《民选议院设立建白书》促成了日本政治话语的变革。这份建白书被发表在《日新真事志》上，使之接触了更广泛的受众，并改变了异议的性质。请愿人变得越来越大胆，开始
193 在国家治理的本质上挑战政府。各式建白书数量激增，1874 年提交的请愿书超过 520 份。这些请愿书的起草者也通过公开联合组成政党的形式来推动实现他们的政治理想，从而改变了日本的政治面貌。这个团体被称作爱国公党，它的建立激发了在日本各地类似团体的形成，到 19 世纪 80 年代初，日本已有数以百计的政治团体，以前所未有的方式展开辩论和争夺高级政治的参与

1 在指代宋代的文本时，这个短语经常被英译作“road of remonstrance”。参见 Ari Daniel Levine, “Che-tsung's Reign (1085 - 1100) and the Age of Faction,” in *The Cambridge History of China*, Vol. 5, Part 1: *The Sung Dynasty and Its Precursors, 907 - 1279*, ed. Denis Twichett and Paul Jakov Smith (Cambridge: Cambridge University Press, 2009)。

权。[1] 虽然爱国公党本身昙花一现，但它坚持提出异议应是爱国的而不是煽动叛乱的理念改变了日本政治。

不同地区对这个政治新世界的参与度也不尽相同。在日本中部的大片区域，许多新的社会活动家皆出身平民。农村平民常以一村之长的身份参与地方政治；事实上，武士统治依赖高度的村级自治。德川时代的武士通常将乡村事务留给有能力的平民，只有在争端无法由当地解决或跨越村界时才进行干预。在明治初年的许多地区，平民的领导者从村级跃升到县和国家一级的政治舞台上。所以，在1882年的滋贺县，52名当选的县议员中有50名是普通民众。埼玉县和岐阜县的选民根本没有选出任何旧武士。警方对政治活动的监视报告也反映了与之相似的情况：1882年，埼玉县的48位政治演讲者中有38位是平民。然而在边疆地区，武士仍然主导着当地政治，尤其是在西南部。因此，旧武士在高知县（前身为土佐藩）的27个民选席位中占有22席，在熊本县则占据42个席位中的36席，在鹿儿岛县（原萨摩藩）则拥有47个席位中的43席。

这种旧武士影响的区域性差异在一定程度上是德川时代的政治遗留物。德川时代早期，武士人口较少的地方藩往往将其属下的大部分武士迁移到藩主居城或中心城镇，而把乡村留给平民。武士人口较多的地方藩则留下更多武士在农村地区，在那里他们取代平民成为当地的领导人。因此，大量的武士人口

---

1 Kim, *The Age of Visions and Arguments*, 101 - 254, esp. 125 - 134.

产生了“乘数效应”：在高知，武士大约占选民总数的10%，却在议会中占据80%的议席。这些地区差异催生了一场混合的国民运动。反对派的早期领导人大多是像板垣退助这样的旧武士，通常来自西南部，但越来越多的来自全国各地的平民加入了这一反对行列中。[1]

明治政府迅速采取行动，镇压和拉拢日益壮大的反对派运动。政府援引新出台的“新闻纸条例”，对批评政府的记者处
194 以罚款并予以逮捕：1875年至少有11名记者入狱，1876年有86名记者入狱，1877年则有47名入狱。[2] 引领日本思想杂志风潮之先的《明六杂志》的编辑们为了避免被捕，选择关闭刊物而不是自我审查。[3] 但政府同时也采取行动安抚反对派，特别是对板垣退助。木户孝允急于安抚板垣，并欲以某种方式修复他与现政府领导者因1873年政治危机而产生的罅隙。1875年初，政府与板垣达成妥协：政府将允许民众更广泛地参与政治，作为交换，板垣退助将重新加入政府。天皇随即颁布了一道敕令，承诺日本将“逐步”走向宪政，政府也立即召开了两

---

1 地方议会的数据，参见内閣統計局编：『大日本帝國統計年鑑』vol. 2、東京：東京統計協会、1883年、917—921頁。警方监控报告，参见太政官：『政党政社取調書並ビニ演説者取調書電覧ノ件』、国立公文書館 本館-2A-037-00・雑00887100。寺崎修在著作中提到了该报告，参见寺崎修：『政党政社取調書——明治15年10月調査』、出自『政治学論集』no. 43、1996年。领导阶层的地区性差异，参见Kim，*The Age of Visions and Arguments*，193-215。关于人口统计对地方政治的影响，参见Ravina，*Land and Lordship in Early Modern Japan*，esp. 46-70。

2 Huffman，*Creating a Public*，81-82.

3 Kim，*The Age of Visions and Arguments*，154-156.“明六杂志”取“1873年（明治六年）的杂志”之意，反映了其创立的时间。

次审议会：地方官会议和元老院会议。[1] 但这两个机构的有限授权激发了不和谐因素的产生。这两个机构能够推翻政府法令吗？是由他们起草法律草案，还是他们仅限于提出不具约束力的建议？两院将如何互动？如何选出参与这些会议的成员？地方官会议被关于如何选举未来成员的激烈辩论所占据，不到一个月（1875 年 6 月 20 日至 7 月 17 日），政府解散地方官会议。元老院会议坚持的时间相对更长，但同样充满不和谐。元老院成员名义上由天皇任命，但许多人是板垣退助的盟友，这是同意他重新加入政府的代价。他们立即开始坚持元老院有调查权，可以对指控政府官员渎职的请愿书采取应对措施。这不是木户设想的渐进主义的咨询机构。1875 年 9 月，伊藤博文和木户孝允采取行动大幅削减元老院的权力。作为回应，板垣退助及其盟友再次宣布辞职。[2]

尽管板垣退助与政府的和解时间短促，但这一行为创造了几个强有力的先例。政府公开承诺遵守宪法和国民议会。这些宣言把维新事业与宪政和选举授权的新趋势联系在一起，这在全球特别是在美国、英国和普鲁士等正在崛起的大国中实属首

1　太政官:『立憲政体ノ詔書御布告案』、国立公文書館 本館-2A-009-00・公01372100、件名番号 001。“元老”也许更应该英译为“Council of Elders”，尽管“Senate”在词源上与“elder”相关，如“senior”。1875 年的元老院与此后的议会机构没有关系，而是一个非正式的组织。

2　Andrew Fraser, “The Osaka Conference of 1875,” *Journal of Asian Studies* 26, no. 4 (1967); Kim, *The Age of Visions and Arguments*, 119-125.

例。[1] 在日本国内，当时公开辩论的重点都放在假设日本将成为君主立宪制国家，什么样的宪法最适合的问题上。在这种环境下，板垣退助超越了其来自原土佐藩的旧武士身份，扩展了他的政治受众基础，吸引了更多平民的支持，同时在日本各地形成了附属性质的政治社团。这些团体是日本和平民主反抗政府独裁的前身。

195 1875 年和解协议的瓦解也为反政府暴力活动埋下了伏笔。从 1875 年到 1877 年，政府面临着一系列愈演愈烈的武装叛乱行动。这种突然爆发的不满主要由三个原因引起：实际税率的飙升（由于大米价格下跌），针对武士的秩禄处分，以及针对普通旧武士的废刀令。政府通过降低税率来安抚民众对土地税的抵制，但更困难的是安抚几乎拒绝所有改革的旧武士。例如，在 1876 年 10 月的神风连之乱（敬神党之乱）中，叛乱者询问当地神官以确定攻击时机，并只使用如剑和长矛等传统武器。他们批评政府禁止佩戴刀剑和盲目模仿“夷狄”的行为。在 10 月 24 日的联合袭击中，叛军杀死了熊本县令、熊本镇台司令官和四名县厅役人，并夺取了当地驻军的控制权。叛军在第二天被击溃，但他们的行为在秋月（今福冈县朝仓市秋月）和萩（今山口县萩市）引发了类似的叛乱。这两次叛乱也很快被镇压，但政府对萨摩可能发生的大规模叛乱感到震惊，为了先发制人，政府派出军队迅速控制鹿儿岛的军械库。这一举动

1　Osterhammel, *The Transformation of the World*, 59 - 62, 585 - 605.

引发了其旨在阻止的叛乱。中央政府军队的突袭激怒了当地的反对派，他们于 1877 年 1 月 29 日夺取当地军械库。萨摩现在实际上是在与它曾帮助创建的政府开战了。[1]

西南战争，在英文著作中更多地被称为“Satsuma Rebellion”（萨摩叛乱），其规模和强度在日本近代历史进程中都是前所未有的。与 1874 年以地区性小规模冲突而告终的佐贺之乱不同，西南战争是一场名副其实的内战。它引起了日本全国范围的关注和社会各界的支持。政府镇压叛乱历时九个月，动员数万名政府军。1877 年 4 月，战斗浪潮决定性地向政府军倾斜，但因为叛军一再逃脱包围，政府军又花了五个月的时间才彻底击败叛军。叛军漫长的撤退引起了民众对他们的同情，并用彩色的大幅报纸将他们描绘成勇敢而坚定的英雄。为了遵守相关的新闻审查法令，这种报纸的正文部分仍尽职尽责地将叛军描述为叛徒，却以插图颂扬他们坚定的勇气和忠诚。在考察了日本的印刷店和其顾客之后，美国动物学家爱德华·摩尔斯（Edward Morse）将西乡隆盛描述为“所有日本人都喜爱的叛军首领”。[2]

1877 年叛乱的一个主要原因是政府对武士特权的攻击。然 *196*

1　Osterhammel, *The Transformation of the World*, 59 - 62, 585 - 605. 猪飼隆明：『西南戦争—戦争の大義と動員される民衆』、東京：吉川弘文館、2008 年、6—18 頁。

2　Edward S. Morse, *Japan Day by Day*, 2 vols. (Boston: Houghton Mifflin, 1917), 1: 269. 比较流行的关于西乡的传说，参见 Mark Ravina, “The Apocryphal Suicide of Saigō Takamori: Samurai, Seppuku and the Politics of Legend,” *Journal of Asian Studies* 69, no. 3 (2010)。

而在萨摩，独特的地方因素增强了当地士族的反抗力量。反叛运动的核心是当地的私学校，这是 1873 年政治危机后在萨摩建立的私人军事学院。大多数私学校的领导人都是退出明治政府以支持西乡隆盛的陆军和海军军官，许多人还在地方政府中担任要职。因此，私学校不仅是一个学校系统，而且是一个政治社会网络，其成员的影响力足以使其组成影子政府。鹿儿岛县在明治时期的独特地位进一步增强了这种力量。该县县令大山纲良就是萨摩本地人，与私学校关系密切，他致力于削弱地税改革等国家改革计划对地方的影响。[1] 到 1876 年末，明治国家已经在长州（山口县）和土佐（高知县）等势力较大的地区任命了非本地人知事，在萨摩却没有进行类似的任命。相反，东京的中央政府非常关心萨摩武士的不满，以至于允许其对秩禄改革计划进行特别修改。1876 年 12 月 11 日，为响应大山纲良的直接呼吁，中央政府宣布将为低收入的旧萨摩藩藩士提供慷慨的额外债券补助。[2] 这种举措未能阻止起义，但它反映了明治政府不愿与萨摩进行直接对抗的例外主义政策。从此种意义上来说，西南战争是明治国家巩固其政权统治的无可避免的最后一步。因此，《日本时报》将明治政府对萨摩的胜利与美国联邦政府对南部邦联的胜利相提并论："在整个帝国范围内，人们从未像现在这样普遍地接受和认识到，这是一个国

---

1 Ravina, *The Last Samurai*, 197 - 198.

2 猪飼隆明：『西南戦争一戦争の大義と動員される民衆』、23—28 頁。落合弘樹：『秩禄処分』、147—175 頁。

家；……它不是一个由半主权的、相互嫉妒的地方势力拼凑在一起的政权，而是一个国家……这是一场不可避免的危机，在这里和在美国一样，都得到了公平的解决和令人满意的调整，这是一件值得庆贺的事情。”[1]

但西南战争远不只是一个为捍卫武士特权而发动的区域性反抗事件。它获得了“武士民粹主义”拥戴者的广泛支持。例如在熊本县，叛军得到了一群名为“民权党”的社会活动者的支持。该组织成立于1874年，当时是一所课程设置不拘一格的学校。其课程的阅读内容包括让-雅克·卢梭（Jean-Jacques Rousseau）的《社会契约论》（*Social Contract*）和孟德斯鸠（Montesquieu）的《论法的精神》（*The Spirit of the Law*）的翻译版本，但在晚上，学生们专注于军事操练，如剑术和撤离伤员。当民权党领导人得知鹿儿岛发生起义的消息后，他们秘密聚集在一起，开始用渔具和厨房用具制造弹药。他们将自己 197
的团体更名为“协同队”，并在团体誓言中描述了他们的目标：“对上，我们将清除（政府）恶棍官员，对下，我们将减轻农民的痛苦；在国内，我们将维护民权，在国外，我们将扩大国权。”[2] 这段誓言是“武士民粹主义”的精炼总结，也是武士的自豪感、贵族义务和自然权利学说的激情融合。

在土佐，一些来自板垣退助领导的立志社的成员也在谋划通过推翻中央政府来支持叛乱。他们的计划在8月份被揭露，

1 “Some Hopeful Signs of the Times,” *Tokio Times*, September 1, 1877.

2 猪飼隆明：『西南戦争—戦争の大義と動員される民衆』、72—77頁。

40 余人被投入监狱。该项计划的领导者是“近代化者”和明治政府关键改革的支持者，而不是单纯的旧武士反对派。例如，陆奥宗光在 1873 年退出政府之前就致力于地税改革。在因叛国罪而被判入狱的五年间，他致力于将杰里米·边沁（Jeremy Bentham）的《功利主义》（*Utilitarianism*）翻译成日文。[1] 获释后，陆奥宗光被任命为驻美国领事和外交大臣。大江卓在被捕入狱前是一名法官，在经历了 12 年的监禁后，他重新进入政坛，并在 1890 年赢得了众议院的议员选举，如今其最为人所知的事迹是反对抵债劳工制，以及为秽多和非人群体进行辩护。他还活跃在商界，曾担任东京股票交易所[2]的理事长。同样，林有造被判处十年监禁，但出狱后也重新进入政坛，并担任了第一届大隈内阁的递信大臣和第四届伊藤内阁的农商务大臣。

这些人与神风连之乱中挥舞刀剑、咨询神官的武士几乎没有什么共同之处，那么是什么驱使他们尝试进行武装叛乱呢？他们没有起草宣言，但一本 1890 年出版的大江卓的传记宣称，大江卓希望履行帝国宪章誓言，并“建立宪政”。他们诉诸武力只是因为大久保政府的独裁堵塞了其他形式的政治变

---

1 陆奥宗光对边沁《功利主义》一书的翻译版本于 1883—1884 年间公开出版，书籍的标题是“利学正宗”。

2 译者注：1878 年创立时称为“东京股票交易所”（日语：東京株式取引所），是今东京证券交易所的前身。

革。[1]《日本每日先驱报》(*Japan Daily Herald*) 在将西南战争描述为迈向民主之举时也表达了同样的见解:“现在全国几乎普遍存在支持民众代表的情绪,任何进一步镇压它的企图都可能只会导致未来的麻烦。”如果政府“放松现在束缚人民的纽带,为新闻自由奠定基础环境,分配给民众一些参与国家事务的权利,无论是多么微小的权利,那么稍后爆发的叛乱——尽管令人遗憾——将会起到很好的效果”[2]。

1877 年这场不同凡响的反政府运动也与西乡隆盛超凡脱俗 198
的人物形象联系在一起。长期以来,西乡几乎是萨摩武士尤其是其中的勤皇派虔诚追随的对象。具有传统思想的武士认为他是武士美德的典范:节俭、清廉、可敬,以及绝对忠诚。除了军装外,他拒绝穿任何其他样式的西式服装,更喜欢简单的棉质和服,而不是礼服大衣。但西乡建设富强日本的愿景远远超出了对传统的捍卫。例如,他对私学校的态度表明,他希望将武士阶级改造成自力更生的自由民。在由西乡直接赞助的学校吉野开垦社中,学生们阅读中国古代经典,进行军事操练,他们同时也种植自己的粮食作物,如小米和萨摩芋(番薯)。虽然私学校中的很多人都非常排外,但西乡招募了外语教师,并邀请一名英国医生到鹿儿岛教授医学。从西乡的文章和诗歌中

1　角田九郎編:『大江卓君之略伝』、角田九郎出版、1890 年、41—42 頁。对 1877 年土佐反叛团体的研究成果令人惊讶地极其稀少,概论性的著作,参见福地惇:『立志社の挙兵計画について』、出自『日本歴史』531、1992 年、91—97 頁。

2　*Japan Daily Herald*, September 25, 1877.

可以勾勒出这样一幅画面：武士是节俭、勇敢、自力更生的年轻爱国者，即使被剥夺了世袭收入和特权，他们也能茁壮成长。这一远大的理想足以让宪政倡导者和武士传统的捍卫者着迷。木版小报宣传了“新政厚德”这一短语所传达的精神，同时这四个字也被描绘在叛军旗帜上。事实上，根本不存在这样的旗帜，但这句话抓住了西乡吸引力的二重性。对于他的支持者来说，西乡代表了新、旧时代中最好的事物：明治时代的机遇与自由，以及儒教式的高贵情操。[1]

西南战争于1877年9月24日结束，当时西乡和他的几位忠诚副官在进入敌人火力的自杀式行军中丧生。叛军的失败标志着对明治国家的国内军事挑战的终结。对于像板垣退助这样的人来说，对下一步行动的选择是非常明确的：通过文字挑战政府可能是徒劳的，但通过武力挑战政府是致命的。战场上的胜利是大久保政府的胜利，这也使得大久保利通成为政府中最有权势的成员。但大久保也只剩下不到一年的时间来执掌明治政府的权柄：1878年5月17日，他被六名旧武士暗杀。刺客有时被简称为“不平士族”。[2] 他们的宣言中充斥着民权、民主原则和武士的勇气。他们批评政府阻挠公开辩论，压制人民权

---

1 Ravina, *The Last Samurai*, 177, 193–196; Ravina, "The Apocryphal Suicide of Saigō Takamori," 711–712.

2 Marius B. Jansen, *The Japanese and Sun Yat-sen* (Cambridge, MA: Harvard University Press, 1954), 39; Sidney DeVere Brown, "Crisis of 1873," in *Modern Japan: An Encyclopedia of History, Culture, and Nationalism*, ed. James L. Huffman (New York: Garland, 1998), 40.

利。由于保障公民权利对国家荣誉至关重要，大久保政府的独裁 199
统治正在将国家引向毁灭。通过谋杀像大久保利通这样的恶棍，然后向警方自首，刺客们宣称以 1868 年的五条誓言和 1875 年的天皇敕令的名义献出自己的生命。[1] 刺客们并非简单地回顾往事，而是用新的民权语言重新定位了传统的武士仇杀。这种激进的复古主义是明治维新的核心，无论是政治领袖还是行刺他们的刺客都利用了这种复古主义的思想。

革命的终结

对大久保的暗杀在明治政府内部造成了权力真空。在个人层面上，维新三杰（木户孝允、西乡隆盛和大久保利通）现在都已去世。木户孝允在 1877 年 5 月死于长期的结核病，西乡隆盛死于西南战争，大久保利通被暗杀。这些死亡事件在明治管理精英内部引发了一场激烈的权力斗争。尤其是大久保利通的去世，引发了关于由谁来掌管日本民政事务的讨论。大久保作为内务省的负责人，为自己夺取了巨大的权力。该机构成立于 1873 年政治危机之后，在国内政策方面拥有广泛的权力，包括经济发展、公共工程、通信、警务、地方政府和户籍制度。其庞大的权力组合侵犯了大藏省、司法省和工部省的权威。随着大久保的去世，内务省的职权移交给了伊藤博文，从

1　小島徳弥：『明治以降大事件の真相と判例』、東京：教文社、1934 年、83—90 頁。也可参见勝田正治：『「政治家」大久保利通：近代日本の設計者』、東京：講談社、2003 年、212—213 頁。

而巩固了他在政府中日益上升的地位。

伊藤的崛起对大隈重信尤其具有威胁性，大隈发现他实施的政策和他本人都受到了威胁。作为一名来自原佐贺藩的旧武士，大隈感觉到被萨长集团日益增长的排他性所孤立，在一些政策问题上他也陷入了困境。大隈曾热衷于推动大久保政府的经济发展政策，但这些政策在西南战争后受到了挑战。军费开支增加了政府的财政预算赤字，并开始削弱日元的价值。基本商品价格从 1879 年开始飙升，到 1880 年，大米价格已是 1877 年价格的两倍。井上馨和松方正义等主要财务官员坚称，平衡预算才是解决问题之道。大隈重信承认通胀问题，但他坚称这是因为贸易逆差和金币短缺：政府印制了 2000 万日元的不可兑换货币来为战争提供资金。他建议日
200 本在国际上借入实物铸币，以回购其不可兑换的纸币，并用增税所得偿还贷款。尽管大隈作为大藏卿拥有很大的权力，但他还是被迫做出了妥协。1880 年末，他同意了一项通过出售政府资产来削减开支的计划。这一妥协极大地削弱了大隈直接促进工业发展的政策。[1]

1 Kim，*The Age of Visions and Arguments*，296 - 298，307. 关于财政政策的细节，参见 Steven J. Ericson，“The ‘Matsukata Deflation’ Reconsidered：Financial Stabilization and Japanese Exports in a Global Depression，1881 - 85，” *Journal of Japanese Studies* 40，no. 1 (2014)，1 - 28。

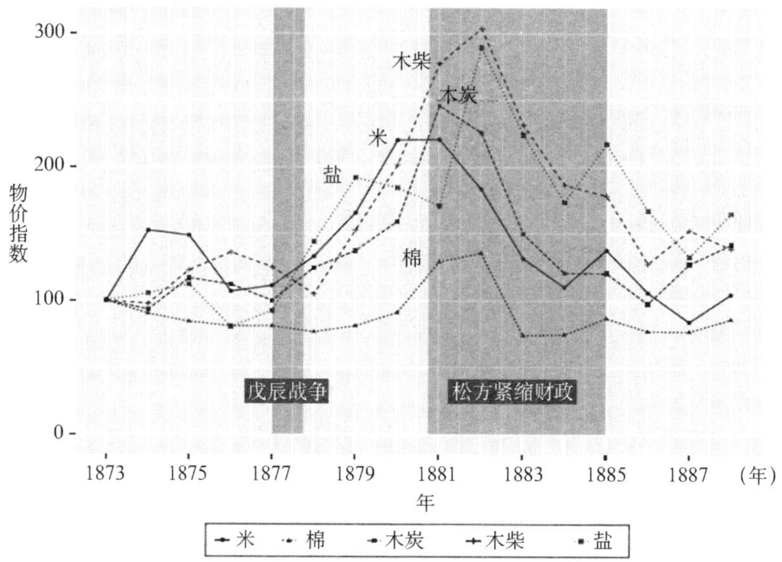

图 6.3　明治初期日本批发商品价格

数据来源：松方正义《日本采用金本位制度的报告》，第 36、103 页。

在宪法和国民议会这些迫在眉睫的问题上官员们也存在分歧。政府曾在 1875 年承诺“逐步”发展宪政，而这一进程在公众压力的推动下加速了。在 1877 年的武装叛乱失败后，立志社专注于将其成员范围扩展至高知县以外，并创建一个全国性组织——爱国社。在 1880 年 3 月和 10 月举行的两次全国范围的大会上，爱国社通过投票决定发起一场争取宪政的民众运动。他们创建了一个新的组织——国会期成同盟，该组织将与地方政治团体协同合作如下事宜：安排巡回演讲、传播新闻，并帮助当地团体起草自己的宪法。国会期成同盟计划在 1881

年10月召开后续会议，并将其作为全国制宪大会。这些举动
201 促使民众的政治活动参与呈现出爆发式的增长，许多地方社会活动者参与制定了数十部宪法草案。[1]

政府以尝试拉拢杰出的知识分子福泽谕吉作为对这种现象的回应。福泽一直在为他的学校庆应义塾（今庆应义塾大学）寻求政府支持，并为毕业生寻找工作。事实上，他的许多学生都是在井上馨和大隈重信的庇护下受雇于大藏省。1881年初，政府提议让福泽开办一家由政府赞助的新报纸，并利用他的影响力推动元老们的宪政构想，这份报纸就是《时事新报》的前身。福泽起初表示反对，但当他确信政府的计划包括建立民选议会后，他接受了政府的建议。[2]

政府也试图在内部就宪法达成一致，但这些讨论加剧了各元老之间的紧张局势。伊藤博文和井上馨都承认有必要通过选举产生议会，但认为议会的权力应该主要是被动的。伊藤博文希望议会能够通过让民众“观察和确认国家财政的准确性”来平息他们的不满。通过观察，民众将变得“成熟与富有经验”，

---

1 关于1881年政治危机的综述，参见瀧井一博:『文明史のなかの明治憲法』(Kazuhiro Takii, *The Meiji Constitution: The Japanese Experience of the West and the Shaping of the Modern State*, trans. David Noble , Tokyo: International House of Japan, 2007, 51-52.)。更多细节，参见Kim, *The Age of Visions and Arguments*, 207-223。民众运动的细节，参见色川 大吉：『明治の文化』: *The Culture of the Meiji Period*, translation edited by Marius B. Jansen (1969; reprint, Princeton, NJ: Princeton University Press, 1985), esp. 76-122, 151-218。

2 Joyce Chapman Lebra, “Okuma Shigenobu and the 1881 Political Crisis,” *Journal of Asian Studies* 18, no. 4 (1959): 477-478; Andrew Fraser, “The Expulsion of Ōkuma from the Government in 1881,” *Journal of Asian Studies* 26, no. 2 (1967): 218-219.

从而可能“逐渐”被允许更实质性地参与到公共事务中。而这些要以任何民选议会都不应“干涉”政府事务作为前提。[1] 与之相对，大隈重信建议尽早建立一个强大的民选议会，由其组成政府并决定国家政策。相比于促进国家统一的崇高理想，大隈更关注各政党间公开竞争的好处。他建议在1882年之前举行选举，而不是“循序渐进”地进行议会选举。伊藤博文对这一提议感到震惊，并抨击其鲁莽、激进、不适用于日本国情。[2]

元老间的紧张关系因腐败丑闻而进一步加剧。作为反通货膨胀政策的一部分，政府决定大量出售北海道开拓使投资支持的项目。由于该机构的业务项目出现了巨额赤字，出售其投资资产将有助于平衡财政预算，但出售条款充满了串通勾结和渎职违法的嫌疑。开拓使长官黑田清隆安排将房产出售给与他同是萨摩藩旧武士出身的朋友五代友厚，政府花费了1400多万日元购买和开发这些房产，但黑田标出的售价仅为30万日元。这笔交易甚至包括一笔为期30年的零息贷款。1881年7月，当出售条款公布时，媒体抓住这一交易细节作为政府蔑视本国民众的证据。令政府官员感到沮丧的是，批评并不局限于反对 202
派报纸。一些亲政府报纸，如《邮便报知新闻》和《东京日日

1　伊藤博文：『奏議（案）』、1881年、国立公文書館 本館-2A-037-00・雑00630100 行政文書—内閣・総理府—太政官・内閣関係—諸雑公文書—（諸雑公文書［狭義］）。Kim, *The Age of Visions and Arguments*, 276-278.

2　Kim, *The Age of Visions and Arguments*, 278-285; George Akita, *Foundations of Constitutional Government in Modern Japan, 1868-1900* (Cambridge, MA: Harvard University Press, 1967), 31-57; Lebra, “Okuma Shigenobu,” 478.

新闻》都指责政府的“特权”行为。反对派抓住这一丑闻作为政府行为不端的切实证据，并开始举行大规模的民众抗议活动。例如在 1881 年 8 月，《东京横滨每日新闻》在一家大型歌舞伎剧场举行集会，售出了数以千计的门票。尽管酷暑难当，人们还是排了好几个小时的长队，只为有机会听到著名的社会政治活动家谴责政府。在这暴风雨般的批评中，大隈重信对出售资产的反对使他成为反对派的英雄。新闻杂志的社论漫画将关于出售资产的辩论描述为黑田清隆和大隈重信之间的一场战斗，大隈重信是“人民权利”的倡导者。大隈重信的竞争对手已经被他激进的宪法建议所扰乱，而民众对之赞誉的激增更加深了他们对大隈的怀疑和敌意。[1]

1881 年的政治危机是一场典型的近代政治斗争，既涉及大众媒体和企业，也涉及权势人物之间的冲突。关于这次斗争的确切细节尚不清楚，但有一种说法是，大隈重信希望利用高人气提升自己在元老院的地位，也许可以借此迫使伊藤博文等竞争对手下台。另一种说法是，伊藤博文、黑田清隆、井上馨和井上毅将大隈重信的人气视为一种威胁，并选择迫使他离开政府。大久保利通的亲信、太政官大书记官井上毅似乎散布谣言，称大隈重信是涉及反对派报纸、福泽谕吉和三菱公司这个庞大的阴谋团体的成员。这些指控缺乏确凿的证据，但似是而非。从逻辑上讲，三菱公司会反对将政府资产出售给一个潜在

---

1 Kim, *The Age of Visions and Arguments*, 288 – 328; Huffman, *Creating a Public*, 115 – 120; Lebra, “Okuma Shigenobu,” 482 – 483.

的竞争对手，即五代友厚的关西贸易社。福泽的许多学生和支持者为反对派报纸和三菱公司工作，而三菱公司又反过来赞助反对派报纸。此外，由于三菱总部设在土佐，而五代来自萨摩，两家公司之间的竞争加剧了人们挥之不去的怀疑，即中央政府的核心统治权正逐渐由出身萨长集团的人掌控。在这种情况下，新的商业竞争与旧的地方藩竞争不谋而合。即使在一个多世纪之后，仍然不清楚大隈重信是否希望推翻伊藤博文，还是这些谣言实际上是伊藤博文为反对大隈重信而使用的手段。[1] 可以肯定的是，这场冲突危机将新兴政治力量，即报纸、政治团体、公共知识分子和商业利益集团卷入权力核心。因此，可以说这场冲突是日本第一次近代政治危机。

大隈重信在政府中的反对者果断地阻止了他的野心。10 月 *203*
11 日，他们举行了一次会面要求大隈辞职，第二天，大隈就以健康状况不佳为由宣布辞职。他的数十名支持者也一致地宣布辞职，其中包括农商务卿（河野敏镰）和内务省驿递总监（前岛密）。[2] 政府取消了将北海开拓使的资产出售给关西贸易社的交易，并发布了一项帝国法令，承诺在 1890 年之前制定宪法和建立选举议会。这项法令既起到了安抚反对派的作用，也恢复了政府对宪法性质的掌控。日本宪法将由政见相近的元老们

---

1 Kim, *The Age of Visions and Arguments*, 318 - 325; Lebra, "Okuma Shigenobu," 484 - 485. 这场危机的确切细节至今仍不清楚，因为当时的记录是支离破碎的，而且参与者后来的回忆也相互矛盾。

2 Kim, *The Age of Visions and Arguments*, 324.

起草，而非大隈重信及其盟友这样的持异议者。

这些行动标志着明治维新的结束。19 世纪 50 年代和 60 年代的外来危机引发了一场关于如何捍卫日本政府并使其合法化的激烈竞争。这种构想和理念的冲突催生了明治初年转型时期那些热情洋溢的革命骚动。然而，1881 年的政治危机标志着政治选择的决定性收缩。明治政府没有进行迅速而彻底的变革，而是果断地致力于渐进式改革。日本将挑战欧美列强曾经施加给它的不平等条约，并建立自己的殖民帝国，但前提是经过几十年的经济发展和国内改革。日本民众将在他们的政府中有发言权，但这也将是由国家引导的渐进过程的一部分。政府将履行其 1881 年的宪法承诺，但该文件将由伊藤博文秘密起草，并于 1889 年以天皇赐予日本人民的礼物的形式加以呈现。虽然预料到将引起民众不满，但政府仍正式将民众宪法草案视为无关紧要的和不合法的。宪法在 1889 年一经颁布，就作为日本的最高国家法一直持续到 1947 年都没有发生改变。此外，政府在颁布宪法和召开第一次国会之前，已将国家权力的关键要素，如公务员制度、国家警察制度和内阁制度编纂成法。因此，战前的日本民主是在 19 世纪 80 年代建立的国家权力结构中发展起来的。

与此同时，这场政治危机帮助巩固了两种最有效、最持久的反对形式。首先，这场危机证实了激进的媒体和大众动员的力量。通过社论、演讲和集会，日本民众迫使国家的性质发生了决定性转变，这是史无前例的。长期以来，民众的抗议活动

迫使政府在政策上做出微小的改变，比如减税。但1881年的政治危机产生了合法异议的新境界：民众可以公开质疑国家的 204
权力结构。明治政府元老本可以部署军队或派遣警察来镇压抗议活动，但这种行为受到了儒家和西方暴政观念的制约。元老们曾指责幕府专制，因此他们不愿通过消除反对声音来复制这一恶习。想要在西方人眼中看起来“文明”的愿望，也阻止他们采取大规模、任意逮捕异见人士的做法。日本政府寻求在不公开依赖国家暴力的情况下行使专制权力，这是明治政治的一个典型特征。

其次，这场危机使政党成为一股有效而持久的政治力量。受到反对派集会成功的激励，板垣退助将自己的政治组织重塑为自由党，而大隈重信及其追随者则组建了立宪改进党。自此，日本出现了由两名前政府高官领导的反对党，这给各政党带来了新的合法性。仅仅在15年前，激进的新闻报纸和政党是不可想象的，也是非法的。彼时，政党会被镇压，就像阴谋集团和报纸被审查制度扼杀一样。然而到了19世纪80年代，不同党派对政府政策进行谴责，连同提出详细的反对建议，已成为政治生活的正常组成部分。

除了与此后的日本历史产生连续性关联，1881年的政治危机也是全球同构的一个显著例子。随着日本日益融入新的国际秩序，它变得与其外国合作伙伴和竞争对手愈发相似。例如在1860年，将明治天皇与几乎同时代的维多利亚女王相提并论是荒谬的。19世纪60年代末之前，日本天皇对他的臣民来说基本上是隐形的，日本社会也是一个相对孤立的农业经济社会。英国则是强大的帝国，而日本正被帝国主义所围困。然而在他们的统治末期，这种比较似乎是合理而明智的。两位君主都统治着拥有海外帝国的君主立宪制国家。他们都在享受君主制威望提升的同时，扩大了民众选举权。维多利亚女王已成为印度女皇，同时也通过 1867 年的改革法案来监督选举权的扩大。明治天皇开设了亚洲第一个欧洲式的议会，并监督了对中国台湾地区和朝鲜半岛的殖民统治。在两位君主的统治时期，都出现了迅速而大规模的工业化改革，并经历了随之而来的社会混乱。这两位君主都以前所未有的程度充当国家象征，他们的纪
205 念日和葬礼成了举国上下共同纪念的时刻。在两人执政期间的英国和日本，对君主的忠诚达到了一个新的水平，这对缓解当时的社会紧张局势颇有助益。

日本和英国之所以相似，是因为它们是共同的全球性进程的一部分，并对类似的问题提出了近似的解答方案。实际上，近代君主是如何动员其臣民的呢？有多少是通过解放他们的力量，又有多少是通过灌输教化实现的呢？从概念上讲，是什么让特定群体成为一个国家？什么类型的种族、文化或语言相似性构成了英国或日本民族？又是什么构成了一个合法的帝国呢？一个民族国家如何证明它对另一个民族的控制是正当的呢？日本与这些全球问题的对抗往往被描述为“近代化”或“近代性”，但这种方法没有认识到全球同构并不是一个独特的近代化进程。在公元 7 世纪和 8 世纪，日本、中国唐朝和朝鲜

半岛诸国在相互对抗的过程中变得愈发相似。那个古老的同构过程当然不是“近代化”，但它预见了全球同构的近代模式。明治时代对世界最佳实践的适应也不能被概括为“西方化”。到了明治时代末期，全球同构看起来似乎需要从日本反向引进其改革模型。“国家效率”的拥护者表示，英国应该效仿日本，以阻止其衰落。[1] H. G. 威尔斯（H. G. Wells）的《现代乌托邦》（*Modern Utopia*）就是这种对日本的新评估中最具想象力的例子之一。在这本书中，被称为“武士”的“自愿贵族”统治着一个遥远星球上的乌托邦社会。[2] 以类似的方式，童军运动的创始人罗伯特·贝登堡（Robert Baden-Powell）将日本人誉为近现代爱国主义和自我牺牲的典范。[3] 日本似乎已经建立了一个值得英国尊重和效仿的民族国家。

明治政治的参与者没有将他们的经历描述为全球同构，但他们确实通过世界性的沙文主义和激进的复古主义的比喻来理解他们的世界。例如在1881年之后，全国性的政治辩论不再是关于是否以西方模式为基础制定日本宪法，而是以哪种西方

---

1 G. R. Searle, *The Quest for National Efficiency: A Study in British Politics and Political Thought, 1899 - 1914* (Berkeley: University of California Press, 1971), 57 - 59.

2 H. G. Wells, *A Modern Utopia* (1905; reprint, Lincoln: University of Nebraska Press, 1967).

3 Robert Stephenson Smyth Baden-Powell, *Boy Scouts beyond the Seas: "My World Tour"* (London: C. Arthur Pearson, 1913), 86 - 100; Michael Rosenthal, *The Character Factory: Baden-Powell and the Origins of the Boy Scout Movement* (New York: Pantheon Books, 1986), 125 - 130. 英国对日本看法的研究综述，参见 Sheldon Garon, *Beyond Our Means: Why America Spends While the World Saves* (Princeton, NJ: Princeton University Press, 2011), 119 - 121。

模式作为参考：普鲁士模式、英国模式还是法国模式。但这场辩论建立在一种强有力的话语体系之上，在这种话语体系中，令人向往的西方规范被理解为“普世价值”。正如伊藤博文在1881年关于宪法的讨论中指出的那样，“当前的政治危机”是由“宇内风气”驱动的，并不是任何一个国家或地区独有的。[1]作为关于主权国家的全球讨论的一部分，日本自然会借鉴国际
206 范围内的最佳实践。世界上最成功的国家是如何变得经济发达、军事强盛的？他们又是如何平衡君主权威和公民权利的？

与此同时，1881年的政治危机凸显了激进的复古主义促使政治改革合法化的力量。10月12日的天皇敕令宣布成立国民议会，通过援引古代历史来展望未来。立宪政体的建立被描述为天皇赐予子孙后代的宝贵遗产，也是长达25个世纪的天皇统治的延续。根据敕令，逐步制定宪法是一项经过深思熟虑的计划的一部分，该计划包括在1875年成立元老院，在1878年成立府县会。虽然国民议会是一种新的政府形式，但适应性是天皇统治的众多庄严传统之一，因此它完全符合天皇统治的传统。在激进的复古主义思想影响下，没有什么比这种新的政府形式更符合传统了。但是，既然天皇本人已经致力于这一宏伟的工程，他的人民必须避免破坏性的闲谈和无聊的猜测。最后，天皇通过援引中国古代经典《尚书》，命令他的臣民要有耐心，同时向子孙后代阐明了杰出的统治原则。这是一个几乎

---

1 伊藤博文：『奏議（案）』、1881年、国立公文書館 本館-2A-037-00。

不加掩饰的命令，要求民众停止提交私拟的宪法草案，与此同时，政府正在思考如何从古代皇室实践的角度来最好地解释君主立宪制。[1] 几十年来，这种激进的复古主义思想一直被用来点燃明治维新的改革烈火。19 世纪 60 年代的改革者们曾呼吁利用传统来削弱幕府的统治，建立一个强硬的新政权。然而在 1881 年，这些相同的比喻被用来终止那场革命。

1　太政官：『国会開設之勅諭』、1881 年 10 月 12 日、国立公文書館 勅語類、本館-2A-030-09・附 A00304115。

结　语

明治维新在日本的历史长河中处于怎样的位置？“西化”和“近代化”这两个常见的标签仅展露了维新运动的其中一面。明治时代的改革者在很大程度上以西方模式为基础来改革日本制度，从发式到刑法，一切都发生了改变。其终极目标是使日本在一个新的、具有挑战性的国际秩序中具有统治合法性。但无论是含蓄的还是明确的，对“西化”和“近代化”的关注都忽略了维新运动实际上在某种程度上重现了日本古代的政策策略。受到唐帝国的威胁，古代日本朝廷试图将自己定位为中华世界体系中的正统势力。这一目标不仅涉及军事防御，而且更广泛地关系到文化与哲学，即创建一个在此秩序中被公认为“文明”的日本政体。为此，他们借鉴了中原的思想、技术和礼仪。虽然奈良和平安时代的日本借鉴了中国思想，但他们仍坚持日本的独特性，尽管这是一种在起源于中国的政治和哲学框架内的坚持。

一千多年后的明治维新是一个平行的过程。通过“恢复”天皇古老的荣耀，明治领导人试图为日本政府赢得广泛的国际认可。就像在公元 7 世纪和 8 世纪一样，政治家们为外来的军事威胁而担忧：日本如何处理与一个强大帝国的关系？在 19 世纪，这种外来关系的对象不是唐帝国，而是西方帝国主义。尽管如此，日本的反应是再次将借鉴外来文化与强调本土特色融合在一起。日本天皇被重塑为与欧洲君主类似的君王，天照
208 大神的后裔，这使其既具备世界性又是独一无二的。明治国家的建设既明确地追溯了日本古代历史，同时也参考了近代西方的社会和政治实践。

把日本政治史放在几千年而不是几十年的时间段来考虑，就会发现它具有出乎意料的连续性。例如，在 7 世纪和 21 世纪，在日本对朝鲜半岛的政治干预中存在奇妙的相似之处。在 7 世纪 60 年代，日本和中国分别支持朝鲜半岛上两个互相敌对的政治势力：大和政权与百济结盟，唐帝国支持新罗。大约 13 个世纪后，日本和中国再次分别支持朝鲜半岛上相互对立的两个政权：中华人民共和国支持朝鲜民主主义人民共和国，而日本支持大韩民国，双方都处于紧张状态。由于 1905 年至 1945 年日本对朝鲜的殖民控制，日韩之间的合作既是痛苦的，也是充满政治风险的。例如在 2012 年，一项情报共享协议的正式批准被推迟，原因是围绕“慰安妇”问题双方存在长期的争议。两国政府在“慰安妇”问题的历史责任与受害者数量上存在分歧。因此，日韩的合作是通过共同盟友美国在其官方引导下达成的。因此，在美韩进行军事演习时，日本军方具有“观察员”身份，日韩通过美国共享军事情报。日韩两国军队也一

起训练，但要在中立区域进行，如阿拉斯加。[1] 自 2014 年以来，三方一直将他们的合作称为“美日韩三边同盟”。另一方面，中、朝两国曾因共产主义的人类进步理想而团结在一起，但自 20 世纪 80 年代以来，双方出现了分歧。朝鲜一贯拒绝中华人民共和国促成其缓和与韩国的对抗，并推行经济改革。而历史上，新罗在唐朝的帮助下统一了朝鲜半岛，但随后反过来攻击并驱逐了唐军。

与此同时，在这些平行的地缘政治斗争中也存在着明显的分歧。在 21 世纪，政治联盟是用起源于现代欧洲的语言来描述的。因此，日本防卫省的新闻稿件中提到了联合国决议、“国际社会”、“集体安全保障”和“客观性”。[2] 这些用语当然不会出现在公元 7 世纪大和政权与百济的合作中，即便百济和 209
大和政权共同反对唐帝国，但必须承认那时的用语几乎都起源于中国。在那个时代，联合军事行动不是建立在平等同盟的基础上，而是建立在朝贡关系约束下的君主等级制度上。古代日本和朝鲜的史料表明，他们一致认同这一概念框架，尽管双方

1 Kevin J. Cooney and Alex Scarbrough, “Japan and South Korea: Can These Two Nations Work Together?” *Asian Aff* 35, no. 3 (2008): 173 - 192; “Uneasy Partners Japan, S Korea Join US Air Drills,” *New Zealand Herald*, August 22, 2013.

2 参见 2010 年 6 月 5 日本防卫省发布的北泽俊美（日本防卫大臣）与金泰荣（韩国参谋长联席会议主席）会谈的新闻稿：http://www.mod.go.jp/j/press/youjin/2010/06/05d.pdf。

在究竟哪国君主地位更为优越的问题上长期存在分歧。[1]

这种话语体系的转变既是全球同构的产物，也是西方帝国主义的遗产。近现代国际体系起源于欧洲的国际关系论述。通过欧洲的征服和殖民，它成了一种全球性的政治话语。因此，诸如“国际合作”这样的短语在近现代话语体系中无处不在，正是西方政治占据主导权的产物。例如，联合国名义上是由同等主权的民族国家组成的，这些截然不同但平等的国家之间的公开讨论应该促进各方合作进而维护和平。[2] 在西方帝国主义盛行之前，北京、江户或首尔的外交官会嘲笑这种强调平等和协商的做法，认为这是理想主义的或不切实际的幻想。对他们来说，君主等级制度是道德秩序的一部分。西方帝国主义瓦解了东亚的国际行为准则。

像联合国这样的现代“全球性”机构，实际上是西方维护国际秩序的悠久传统的一部分，从《威斯特伐利亚和约》开始，一直延续到维也纳会议和国际联盟。所有这些机构和协议都是由一系列对立概念塑造的。首先是平等和差异之间的关系：所有民族国家都是主权平等的政治组织，但作为独立的民

---

1 参见 Jonathan W. Best, *A History of the Early Korean Kingdom of Paekche: Together with an Annotated Translation of the Paekche Annals of the Samguk Sagi* (Cambridge, MA: Harvard University Asia Center, 2006); Hyung Il Pai, *Constructing "Korean" Origins: A Critical Review of Archaeology, Historiography, and Racial Myth in Korean State-formation Theories* (Cambridge, MA: Harvard University Asia Center, 2000)。

2 关于国歌和国旗的理论性思考，参见 Karen A. Cerulo, "Symbols and the World System: National Anthems and Flags," *Sociological Forum* 8, no. 2 (1993)。

族国家，它们又必然在族群或文化身份上彼此区分。其次是平等和等级之间的关系：现代国际体系既歌颂所有民族国家的平等，又赞同大国的优越性。

其中许多对立关系在公共仪式中表现得尤为突出，比如国旗的展示。根据联合国的规定，在联合国会场，所有国家国旗的大小和形状比例都是相同的，联合国旗帜与各国国旗共同飘扬。这一展示反映了现代国际秩序的一个核心原则：各国主权平等。至少在理论上，所有国家的权利都是平等的，因此，国旗在大小和形状上都是相同的。各国国旗采用共同的形状是全球同构的规范性和符号性力量的生动例证。长方形国旗不表明一国在军事或科技上的优势，但它标志着作为国际社会成员的身份。不过国旗大小和形状相同并不意味着完全的趋同。相
反，国旗的作用是通过不同的标志来区分国家。每面国旗的图 210
像都展示了该国独特的民族历史和文化。因此，美国国旗的 50 颗星和 13 道条纹反映了联邦的发展，而英国国旗是圣乔治十字（英格兰）、圣安德鲁十字（苏格兰）和圣帕特里克十字（爱尔兰）的混合体。日本的“太阳旗”（日语：日章旗，にっしょうき）与单词“にほん”（日语中意为“日本”）的字面意思相呼应，意为“太阳升起之地”或“旭日之国”。[1] 在联合国这个名义上中立的旗帜之场，《古兰经》经文（沙特阿拉伯）可以与大卫星（以色列）、太极图与阴阳八卦（韩国）和共产

1 日本（にほん）的直译英文是“origin of the sun”。

主义五角星（中国）共存。因此，虽然各国旗帜都是不同的，但都以严格的标准来进行规范。[1]

联合国的组织结构也揭示了平等和等级之间的关系。联合国强调各民族国家平等，但在一定程度上对大国特权持批判态度。同时，它赋予五个有影响力的大国作为安全理事会常任理事国的特殊地位。这五个国家代表着第二次世界大战的胜利联盟，但也代表五个最具国际影响力的势力：美国、英国、苏联（后由俄罗斯继承）、法国和中国。这种特殊的特权地位反映了一种长期的信念，即维护国际秩序需要大国的干预。因此，套用乔治·奥威尔（George Orwell）的话说，所有的国家都是平等的，但有些国家比其他国家更平等。[2]

占据全球主导地位的这种西方政治强权观，一方面反映了"西方的崛起"。几千年来，日本、中国和朝鲜在基于中国古代经典、儒家行为准则和佛教美德的共同话语体系中经历了战争

---

1 "The United Nations Flag Code and Regulations, ST/SGB/132," (1967). 双三角旗形状的尼泊尔的国旗，是这一规则的唯一例外。

2 Gerry J. Simpson, *Great Powers and Outlaw States: Unequal Sovereigns in the International Legal Order* (Cambridge: Cambridge University Press, 2004), 1 - 131, 165 - 193. 康灿雄的研究指出了经合组织（OECD）成员国的身份如何反映了其地位等级的差异。参见康灿雄的《西方之前的东亚：朝贡贸易五百年》（David C. Kang, *East Asia before the West*, 21 - 22.）。豪兰德（Douglas Howland）探讨了明治领导人如何通过加入国际无线电信联盟（International Telegraph Union，今国际电信联盟前身）和万国邮政联盟（Universal Postal Union）等行政联盟，来呼吁各国应在近现代国际秩序中展现更为平等的一面。参见 Douglas Howland, "Japan and the Universal Postal Union: An Alternative Internationalism in the 19th Century," *Social Science Japan Journal* 17, no. 1 (2014), 23 - 39; Douglas Howland, "An Alternative Mode of International Order: The International Administrative Union in the Nineteenth Century," *Review of International Studies* 41, no. 1 (2015), 161 - 83。

与和平。这些想法和价值观现在似乎是古老历史的一部分。西方国际体系的胜利是如此彻底，以至于中国、日本和朝鲜的官员都用西方的术语来讨论他们古代的历史。例如，考虑目前日本和中国之间关于钓鱼岛的所谓争端。[1] 日本政府辩称，这些岛屿最早是在 1885 年由日本首次调查发现的。在 1885 年之前，这些岛屿上没有明显的主权标志，因此根据罗马法原则，将之归类为“未并入任何国家的地区”或“无主之地”，即这些岛屿是可以自由征用的。为了正式宣称对这些岛屿“拥有主权”，日本政府于 1895 年在其中一个岛屿上竖立标记。[2] 这种对待主权的方式标志着明治时期的日本已经完全接受并适应了欧洲的国际法和领土主权观念。在德川幕府统治时期，为争夺 211
领土主权而派政府官员在无人居住的边远岛屿上放置标记，会被视为荒谬至极的建议。[3]

中国的反驳观点与这种西方主导的法律和领土观念存在差异。中国政府对外公布，早在 14 世纪，相关航海记录和航海日志就将这些岛屿标示为中国岛屿。正如历史学家包弼德

1 编者注：无论从历史、地理还是法理的角度看，钓鱼岛及其附属岛屿都是中国的固有领土，中国对其拥有无可争辩的主权。

2 编者注：根据日本外务省编纂的《日本外交文书》记载，日本在 1895 年窃取钓鱼岛之前完全清楚这些岛屿属于中国。其对钓鱼岛的主权主张不具有国际法规定的效力。

3 关于此争议问题的相关调研，参见 Seokwoo Lee，*Territorial Disputes among Japan and China Concerning the Diaoyu Islands*（Durham，UK：International Boundaries Research Unit，Department of Geography，University of Durham，2002）；Unryu Suganuma，*Sovereign Rights and Territorial Space in Sino-Japanese Relations：Irredentism and the Diaoyu Islands*（Honolulu：University of Hawai'i Press，2000）。从政治学的角度来看待这些无人居住地，参见 Kang，*East Asia before the West*，140－141。

(Peter Bol）所观察到的那样，在受到西方影响之前，中国制图师在很大程度上对准确描述无人居住的边缘地区并不感兴趣。详细的中国地图和地名录至少可以追溯到公元前 3 世纪，但其绘制目的是标记政府管辖区，而不是确切的空间边界。政府的官方地图多用于告知地方官员“哪些定居点属于他们的管辖范围，以及这些定居点的居民拥有什么财产”[1]。无人居住领土的绝对边界并不重要。就像在日本一样，绘制具有精确边界的地图是帝国主义推进的项目，主要是为了与近代欧美帝国竞争而制作。[2]

这些争论揭示了“近现代”与“西方”的空间与权力意识对东亚“传统”观念的彻底胜利。因此，它取代了前近代东北亚地区的一项伟大外交成就，即清王朝、德川幕府和琉球尚氏王朝避免了一场明确的主权斗争。德川幕府没有宣扬他们在 1609 年对琉球的征服，而是选择了相反的战略。他们隐瞒了日本控制琉球的证据，以免中国停止派遣琉球贸易使节团。明清两代政府选择默许这种现象。然而时至今日，现代国家通常选择性忽视这一历史背景，从而更好地在前近代的资料文件中找

1 Peter Bol, “Creating a GIS for the History of China,” in *Placing History: How Maps, Spatial Data, and GIS are Changing Historical Scholarship*, ed. Anne Kelly Knowles and Amy Hillier (Redlands, CA: ESRI Press, 2008), 42.

2 探讨地图学、帝国与民族意识之间的关系，参见 Brett L. Walker, “Mamiya Rinzō and the Japanese exploration of Sakhalin Island: Cartography and Empire,” *Journal of Historical Geography* 33 (2007)。关于中国的案例，参见 Laura Hostetler, *Qing Colonial Enterprise: Ethnography and Cartography in Early Modern China* (Chicago: University of Chicago Press, 2001)。

到对主权领土的明确且排他性的依据。

以类似的方式，日本和韩国也因一堆几乎不适合居住的岩石而陷入主权争端。这些“岛屿”在日语中被称为竹岛，在韩语中被称为独岛，英文语境中被称为里昂科礁（Liancourt Rocks）。这些岛屿只有两位永久居民（由大韩民国补贴以支持其领土主张），总面积不到 0.2 平方公里（0.07 平方英里）。尽管如此，主权问题已经成为日韩公开摩擦的一个原因。在大众媒体上，这场争端已经与日本殖民朝鲜的历史遗留问题纠缠在一起，双方的民族主义者都用越来越好战的言辞表达他们的主张。竹岛/独岛争端打破了前近代东亚诸国回避此类问题的做法。德川幕府和李氏朝鲜相互容忍双方在对马岛主权问题上的不同意见，而对马岛的面积比竹岛/独岛大 3500 多倍。双方政 212
府更无意为这些贫瘠的岛礁展开争论。然而在近现代西方，“国际社会”的规则取决于明确的边界，并将对岛礁的控制与经济和军事力量联系在一起。根据 1994 年的“联合国海洋法公约”，对这些岛屿的主权将决定两国专属经济区的范围，因此在政治上控制这些岩石将影响捕鱼权和可能存在的海底天然气水合物资源的所有权，而天然气水合物是一种潜在的天然气来源。[1]

---

1 关于这项争议的讨论，参见 Min Gyo Koo，“Economic Dependence and the Dokdo/Takeshima Dispute between South Korean and Japan,” *Harvard Asia Quarterly* 9, no. 4 (2005)；以及 Alexis Dudden，*Troubled Apologies among Japan, Korea, and the United States* (New York: Columbia University Press, 2008)，1 - 30。

尽管有与之相反的预测，但西方国际秩序的这种概念性霸权仍在持续。20 世纪 90 年代，政治学家塞缪尔·亨廷顿（Samuel Huntington）大胆地预测，西方军事和经济实力的相对下降将导致西方政治思想的相伴后退。这反过来将导致一场“文明冲突”，最明显的是“西方与其他文明”之间的冲突。他认为，随着冷战的结束，“文明之间的冲突是不可避免的，而主导人类冲突的根源主要是文化（文明）上的差异”。因此，美日之间的文化差异将削弱美日军事联盟，而东亚将在共同的儒家传统下变得更加团结。中国将成为儒家联盟的领导者。作为“西方与其他文明”斗争的一部分，儒家联盟可能会对“西方的利益、价值观和力量”形成挑战。[1]

这些观点曾反复引发学者们展开认真的讨论，但如今看起来似乎与现实情况大相径庭。面对中国的军事和经济增长，美日联盟变得更强而非更弱。目前并无证据表明存在以反对西方或其他力量的区域联盟。中国经济和军事力量的复兴并没有导致中日韩从儒家王权的角度重新协商它们的国际关系，也没有将贸易协定描述为朝贡使命的一部分，而东亚诸国在欧美国际秩序中变得日益富有与强大。

213 回顾漫长的日本历史，这并不令人惊讶。认为西方价值观应该与西方大国或西方利益直接挂钩的想法并不总是合理的。简而言之，帝国主义的意识形态可以比帝国本身的存在更加长

1 Samuel P. Huntington, “The Clash of Civilizations?” *Foreign Affairs* 72, no. 3 (1993).

寿。在近代帝国主义出现之前的许多个世纪里，中华国际秩序的影响力并未因中国皇权的更迭而消亡，反而持续发展。[1] 907年，唐朝的覆灭并没有导致在整个东亚地区出现普遍拒绝承认中国的政治权力和统治合法性的想法。相反，这些想法是在中华力量缺席的情况下重现的。例如在13世纪，当蒙古帝国宣称要征服日本时，它通过文言来描述正在崛起的蒙古帝国并传达其意图。蒙古人不是中原人，而是来自中亚的游牧民族，他们在外交书中明确表明自己的游牧民族身份。其舰队由蒙古骑兵和装备精良的朝鲜水军组成。但是蒙古人并没有坚持一个明确的蒙古族帝国观，或者用日语、蒙古语或朝鲜语来进行写作；而是选择用文言描述正在崛起的帝国，并引用古代先贤的思想，提及“天命”及臣民对传统帝王的忠诚。[2] 与之类似，当丰臣秀吉在16世纪90年代立志征服明朝时，他并没有摈弃中国的权力观。在发往朝鲜的官方书信中，他用传统的儒家和佛教美德来粉饰和夸大自己，称自己“养育农民”，同情失去亲人的人，给他的人民带来了繁荣。因此，他在道义上有权主宰世界。这些中国的“价值观”是独立于中国皇权的具体体

1 傅佛果建议使用“Sinosphere”（汉字文化圈）来捕捉中华文化作为一种“组织模式或意识形态”的形式，而不是直接行使皇权的模式。参见 Fogel, *Articulating the Sinosphere*, 1 - 6。

2 此封蒙古书信的英文译本，参见 Susumu Ishii, “The Decline of the Kamakura Bakufu,” in The *Cambridge History of Japan*, Vol. 3: *Medieval Japan*, ed. Kozo Yamamura (Cambridge: Cambridge University Press, 1990), 132。原文复刻本，参见『鎌倉遺文』、#9 564。

现，所以秀吉可以在挑战明朝权威时援引它们。[1] 就这样，几个世纪以来，中国人对国际秩序和帝国的态度实际上与中国皇权的具体更迭是分离的。[2]

明治维新就是这种对西方思想和制度进行“复制”与“完善”的鲜明例证，只是它面对的是西方帝国主义。维新领袖和社会活动家们之所以接受“西方”思想，是因为这些思想能够脱离起源地，被采纳为“普世价值观”。他们没有在选择“西方”还是“日本”的问题上摇摆不定，而是将日本重塑为西方世界秩序中一个独特而被认同的国家。这一过程需要重新发现日本的独特性。为了展现日本作为民族国家的独特性，作家和社会活动家们把目光投向了日本古代朝廷的辉煌。因此，成为
214 “近代”国家就意味着歌颂日本的“传统”。许多历史著作通过引用“日本”与“西方”、“近代”/“近代化”与“传统”的二分法来淡化这一过程。明治维新的革命力量来自一套截然不同的信念，即坚定地认为古老的历史可以指导未来，普遍的真理可以提升和发扬日本固有的优点。

---

1 塙保己一編：『続群書類従』第30輯、続群書類従完成会、1925年、404頁。

2 我在这里的观察是历史性的，但受到了安东尼·吉登斯（Anthony Giddens）结构化理论和权力再生产理论的影响。正如吉登斯所说的：“结构并不等同于约束，而总是既约束又使能。”参见 Anthony Giddens，*The Constitution of Society*（Berkeley：University of California Press，1984），25。一则简短而生动的总结，参见 Anthony Giddens and Christopher Pierson，*Conversations with Anthony Giddens：Making Sense of Modernity*（Stanford，CA：Stanford University Press，1998），75 - 93。

术语表

Abe Masahiro 阿部正弘（1819—1857）： 1845 年至 1855 年担任幕府老中首座。他试图通过寻求德川齐昭和岛津齐彬等大名的建议和支持来创建统一的国家政府。辞职后转而支持堀田正睦。

Brunet, Jules ジュール・ブリュネ 儒勒・布吕奈（1838—1911）： 法国军官和幕府顾问；随榎本武扬逃到北海道，并就职于“虾夷共和国”政府。

Chamber of the Left 左院（sa'in）： 太政官系统下的议会。

Chamber of the Right 右院（u'in）： 太政官系统下的议会。

Chōshū 长州： 位于本州西南部的地方藩，也被称为萩和山口。统治家族为毛利家。幕府及其联盟藩的联军在 1864 年击败长州藩，1866 年，长州藩发起第二次反击，公开揭露了幕府的弱点。在 1868 年与萨摩藩共同推翻末代将军德川庆喜。许多明治政府领导人来自长州藩，包括木户孝允、井上馨、山县有朋和伊藤博文。

Council of State 太政官（dajōkan）： 明治初期依据日本奈良—平安时代和中国唐朝的政治结构创立的政府机构。1868 年重设，1885 年被近现代内阁制所取代。最高机构为正院，设太政大臣一名，设左大臣、右大臣各一名。若干参议，通常兼任各部要职。正院下设两个审议机构，左院和右院，几乎没有实权。

Dajōkan：参见 Council of State 词条。

Enomoto Takeaki 榎本武扬（1836—1908）：幕府海军司令（海军副总裁），日本军事改革和近代化的倡导者。1868 年，榎本拒绝与幕府一同投降，并带着八艘最好的战舰逃往北海道。1869 年至 1872 年，被击败后入狱，后来被赦免并重返政坛，先后担任驻俄国大使、驻中国大使、递信大臣和外务大臣。

270 **eta 秽多**：德川社会中主要的贱民群体之一，与动物屠杀、皮革加工和处决罪犯有关，这些活动被认为是不洁的行当。对秽多的法律限制，如对其居住地的限制，在 1871 年被正式取消。

Etō Shinpei 江藤新平（1834—1874）：佐贺藩藩士，积极参与明治早期法律和教育改革的政治家。在戊辰战争中领导新政府军。在明治政府中，先后担任文部大辅、司法卿，并主张迅速采用基于《拿破仑法典》的新的民法典。1873 年政治危机后退出政府，1874 年，联署《民选议院设立建白书》。回到佐贺后，领导了反政府叛乱，后被抓获处斩。

Grand Chamber 正院（sei'in）：太政官系统下的核心机构。

Grand councilor 参议（sangi）：太政官系统下的高级职位。

hinin 非人：即字面意思“非人”，德川社会中主要的贱民群体之一。主要是街头艺人和乞丐。对非人的法律限制在 1871 年被正式解除。

Hirata Atsutane 平田笃胤（1776—1843）：日本著名国学者，因其倡导复兴日本“古道”的公开演讲而闻名。虽然自封为本居宣长的弟子，但从未向本居学习，还对本居学问的主要方面进行了修改。

Hotta Masayoshi 堀田正睦（1810—1864）：幕府老中首座，从 1855 年到 1860 年，竭力争取天皇支持与外国签订条约。

Inoue Kaoru 井上馨（1836—1915）：长州藩藩士，明治时代的政治家，主张早期用政府债券取代武士秩禄。在过渡政府任大藏大辅，并反对为建立新的学校和法院系统提供财政支持。

Itagaki Taisuke 板垣退助（1837—1919）：土佐藩藩士，政府官员，政治活动家。参加过戊辰战争，后来在留守政府任职。在1873年政治危机后辞职，创立了爱国公党，1874年签署了著名的《民选议院设立建白书》。1875年，短暂地重新加入政府。

Itō Hirobumi 伊藤博文（1841—1909）：长州藩藩士，明治政府官员。1863—1864年在英国学习，1870年前往美国考察金融体系。1878年在大久保利通遭暗杀后接任内务卿。

Iwakura Mission 岩仓使节团：一个为期18个月、目的地为美国和欧洲的使节团（1871—1873），其中包括早期明治政府的主要成员。

Iwakura Tomomi 岩仓具视（1825—1883）：朝廷贵族，在幕末和明治 271
初期的政治发展进程中扮演重要角色。在庆应三年十二月九日（1868年1月3日）推翻德川幕府的宫廷政变中起了重要作用。岩仓使节团中级别最高的成员，在1873年的政治危机中，是迫使留守政府领导人辞职的关键人物。

Matsudaira Yoshinaga 松平庆永（1828—1890）：福井藩大名。也称松平春岳。曾试图将大名组织在一起，推动幕府的协同治理。

Mito 水户：德川家的亲藩，水户藩的统治大名是德川家康第11个儿子赖房的后代。因为是将军的远亲，当没有合适的将军继承人时，可以为将军提供继承人。末代将军德川庆喜，是水户大名德川齐昭的儿子。

Mizuno Tadakuni 水野忠邦（1794—1851）：大名和幕府改革家。幕府老中首座，力求通过夺取幕府主要统治城市周围的大名领地而加强幕府统治，因遭受强烈反对而被迫下台。

Motoori Norinaga 本居宣长（1730—1801）：德川时代一位有影响力的哲学家，以对日本古代文献的评论和对中国学问的排斥而闻名。

Nariaki：参见 Tokugawa Nariaki 词条。

Nariakira：参见 Shimazu Nariakira 词条。

Nativism 国学（kokugaku）：江户时代专注于古代日本文献研究的思想流派，主张恢复古“道”，对汉学持批判与抵制立场。

Ogyū Sorai 荻生徂徕（1666—1728）：江户时代著名的哲学家。主张激进的改革，其思想观点基于对中国古代文献的严格解读。

Ōkubo Toshimichi 大久保利通（1830—1878）：萨摩藩藩士，明治政府官员。在帮助建立了早期明治政府的关键机构后，离开日本，随同岩仓使节团出使欧美。1873 年政治危机后至 1878 年被暗杀前，是日本最强大的政治人物。

Ōkuma Shigenobu 大隈重信（1838—1922）：佐贺藩藩士。曾任明治政府顾问和大藏卿。在 1881 年的政治危机中，因主张迅速颁布宪法和实行议会内阁制与伊藤博文等对立，最终被迫下台。

Roches, Léon レオン・ロッシュ 莱昂・罗什（1809—1901）：法国外交官，法国驻日公使，德川庆喜的盟友。

Saigō Takamori 西乡隆盛（1827—1877）：萨摩藩藩士，萨摩藩推翻幕府统治的领导人。在 1873 年的政治危机后离开明治政府，退隐萨摩。1877 年，在西南战争中，领导萨摩军队对抗中央政府。在 1877 年 9 月的战斗中牺牲。

272 **Sanjō Sanetomi 三条实美（1837—1891）**：朝廷贵族，在幕末和明治初期的政治发展中扮演了重要角色。官方头衔包括右大臣、太政大臣。是过渡政府名义上的领袖，并竭力抑制派系争斗。

Satō Nobuhiro 佐藤信渊（1769—1850）： 农学家和哲学家，曾为幕府高级顾问水野忠邦提供建议。提倡建立一个强有力的中央政府，在平民中进行广泛征兵，并建立一个海外日本帝国。

Satsuma 萨摩： 九州西南部的地方藩。统治家族为岛津家。由于在1609年征服了琉球，该藩接受琉球国王派遣的琉球使节，因而在幕府统治秩序中占有独特地位。与长州藩联盟，在1868年推翻了末代将军德川庆喜。明治政府的许多领导人来自萨摩藩，包括西乡隆盛、大久保利通、西乡从道等。

Shimazu Hisamitsu 岛津久光（1817—1887）： 事实上的岛津藩大名，虽然在职位上只是其儿子岛津忠义（1840—1897）的摄政。与前任藩主，其同父异母的兄弟齐彬不同，久光拒绝了许多西方式的改革。尽管萨摩军队帮助建立了明治政府，但久光对新政府持尖锐批评态度。

Shimazu Nariakira 岛津齐彬（1809—1858）： 萨摩藩大名，以其近代化改革而闻名，包括西式的工厂和造船业。与其同父异母的兄弟，也是其继任者的岛津久光互为竞争对手。

Sorai： 参见 Ogyū Sorai 词条。

Terashima Munenori 寺岛宗则（1832—1893）： 萨摩藩藩士，曾任留守政府外务大辅，以及大久保内阁的外务卿。

Tokugawa Iesato 德川家达（又称田安龟之助、德川龟之助，1863—1940）： 末代将军德川庆喜的继承人。

Tokugawa Nariaki 德川齐昭（1800—1860）： 水户藩大名，以其对水户学的拥护和支持而闻名，水户学是一种融合了儒学、日本国学和西学的思想。阿部正弘执政期间被聘请为顾问，1858年被井伊直弼政治清洗，被处谨慎。德川庆喜之父。

Tokugawa Yoshimune 德川吉宗（1684—1751）：八代幕府将军，以其改革而闻名。

Tokugawa Yoshinobu 德川庆喜（1837—1913）：末代幕府将军。也称作一桥庆喜。德川齐昭的儿子。在 1858 年争夺将军续任权的斗争中失败。在 19 世纪 60 年代中叶掌权，并在 1867 年正式成为幕府将军。一直致力于集权化和西化改革，但被忠于天皇的萨长同盟挫败。

Yoshimune：参见 Tokugawa Yoshimune 词条。

Yoshinobu：参见 Tokugawa Yoshinobu 词条。

参考文献

档案来源

Archives of the Reformed Church in America, Gardner A. Sage Library of New Brunswick Theological Seminary, New Brunswick, NJ

British Foreign Office, *Japan Correspondence, 1856–1905*, National Archives, Kew, United Kingdom. Accessed through *Nineteenth Century Collections Online*

Historiographical Institute, University of Tokyo (Tōkyō Daigaku Shiryō Hensanjo 東京大学史料編纂所). Electronic access via http://www.hi.u-tokyo.ac.jp/

*Ishin shiryō kōhon*維新史料稿本, manuscript of the unpublished document collection *Dai Nihon Ishin shiryō*大日本維新史料

*Shiryō kōhon*史料稿本, manuscript of the partially published document collection *Dai Nihon shiryō*大日本史料

JACAR (Japan Center for Asian Historical Records, Ajia Rekishi Shiryō Sentā アジア歴史資料センター), a division of the National Archives of Japan 国立公文書館. Electronic access via http://www.jacar.go.jp/

Kagoshima Prefectural Library (Kagoshima Kenritsu Toshokan 鹿児島県立図書館)

National Archives of Japan (Kokuritsu kōmonjokan 国立公文書館). Electronic access via http://www.digital.archives.go.jp/

Sapporo Municipal Central Library (Sappro-shi Chūō Toshokan札幌市中央図書館). Electronic access via http://gazo.library.city.sapporo.jp/index.php

Waseda University Rare Books Collection (Waseda Daigaku Toshokan Tokubetsu Shiryōshitsu早稲田大学図書館特別資料室). Electronic access via http://www.wul.waseda.ac.jp/kotenseki/about.html

文献来源

Adachi Hiroyuki 安達裕之. *Iyō no fune: yōshikisen dōnyū to sakoku taisei* 異様の船: 洋式船導入と鎖国体制. Tokyo: Heibonsha, 1995.

Adams, Francis Ottiwell. *The History of Japan*. 2 vols. London: Henry S. King, 1875.

Akita, George. *Foundations of Constitutional Government in Modern Japan, 1868–1900*. Cambridge, MA: Harvard University Press, 1967.

Alcock, Rutherford. *The Capital of the Tycoon: A Narrative of a Three Years' Residence in Japan*. 2 vols. New York: Longman, Green, Longman, Roberts, and Green, 1863.

Amino Yoshihiko 網野善彦. *"Nihon" to wa nani ka* 「日本」とは何か. Tokyo: Kōdansha, 2008.

Anderson, Benedict. *Imagined Communities: Reflection on the Origins and Spread of Nationalism*. 2nd ed. London: Verso, 1991.

Anderson, Benedict. *The Spectre of Comparisons: Nationalism, Southeast Asia, and the World*. London: Verso, 1998.

Anghie, Antony. *Imperialism, Sovereignty, and the Making of International Law*. Cambridge: Cambridge University Press, 2004.

Aoki Kazuo 青木和夫, Ishimoda Shō 石母田正, Kobayashi Yoshinori 小林芳規, and Saeki Arikiyo 佐伯有清, eds. *Nihon shisō taikei 1: Kojiki* 日本思想大系1:古事記. Tokyo: Iwanami Shoten, 1982.

Aoyama Tadamasa 青山忠正. *Bakumatsu ishin: honryū no jidai* 幕末維新:奔流の時代. Tokyo: Bun'eidō, 1998.

Arai Hakuseki 新井白石. *Gojiryaku* 五事略. Edited by Takenaka Kunika 竹中邦香. 2 vols. Tokyo: Hakusekisha, 1883.

Araki Moriaki 安良城盛昭. "Ryūkyū shobun ron 琉球処分論." In *Ezochi to Ryūkyū: "Ikoku" no naikokuka to tōgō* 蝦夷地と琉球:「異国」の内国化と統合, edited by Kuwabara Masato 桑原真人 and Gabe Masao 我部政男, 184–214. Tokyo: Yoshikawa Kōbunkan, 2001. Originally published 1978.

Arano, Yasunori. "The Formation of a Japanocentric World Order." *International Journal of Asian Studies* 2, no. 2 (2005): 185–216.

Arano Yasunori 荒野泰典. *Kinsei Nihon to Higashi Ajia* 近世日本と東アジア. Tokyo: Tōkyō Daigaku Shuppankai, 1988.

Arano Yasunori 荒野泰典. *"Sakoku" o minaosu* 「鎖国」を見直す. Kawasaki: Kawasaki Shimin Akademī Shuppanbu, 2003.

Asao Naohiro 朝尾直弘. *Nihon kinseishi no jiritsu* 日本近世史の自立. Tokyo: Azekura Shobō, 1988.

Atwell, William S. "Another Look at Silver Imports into China, ca. 1635–1644." *Journal of World History* 16, no. 4 (2005): 467–489.

Auslin, Michael R. *Negotiating with Imperialism: The Unequal Treaties and the Culture of Japanese Diplomacy*. Cambridge, MA: Harvard University Press, 2004.

Baden-Powell, Robert Stephenson Smyth. *Boy Scouts beyond the Seas: "My World Tour."* London: C. Arthur Pearson, 1913.

Banno, Junji. *Japan's Modern History, 1857–1937: A New Political Narrative*. Translated by J. A. A. Stockwin. London: Routledge/Taylor & Francis Group, 2014.

Banno Junji 坂野潤治. *Mikan no Meiji Ishin* 未完の明治維新. Tokyo: Chikuma Shobō, 2007.

Batten, Bruce L. "Foreign Threat and Domestic Reform: The Emergence of the Ritsuryō State." *Monumenta Nipponica* 41, no. 2 (1986): 199–219.

Bayly, C. A. *The Birth of the Modern World, 1780–1914: Global Connections and Comparisons*. Malden, MA: Blackwell, 2004.

Bayly, C. A. and Eugenio F. Biagini, eds. *Giuseppe Mazzini and the Globalisation of Democratic Nationalism 1830–1920*. New York: Oxford University Press, 2008.

Beasley, W. G. *Select Documents on Japanese Foreign Policy, 1853–1868*. London: Oxford University Press, 1955.

Beasley, W. G. *The Meiji Restoration*. Stanford, CA: Stanford University Press, 1972.

Beckmann, George M. *The Making of the Meiji Constitution: The Oligarchs and the Constitutional Development of Japan, 1868–1891*. Lawrence: University of Kansas Press, 1957.

Beckmann, George M. "Political Crises and the Crystallization of Japanese Constitutional Thought, 1871–1881." *Pacific Historical Review* 23, no. 3 (1954): 259–270.

Beisner, Robert L. *From the Old Diplomacy to the New, 1865–1900*. 2nd. ed. Arlington Heights, IL: Harlan Davidson, 1986.

Benton, Lauren A. *A Search for Sovereignty: Law and Geography in European Empires, 1400–1900*. Cambridge: Cambridge University Press, 2010.

Benyowsky, Maurice Auguste, comte de. *Memoirs and travels of Mauritius Augustus Count de Benyowsky; magnate of the kingdoms of Hungary and Poland, one of the chiefs of the confederation of Poland, &c. &c. Consisting of his military operations in Poland, his exile into Kamchatka, his escape and voyage . . . through the northern Pacific Ocean, . . . Written by himself. Translated from the original manuscript. In two volumes*. 2 vols. London: G. G. J. and J. Robinson, 1790.

Berry, Mary Elizabeth. *Hideyoshi*. Cambridge, MA: Harvard University Press, 1982.

Best, Jonathan W. *A History of the Early Korean Kingdom of Paekche: Together with an Annotated Translation of the Paekche Annals of the Samguk Sagi*. Cambridge, MA: Harvard University Asia Center, 2006.

Birt, Michael P. "Samurai in Passage: The Transformation of the Sixteenth-Century Kanto." *Journal of Japanese Studies* 11, no. 2 (1985): 369–399.

Bitō Masahide 尾藤正英 and Shimazaki Takao 島崎隆夫, eds. *Nihon shisō taikei 45: Andō Shōeki, Satō Nobuhiro* 日本思想体系45:安藤昌益, 佐藤信淵. Tokyo: Iwanami Shoten, 1977.

Bix, Herbert. *Peasant Protest in Japan: 1590–1884*. New Haven, CT: Yale University Press, 1986.

Blussé, Leonard. "Bull in a China Shop: Pieter Nuyts in China and Japan (1627–1634)." In *Around and about "Formosa": Essays in Honor of Professor Ts'ao Yung-ho*, edited by Yonghe Cao and Leonard Blussé, 95–110. Taipei: Ts'ao Yung-ho Foundation for Culture and Education, 2003.

Bol, Peter. "Creating a GIS for the History of China." In *Placing History: How Maps, Spatial Data, and GIS Are Changing Historical Scholarship*, edited by Anne Kelly Knowles and Amy Hillier, 27–59. Redlands, CA: ESRI Press, 2008.

Bolitho, Harold. *Treasures among Men: The Fudai Daimyo in Tokugawa Japan*. New Haven, CT: Yale University Press, 1974.

Botsman, Daniel V. "Freedom without Slavery? 'Coolies,' Prostitutes, and Outcastes in Meiji Japan's 'Emancipation Moment.'" *American Historical Review* 116, no. 5 (2011): 1323–1347.

Bousquet, Georges. *Le Japon de nos jours et les échelles de l'extrême Orient*. 2 vols. Paris: Hachette, 1877.

Bradley, James. *Flyboys: A True Story of Courage*. Boston: Little, Brown, 2003.

Breen, John. "The Imperial Oath of April 1868: Ritual, Politics, and Power in the Restoration." *Monumenta Nipponica* 51, no. 4 (1996): 407–429.

"Brief History of the Government Troubles and Their Result—Our Intercourse with the Country—Remarks of Gov. Ito of Jeddo." *New York Times*, May 14, 1871, 1.

Brown, Philip C. "The Mismeasure of Land. Land Surveying in the Tokugawa Period." *Monumenta Nipponica* 42, no. 2 (1987): 115–155.

Brown, Philip C. "Practical Constraints on Early Tokugawa Land Taxation: Annual versus Fixed Assessments in Kaga Domain." *Journal of Japanese Studies* 14 no. 2 (1988): 369–401.

Brown, Philip C. *Central Authority and Local Autonomy in the Formation of Early Modern Japan: The Case of Kaga Domain*. Stanford, CA: Stanford University Press, 1993.

Brown, Philip C. *Cultivating Commons: Joint Ownership of Arable Land in Early Modern Japan*. Honolulu: University of Hawai`i Press, 2011.

Brown, Sidney DeVere. "Crisis of 1873." In *Modern Japan: An Encyclopedia of History, Culture, and Nationalism*, edited by James L. Huffman, xxxiii. New York: Garland, 1998.

Brunet, J. L. *Les ordres de chevalerie et les distinctions honorifiques au Japon*. Paris: Actualités diplomatiques et coloniales, 1903.

Burns, Susan L. *Before the Nation: Kokugaku and the Imagining of Community in Early Modern Japan*. Durham, NC: Duke University Press, 2003.

Burns, Susan L. "The Politics of Philology in Japan: Ancient Texts, Language, and Japanese Identity." In *World Philology*, edited by Sheldon Pollock, Benjamin A. Elman, and Ku-ming Kevin Chang, 245–263. Cambridge, MA: Harvard University Press, 2015.

Butler, Lee A. "Tokugawa Ieyasu's Regulations for the Court: A Reappraisal." *Harvard Journal of Asiatic Studies* 54, no. 2 (1994): 509–551.

Buyō Inshi 武陽陰士. "Seji kenbunroku 世事見聞録." In *Nihon shomin seikatsu shiryō shūsei* 日本庶民生活史料集成, edited by Miyamoto Tsuneichi 宮本常一, Haraguchi Torao 原口虎雄, and Higa Shunchō 比嘉春潮, 8: 641–766. Tokyo: San'ichi Shobō, 1969. Originally published 1816.

Buyō Inshi 武陽陰士. *Lust, Commerce, and Corruption: An Account of What I Have Seen and Heard, by an Edo Samurai*. Translated by Mark Teeuwen, Kate Wildman Nakai, Miyazaki Fumiko, Anne Walthall, and John Breen. Edited by Mark Teeuwen and Kate Wildman Nakai. New York: Columbia University Press, 2014.

Calman, Donald. *The Nature and Origins of Japanese Imperialism*. London: Routledge, 1992.

Cerulo, Karen A. "Symbols and the World System: National Anthems and Flags." *Sociological Forum* 8, no. 2 (1993): 243–271.

Ch'en, Paul Heng-Chao. *The Formation of the Early Meiji Legal Order: The Japanese Code of 1871 and Its Chinese Foundation*. New York: Oxford University Press, 1981.

Chaiklin, Martha. "Monopolists to Middlemen: Dutch Liberalism and American Imperialism in the Opening of Japan." *Journal of World History* 21, no. 2 (2010): 249–269.

Chakrabarty, Dipesh. "Towards a Discourse on Nationalism." Review of *Nationalist Thought and the Colonial World: A Derivative Discourse* by Partha Chatterjee. *Economic and Political Weekly* 22 (1987): 1137–1138.

Chang, Richard T. "General Grant's 1879 Visit to Japan." *Monumenta Nipponica* 24, no. 4 (1969): 373–392.

Chapman, David. "Different Faces, Different Spaces: Identifying the Islanders of Ogasawara." *Social Science Japan Journal* 14, no. 2 (2011): 189–212.

Chapman, David. "Inventing Subjects: Early History of the 'Naturalized Foreigners' of the Bonin (Ogasawara) Islands." *Asia Pacific Journal* 7: 24 (2009). http://apjjf.org/-David-Chapman/3169/article.html.

Chatterjee, Partha. *Nationalist Thought and the Colonial World: A Derivative Discourse*. London: Zed Books, 1986.

Clark, Donald N. "Sino-Korean Tributary Relations under the Ming." In *The Cambridge History of China 8 part I*. edited by Denis C. Twitchett and Frederick W. Mote, 272-300. Cambridge: Cambridge University Press, 1998.

Clulow, Adam. *The Company and the Shogun: The Dutch Encounter with Tokugawa Japan*. New York: Columbia University Press, 2014.

Clulow, Adam. "From Global Entrepôt to Early Modern Domain: Hirado, 1609–1641." *Monumenta Nipponica* 65, no. 1 (2010): 1–35.

Cocks, Richard. *Diary of Richard Cocks, Cape-merchant in the English Factory in Japan, 1615–1622*. Edited by Edward Maunde Thompson. 2 vols. London: Hakluyt Society, 1883.

Conlan, Thomas. *Weapons & Fighting Techniques of the Samurai Warrior, 1200–1877 AD*. London: Amber Books, 2008.

Cooney, Kevin J. and Alex Scarbrough. "Japan and South Korea: Can These Two Nations Work Together?" *Asian Affairs* 35, no. 3 (2008): 173–192.

Cooper, Frederick. *Colonialism in Question: Theory, Knowledge, History*. Berkeley: University of California Press, 2005.

Cooper, Michael, ed. *They Came to Japan: An Anthology of European Reports on Japan, 1543–1640*. Berkeley: University of California Press, 1965.

Craig, Albert. "The Restoration Movement in Choshu." *Journal of Asian Studies* 18, no. 2 (1959): 187–197.

Craig, Albert. *Chōshū in the Meiji Restoration*. Cambridge, MA: Harvard University Press, 1961.

Cranmer-Byng, J. L. "Russian and British Interests in the Far East 1791–1793." *Canadian Slavonic Papers/Revue Canadienne des Slavistes* 10, no. 3 (1968): 357–375.

Crawcour, E. Sydney. "Economic Change in the Nineteenth Century." In *Cambridge History of Japan*, Vol. 5: *The Nineteenth Century*, edited by Kozo Yamamura, 569–617. Cambridge: Cambridge University Press, 1989.

Crawcour, E. Sydney. "Industrialization and Technological Change, 1885–1920." In *Cambridge History of Japan*, Vol. 6: *The Twentieth Century*, edited by Peter Duus, 385–450. Cambridge: Cambridge University Press, 1989.

Cumings, Bruce. *Korea's Place in the Sun: A Modern History*. New York: Norton, 1997.

Dajōkan 太政官. *Dajōkan nisshi* 太政官日誌. Tokyo: Dajōkan, 1876.

Dajōkan 太政官, ed. *Fukkoki* 復古記. 15 vols. Tokyo: Naigai Shoseki, 1930–1931.

Davis, Winston. *The Moral and Political Naturalism of Baron Katō Hiroyuki*. Berkeley: Institute of East Asian Studies, University of California, 1996.

De Bary, William Theodore, Carol Gluck, and Arthur Tiedemann. *Sources of Japanese Tradition*, Vol. 2: *1600 to 2000*. 2nd ed. New York: Columbia University Press, 2005.

de Heer, Philip. "Three Embassies to Seoul: Sino-Korean Relations in the 15th Century." In *Conflict and Accommodation in Early Modern East Asia: Essays in Honour of Erik Zurcher*, edited by Leonard Blussé and Harriet T. Zurndorfer, 240–257. Leiden: E. J. Brill, 1993.

Devine, Richard. "Hirata Atsutane and Christian Sources." *Monumenta Nipponica* 36, no. 1 (1981): 37–54.

Dickins, F. Victor and Stanley Lane-Poole. *The Life of Sir Harry Parkes: K.C.B., G.C.M.G., sometime Her Majesty's Minister to China and Japan*. London: Macmillan, 1894.

Duara, Prasenjit. "Civilizations and Nations in a Globalizing World." In *Reflections on Multiple Modernities: European, Chinese, and Other Interpretations*, edited by Dominic Sachsenmaier and S. N. Eisenstadt, 79–99. Leiden: Brill, 2002.

Duara, Prasenjit. *Rescuing History from the Nation: Questioning Narratives of Modern China*. Chicago: University of Chicago Press, 1995.

Duara, Prasenjit. *Sovereignty and Authenticity: Manchukuo and the East Asian Modern*. Lanham: Rowman & Littlefield, 2003.

Dudden, Alexis. "Japanese Colonial Control in International Terms." *Japanese Studies* 25, no. 1 (2005): 1–20.

Dudden, Alexis. *Troubled Apologies among Japan, Korea, and the United States*. New York: Columbia University Press, 2008.

Duke, Benjamin C. *The History of Modern Japanese Education: Constructing the National School System, 1872–1890*. New Brunswick, NJ: Rutgers University Press, 2009.

Duus, Peter. *The Abacus and the Sword: The Japanese Penetration of Korea, 1895–1910*. Berkeley: University of California Press, 1995.

Elisonias, Jurgis. "Christianity and the Daimyo." In *The Cambridge History of Japan*, Vol. 4: *Early Modern Japan*, edited by John Whitney Hall, 301–372. Cambridge: Cambridge University Press, 1991.

Emura Eiichi 江村栄一, ed. *Nihon kindai shisō taikei 9: Kenpō kōsō 日本近代思想体系9:憲法構想*. Tokyo: Iwanami Shoten, 1989.

Enjōji Kiyoshi 円城寺清. *Ōkuma-haku sekijitsutan 大隈伯昔日譚*. Tokyo: Rikken Kaishintō Tōhōkyoku 1895.

Epp, Robert. "The Challenge from Tradition: Attempts to Compile a Civil Code in Japan, 1866–78." *Monumenta Nipponica* 22, no. 1/2 (1967): 15–48.

Ericson, Steven J. "Orthodox Finance and 'The Dictates of Practical Expediency': Influences on Matsukata Masayoshi and the Financial Reform of 1881–1885." *Monumenta Nipponica* 71, no. 1 (2016): 83–117.

Ericson, Steven J. "The 'Matsukata Deflation' Reconsidered: Financial Stabilization and Japanese Exports in a Global Depression, 1881–85." *The Journal of Japanese Studies* 40, no. 1 (2014): 1–28.

Eskildsen, Robert. "An Army as Good and Efficient as Any in the World: James Wasson and Japan's 1874 Expedition to Taiwan." *Asian Cultural Studies* 36 (2010): 45–62.

Eskildsen, Robert. "Of Civilization and Savages: The Mimetic Imperialism of Japan's 1874 Expedition to Taiwan." *American Historical Review* 107, no. 2 (2002): 388–418.

Eskildsen, Robert. "Suitable Ships and the Hard Work of Imperialism: Evaluating the Japanese Navy in the 1874 Invasion of Taiwan." *Asian Cultural Studies* 38 (2012): 47–60.

Eskildsen, Robert. *Recursive Imperialism*. forthcoming.

Ferguson, Niall. *Civilization: The West and the Rest*. London: Allen Lane, 2011.

Fiala, Karel. "First Contacts of Czechs and Slovaks with Japanese Culture (Up to World War I): The Major Publications and Personalities." *Japan Review: Journal of the International Research Center for Japan Studies* 3 (1992): 45–71.

Filmore, Millard. "Message from the President of the United States, communicating, in compliance with a resolution of the Senate, certain official documents relative to the Empire of Japan, and serving to illustrate the existing relations between the United States and Japan." In *U.S. Senate Serial Set Vol. No. 620, Session Vol. No.9. 32nd Congress, 1st Session. S.Exec.Doc. 59*, 1852, 80–82.

Flueckiger, Peter. *Imagining Harmony: Poetry, Empathy, and Community in Mid-Tokugawa Confucianism and Nativism*. Stanford, CA: Stanford University Press, 2011.

Flynn, Dennis O. and Arturo Giráldez. "Arbitrage, China, and World Trade in the Early Modern Period." *Journal of the Economic and Social History of the Orient* 38, no. 4 (1995): 429–448.

Flynn, Dennis O. and Arturo Giráldez. "Born with a 'Silver Spoon': The Origin of World Trade in 1571." *Journal of World History* 6, no. 2 (1995): 201–221.

Flynn, Dennis O. and Arturo Giráldez. "Cycles of Silver: Global Economic Unity through the Mid-Eighteenth Century." *Journal of World History* 13, no. 2 (2002): 391–427.

Fogel, Joshua A. "2011 Arthur O. Lovejoy Lecture The Gold Seal of 57 CE and the Afterlife of an Inanimate Object." *Journal of the History of Ideas* 73, no. 3 (2012): 351–369.

Fogel, Joshua A. *Articulating the Sinosphere: Sino-Japanese Relations in Space and Time*. Cambridge, MA: Harvard University Press, 2009.

Fox, Grace Estelle. *Britain and Japan, 1858–1883*. Oxford, UK: Clarendon Press, 1969.

Frantz, Edward O., ed. *A Companion to the Reconstruction Presidents 1865–1881*. Chichester, West Sussex, UK: Wiley Blackwell, 2014.

Fraser, Andrew. "The Expulsion of Ōkuma from the Government in 1881." *Journal of Asian Studies* 26, no. 2 (1967): 213–236.

Fraser, Andrew. "Hachisuka Mochiaki (1846–1918): A Meiji Domain Lord and Statesmen." *Papers on Far Eastern History (Canberra)* 2 (1970): 43–61.

Fraser, Andrew. "Hachisuka Mochiaki (1846–1918): From Feudal Lord to Businessman." *Paper on Far Eastern History (Australian National University)* 37 (1988): 93–104.

Fraser, Andrew. "The Osaka Conference of 1875." *Journal of Asian Studies* 26, no. 4 (1967): 589–610.

Fróis, Luís. *Historia de Japam*. Edited by Josef Wicki. 5 vols. 1583–1587. Reprint, Lisbon: Biblioteca Nacional de Lisboa, 1976.

Fromkin, David. "The Great Game in Asia." *Foreign Affairs* 58, no. 4 (1980): 936–951.

Fujii Noriyuki 藤井徳行. "Meiji gannen iwayuru 'Tōhoku chōtei' seiritsu ni kansuru ichi kōsatsu: Rinnōjinomiya Kōgenhō Shinnō o megutte 明治元年・所謂「東北朝廷」成立に関する一考察-輪王寺宮公現法親王をめぐって." In *Kindai Nihonshi no shinkenkyū*, Vol. 1 近代日本史の新研究 1, edited by Tezuka Yutaka 手塚豊, 219–316. Tokyo: Hokuju Shuppan, 1981.

Fujimura Michio 藤村道生. "Chōheirei no seiritsu 徴兵令の成立." *Rekishigaku kenkyū* 歴史学研究, no. 428 (1976): 1–18.

Fujino Tamotsu 藤野保. *Shintei bakuhan taiseishi no kenkyū* 新訂幕藩体制史の研究. Tokyo: Yoshikawa Kōbunkan, 1975.

Fujita Satoru 藤田覚. "Bakufu Ezo-chi seisaku no tenkan to Kunashiri-Menashi jiken 幕府蝦夷地政策の転換とクナシリ・メナシ事件." In *Jūhasseiki Nihon no seiji to gaikō* 十八世紀日本の政治と外交, , edited by Fujita Satoru 藤田覚, 215–234. Tokyo: Yamakawa Shuppansha, 2010.

Fujita Satoru 藤田覚. *Kinsei kōki seijishi to taigai kankei* 近世後期政治史と対外関係. Tokyo: Tōkyō Daigaku Shuppankai, 2005.

Fujita Satoru 藤田覚. *Kinsei no san dai-kaikaku* 近世の三大改革. Tokyo: Yamakawa Shuppansha, 2002.

Fujitani, Takashi. *Splendid Monarchy: Power and Pageantry in Modern Japan*. Berkeley: University of California Press, 1996.

Fukuchi Atsushi 福地惇. "Risshisha no kyohei keikaku ni tsuite 立志社の挙兵計画について." *Nihon rekishi* 日本歴史 531 (1992): 91–97.

Fukuzawa, Yukichi. *An Encouragement of Learning*. Translated by David A. Dilworth. New York: Columbia University Press, 2012.

Gaimushō 外務省. *Dai Nihon gaikō bunsho* 大日本外交文書. Tokyo: Nihon Kokusai Kyōkai, 1936–63.

Garon, Sheldon. *Beyond Our Means: Why America Spends While the World Saves.* Princeton, NJ: Princeton University Press, 2011.

Gellner, Ernst. *Nations and Nationalism.* Ithaca, NY: Cornell University Press, 1983.

Giddens, Anthony. *The Constitution of Society.* Berkeley: University of California Press, 1984.

Giddens, Anthony. *The Nation-State and Violence,* Vol. 2 of *A Contemporary Critique of Historical Materialism.* Berkeley: University of California Press, 1985.

Giddens, Anthony and Christopher Pierson. *Conversations with Anthony Giddens: Making Sense of Modernity.* Stanford, CA: Stanford University Press, 1998.

Ginsburg, Tom. "Eastphalia and East Asian Regionalism." *University of California Davis Law Review* 44, no. 3 (2010): 859–877.

Gluck, Carol. "The End of Elsewhere: Writing Modernity Now." *American Historical Review* 116, no. 3 (2011): 676–687.

Gluck, Carol. *Japan's Modern Myths.* Princeton, NJ: Princeton University Press, 1985.

Golovnin, Vasilii Mikhailovich and Petr Ivanovich Rikord. *Narrative of My Captivity in Japan, during the Years 1811, 1812 & 1813.* 2 vols. London: Henry Colburn, 1818.

Gossedge, Rob and Stephen Knight. "The Arthur of the Sixteenth to Nineteenth Centuries." In *The Cambridge Companion to the Arthurian Legend,* edited by Elizabeth Archibald and Ad Putter, 103–119. Cambridge: Cambridge University Press, 2009.

Goswami, Manu. "Rethinking the Modular Nation Form: Toward a Sociohistorical Conception of Nationalism." *Comparative Studies in Society and History* 44, no. 4 (2002): 770–799.

Gotō Yasushi 後藤靖. *Kokushi daijiten* 国史大事典, s.v. "Shinpūren no ran 神風連の乱." Tokyo: Yoshikawa kōbunkan, 1979–1997.

Gramlich-Oka, Bettina. "Tadano Makuzu and Her Hitori Kangae." *Monumenta Nipponica* 56, no. 1 (2001): 1–20.

Grant, Ulysses S. *The Papers of Ulysses S. Grant.* Edited by John Y. Simon and John F. Marszalek. 31 vols. Carbondale: Southern Illinois University Press, 1967–2009.

Griffis, William Elliot. *Verbeck of Japan: A Citizen of No Country.* Edinburgh: Oliphant, Anderson & Ferrier, 1901.

Gulik, R. H. van. "Kakkaron 隔 鞾 論: A Japanese Echo of the Opium War." *Monumenta Serica* 4, no. 2 (1940): 478–545.

Haboush, JaHyun Kim. *A Heritage of Kings: One Man's Monarchy in the Confucian World.* New York: Columbia University Press, 1988.

Hakodate Shishi Hensanshitsu 函館市史編さん室, ed. *Hakodate shishi: tsūsetsu hen* 函館市史 通説編. 3 vols. Hakodate: Hakodate-shi, 1980.

Hall, John Whitney. *Tanuma Okitsugu, 1719–1788: Forerunner of Modern Japan.* Cambridge, MA: Harvard University Press, 1955.

Hanawa Hokinoichi 塙保己一, ed. *Zoku gunsho ruijū* 続群書類従. Vol. 30, part 1. Tokyo: Zoku Gunsho Ruijū Kanseikai, 1925.

Hanley, Susan B. "A High Standard of Living in Nineteenth-Century Japan: Fact or Fantasy?" *Journal of Economic History* 43, no. 1 (1983): 183–192.

Hansen, Wilburn. "The Medium Is the Message: Hirata Atsutane's Ethnography of the World Beyond." *History of Religions* 45, no. 4 (2006): 337–372.

Hansen, Wilburn. *When Tengu Talk: Hirata Atsutane's Ethnography of the Other World.* Honolulu: University of Hawai'i Press, 2008.

Hara Nensai 原念斎, Minamoto Ryōen 源了圓, and Maeda Tsutomu 前田勉, eds. *Sentetsu sōdan* 先哲叢談. Tokyo: Heibonsha, 1994.

Hara, Takemichi. "Korea, China, and Western Barbarians: Diplomacy in Early Nineteenth-Century Korea." *Modern Asian Studies* 32, no. 2 (1998): 389–430.

Harada Nobuo 原田信男. *Edo no ryōrishi: ryōribon to ryōri bunka* 江戸の料理史: 料理本と料理文化. Tokyo: Chūō Kōron Sha, 1989.

Hardacre, Helen. "Creating State Shinto: The Great Promulgation Campaign and the New Religions." *Journal of Japanese Studies* 12, no. 1 (1986): 29–63.

Harootunian, Harry D. "Late Tokugawa Thought and Culture." In *The Cambridge History of Japan*, Vol. 5: *The Nineteenth Century*, edited by John Whitney Hall, 168–258. Cambridge: Cambridge University Press, 1989.

Harootunian, Harry D. "Remembering the Historical Present." *Critical Inquiry* 33, no. 3 (2007): 471–494.

Harootunian, Harry D. "The Economic Rehabilitation of the Samurai in the Early Meiji Period." *Journal of Asian Studies* 19, no. 4 (1960): 433–444.

Harootunian, Harry D. *Things Seen and Unseen: Discourse and Ideology in Tokugawa Nativism*. Chicago: University of Chicago Press, 1988.

Harootunian, Harry D. *Toward Restoration: The Growth of Political Consciousness in Tokugawa Japan*. Berkeley: University of California Press, 1970.

Harris, Townsend. *The Complete Journal of Townsend Harris: First American Consul and Minister to Japan*. Rutland, VT: Charles E. Tuttle, 1959.

Harrison, John A. "The Capron Mission and the Colonization of Hokkaido, 1868–1875." *Agricultural History* 25, no. 3 (1951): 135–142.

Hawks, Francis L., ed. *Narrative of the Expedition of an American Squadron to the China Seas and Japan, performed in the years 1852, 1853, and 1854, under the command of Commodore M.C. Perry, United States Navy, by order of the government of the United States. Compiled from the original notes and journals of Commodore Perry and his officers at his request, and under his supervision*. Washington, DC: A.O.P. Nicholson, 1856.

Hayami, Akira. "The Myth of Primogeniture and Impartible Inheritance in Tokugawa Japan." *Journal of Family History* 8, no. 1 (1983): 3–29.

Hayami, Akira and Satomi Kurosu. "Regional Diversity in Demographic and Family Patterns in Preindustrial Japan." *Journal of Japanese Studies* 27, no. 2 (2001): 295–321.

Hayashi Shihei 林子平. *Kaikoku heidan* 海国兵談. Tokyo: Tonansha, 1916.

Hellyer, Robert I. *Defining Engagement: Japan and Global Contexts, 1640–1868*. Cambridge, MA: Harvard University Asia Center, 2009.

Hellyer, Robert I. "The Missing Pirate and the Pervasive Smuggler: Regional Agency in Coastal Defence, Trade, and Foreign Relations in Nineteenth-Century Japan." *International History Review* 27, no. 1 (2005): 1–24.

Hevia, James Louis. *Cherishing Men from Afar: Qing Guest Ritual and the Macartney Embassy of 1793*. Durham, NC: Duke University Press, 1995.

Hevia, James Louis. *English Lessons: The Pedagogy of Imperialism in Nineteenth-Century China*. Durham, NC: Duke University Press, 2003.

Higashionna Kanjun 東恩納寛惇. *Higashionna Kanjun zenshū* 東恩納寛惇全集. Vol. 1. Edited by Ryūkyū Shinpōsha 琉球新報社. Tokyo: Daiichi Shobō, 1978.

Hirakawa Arata 平川新. *Kaikoku e no michi* 開国への道: Shōgakkan, 2008.

Hirano, Katsuya. "Thanatopolitics in the Making of Japan's Hokkaido: Settler Colonialism and Primitive Accumulation." *Critical Historical Studies* 2, no. 2 (2015): 191–218.

Hirata Atsutane 平田篤胤. *Hirata Atsutane zenshū* 平田篤胤全集. Edited by Muromatsu Iwao 室松岩雄. 15 vols. Tokyo: Itchidō shoten, 1911–18.

Hobsbawm, E. J. "Introduction: Inventing Traditions." In *The Invention of Tradition*, edited by E. J. Hobsbawm and T. O. Ranger, 1–14. Cambridge: Cambridge University Press, 1983.

Hokkaidō chō 北海道庁, ed. *Shinsen Hokkaidō shi* 新撰北海道史. 7 vols. Sapporo: Hokkaidō chō, 1936–37.

Homei, Aya. "Birth Attendants in Meiji Japan: The Rise of a Medical Birth Model and the New Division of Labour." *Social History of Medicine* 19, no. 3 (2006): 407–424.

Hostetler, Laura. *Qing Colonial Enterprise: Ethnography and Cartography in Early Modern China*. Chicago: University of Chicago Press, 2001.

Howe, Stephen. *Empire: A Very Short Introduction*. Oxford: Oxford University Press, 2002.

Howell, David L. *Geographies of Identity in Nineteenth-century Japan*. Berkeley: University of California Press, 2005.

Howell, David L. "Hard Times in the Kantō: Economic Change and Village Life in Late Tokugawa Japan." *Modern Asian Studies* 23, no. 2 (1989): 349–371.

Howland, Douglas. "Japan and the Universal Postal Union: An Alternative Internationalism in the 19th Century." *Social Science Japan Journal* 17, no. 1 (2014): 23-39.

Howland, Douglas. "An Alternative Mode of International Order: The International Administrative Union in the Nineteenth Century." *Review of International Studies* 41, no. 1 (2015): 161–183.

Huber, Thomas M. *The Revolutionary Origins of Modern Japan*. Stanford, CA: Stanford University Press, 1981.

Huffman, James L. *Creating a Public: People and Press in Meiji Japan*. Honolulu: University of Hawai'i Press, 1997.

Hui, Victoria Tin-bor. *War and State Formation in Ancient China and Early Modern Europe*. Cambridge: Cambridge University Press, 2005.

Huntington, Samuel P. "The Clash of Civilizations?" *Foreign Affairs* 72, no. 3 (1993): 22–49.

Ikai Takaaki 猪飼隆明. *Seinan sensō: sensō no taigi to dōinsareru minshū* 西南戦争—戦争の大義と動員される民衆. Tokyo: Yoshikawa Kōbunkan, 2008.

Ikai Takaaki 猪飼隆明. *Saigō Takamori: Seinan sensō e no michi* 西郷隆盛: 西南戦争への道. Tokyo: Iwanami Shoten, 1992.

Ikegami, Eiko. *The Taming of the Samurai*. Cambridge, MA: Harvard University Press, 1995.

Ikeuchi Satoshi 池内敏. *Taikun gaikō to "bui": kinsei Nihon no kokusai chitsujo to Chōsen-kan* 大君外交と「武威」—近世日本の国際秩序と朝鮮観. Nagoya: Nagoya Daigaku Shuppankai, 2006.

Imai Usaburō 今井宇三郎, Seya Yoshihiko 瀬谷義彦, and Bitō Masahide 尾藤正英, eds. *Nihon shisō taikei 53: Mitogaku* 日本思想体系 53: 水戸学. 日本思想体系. Tokyo: Iwanami Shoten, 1973.

Imaizumi Teisuke 今泉定介 and Ichishima Kenkichi 市島謙吉, eds. *Arai Hakuseki zenshū* 新井白石全集. 6 vols. Tokyo: Yoshikawa Hanshichi, 1905–1907.

Inaba Masakuni 稲葉正邦, ed. *Yodo Inaba-ke monjo* 淀稲葉家文書. Tokyo: Nihon Shiseki Kyōkai, 1926.

Inagaki Reiko 稲垣令子. "Kinsei Ezochi ni okeru girei shihai no tokushitsu: uimamu, omusha no hensen o tōshite 近世蝦夷地における儀礼支配の特質-ウイマム・オムシャの変遷を通して." In *Minshū seikatsu to shinkō shisō* 民衆生活と信仰・思想, edited by Minshūshi Kenkyūkai 民衆史研究会. Tokyo: Yūzankaku, 1985.

Innes, Robert LeRoy. "The Door Ajar: Japan's Foreign Trade in the Seventeenth Century." Ph.D. diss., University of Michigan, 1980.

Inobe Shigeo 井野邊茂雄. *Ishin zenshi no kenkyū* 維新前史の研究. Rev. ed. Tokyo: Chūbunkan, 1942.

Inoue Katsuo 井上勝生. *Bakumatsu ishin* 幕末・維新. Tokyo: Iwanami Shoten, 2006.

Ion, A. Hamish. *American Missionaries, Christian Oyatoi, and Japan, 1859–73*. Vancouver: University of British Columbia Press, 2009.

Irokawa, Daikichi. *The Culture of the Meiji Period*. Translation edited by Marius B. Jansen. 1969. Reprint, Princeton, NJ: Princeton University Press, 1985.

Irokawa Daikichi 色川大吉 and Gabe Takao 我部政男, eds. *Meiji kenpakusho shūsei* 明治建白書集成. 9 vols. Tokyo: Chikuma Shobō, 1987–2000.

Irwin, Dana. "Sheikhs and Samurai: Léon Roches and the French Imperial Project." *Southeast Review of Asian Studies* 30 (2008): 23–40.

Ishii Ryōsuke 石井良助. "'Minpō ketsugi' kaidai「民法決議」解題." In *Meiji bunka zenshū* 明治文化全集, edited by Meiji Bunka Zenshū Kenkyūkai 明治文化全集研究会, 13:39–41. Tokyo: Nihon Hyōron Shinsha, 1929.

Ishii Ryōsuke 石井良助, ed. *Tokugawa kinreikō* 德川禁令考. Enlarged ed. 11 vols. Tokyo: Sōbunsha, 1959–1961.

Ishii, Susumu. "The Decline of the Kamakura Bakufu." In *The Cambridge History of Japan*, Vol. 3: *Medieval Japan*, edited by Kozo Yamamura. Translated by Jeffrey

P. Mass and Hitomi Tonomura, 128–174. Cambridge: Cambridge University Press, 1990.

Ishii, Yoneo. *The Junk Trade from Southeast Asia: Translations from the Tōsen fusetsu-gaki, 1674–1723*. Singapore: Institute of Southeast Asian Studies, 1998.

"Ito Hirobumi." *Outlook (1893–1924)*, May 4, 1901, 77.

Itō, Tasaburō. "The Book Banning Policy of the Tokugawa Shogunate." *Acta Asiatica* 22 (1972): 36–61.

"Ito, the Pioneer of the New Nippon." *Current Literature (New York)* 39, no. 3 (1905): 325–327.

Iwai Shigeki 岩井茂樹. "Shindai no goshi to 'chinmoku gaikō' 清代の互市と「沈黙外交」." In *Chūgoku Higashi Ajia gaikō kōryū-shi no kenkyū* 中国東アジア外交交流史の研究, edited by Fuma Susumu 夫馬進, 354–390. Kyoto: Kyōto Daigaku Gakujutsu Shuppankai, 2007.

Iwao Seiichi 岩生成一. "Nanyō Nihonmachi no kenkyū 南洋日本町の研究." In *Yamada Nagamasa shiryō shūsei* 山田長政資料集成, edited by Yamada Nagamasa Kenshōkai 山田長政顯彰会, 259–302. Shizuoka: Yamada Nagamasa Kenshōkai, 1974.

Iwashita Tetsunori 岩下哲典. *Edo no kaigai jōhō nettowāku* 江戸の海外情報ネットワーク. Tokyo: Yoshikawa Kōbunkan, 2006.

Iwashita Tetsunori 岩下哲典. *Edo no Naporeon densetsu: Seiyō eiyū den wa dō yomareta ka* 江戸のナポレオン伝説: 西洋英雄伝はどう読まれたか. Tokyo: Chūō Kōron Shinsha, 1999.

Iwashita Tetsunori 岩下哲典 and Kobayashi Tetsuya 小林哲也. "Kōmei tennō wa tennentō de dokusatsu sareta 孝明天皇は天然痘で毒殺された." *Rekishitsū* 歴史通 20, no. 9 (2012): 194–205.

Izui Asako 泉井朝子. "Tashidaka-sei ni kansuru ichi kōsatsu 足高制に関する一考察." *Gakushūin shigaku* 学習院史学, no. 2 (1965): 70–88.

Jansen, Marius B. *The Japanese and Sun Yat-sen*. Cambridge, MA: Harvard University Press, 1954.

Jansen, Marius B. *The Making of Modern Japan*. Cambridge, MA: Belknap Press of Harvard University Press, 2000.

Jansen, Marius B. *Sakamoto Ryōma and the Meiji Restoration*. Princeton, NJ: Princeton University Press, 1961.

Jaundrill, D. Colin. *Samurai to Soldier: Remaking Military Service in Nineteenth-century Japan*. Ithaca, NY: Cornell University Press, 2016.

Jennings, Justin. *Globalizations and the Ancient World*. Cambridge: Cambridge University Press, 2011.

Josephson, Jason Ānanda. *The Invention of Religion in Japan*. Chicago: University of Chicago Press, 2012.

Kagoshima-ken kyōiku iinkai 鹿児島県教育委員会編, ed. *Kagoshima-ken kyōikushi* 鹿児島県教育史. Reprint ed. Kagoshima: Kagoshima Kenritsu Kenkyūjo, 1985.

Kaiho Yōko 海保洋子. "'Ikoku' no naikokuka to tōgō「異国」の内国化と統合." In *Ezochi to Ryūkyū* 蝦夷地と琉球, edited by Kuwabara Masato 桑原真人 and Gabe Masao 我部政男, 120–151. Tokyo: Yoshikawa Kōbunkan, 2001. Originally published 1992.

Kallander, Amy Aisen. *Women, Gender, and the Palace Households in Ottoman Tunisia*. Austin: University of Texas Press, 2013.

Kamiya Nobuyuki 紙屋敦之. *Ryūkyū to Nihon, Chūgoku* 琉球と日本・中国. Tokyo: Yamakawa Shuppansha, 2003.

Kamiyama Tsuneo 神山恒夫. "Shokusan kōgyō seisaku no tenkai 殖産興業政策の展開." In *Iwanami Kōza Nihon rekishi*, Vol. 15: *Kingendai 1* 岩波講座日本歴史. 第15巻(近現代1), edited by Ōtsu Tōru 大津透, Sakurai Eiji 桜井英治, and Fujii Jōji 藤井譲治, 97–129. Tokyo: Iwanami Shoten, 2014.

Kanbashi Norimasa 芳即正. *Shimazu Nariakira* 島津斉彬. Tokyo: Yoshikawa Kōbunkan, 1993.

Kanbashi Norimasa 芳即正. *Shimazu Shigehide* 島津重豪. Tokyo: Yoshikawa Kōbunkan, 1980.

Kang, David C. *East Asia before the West: Five Centuries of Trade and Tribute*. New York: Columbia University Press, 2010.

Kang, Etsuko Hae-jin. *Diplomacy and Ideology in Japanese-Korean Relations: From the Fifteenth to the Eighteenth Century*. London: Macmillan Press, 1997.

Kasahara Hidehiko 笠原英彦. "Etō Shinpei to Shihōshō: shihō seisaku no seijiteki haikei 江藤新平と司法省—司法政策の政治的背景." *Hōgaku kenkyū* 法学研究 64, no. 1 (1991): 33–55.

Kasahara Hidehiko 笠原英彦. *Meiji rusu seifu* 明治留守政府. Tōkyō: Keiō Gijuku Daigaku Shuppankai, 2010.

Kasaya Kazuhiko 笠谷和比古. *Tokugawa Yoshimune* 徳川吉宗. Tokyo: Chikuma Shobō, 1995.

Kashihara Hiroki 柏原宏紀. "Seikanron seihen-go no Kōbushō ni kansuru ichi kōsatsu 征韓論政変後の工部省に関する一考察." *Hōgaku kenkyū* 法学研究 82, no. 2 (2009): 487–510.

Katō Totsudō 加藤咄堂, ed. *Kokumin shisō sōsho* 国民思想叢書. 12 vols., vol. 7. Tokyo: Kokumin Shisō Sōsho Kankōkai, 1931.

Katō Yūzō 加藤祐三. "Kurobune zengo no seikai 7: 'keiken to fūsetsu' Morison-gō jiken to Ahen sensō jōhō 黒船前後の世界 (7) <経験と風説>モリソン号事件とアヘン戦争情報." *Shisō* 思想, no. 719 (1984): 44–67.

Katsube Makoto 勝部眞人. "Meiji kaireki to shinreki no shintō katei 明治改暦と新暦の浸透過程." In *Kinsei kindai no chiiki shakai to bunka* 近世近代の地域社会と文化, edited by Rai Ki'ichi Sensei Taikan Kinen Ronshū Kankōkai 頼祺一先生退官記念論集刊行会, 485–505. Tokyo: Seibundō, 2004.

Katsuta Masaharu 勝田政治. *Haihan chiken: "Meiji kokka" ga umareta hi* 廃藩置県:「明治国家」が生まれた日. Tokyo: Kōdansha, 2000.

Katsuta Masaharu 勝田政治. *"Seijika" Ōkubo Toshimichi: kindai Nihon no sekkeisha* 「政治家」大久保利通:近代日本の設計者. Tokyo: Kōdansha, 2003.

Keene, Donald. *Emperor of Japan: Meiji and His World, 1852–1912*. New York: Columbia University Press, 2002.

Keene, Donald. *Frog in the Well: Portraits of Japan by Watanabe Kazan, 1793–1841*. New York: Columbia University Press, 2006.

Keene, Donald. "Hirata Atsutane and Western Learning." *T'oung Pao* 42, no. 5 (1954): 353–380.

Keene, Donald. *The Japanese Discovery of Europe, 1720–1830*. Rev. ed. Stanford, CA: Stanford University Press, 1969.

Kerr, George H. *Okinawa, the History of an Island People*. Rev. ed. Boston: Tuttle, 2000.

Ketelaar, James Edward. *Of Heretics and Martyrs in Meiji Japan: Buddhism and its Persecution*. Princeton, NJ: Princeton University Press, 1990.

Kido Takayoshi 木戸孝允. *Kido Takayoshi monjo* 木戸孝允文書. Edited by Kido-kō Denki Hensanjo 木戸公伝記編纂所. 8 vols. Tokyo: Nihon Shiseki Kankōkai, 1929–1931.

Kido Takayoshi 木戸孝允. *Kido Takayoshi nikki* 木戸孝允日記. Edited by Tsumaki Chūta 妻木忠太. 3 vols. Tokyo: Hayakawa Ryōkichi, 1932–33.

Kido Takayoshi 木戸孝允. *The Diary of Kido Takayoshi*. Translated by Sidney DeVere Brown. 3 vols. Tokyo: University of Tokyo Press, 1983.

Kikuchi Isao 菊地勇夫. *Bakuhan taisei to Ezochi* 幕藩体制と蝦夷地. Tokyo: Yūzankaku, 1984.

Kikuchi Isao 菊地勇夫. "Ezogashima to hoppō sekai 蝦夷島と北方世界." In *Ezogashima to hoppō sekai* 蝦夷島と北方世界, edited by Kikuchi Isao 菊池勇夫, 7–89. Tokyo: Yoshikawa kōbunkan, 2002.

Kim, Gyewon. "Tracing the Emperor: Photography, Famous Places, and the Imperial Progresses in Prewar Japan." *Representations* 120, no. 1 (2012): 115–150.

Kim, Kyu Hyun. *The Age of Visions and Arguments: Parliamentarianism and the National Public Sphere in Early Meiji Japan*. Cambridge, MA: Harvard University Asia Center, 2007.

Kimura Naoya 木村直也. "Bakumatsu no Nikkan kankei to Seikanron 幕末の日朝関係と征韓論." *Rekishi hyōron* 歴史評論, no. 516 (1993): 26–37.

Kinjō Masaru 金城善. "Kindai Okinawa ni okeru koseki-hō no shikō 近代沖縄における戸籍法の施行." In *Okinawa kindaihō no keisei to tenkai* 沖縄近代法の形成と展開, edited by Tasato Osamu 田里修 and Mori Kenji 森謙二, 327–382. Okinawa-ken Ginowan-shi: Yōju Shorin, 2013.

Kinmonth, Earl H. "Fukuzawa Reconsidered: Gakumon no Susume and Its Audience." *Journal of Asian Studies* 37, no. 4 (1978): 677–696.

Kinoshita Naoyuki 木下直之and Yoshimi Shunya 吉見俊哉. *Nyūsu no tanjō: kawaraban to shinbun nishikie no jōhō sekai* ニュースの誕生: かわら版と新聞錦絵の情報世界. Tokyo: Tōkyō Daigaku Shuppankai, 1999.

Kinsei meishi shashin hanpukai 近世名士写真頒布会, ed. *Kinsei meishi shashin* 近世名士写真. 2 vols. Osaka: Kinsei meishi shashin hanpukai, 1935.

Kodama Kōta 児島幸多 and Kitajima Masamoto 北島正元, eds. *Hanshi sōran* 藩史総覧. Tokyo: Shinjinbutsu Ōraisha, 1977.

Koga Tōan 古賀侗庵. *Kaibō okusoku* 海防臆測. 2 vols. Tokyo: Hidaka Nobuzane, 1880.

Kojima Tokuya 小島徳弥. *Meiji ikō daijiken no shinsō to hanrei* 明治以降大事件の真相と判例. Tokyo: Kyōbunsha, 1934.

Kokuryūkai 黒竜会, ed. *Seinan kiden* 西南記伝. 3 vols. Tokyo: Kokuryūkai honbu, 1908–1911.

Kokuryūkai 黒竜会, ed. *Tōa senkaku shishi kiden* 東亜先覚志士記伝. 2 vols. Tokyo, 1935.

Kondō Nobutaka 近藤信敬, ed. *Chitsuroku shobunhō* 秩禄処分法. Nagoya: Kondō Nobutaka, 1897.

Kōno Tsunekichi 河野常吉. "Kunashiri Etorofu no kenpyō ni kansuru dan'an 国後択捉の建標に関する断案." *Sapporo Hakubutsu Gakkai Kaihō* 札幌博物学会会報 4, no. 1 (1912): 43–50.

Koo, Min Gyo. "Economic Dependence and the Dokdo/Takeshima Dispute between South Korean and Japan." *Harvard Asia Quarterly* 9, no. 4 (2005): 24–35.

Koschmann, J. Victor. *The Mito Ideology: Discourse Reform, and Insurrection in Late Tokugawa Japan, 1790–1864*. Berkeley: University of California Press, 1987.

Koseki San'ei 小関三英. *Naporeon den* 那波列翁伝. 3 vols: Seifūkan, 1857.

Kōshaku Hosokawa-ke Hensanjo 侯爵細川家編纂所, ed. *Higo-han kokuji shiryō* 肥後藩國事史料. Rev. ed. 10 vols. Kumamoto-shi: Kōshaku Hosokawa-ke Hensanjo, 1932.

Kraehe, Enno E. "A Bipolar Balance of Power." *American Historical Review* 97, no. 3 (1992): 707–715.

Kristiansen, Roald. "Western Science and Japanese Neo-Confucianism: A History of Their Interaction and Transformation." *Japanese Religions* 21, no. 2 (1996): 253–282.

Kumazawa Tōru 熊沢徹. "Bakumatsu ishinki no gunji to chōhei 幕末維新期の軍事と徴兵." *Rekishigaku kenkyū* 歴史学研究, no. 651 (1993): 118–129.

Kunaichō rinji teishitsu henshūkyoku 宮内省臨時帝室編修局, ed. *Meiji tennō ki* 明治天皇記. 13 vols. Tokyo: Yoshikawa Kōbunkan, 1968–1977.

Kurasawa Takashi 倉沢剛. *Gakusei no kenkyū* 学制の研究. Tokyo: Kōdansha, 1973.

Kurimoto Joun (Hōan) 栗本鋤雲 (匏庵). *Hōan jisshu* 匏菴十種. 2 vols. Tokyo: Kyūsenkan, 1869.

Kuwahata Hajime 桑波田興. *Kokushi daijiten* 国史大事典, s.v. "Shimazu Yoshihiro 島津義弘." Tokyo: Yoshikawa Kōbunkan, 1979–1997.

Le Gendre, Charles William. *Is Aboriginal "Formosa" a Part of the Chinese Empire?* Shanghai: Lane, Crawford, 1874.

Le Gendre, Charles William. *How to Deal with China: A Letter to De B. Rand. Keim, Esquire, Agent of the United States*. Amoy: Rozario, Marcal, 1871.

Le Gendre, Charles William. *Notes of Travel in"Formosa"*. Edited by Douglas L. Fix and John Shufelt. Tainan: Museum of Taiwan History, 2012.

Lebra, Joyce Chapman. "Okuma Shigenobu and the 1881 Political Crisis." *Journal of Asian Studies* 18, no. 4 (1959): 475–487.

Lee Chi-Chang [Ri Keishō] 李啓彰. "Nisshin shūkō jōki seiritsu katei no saikentō: Meiji gonen Yanagihara Sakimitsu no Shinkoku haken mondai o chūshin ni 日清修好条規成立過程の再検討—明治5年柳原前光の清国派遣問題を中心に." *Shigaku zasshi* 史学雑誌 115, no. 7 (2006): 1281–1292.

Lee, Edwin B. "The Kazunomiya Marriage: Alliance between the Court and the Bakufu." *Monumenta Nipponica* 22, no. 3/4 (1967): 290–304.

Lee, Hoon. "The Repatriation of Castaways in Chosŏn Korea-Japan Relations, 1599–1888." *Korean Studies* 30, no. 1 (2006): 65–88.

Lee, John. "Trade and Economy in Preindustrial East Asia, c. 1500–c. 1800: East Asia in the Age of Global Integration." *Journal of Asian Studies* 58, no. 1 (1999): 2–26.

Lee, Seokwoo [Yi Sŏg-u]. *Territorial Disputes among Japan and China concerning the Diaoyu Islands*. Durham, UK: International Boundaries Research Unit, Department of Geography, University of Durham, 2002.

Legge, James. *Confucian Analects, the Great Learning, and the Doctrine of the Mean*. 1893. Reprint, New York: ACLS Humanities E-Book, 2012.

Lehmann, Jean-Pierre. "Léon Roches—Diplomat Extraordinary in the Bakumatsu Era: An Assessment of His Personality and Policy." *Modern Asian Studies* 14, no. 2 (1980): 273–307.

Lensen, George Alexander. *The Russian Push toward Japan: Russo-Japanese Relations, 1697–1875*. Princeton, NJ: Princeton University Press, 1959.

Leung, Edwin Pak-Wah. "The Quasi-War in East Asia: Japan's Expedition to Taiwan and the Ryūkyū Controversy." *Modern Asian Studies* 17, no. 2 (1983): 257–281.

Levine, Ari Daniel. "Che-tsung's Reign (1085–1100) and the Age of Faction." In *The Cambridge History of China*, Vol. 5, Part 1: *The Sung Dynasty and Its Precursors, 907–1279*, edited by Denis Twichett and Paul Jakov Smith, 484–555. Cambridge: Cambridge University Press, 2009.

Lewis, James Bryant. *Frontier Contact between Chosŏn Korea and Tokugawa Japan*. London: Routledge Curzon, 2003.

Lewis, James Bryant. "The Pusan Japan House (Waegwan) and Chosôn Korea: Early Modern Korean Views of Japan through Economic, Political, and Social Connections." Ph.D. diss., University of Hawai'i at Manoa, 1994.

Lidin, Olaf G., ed. *Ogyū Sorai's Discourse on Government (Seidan): An Annotated Translation*. Wiesbaden: Harrassowitz Verlag, 1999.

Lieberman, Victor. *Strange Parallels: Southeast Asia in Global Context, c. 800–1830*, Vol. 2: *Mainland Mirrors: Europe, Japan, China, South Asia, and the Islands*. Cambridge: Cambridge University Press, 2009.

Lieberman, Victor. "Transcending East-West Dichotomies: State and Culture Formation in Six Ostensibly Disparate Areas." In *Beyond Binary*

Histories: Re-imagining Eurasia to c.1830, edited by Victor Lieberman, 19–102. Ann Arbor: University of Michigan Press, 1999.

Lu, Sidney Xu. "Colonizing Hokkaido and the Origin of Japanese Trans-Pacific Expansion, 1869–1894." *Japanese Studies* 36, no. 2 (2016): 251–274.

Maddison, Angus. *Contours of the World Economy, 1–2030 AD: Essays in Macro-economic History*. New York: Oxford University Press, 2007.

Maier, Charles S. "Consigning the Twentieth Century to History: Alternative Narratives for the Modern Era." *American Historical Review* 105, no. 3 (2000): 807–831.

Makuzu, Tadano, Janet R. Goodwin, Bettina Gramlich-Oka, Elizabeth A. Leicester, Yuki Terazawa, and Anne Walthall. "Solitary Thoughts: A Translation of Tadano Makuzu's Hitori Kangae (2)." *Monumenta Nipponica* 56, no. 2 (2001): 173–195.

Mamdani, Mahmood. *Citizen and Subject: Contemporary Africa and the Legacy of Late Colonialism*. Princeton, NJ: Princeton University Press, 1996.

Marcon, Federico. "Inventorying Nature: Tokugawa Yoshimune and the Sponsorship of Honzōgaku in Eighteenth-Century Japan." In *Japan at Nature's Edge: The Environmental Context of a Global Power*, edited by Brett L. Walker, Julia Adeney Thomas, and Ian Jared Miller, 189–206. Honolulu: University of Hawai'i Press, 2013.

Marcon, Federico. *The Knowledge of Nature and the Nature of Knowledge in Early Modern Japan*. Chicago: University of Chicago Press, 2015.

Marcon, Federico. "Satō Nobuhiro and the Political Economy of Natural History in Nineteenth-Century Japan." *Japanese Studies* 34, no. 3 (2014): 265–287.

"Marquis H. Ito: The Bismarck of Japan." *Phrenological Journal and Science of Health (1870–1911)* 104, no. 4 (1897): 190.

Maruyama, Masao. *Studies in the Intellectual History of Tokugawa Japan*. Translated by Mikiso Hane. Princeton, NJ: Princeton University Press, 1974.

Maruyama Yasunari 丸山雍成. *Sankin kōtai* 参勤交代. Tokyo: Yoshikawa Kōbunkan, 2007.

Matsuo Masahito 松尾正人. "Haihan chiken no seijiteki chōryū 廃藩置県の政治的潮流." *Rekishigaku kenkyū* 歴史学研究 596, no. 8 (1989): 1–17, 27.

Matsudaira Yoshinaga Zenshū Hensan Iinkai 松平慶永全集編纂委員会, ed. *Matsudaira Shungaku zenshū* 松平春嶽全集. 4 vols. 1939. Reprint, Tokyo: Hara Shobō, 1973.

Matsukata Masayoshi. *Report on the Adoption of the Gold Standard in Japan*. Tokyo: Government Press, 1899.

Matsumoto Sannosuke 松本三之介 and Yamamuro Shin'ichi 山室信一, eds. *Genron to media* 言論とメディア. Vol. 11 of *Nihon kindai shisō taikei* 日本近代思想体系. Tokyo: Iwanami Shoten, 1990.

Matsuo Masahito 松尾正人. *Haihan chiken: kindai tōitsu kokka e no kumon* 廃藩置県—近代統一国家への苦悶. Tokyo: Chūkō Shinsho, 1986.

Mayo, Marlene J. "A Catechism of Western Diplomacy: The Japanese and Hamilton Fish, 1872." *Journal of Asian Studies* 26, no. 3 (1967): 389–410.

Mayo, Marlene J. "Nationalist Revolution in Japan." Review of *The Meiji Restoration* by W. G. Beasley. *Monumenta Nipponica* 29 (1974): 83–91.

Mazzini, Giuseppe. *A Cosmopolitanism of Nations: Giuseppe Mazzini's Writings on Democracy, Nation Building, and International Relations.* Translated by Stefano Recchia. Edited by Stefano Recchia and Nadia Urbinati. Princeton, NJ: Princeton University Press, 2009.

McArthur, Ian. *Henry Black: On Stage in Meiji Japan.* Clayton, Victoria, Australia: Monash University Publishing, 2013.

McClain, James L., John M. Merriman, and Kaoru Ugawa, eds. *Edo and Paris: Urban Life and the State in the Early Modern Era.* Ithaca, NY: Cornell University Press, 1994.

McCullough, Stephen. "Avoiding War: The Foreign Policy of Ulysses S. Grant and Hamilton Fish." In *A Companion to the Reconstruction Presidents 1865–1881*, edited by Edward O. Frantz, 311–327. Chichester, West Sussex, UK: Wiley Blackwell, 2014.

McEwan, J. R. *The Political Writings of Ogyū Sorai.* Cambridge: Cambridge University Press, 1962.

McLaren, Walter Wallace. "Japanese Government Documents." *Transactions of the Asiatic Society of Japan* 42, Part I (1914): xiv–681.

McWilliams, Wayne C. "East Meets East: The Soejima Mission to China, 1873." *Monumenta Nipponica* 30 (1975): 237–281.

Medzini, Meron. *French Policy in Japan during the Closing Years of the Tokugawa Regime.* Cambridge, MA: East Asian Research Center, Harvard University, 1971.

Meyer, John W. "World Society, Institutional Theories, and the Actor." *Annual Review of Sociology* 36 (2010): 1–20.

Meyer, John W., John Boli, and George M. Thomas. "Ontology and Rationalization in the Western Cultural Account." In *Institutional Structure: Constituting State, Society, and the Individual,* edited by George M. Thomas, 11–37. Newbury Park, CA: Sage, 1987.

Meyer, John W., John Boli, George M. Thomas, and Francisco O. Ramirez. "World Society and the Nation-State." *American Journal of Sociology* 103, no. 1 (1997): 144–181.

Mieczkowski, Bogdan and Seiko Mieczkowski. "Horace Capron and the Development of Hokkaido a Reappraisal." *Journal of the Illinois State Historical Society (1908–1984)* 67, no. 5 (1974): 487–504.

Mitani, Hiroshi. *Escape from Impasse: The Decision to Open Japan.* Translated by David Noble. Tokyo: International House of Japan, 2006.

Mitani Hiroshi 三谷博. *Meiji ishin o kangaeru* 明治維新を考える. Tokyo: Yūshiya, 2006.

Mitani Hiroshi 三谷博. *Meiji ishin to nashonarizumu: bakumatsu no gaikō to seiji hendō* 明治維新とナショナリズム: 幕末の外交と政治変動. Tokyo: Yamakawa Shuppansha, 1997.

Miyamoto Mataji 宮本又次. *Kōnoike Zen'emon* 鴻池善右衛門. Tokyo: Yoshikawa Kōbunkan, 1958.

Miyamoto Mataji 宮本又次. *Ōsaka no kenkyū* 大阪の研究. 5 vols. Osaka: Seibundō Shuppan, 1967.

Miyamoto, Mataji, Yōtarō Sakudō, and Yasukichi Yasuba. "Economic Development in Preindustrial Japan, 1859–1894." *Journal of Economic History* 25, no. 4 (1965): 541–564.

Mizruchi, Mark S. and Lisa C. Fein. "The Social Construction of Organizational Knowledge: A Study of the Uses of Coercive, Mimetic, and Normative Isomorphism." *Administrative Science Quarterly* 44, no. 4 (1999): 653–683.

Mizuno, Norihito. "China in Tokugawa Foreign Relations: The Tokugawa Bakufu's Perception of and Attitudes toward Ming-Qing China." *Sino-Japanese Studies* 15 (2003): 103–144.

Mizuno, Norihito. "Early Meiji Policies Towards the Ryukyus and the Taiwanese Aboriginal Territories." *Modern Asian Studies* 43, no. 03 (2009): 683–739.

Monbushō 文部省. *Gakusei* 学制. Tokyo: Monbushō, 1872.

Monbushō 文部省. *Gakusei hyakunen-shi* 学制百年史 Tokyo: Teikoku Chihō Gyōseikai, 1972.

Monbushō 文部省. *Monbushō futatsu zenshū* 文部省布達全書. Tokyo: Monbushō, 1885.

Monbushō 文部省. *Shōgaku kyōsoku* 小学教則. Tokyo: Izumoji Manjirō, 1873.

Mōri Toshihiko 毛利敏彦. *Etō Shinpei: kyūshinteki kaikakusha no higeki* 江藤新平: 急進的改革者の悲劇. Rev. and enlarged ed. Tokyo: Chūō Kōron Shinsha, 1997.

Mōri Toshihiko 毛利敏彦. *Meiji roku-nen seihen* 明治六年政変. Tokyo: Chūō Kōron Shinsha, 1979.

Mōri Toshihiko 毛利敏彦. *Kokushi daijiten* 国史大事典, s.v. "Seinan sensō 西南戦争." Tokyo: Yoshikawa Kōbunkan, 1979–1997.

Mori Yoshikazu 母利美和. *Ii Naosuke* 井伊直弼. Tokyo: Yoshikawa Kōbunkan, 2006.

Morison, Samuel Eliot. *"Old Bruin": Commodore Matthew C. Perry, 1794–1858; the American Naval Officer who Helped Found Liberia*. Boston: Little, Brown, 1967.

Mormanne, Thierry. "La prise de possession d'Urup par la flotte anglo-française en 1855." *CIPANGO Cahiers d'études japonaises* 11 (2004): 209–239.

Morohoshi Hidetoshi 諸星秀俊. "Meiji roku-nen 'Seikanron' ni okeru gunji kōsō 明治六年「征韓論」における軍事構想." *Gunji Shigaku* 軍事史学 45, no. 1 (2009): 43–62.

Morris-Suzuki, Tessa. *The Technological Transformation of Japan: From the Seventeenth to the Twenty-first Century*. Cambridge: Cambridge University Press, 1994.

Morse, Edward S. *Japan Day by Day*. 2 vols. Boston: Houghton Mifflin, 1917.

Motegi, Toshio. "A Prototype of Close Relations and Antagonism: From the First Sino-Japanese War to the Twenty-one Demands." In *Toward a History beyond Borders: Contentious Issues in Sino-Japanese Relations*, edited by Daqing Yang and Andrew Gordon. Translated by Matthew Fraleigh, 20–52. Cambridge, MA: Harvard University Asia Center 2012.

Naikaku tōkei kyoku 内閣統計局. *Dai-Nihon teikoku tōkei nenkan* 大日本帝國統計年鑑. Vol. 2. Tokyo: Naikaku Tōkei kyoku, 1883.

Najita, Tetsuo. "Ōshio Heihachirō (1793–1837)." In *Personality in Japanese History*, edited by Albert M. Craig and Donald H. Shively, 155–179. Berkeley: University of California Press, 1970.

Najita, Tetsuo, ed. *Tokugawa Political Writings*. Cambridge: Cambridge University Press, 1998.

Nakai, Kate Wildman. *Shogunal Politics: Arai Hakuseki and the Premises of Tokugawa Rule*. Cambridge, MA: Council on East Asian Studies, Harvard University, 1988.

Nakajima, Gakushō. "The Invasion of Korea and Trade with Luzon: Katō Kiyomasa's Scheme of the Luzon Trade in the Late Sixteenth Century." In *The East Asian Mediterranean: Maritime Crossroads of Culture, Commerce and Human Migration*, edited by Angela Schottenhammer, 145–168. Wiesbaden: Harrassowitz, 2008.

Nakamura, Ellen. "Working the Siebold Network: Kusumoto Ine and Western Learning in Nineteenth-Century Japan." *Japanese Studies* 28, no. 2 (2008): 197–211.

Nakamura Kunimitsu 中村邦光. "Kyōho kaikaku no okeru 'kinsho kanwa': Nihon kagaku-shi jō no gokai 享保改革における<禁書緩和>—日本科学史上の誤解." *Butsurigaku-shi nōto* 物理学史ノート 9 (2005): 53–67.

Nakamura Yasuhiro 中村安宏. "Muro Kyūsō to Shushigaku: Kyōho kaikaku, kagaku dōnyū hantairon o chūshin ni 室鳩巣と朱子学・享保改革—科学導入反対論を中心に." *Nihon shisōshi kenkyū* 日本思想史研究 31 (1999): 31–44.

Nakane, Chie and Shinzaburō Ōishi, eds. *Tokugawa Japan: The Social and Economic Antecedents of Modern Japan*. Translation edited by Conrad D. Totman. Tokyo: University of Tokyo Press, 1990.

Namikawa Kenji 浪川健治. *Ainu minzoku no kiseki* アイヌ民族の軌跡. Tokyo: Yamakawa Shuppansha, 2004.

"New Oriental Diplomacy." *New York Times*. December 6, 1874, 6.

Nihon shiseki kyōkai 日本史籍協會, ed. *Shimazu Hisamitsu-kō jikki* 島津久光公實紀. 3 vols. Tokyo: Tōkyō Daigaku Shuppankai, 1977.

Nishijima Sadao 西嶋定生 and Yi Sŏng-si [Ri Sonshi] 李成市, eds. *Kodai higashi Ajia sekai to Nihon* 古代東アジア世界と日本. Tokyo: Iwanami Shoten, 2000.

Nishikawa Joken 西川如見. *Nishikawa Joken isho* 西川如見遺書. Edited by Nishikawa Tadasuke 西川忠亮. 18 vols. Tokyo: Nishikawa Tadasuke, 1898–1907.

Nishikawa Nagao 西川長夫. *Kokkyō no koekata: kokumin kokka ron josetsu* 国境の越え方: 国民国家論序説. 2nd ed. Tokyo: Heibonsha, 2001.

Nishikawa Nagao 西川長夫. "Nihongata kokumin kokka no keisei: hikakushiteki kanten kara 日本型国民国家の形勢ー比較史的観点から." In *Bakumatsu Meiji-ki no kokumin kokka keisei no bunka hen'yō* 幕末・明治期の国家形成と文化変容, edited by Nishikawa Nagao 西川長夫 and Matsumiya Hideharu 松宮秀治, 3–42. Tokyo: Shin'yōsha, 1995.

Nishikawa Nagao 西川長夫 and Matsumiya Hideharu 松宮秀治, eds. *Bakumatsu Meiji-ki no kokumin kokka keisei to bunka hen'yō* 幕末·明治期の国民国家の形成と文化変容. Tokyo: Shin'yōsha, 1995.

Nosco, Peter. *Remembering Paradise: Nativism and Nostalgia in Eighteenth Century Japan*. Cambridge, MA: Council on East Asian Studies, Harvard University, 1990.

O'Brien, Suzanne G. "Splitting Hairs: History and the Politics of Daily Life in Nineteenth-Century Japan." *Journal of Asian Studies* 67, no. 4 (2008): 1309–1339.

Ochiai Hiroki 落合弘樹. *Chitsuroku shobun* 秩禄処分. Tokyo: Chūō Kōron Shinsha, 1999.

Oergel, Maike. *The Return of King Arthur and the Nibelungen: National Myth in Nineteenth-Century English and German Literature*. Berlin: De Gruyter, 1997.

Ōishi Manabu 大石学. "Nihon kinsei kokka no yakusō seisaku: Kyōho kaikaku o chūshin ni 日本近世国家の薬草政策—享保改革期を中心に." *Reikishigaku kenkyū* 歴史学研究 639 (1992): 11–23.

Ōishi Manabu 大石学. *Edo no gaikō senryaku* 江戸の外交戦略. Tokyo: Kadokawa Gakugei Shuppan, 2009.

Ōishi Shinzaburō 大石慎三郎. *Tanuma Okitsugu no jidai* 田沼意次の時代. Tokyo: Iwanami Shoten, 1991.

Okada Yoshirō 岡田芳朗. *Meiji kaireki: "toki" no bunmei kaika* 明治改暦:「時」の文明開化. Tokyo: Taishūkan shoten, 1994.

Ōkubo Toshiaki 大久保利謙, ed. *Iwakura shisetsu no kenkyū* 岩倉使節の研究. Tokyo: Munetaka Shobō, 1976.

Ōkubo Toshimichi 大久保利通. *Ōkubo Toshimichi bunsho* 大久保利通文書. 10 vols. Tokyo: Nihon Shiseki Kyōkai, 1927–1929.

Ōkurashō 大蔵省. *Kōbushō enkaku hōkoku* 工部省沿革報告. Tokyo: Ōkurashō, 1889.

Ooms, Herman. *Imperial Politics and Symbolics in Ancient Japan: The Tenmu Dynasty, 650–800*. Honolulu: University of Hawai'i Press, 2009.

Osiander, Andreas. "Sovereignty, International Relations, and the Westphalian Myth." *International Organization* 55, no. 2 (2001): 251–287.

Osterhammel, Jürgen. "Globalizations." In *The Oxford Handbook of World History*, edited by Jerry H. Bentley, 89–104. Oxford: Oxford University Press, 2011.

Osterhammel, Jürgen. *The Transformation of the World: A Global History of the Nineteenth Century*. Princeton, NJ: Princeton University Press, 2014.

Owen, F. Cunliffe. "The Mikado and the Reigning House of Japan." *Town and Country*, January 7, 1905, 17.

Ōyama Genshi Den Hensan Iin 大山元師伝編纂委員, ed. *Genshi kōshaku Ōyama Iwao* 元帥公爵大山巌. Tokyo: Ōyama Genshi Den Kankōkai, 1935.

Pai, Hyung Il. *Constructing "Korean" Origins: A Critical Review of Archaeology, Historiography, and Racial Myth in Korean State-formation Theories*. Cambridge, MA: Harvard University Asia Center, 2000.

Palais, James B. *Politics and Policy in Traditional Korea*. Cambridge, MA: Harvard University Press, 1975.

Palmer, Aaron Haight. *Documents and facts illustrating the origin of the mission to Japan, authorized by government of the United States, May 10th, 1851*. Washington, DC: Henry Polkinhorn, 1857.

Park, Saeyoung. "Reordering the Universe: The Unyō Crisis of 1875 and the Death of Eastphalia." Unpublished manuscript, 2015.

Passin, Herbert. *Society and Education in Japan*. New York: Studies of the East Asian Institute, Columbia University, 1965.

Peng Hao [Hō Kō] 彭浩. "Nagasaki bōeki ni okeru shinpai seido to Shinchō no taiō 長崎貿易における信牌制度と清朝の對應." *Tōhōgaku* 東方学 119 (2010): 73–90.

Perry, Matthew Calbraith. *The Japan Expedition, 1852–1854: The Personal Journal of Commodore Matthew C. Perry*. Edited by Roger Pineau. 1856. Reprint, Washington, DC: Smithsonian Institution Press, 1968.

Perry, Matthew Calbraith. *A Paper by Commodore M.C. Perry, U.S.N., read before the American Geographical and Statistical Society at a meeting held March 6th, 1856*. New York: D. Appleton, 1856.

Philippi, Donald L. *Kojiki*. Princeton, NJ: Princeton University Press, 1968.

Platt, Brian. *Burning and Building: Schooling and State Formation in Japan, 1750–1890*. Cambridge, MA: Harvard University Press, 2004.

Polak, Christian (Kurisuchan Porakku). "Buryune no hito to shōgai ブリユネの人と生涯." In *Hakodate no bakumatsu ishin: Furansu shikan Buryune no suketchi 100-mai* 函館の幕末・維新: フランス士官ブリユネのスケッチ 100枚, edited by Okada Shin'ichi 岡田新一, 81–88. Tokyo: Chūō Kōron Sha, 1988.

Pratt, Edward E. *Japan's Protoindustrial Elite: The Economic Foundations of the Gōnō*. Cambridge, MA: Harvard University Asia Center, 1999.

Rai Gyokusei [Lai Yujing] 賴鈺菁. "Bakumatsu-ki ni okeru 'kangen' to 'kengen'/'kenpaku': 'genro dōkai' o megutte 幕末期における「諫言」と「建言」/「建白」:「言路洞開」をめぐって." *Kotoba to Bunka* 言葉と文化 14, no. 12 (2013): 145–163.

Ravina, Mark. "The Apocryphal Suicide of Saigō Takamori: Samurai, Seppuku and the Politics of Legend." *Journal of Asian Studies* 69, no. 3 (2010): 691–721.

Ravina, Mark. "Japanese State Making in Global Context." In *State Making in Asia*, edited by Richard Boyd and Tak-Wing Ngo, 31–46. London: Routledge, 2006.

Ravina, Mark. *Land and Lordship in Early Modern Japan*. Stanford,CA: Stanford University Press, 1999.

Ravina, Mark. *The Last Samurai: The Life and Battles of Saigō Takamori*. Hoboken, NJ: John Wiley, 2004.

Ravina, Mark. "The Medieval in the Modern: Command and Consensus in Japanese Politics." *Medieval History Journal* 19, no. 2 (2016): 1–21.

Ravina, Mark. "State-Making in Global Context: Japan in a World of Nation-States." In *The Teleology of the Modern Nation-State*, edited by Joshua Fogel, 87–104. Philadelphia: University of Pennsylvania Press, 2005.

Ravina, Mark. "Tokugawa, Romanov, and Khmer: The Politics of Trade and Diplomacy in Eighteenth-Century East Asia." *Journal of World History* 26, no. 2 (2016): 267–292.

Recchia, Stefano and Nadia Urbinati. "Giuseppe Mazzini's International Political Thought." In *A Cosmopolitanism of Nations: Giuseppe Mazzini's Writings on Democracy, Nation Building, and International Relations*, edited by Stefano Recchia and Nadia Urbinati, 1–30. Princeton, NJ: Princeton University Press, 2009.

Redesdale, Algernon Bertram Freeman-Mitford. *Memories*. 2 vols. New York: E.P. Dutton, 1916.

Reed, Edward J. *Japan: Its History, Traditions, and Religions, with the Narrative of a Visit in 1879*. London: J. Murray, 1880.

Reid, Anthony. "The Unthreatening Alternative: Chinese Shipping to Southeast Asia, 1567–1842." *Review of Indonesian and Malaysian Affairs* 27 (1993): 13–32.

Reischauer, Haru Matsukata. *Samurai and Silk: A Japanese and American Heritage*. Cambridge, MA: Harvard University Press, 1986.

Robertson, Russell. "The Bonin Islands." *Transactions of the Asiatic Society of Japan* 4 (1876): 111–143.

Roden, Donald. "In Search of the Real Horace Capron: An Historiographical Perspective on Japanese-American Relations." *Pacific Historical Review* 55, no. 4 (1986): 549–575.

Röhl, Wilhelm. *History of Law in Japan since 1868*. Leiden: Brill, 2005.

Rokuhara, Hiroko. "Local Officials and the Meiji Conscription Campaign." *Monumenta Nipponica* 60, no. 1 (2005): 81–110.

Rosenthal, Michael. *The Character Factory: Baden-Powell and the Origins of the Boy Scout Movement*. New York: Pantheon Books, 1986.

Rowe, William T. *China's Last Empire: The Great Qing*. Cambridge, MA: Harvard University Press, 2009.

Rubinger, Richard. *Popular Literacy in Early Modern Japan*. Honolulu: University of Hawai'i Press, 2007.

Rutter, Owen. *Through "Formosa": An Account of Japan's Island Colony*. London: T. F. Unwin, 1923.

Saigō Takamori Zenshū Henshū Iinkai 西郷隆盛全集編集委員会, ed. *Saigō Takamori zenshū* 西郷隆盛全集. 6 vols. Tokyo: Yamato Shobō, 1976–80.

Saitō, Osamu. "The Labor Market in Tokugawa Japan: Wage Differentials and the Real Wage Level, 1727–1830." *Explorations in Economic History* 15 (1978): 84–100.

Saitō, Osamu. "Wages, Inequality, and Pre-Industrial Growth in Japan, 1727–1894." In *Living Standards in the Past: New Perspectives on Well-being in Asia and Europe*, edited by Robert C. Allen, Tommy Bengtsson, and Martin Dribe, 77–97. Oxford: Oxford University Press, 2005.

Sakai Kenkichi 坂井健吉. *Satsumaimo* さつまいも. Tokyo: Hōsei Daigaku Shuppankyoku, 1999.

Sakamoto, Tarō. *The Six National Histories of Japan*. Translated by John S. Brownlee. Vancouver: University of British Columbia Press, 1991.

Sakamoto Tarō 坂本太郎, Inoue Mitsusada 井上光貞, Ienaga Saburō 家永三郎, and Ōno Susumu 大野晋, eds. *Nihon shoki jō* 日本書紀·上. Vol. 67 of *Nihon koten bungaku taikei* 日本古典文學大系. 102 vols. Tokyo: Iwanami Shoten, 1967.

Sakurai Kigai 桜井基外, ed. *Ten no seisei* 天之聖声. Wakkanai, Japan: Sakurai Kigai, 1910.

Sasaki Hiroshi 佐々木寛司. "Sozei kokka to chiso 租税国家と地租." In *Kindai Nihon no keisei to sozei* 近代日本の形成と租税, 2–15. Tokyo: Yūshisha, 2008.

Sasaki Kanji 佐々木寛司 and Ochiai Hiroki 落合弘樹. "Zeisei kaikaku to rokusei haishi: chiso kaisei to chitsuroku shobun 税政改革と禄制廃止—地租改正と秩禄処分." In *Meiji ishin no keizai katei* 明治維新の経済過程, edited by Sasaki Kanji 佐々木寛司 and Katsube Makoto 勝部真人, 81–108: Tokyo: Yūshisha, 2013.

Sasaki Shirō 佐々木史郎. *Hoppō kara kita kōekimin: kinu to kegawa to Santanjin* 北方から来た交易民: 絹と毛皮とサンタン人. Tokyo: Nihon Hōsō Shuppan Kyōkai, 1996.

Sasaki Suguru 佐々木克. *Boshin sensō: haisha no Meiji ishin* 戊辰戦争:敗者の明治維新. Tokyo: Chūō Kōron Sha, 1977.

Sasaki Suguru 佐々木克. "Taisei hōkan to tōbaku mitchoku 大政奉還と討幕密勅." *Jinbun gakuhō (Kyōto Daigaku Jinbun Kagaku Kenkyūjo)* 人文学報:京都大学人文科学研究所 80 (1997): 1–32.

Satō Nobuhiro 佐藤信淵. *Satō Nobuhiro kagaku zenshū* 佐藤信淵家学全集. Edited by Takimoto Seiichi 滝本誠一. 3 vols. Tokyo: Iwanami Shoten, 1925–26.

Satō Shōsuke 佐藤昌介, Uete Michiari 植手通有, and Yamaguchi Muneyuki 山口宗之, eds. *Nihon shisō taikei 55: Watanabe Kazan, Takano Chōei, Sakuma Shōzan, Yokoi Shōnan, Hashimoto Sanai* 日本思想体系55:渡辺華山·高野長英·佐久間象山·横井小楠·橋本左内. Tokyo: Iwanami Shoten, 1971.

Satō, Tsuneo. "Tokugawa Villages and Agriculture." In *Tokugawa Japan: The Social and Economic Antecedents of Modern Japan*, edited by Chie Nakane and Shinzaburō Ōishi. Translated by Conrad D. Totman, 37–80. Tokyo: University of Tokyo Press, 1990.

Satow, Ernest Mason. *A Diplomat in Japan*. Philadelphia: J. B. Lippincott, 1921.

Scharf, J. Thomas. *History of the Confederate States Navy from its Organization to the Surrender of its Last Vessel; Its Stupendous Struggle with the Great Navy of the United States; The Engagements Fought in the Rivers and Harbors of the South, and Upon the High Seas; Blockade-running, First Use of Iron-clads and Torpedoes, and Privateer History*. New York: Rogers & Sherwood, 1887.

Schottenhammer, Angela. "Japan—The Tiny Dwarf? Sino-Japanese Relations from the *Kangxi* to the *Qianlong* Reigns." In *East Asian Mediterranean: Maritime Crossroads of Culture, Commerce and Human Migration*, edited by Angela Schottenhammer, 331–388. Wiesbaden: Harrassowitz, 2008.

Schroeder, Paul W. "Did the Vienna Settlement Rest on a Balance of Power?" *American Historical Review* 97, no. 3 (1992): 683–706.

Searle, G. R. *The Quest for National Efficiency: A Study in British Politics and Political Thought, 1899–1914*. Berkeley: University of California Press, 1971.

Secretary-General of the United Nations. "The United Nations Flag Code and Regulations, ST/SGB/132." 1967. http://www.un.org/ga/search/view_doc.asp?symbol=st/sgb/132.

Shalev, Eran. *Rome Reborn on Western Shores: Historical Imagination and the Creation of the American Republic*. Charlottesville: University of Virginia Press, 2009.

Shibusawa Ei'ichi 渋沢栄一. *Tokugawa Yoshinobu-kō den* 徳川慶喜公伝. 8 vols. Tokyo: Ryūmonsha, 1918.

Shigeshita Kazuo 繁下和雄, Satō Tetsuo 佐藤徹夫, and Oyama Sakunosuke 小山作之助, eds. *Kimigayo shiryō shūsei* 君が代史料集成. 5 vols. Tokyo: Ōzorasha, 1991.

Shisō mondai kenkyūjo 思想問題研究所. *Kokugō kokki kokka no yurai to seishin* 国号国旗国歌の由来と精神. Tokyo: Higashiyama Shobō, 1937.

Simpson, Gerry Jason. *Great Powers and Outlaw States: Unequal Sovereigns in the International Legal Order*. Cambridge: Cambridge University Press, 2004.

Sims, R. L. *French Policy towards the Bakufu and Meiji Japan, 1854–95*. Richmond, UK: Japan Library, 1998.

Sippel, Patricia. "Abandoned Fields. Negotiating Taxes in the Bakufu Domain." *Monumenta Nipponica* 53, no. 2 (1998): 197–223.

Smith, George. *Lewchew and the Lewchewans; being a Narrative of a Visit to Lewchew, or Loo Choo, in October, 1850*. London: T. Hatchard, 1853.

Smith, George. *Ten Weeks in Japan*. London: Longman, Green, Longman and Roberts, 1861.

Smith, Thomas C. *The Agrarian Origins of Modern Japan*. Stanford, CA: Stanford University Press, 1959.

Smits, Gregory. *Visions of Ryukyu: Identity and Ideology in Early-modern Thought and Politics*. Honolulu: University of Hawai'i Press, 1999.

"Some Hopeful Signs of the Times," *Tokio Times*, September 1, 1877, 116.

Steele, M. William. "Against the Restoration: Katsu Kashū's Attempt to Reinstate the Tokugawa Family." *Monumenta Nipponica* 36, no. 3 (1981): 299–316.

Steele, M. William. "Edo in 1868: The View from Below." *Monumenta Nipponica* 45, no. 2 (1990): 127–155.

Steele, M. William. "The Rise and Fall of the Shōgitai: A Social Drama." In *Conflict in Modern Japanese History*, edited by Tetsuo Najita and J. Victor Koschmann, 128–144. Princeton, NJ: Princeton University Press, 1982.

Steenstrup, Carl. *A History of Law in Japan until 1868*. 2nd. ed. New York: E. J. Brill, 1996.

Stephan, John Jason. "The Crimean War in the Far East." *Modern Asian Studies* 3, no. 3 (1969): 257–277.

Stephan, John Jason. "Ezo under the Tokugawa Bakufu 1799–1821: An Aspect of Japan's Frontier History." Ph.D. diss., University of London, 1969.

Strong, Edwin, Thomas Buckley, and Annetta St. Clair. "The Odyssey of the CSS *Stonewall*." *Civil War History* 30, no. 4 (1984): 306–323.

Sudō Ryūsen 須藤隆仙, ed. *Hakodate sensō shiryōshū* 箱館戦争史料集. Tokyo: Shin Jinbutsu Ōraisha, 1996.

Suematsu [Suyematsu], Kenchō. *A Fantasy of Far Japan or Summer Dream Dialogues.* London: Archibald Constable, 1905.

Suganuma, Unryu. *Sovereign Rights and Territorial Space in Sino-Japanese Relations: Irredentism and the Diaoyu Islands.* Honolulu: University of Hawai'i Press, 2000.

Sugitani Akira 杉谷昭, Mōri Toshihiko 毛利敏彦, and Hirose Yoshihiro 広瀬順晧, eds. *Etō Shinpei kankei monjo* 江藤新平関係文書 .Tokyo: Hokusensha, 1989.

Suzuki Hairin 鈴木楳林. *Suzuki daizasshū* 鈴木大雑集. Edited by Hayakawa Junzaburō 早川純三郎. 5 vols. Vol. 1. Tokyo: Nihon Shiseki Kyōkai, 1918.

Suzuki Jun 鈴木淳. *Ishin no kōsō to tenkai* 維新の構想と展開. Tokyo: Kōdansha, 2002.

Suzuki Jun 鈴木淳. "Kōbushō no jūgonen 工部省の十五年." In *Kōbushō to sono jidai* 工部省とその時代, edited by Suzuki Jun 鈴木淳, 3–22. Tokyo: Yamakawa Shuppansha, 2002.

Suzuki Tsuruko 鈴木鶴子. *Etō Shinpei to Meiji Ishin* 江藤新平と明治維新. Tokyo: Asahi Shinbunsha, 1989.

Swope, Kenneth M. "Crouching Tigers, Secret Weapons: Military Technology Employed during the Sino-Japanese-Korean War, 1592–1598." *Journal of Military History* 69, no. 1 (2005): 11–41.

Swope, Kenneth M. "Deceit, Disguise, and Dependence: China, Japan, and the Future of the Tributary System, 1592–1596." *International History Review* 24, no. 4 (2002): 757–782.

Tabohashi Kiyoshi 田保橋潔. *Kindai Nissen kankei no kenkyū* 近代日鮮関係の研究. 2 vols. Seoul: Chōsen Sōtokufu Chūsūin, 1940.

Tada Kōmon 多田好問, ed. *Iwakura-ko jikki* 岩倉公實記. 3 vols. Tokyo: Iwakura-kō Kyūseki Hozonkai, 1927.

Takagi Hiroshi 高木博志. "Nihon no kindaika to 'dentō' no sōshutsu 日本の近代化と「伝統」の創出." In *"Dentō" no sōzō to bunka hen'yō* 「伝統」の創造と文化変容, edited by Parutenon Tama パルテノン多摩, 81–122. Tama: Parutenon Tama, 2001.

Takigawa Shūgo 瀧川修吾. "Tsushima-han no Seikanron ni kansuru hikaku kōsatsu: Bunkyū sannen, Genji gannen, Keiō yonnen no kenpakusho o chūshin ni 対馬藩の征韓論に関する比較考察—文久3年・元治元年・慶應4年の建白書を中心に." *Nihon Daigaku Daigakuin Hōgaku kenkyū nenpō* 日本大学大学院法学研究年報 35 (2005): 389–420.

Takii, Kazuhiro. *The Meiji Constitution: The Japanese Experience of the West and the Shaping of the Modern State.* Translated by David Noble. Tokyo: International House of Japan, 2007.

Tanaka Akira 田中彰. *Iwakura Shisetsudan no rekishiteki kenkyū* 岩倉使節団の歴史的研究. Tokyo: Iwanami Shoten, 2002.

Tanaka Akira 田中彰, ed. *Kaikoku* 開国, Vol. 1 of *Nihon kindai shisō taikei* 日本近代思想体系. Tokyo: Iwanami Shoten, 1999.

Tanaka, Stefan. *New Times in Modern Japan*. Princeton, NJ: Princeton University Press, 2004.

Taylor, Brian D. and Roxana Botea. "Tilly Tally: War-Making and State-Making in the Contemporary Third World." *International Studies Review* 10, no. 1 (2008): 27–56.

Taylor, George. *Aborigines of South Taiwan in the 1880s: Papers by the South Cape Lightkeeper George Taylor*. Edited by Glen Dudbridge. Taipei: Shung Ye Museum of Aborigines, 1999.

Taylor, George. "'Formosa': Characteristic Traits of the Island and its Aboriginal Inhabitants." *Proceedings of the Royal Geographical Society* 11, no. 4 (1889): 224–239.

Teeuwen, Mark and Fabio Rambelli. *Buddhas and Kami in Japan: Honji suijaku as a Combinatory Paradigm*. London: RoutledgeCurzon, 2003.

Tersaki Osamu 寺崎修. "Seitō seisha torishirabesho: Meiji 15 nen 10 gatsu chōsa 政党政社取調書—明治15年10月調査." *Seijigaku ronshū* 政治学論集, no. 43 (1996): 107–178.

Terazawa, Yuki. "The State, Midwives, and Reproductive Surveillance in Late Nineteenth- and Early Twentieth-Century Japan." *U.S.–Japan Women's Journal English Supplement* 24 (2003): 59–81.

Thomas, Julia Adeney. "Reclaiming Ground: Japan's Great Convergence." *Japanese Studies* 34, no. 3 (2014): 253–263.

Thomas, Julia Adeney. *Reconfiguring Modernity: Concepts of Nature in Japanese Political Ideology*. Berkeley: University of California Press, 2001.

Tietjen, Mary C. Wilson. "God, Fate, and the Hero of 'Beowulf'." *Journal of English and Germanic Philology* 74, no. 2 (1975): 159–171.

Tilly, Charles. *Coercion, Capital, and European States, AD 990–1992*. Rev. paperback ed. Cambridge, MA: Blackwell, 1992.

Tilly, Charles. "Reflection on the History of European State-making." In *The Formation of National States in Western Europe*, edited by Charles Tilly and Gabriel Ardant, 3–83. Princeton, NJ: Princeton University Press, 1975.

Toby, Ronald P. "Contesting the Centre: International Sources of Japanese National Identity." *International History Review* 7, no. 3 (1985): 347–363.

Toby, Ronald P. "Mapping the Margins of Japan." In *Cartographic Japan*, edited by Kären Wigen, Fumiko Sugimoto, and Cary Karacas, 24–27. Chicago: University of Chicago Press, 2016.

Toby, Ronald P. *State and Diplomacy in Early Modern Japan*. Princeton, NJ: Princeton University Press, 1984.

Tokushima Kenritsu Monjokan 徳島県立文書館, ed. *Kōgo jihen no gunzō: tokubetsu kikakuten* 庚午事変の群像: 特別企画展. Tokushima: Tokushima Kenritsu Monjokan, 2007.

Tōkyō Daigaku Shiryō Hensanjo 東京大学史料編纂所, ed. *Bakumatsu gaikoku kankei monjo* 幕末外国関係文書. 51 vols. Tokyo: Tōkyō Daigaku Shiryō Hensanjo, 1910–.

Tolkien, J. R. R. *Beowulf: The Monsters and the Critics*. 1936. Reprint, London: Oxford University Press, 1963.

Tonooka, Mojuro. "The Development of the Family Law in Modern Japan." *Comparative Law Review Hikaku hōgaku* 2, no. 2 (1966): 198–224.

Tonooka Mojūrō 外岡茂十郎. "Waga kuni ni okeru shiseishi-hō no tanjō to shiseishi no han'i 我國に於ける私生子法の誕生と私生子の範圍." *Waseda hōgaku (Waseda law review)* 早稲田法学 20 (1941): 1–58.

Totman, Conrad. *The Collapse of the Tokugawa Bakufu, 1862–1868.* Honolulu: University of Hawai'i Press, 1980.

Totman, Conrad. *Early Modern Japan.* Berkeley: University of California Press, 1993.

Totman, Conrad. "From Reformism to Transformism: Bakufu Policy, 1853–1868." In *Conflict in Modern Japanese History: The Neglected Tradition,* edited by Tetsuo Najita and J. Victor Koschmann, 62–80. Ithaca, NY: Cornell University Press, 1982.

Totman, Conrad. "Fudai Daimyo and the Collapse of the Tokugawa Bakufu." *Journal of Asian Studies* 34, no. 3 (1975): 581–591.

Totman, Conrad. "Tokugawa Yoshinobu and Kobugattai: A Study of Political Inadequacy." *Monumenta Nipponica* 30, no. 4 (1975): 393–403.

Tōyama Kagemichi 遠山景晋. "Chūkai injun roku 籌海因循録." In *Nihon kaibō shiryō sōsho* 日本海防史料叢書, edited by Sumita Shōichi 住田正一, 10 vols., 4: 113–122. Tokyo: Kaibō Shiryō Kankōkai, 1932–1933. Originally published 1824.

Tsuchiya Wataru 土谷渉. "Bakumatsu Seikanron no genryū ni tsuite no ichi kōsatsu 幕末征韓論の源流についての一考察." *Kokushigaku kenkyū: Ryūkoku Daigaku Kokushigaku Kenkyūkai* 国史学研究・龍谷大学国史学研究会 29 (2006): 1–33.

Tsunoda Kurō 角田九郎. *Ōe Taku kun no ryakuden* 大江卓君之略伝. Ichinoseki, Iwate, Japan: Tsunoda Kurō, 1890.

Tsunoda, Ryusaku, William Theodore De Bary, and Donald Keene, eds. *Sources of Japanese Tradition.* 2 vols. New York: Columbia University Press, 1958.

Tsurumi, E. Patricia. *Factory Girls: Women in the Thread Mills of Meiji Japan.* Princeton, NJ: Princeton University Press, 1990.

Tucker, John Allen. *Ogyū Sorai's Philosophical Masterworks: The Bendō and Benmei.* Honolulu: University of Hawai'i Press, 2006.

US Department of State. *Executive documents printed by order of the House of Representatives during the third session of the fortieth Congress, 1868–69.* 14 vols., Vol. 1. Washingon, DC: US Government Printing Office, 1869.

US Department of State. *Executive documents printed by order of the House of Representatives, 1874–75.* 18 vols., Vol. 1. Washington, DC: US Government Printing Office, 1875.

Uehara Kenzen 上原兼善. "Chūgoku ni taisuru Ryūnichi kankei no inpei seisaku to 'michi no shima' 中国に対する琉日関係の隠蔽政策と「道之島」." In *Rettōshi no minami to kita* 列島史の南と北, edited by Isao Kikuchi 菊池勇夫 and Maehira Fusaaki 真栄平房昭, 35–56. Tokyo: Yoshikawa Kōbunkan, 2006.

Ueno, Chizuko. "The Position of Japanese Women Reconsidered." *Current Anthropology* 28, no. 4 (1987): S75–S84.

Valance, Georges. *Thiers: Bourgeois et Révolutionnaire.* Paris: Flammarion, 2007.

Vaporis, Constantine N. "Samurai and Merchant in Mid-Tokugawa Japan: Tani Tannai's Record of Daily Necessities (1748–54)." *Harvard Journal of Asiatic Studies* 60, no. 1 (2000): 205–227.

Vaporis, Constantine N. *Tour of Duty: Samurai, Military Service in Edo, and the Culture of Early Modern Japan.* Honolulu: University of Hawai'i Press, 2008.

Verwayen, F. B. "Tokugawa Translations of Dutch Legal Texts." *Monumenta Nipponica* 53, no. 3 (1998): 335–358.

Vlastos, Stephen. *Peasant Protests and Uprisings in Tokugawa Japan.* Berkeley: University of California Press, 1986.

Vlastos, Stephen. "Yonaoshi in Aizu." In *Conflict in Modern Japanese History*, edited by Tetsuo Najita and J. Victor Koschmann, 164–175. Princeton, NJ: Princeton University Press, 1982.

Vlastos, Stephen, ed. *Mirror of Modernity: Invented Traditions of Modern Japan.* Berkeley: University of California Press, 1998.

von Glahn, Richard. "Myth and Reality of China's Seventeenth-Century Monetary Crisis." *Journal of Economic History* 56, no. 2 (1996): 429–454.

Wakabayashi, Bob Tadashi. *Anti-foreignism and Western Learning in Early-modern Japan: The New Theses of 1825.* Cambridge, MA: Council on East Asian Studies, Harvard University, 1986.

Wakabayashi, Bob Tadashi. "Katō Hiroyuki and Confucian Natural Rights, 1861–1870." *Harvard Journal of Asiatic Studies* 44, no. 2 (1984): 469–492.

Wakabayashi, Bob Tadashi. "Opium, Expulsion, Sovereignty: China's Lessons for Bakumatsu Japan." *Monumenta Nipponica* 47, no. 1 (1992): 1–25.

Walker, Brett L. *A Concise History of Japan.* Cambridge: Cambridge University Press, 2015.

Walker, Brett L. *The Conquest of Ainu Lands: Ecology and Culture in Japanese Expansion, 1590–1800.* Berkeley: University of California Press, 2001.

Walker, Brett L. "The Early Modern Japanese State and Ainu Vaccinations: Redefining the Body Politic 1799–1868." *Past & Present*, no. 163 (1999): 121–160.

Walker, Brett L. "Mamiya Rinzō and the Japanese exploration of Sakhalin Island: Cartography and Empire." *Journal of Historical Geography* 33 (2007): 283–313.

Walker, Brett L. "Meiji Modernization, Scientific Agriculture, and the Destruction of Japan's Hokkaido Wolf." *Environmental History* 9, no. 2 (2004): 248–274.

Walter, John Ordonic. "Kodo taii, an Outline of the Ancient Way: An Annotated Translation with an Introduction to the Shinto Revival Movement and a Sketch of the Life of Hirata Atsutane." Ph.D. diss., University of Pennsylvania, 1967.

Walthall, Anne. "The Life Cycle of Farm Women in Tokugawa Japan." In *Recreating Japanese Women, 1600–1945*, edited by Gail Lee Bernstein, 42–70. Berkeley: University of California Press, 1991.

Walthall, Anne. "Off with Their Heads! The Hirata Disciples and the Ashikaga Shoguns." *Monumenta Nipponica* 50, no. 2 (1995): 137–170.

Walthall, Anne. *Peasant Uprisings in Japan: A Critical Anthology of Peasant Histories.* Chicago: University of Chicago Press, 1991.

Walthall, Anne. "Village Networks. Sodai and the Sale of Edo Nightsoil." *Monumenta Nipponica* 43, no. 3 (1988): 279–303.

Wang, Tseng-Tsai. "The Audience Question: Foreign Representatives and the Emperor of China, 1858–1873." *Historical Journal* 14, no. 3 (1971): 617–626.

Watanabe, Miki. "An International Maritime Trader—Torihara Sōan: The Agent for Tokugawa Ieyasu's First Negotiations with Ming China, 1600." In *The East Asian Mediterranean: Maritime Crossroads of Culture, Commerce and Human Migration,* edited by Angela Schottenhammer, 169–176. Wiesbaden: Harrassowitz, 2008.

Wells, David N. *Russian Views of Japan, 1792–1913: An Anthology of Travel Writing.* New York: RoutledgeCurzon, 2004.

Wells, H. G. *A Modern Utopia.* 1905. Reprint, Lincoln: University of Nebraska Press, 1967.

Westney, D. Eleanor. "The Military." In *Japan in Transition: From Tokugawa to Meiji,* edited by Marius B. Jansen and Gilbert Rozman, 168–194. Princeton, NJ: Princeton University Press, 1988.

White, James W. *Ikki: Social Conflict and Political Protest in Early Modern Japan.* Ithaca, NY: Cornell University Press, 1995.

Whitney, Clara A. *Clara's Diary: An American Girl in Meiji Japan.* Edited by M. William Steele and Tamiko Ichimata. Tokyo: Kodansha International, 1979.

Wiley, Peter Booth and Korogi Ichiro. *Yankees in the Land of the Gods: Commodore Perry and the Opening of Japan.* New York: Penguin Books, 1991.

Williams, S. Wells. *A Journal of the Perry Expedition to Japan (1853–1854).* Edited by Frederick Wells Williams. Yokohama: Kelly & Walsh, 1910.

Wills, John E. "Relations with Maritime Europeans, 1514–1662." In *The Cambridge History of China,* Part 2, Vol. 8: *The Ming Dynasty, 1368–1644,* edited by Denis Twitchett and Frederick W. Mote, 333–375. Cambridge: Cambridge University Press, 1998.

Wilson, George M. "The Bakumatsu Intellectual in Action: Hashimoto Sanai in the Political Crisis of 1858." In *Personality in Japanese History,* edited by Albert M. Craig and Donald H. Shively, 234–263. Berkeley: University of California Press, 1970.

Wilson, Noell. *Defensive Positions: The Politics of Maritime Security in Tokugawa Japan.* Cambridge, MA: Harvard University Asia Center, 2015.

Wilson, Noell. "Tokugawa Defense Redux: Organizational Failure in the *Phaeton* Incident of 1808." *Journal of Japanese Studies* 36, no. 1 (2010): 1–32.

Wong, Roy Bin. *China Transformed: Historical Change and the Limits of European Experience.* Ithaca, NY: Cornell University Press, 1997.

Yamaguchi Keiji山口啓二and Sasaki Junnosuke 佐々木潤之介. *Taikei Nihon rekishi 4: Bakuhan taisei* 体系·日本歴史4:幕藩体制. Tokyo: Nihon hyōronsha, 1971.

Yamaguchi, Ken. *Kinsé shiriaku: A history of Japan, from the first visit of Commodore Perry in 1853 to the capture of Hakodate by the Mikado's forces in 1869*. Translated by Ernest Mason Satow. Yokohama: Japan Mail Office, 1873.

Yamaguchi Ken 山口謙and Shozan Yashi 椒山野史. *Kinsei shiryaku* 近世史畧. 3 vols. Tokyo, 1872.

Yamamoto Hirofumi 山本博文. *Sankin kōtai* 参勤交代. Tokyo: Kodansha, 1998.

Yamamura, Kozo. "The Increasing Poverty of the Samurai in Tokugawa Japan, 1600–1868." *Journal of Economic History* 31, no. 2 (1971): 378–406.

Yamamura, Kozo. "The Meiji Land Tax Reform." In *Japan in Transition: from Tokugawa to Meiji*, edited by Marius B. Jansen and Gilbert Rozman, 382–399. Princeton, NJ: Princeton University Press, 1986.

Yamamura, Kozo. "Toward a Reexamination of the Economic History of Tokugawa Japan, 1600–1867." *Journal of Economic History* 33, no. 3 (1973): 509–546.

Yamashita Tsuneo 山下恒夫, ed. *Daikokuya Kōdayū shiryōshū* 大黒屋光太夫史料集. 4 vols. Tokyo: Nihon hyōronsha, 2003.

Yasumaru Yoshio 安丸良夫. *Kamigami no Meiji Ishin: shinbutsu bunri to haibutsu kishaku* 神々の明治維新: 神仏分離と廃仏毀釈. Tokyo: Iwanami Shoten, 1979.

Yonaha Jun 與那覇潤. "Ryūkyū kara mita Ryūkyū shobun: 'kindai' no teigi o majime ni kangaeru 琉球からみた琉球処分—「近代」の定義をまじめに考える." In *Ryūkyū kara mita sekaishi* 琉球からみた世界史, edited by Murai Shōsuke 村井章介 and Mitani Hiroshi 三谷博, 137–158. Tokyo: Yamakawa Shuppansha, 2011.

Yoshida Masahiko 吉田昌彦. "Gakushūin kengen seido no seiritsu to 'genro dōkai' 学習院建言制度の成立と「言路洞開」." *Bulletin of the Graduate School of Social and Cultural Studies, Kyushu University* 比較社会文化 17 (2011): 37–50.

Yoshida Shōin 吉田松陰. *Yoshida Shōin zenshū* 吉田松陰全集. Edited by Yamaguchi-ken Kyōikukai 山口県教育会. 10 vols., Vol. 6. Tokyo: Iwanami Shōin, 1934–36.

Yoshikawa Kōjirō 吉川幸次郎, Maruyama Masao 丸山‖真男, Nishida Taichirō 西田太一郎, and Tsuji Tatsuya 辻達也, eds. *Nihon shisō taikei 36: Ogyū Sorai* 日本思想体系 36: 荻生徂徠. Tokyo: Iwanami Shoten, 1973.